EX·LIBRIS
A
B
[redacted]

BAIGENT · LEIGH

DER TEMPEL UND DIE LOGE

BAIGENT · LEIGH

DER TEMPEL UND DIE LOGE

Das geheime Erbe der Templer in der Freimaurerei

tosa

Titel der Originalausgabe: The Temple and the Lodge
Originalverlag: Jonathan Cape Ltd., London WG1B 3SG

Lizenzausgabe mit Genehmigung der Verlagsgruppe Lübbe GmbH & Co. KG,
Bergisch Gladbach, für Tosa Verlagsgesellschaft m.b.H., Wien
Karten: Roland Winkler, Bergisch Gladbach
Bildnachweis: alle Aufnahmen stammen, wenn nicht anders vermerkt,
von Michael Baigent
Covergestaltung: Studio Höpfner-Thoma, München
Druck: Druckerei Theiss GmbH, St. Stefan im Lavanttal, 2005

www.tosa-verlag.com

Viens au jardin
Où le lapin
Promène sa bouteille
Que l'on sache à
Sourire dans les neiges
D'antan toujours
Sans besoin de gesne;
Car l'oeil d'or
Des woïvres rouges
Là revelera
La place où se cachent
Le mot oublié
Et la pierre perdue
Et le rejecton
De l'acacia
Qui rend temoignage
Par ses racines
Déracinées et crues.

Jehan l'Ascuiz

Komm in den Park,
Dort, wo der Hase
mit seiner Flasche spaziert,
damit man lerne,
noch über den Schnee
vergangener Zeiten zu lächeln
ohne Scham.
Denn das goldene Auge
der roten Sonnen
wird ihn enthüllen,
den Ort, wo sich
verlorenes Wort und
Stein verbergen,
und der Stamm
der Akazie,
die Zeugnis gibt
mit ausgeriss'nen, nackten
Wurzeln.

INHALT

VORREDE

In Großbritannien ist die Freimaurerei in den letzten Jahren zu einem beliebten Diskussionsgegenstand geworden. Die Jagd auf Freimaurer scheint allmählich zu einem ausgewachsenen Sport zu werden, ähnlich wie die Jagd auf Priester in Irland. Mit kaum verborgenem Frohlocken stürzen sich die Zeitungen auf jeden neuen »Freimaurerskandal«, auf jede neue Behauptung »freimaurerischer Korruption«. Kirchensynoden grübeln über die Vereinbarkeit von Freimaurerei und Christentum. Um politische Gegner herauszufordern, bringt man in Gemeinderäten Anträge ein, die Freimaurer zwingen sollen, ihre Mitgliedschaft zu bekennen. Bei Partys ist Freimaurerei ein Thema, das wahrscheinlich nur noch von Gesprächen über die britischen Geheimdienste und die CIA übertroffen wird. Auch das Fernsehen hat durch etliche Sendungen über diesen Gegenstand seinen Beitrag geleistet und es sogar geschafft, mit seinen Kameras in die geheimste Höhle des Ungeheuers, die Großloge, vorzudringen. Nachdem es den Kommentatoren nicht gelungen war, dort einen Drachen zu finden, schienen sie weniger Erleichterung als Verdruß zu empfinden, weil sie sich irgendwie betrogen fühlten.

Indessen sind die Menschen natürlich weiterhin fasziniert. Man braucht nur das Wort »Freimaurerei« in einem Pub, Restaurant, Hotelfoyer oder an einem anderen öffentlichen Ort auszusprechen, um zu sehen, wie Köpfe herumschnellen, Ohren gespitzt werden. Jede neue »Enthüllung« wird mit einer Begierde oder gar Schadenfreude verschlungen, wie sie gewöhnlich nur dem Klatsch über das Königshaus oder Obszönitäten vorbehalten ist.

Dieses Buch ist keine Enthüllungsliteratur. Es beschäftigt sich nicht mit der Rolle oder den tatsächlichen oder vermeintlichen Aktivitäten der Freimaurer; es versucht nicht, Verschwörungs- oder Korruptionsanschuldigungen nachzugehen. Aber es ist natürlich auch keine Verteidigungsschrift für die Freimaurerei. Wir selbst sind keine

Freimaurer und haben kein persönliches Interesse daran, die Institution von den gegen sie erhobenen Anklagen zu entlasten. Unser Interesse ist ausschließlich historischer Art. Wir haben uns bemüht, die Vorgeschichte der Freimaurerei aufzudecken, ihre wahren Ursprünge zu finden, ihre Entwicklung zu skizzieren und ihren Einfluß auf die britische und amerikanische Kultur während ihrer Geschichte, die ihren Höhepunkt im späten 18. Jahrhundert hatte, zu beurteilen. Daneben haben wir versucht, der Frage auf den Grund zu gehen, weshalb die Freimaurerei, die man heutzutage automatisch mit Mißtrauen, Spott, Ironie und Herablassung betrachtet, je ein so hohes Ansehen genießen konnte – das sie übrigens trotz aller Lästerer immer noch genießt.

Bei alledem mußten wir uns jedoch zwangsläufig den Fragen stellen, die heute so häufig von der öffentlichen Meinung und den Medien aufgeworfen werden: Ist die Freimaurerei korrupt? Ist sie – was noch bedrohlicher wäre – eine umfassende internationale Verschwörung, die sich irgendein undurchschaubares und (wenn Geheimhaltung ein Gradmesser für Niederträchtigkeit ist) schändliches Ziel gesetzt hat? Bildet sie einen Kanal für »milde Gaben«, Vergünstigungen, Einfluß und Machtmanipulation im Inneren etwa der Börse und der Polizei? Und vielleicht die wichtigste Frage: Ist sie dem Christentum in der Tat feindlich gesinnt?

Solche Fragen haben keinen direkten Bezug zu den folgenden Seiten, doch sie sind von verständlichem allgemeinem Interesse. Deshalb erscheint es als durchaus legitim, wenn wir an dieser Stelle die Antworten vorlegen, auf die wir im Laufe unserer Nachforschungen gestoßen sind.

Es ist weise, wenn man, statt »Et tu, Brute!« zu rufen, einsichtig nickt und kommentiert: »Das liegt doch auf der Hand.« Angesichts der menschlichen Natur wäre es erstaunlich, wenn in öffentlichen und privaten Institutionen nicht wenigstens ein gewisses Maß an Korruption zu finden wäre und ein Teil davon nicht auch mit der Freimaurerei zu tun hätte. Wir sind jedoch der Meinung, daß solche Korruption weniger über die Freimaurerei selbst etwas aussagt als über die Art und Weise, in der sie – wie jedes andere derartige Gebilde – mißbraucht werden kann. Habgier, Ruhmsucht, Günstlingswirtschaft und ähnliche Übel sind der menschlichen Gesellschaft seit Entstehung der Zivilisation eigen. Sie haben sich jedes verfügbare Instrument zunutze gemacht: Blutsverwandtschaft, eine gemeinsame Vergangenheit, in der Schule oder bei der Armee angeknüpfte Beziehungen, geteilte Interessen, Freundschaft sowie natürlich rassische, religiöse und politische Bande. Man wirft den Freimaurern zum Beispiel vor, sie seien untereinander besonders entgegenkommend. Im christianisierten Westen konnte jeder bis vor kurzem das gleiche besondere Entgegenkommen aufgrund seiner Mitgliedschaft in der »Freimaurerei« des Christentums erwarten – mit anderen Worten, aufgrund der Tatsache, daß er kein Hindu, Moslem, Buddhist oder Jude war.

Die Freimaurerei ist nur eines von vielen Feldern, auf denen Korruption und Günstlingswirtschaft gedeihen können; sie würden auch dann gedeihen, wenn die Freimaurerei nicht existierte. Korruption und Günstlingswirtschaft sind auch in Schulen, Regimentern, Konzernen, Behörden, politischen Parteien, Sekten und Kirchen sowie in zahllosen anderen Organisationen zu finden. Keine dieser Organisationen ist, für sich genommen, verwerflich. Es würde niemandem einfallen, eine politische Partei oder die Kirche insgesamt zu verurteilen, nur weil einige ihrer Mitglieder korrupt sind – oder anderen Mitgliedern mit mehr Wohlwollen begegnen als Außenstehenden. Niemand würde die Familie als Einrichtung verurteilen, weil sie dazu neigt, die Vetternwirtschaft zu fördern.

Bei einer derartigen moralischen Betrachtung muß man elementare Regeln der Psychologie und des gesunden Menschenverstandes beachten. Institutionen sind nur so tugendhaft – oder tadelnswert – wie die Individuen, aus denen sie bestehen. Eine Institution kann nur dann insgesamt als korrupt betrachtet werden, wenn sie von der Korruption ihrer Mitglieder profitiert. Dies könnte etwa für eine Militärdiktatur, für bestimmte totalitäre oder Einparteienstaaten gelten, doch schwerlich für die Freimaurerei. Niemand konnte je behaupten, daß die Missetaten einzelner Mitglieder der Freimaurerei genutzt hätten. Im Gegenteil, die Vergehen einzelner Freimaurer sind ganz und gar egoistisch. Die Freimaurerei als Ganzes hat darunter zu leiden, ebenso wie das Christentum unter den Vergehen seiner eigenen Anhänger.

Was Korruption betrifft, so ist die Freimaurerei also nicht schuldig, sondern im Gegenteil ebenfalls ein Opfer skrupelloser Männer, die bereit sind, sie für ihre eigenen Zwecke auszunutzen. Berechtigter ist die Frage nach der Vereinbarkeit – oder der Unvereinbarkeit – von Freimaurerei und Christentum. Ihrem Charakter nach stellt diese Frage zumindest einen Versuch dar, sich mit dem *Wesen* der Freimaurerei auseinanderzusetzen, statt auf die Methoden einzugehen, durch die sie ausgenutzt oder mißbraucht werden kann. Doch letztlich geht auch diese Frage am Kern der Sache vorbei. Wie hinreichend bekannt ist, gibt die Freimaurerei sich nicht als Religion aus, sondern versucht nur, sich gewissen Prinzipien oder »Wahrheiten« zu widmen, denen manche vielleicht »religiösen« oder »geistlichen« Charakter zuordnen. Die Freimaurerei hat eine bestimmte Methodologie zu bieten, aber sie nimmt nicht für sich in Anspruch, die Theologie ersetzen zu können. Diese Unterscheidung wird auf den folgenden Seiten deutlicher werden. Vorläufig dürfte es ausreichen, zwei Anmerkungen über die gegenwärtige Antipathie zu machen, welche die Anglikanische Kirche der Freimaurerei gegenüber hegt. Trotz der Konzentration der Kirche auf Freimaurer in ihren eigenen Reihen werden zwei Dinge im allgemeinen übersehen. Beide sind entscheidend.

Zum ersten haben Freimaurerei und Anglikanische Kirche seit Beginn des 17. Jahrhunderts harmonisch nebeneinander existiert. Mehr noch, sie haben zusammengearbeitet. Einige der bedeutendsten anglikanischen Geistlichen der letzten vier Jahrhunderte sind aus der Loge hervorgegangen; einige der beredtesten und einflußreichsten Freimaurer entstammten der Geistlichkeit. Zu keinem Zeitpunkt vor den letzten zehn oder fünfzehn Jahren ist die Kirche über die Freimaurerei hergezogen oder hat eine Unvereinbarkeit zwischen dieser und ihren eigenen theologischen Prinzipien festgestellt. Die Freimaurerei hat sich seither nicht gewandelt. Die Kirche würde dagegenhalten, daß sie sich ebenfalls nicht gewandelt habe, jedenfalls nicht im Hinblick auf ihre fundamentalen Lehren. Weshalb also ist es nun zu einem in der Vergangenheit beispiellosen Konflikt gekommen? Wir meinen, daß die Antwort auf diese Frage weniger bei den Freimaurern als in der Haltung und Mentalität gewisser moderner Kirchenvertreter zu suchen ist.

Der zweite Gesichtspunkt ist möglicherweise noch wichtiger: Das offizielle Oberhaupt der Anglikanischen Kirche ist der britische Monarch. Seit dem Sturz Jakobs II. im Jahre 1688 ist der theologische Status des Monarchen nie in Frage gestellt worden. Dabei hatte die britische Monarchie seit Beginn des 17. Jahrhunderts enge Beziehungen zur Freimaurerei. Wenigstens sechs Könige sowie zahlreiche königliche Prinzen und Prinzgemahle waren Freimaurer. Wäre dies möglich gewesen, wenn es tatsächlich eine theologische Unvereinbarkeit zwischen der Freimaurerei und der Kirche gegeben hätte? Wer eine solche Unvereinbarkeit postuliert, zieht im Grunde die religiöse Integrität der Monarchie in Zweifel.

Die gegenwärtige Kontroverse um die Freimaurerei ist unserer Ansicht nach letztlich ein Sturm im Wasserglas; eine Reihe von Scheinproblemen ist weit über das gebührende Maß hinaus aufgebläht worden. Man ist versucht zu behaupten, daß die Menschen nichts Besseres zu tun hätten, als dürftige Argumente für eine Kontroverse an den Haaren herbeizuziehen. Doch leider haben sie Besseres zu tun. Gewiß könnte die Anglikanische Kirche – mit einem beginnenden Schisma in ihren Reihen und einer katastrophal schrumpfenden Gemeinde – ihre Energie und Mittel konstruktiver einsetzen, als Kreuzzüge gegen einen vermeintlichen Feind zu organisieren, der in Wirklichkeit gar kein Feind ist. Und während es angemessen, ja wünschenswert erscheint, daß die Medien Fälle von Korruption aufdecken, wäre uns allen mehr gedient, wenn man die korrupten Individuen zur Rechenschaft zöge und nicht die Institution, der sie zufällig angehören.

Andererseits muß eingeräumt werden, daß die Freimaurerei selbst wenig dazu beigetragen hat, ihr öffentliches Image zu verbessern. Vielmehr hat sie durch ihren zwanghaften Geheimhaltungsdrang und ihre hartnäckige Defensivhaltung die Überzeugung verstärkt, daß sie etwas zu verbergen habe. Wie wenig sie tatsächlich zu verbergen hat, wird im Laufe dieses Buches deutlich werden. Wahrscheinlich hat sie häufiger Anlaß, stolz zu sein, als sich in Geheimhaltung zu flüchten.

EINFÜHRUNG

Vor zwölf Jahren, im Frühjahr 1978, stellten wir für eine geplante Fernsehdokumentation über die Tempelritter Nachforschungen an und wurden von der Geschichte des Ordens in Schottland in den Bann gezogen. Die erhaltenen Belege waren dürftig, doch in Schottland gab es einen größeren Reichtum an Traditionen und Legenden über die Templer, als dies in den meisten anderen Gegenden der Fall war. Es gab auch einige sehr reale Geheimnisse – unerklärliche Rätsel, um die sich orthodoxe Historiker aus Mangel an verläßlichen Aufzeichnungen kaum gekümmert hatten. Wenn es uns gelang, diesen Rätseln auf den Grund zu gehen, wenn wir auch nur einen Kern von Wahrheit hinter den Legenden und Traditionen finden konnten, waren die Folgen enorm, nicht nur für die Geschichte der Templer, sondern weit darüber hinaus.

Eine Bekannte war kurz zuvor mit ihrem Mann nach Aberdeen gezogen. Bei einem Besuch in London erzählten sie uns eine Geschichte, die sie von einem Freund gehört hatten; er hatte eine Zeitlang in einem Hotel in einem Touristenstädtchen, einem früheren viktorianischen Kurort, am westlichen Ufer von Loch Awe in den Highlands von Argyll gearbeitet. Loch Awe ist ein großer Binnensee, rund vierzig Kilometer von Oban entfernt gelegen. Der See selbst ist fünfundvierzig Kilometer lang und zwischen achthundert Metern und anderthalb Kilometern breit. Er ist durchsetzt von knapp zwei Dutzend natürlichen und künstlichen Inseln verschiedener Größe, die früher durch inzwischen überspülte Stein- und Holzdämme mit dem Ufer verbunden waren. Wie Loch Ness wird auch Loch Awe ein Ungeheuer zugeschrieben, das »Beathach Mor«, ein schlangenartiges Wesen mit einem Pferdekopf und zwölf schuppenbedeckten Beinen.

Auf einer der Inseln befindet sich laut einer Geschichte, die unser Gewährsmann gehört hatte, eine Anzahl von Templergräbern – mehr, als sich nach der bisherigen Geschichtsschreibung erklären läßt, denn die Templer sollen um Argyll oder im Westlichen Hochland nicht aktiv gewesen sein. Auf derselben Insel sollte zudem die Ruine eines Templerordenshauses liegen, das in keinem unserer Verzeichnisse von Templerbesitzungen vorkam. Der Name der Insel klang – aus dritter Hand – etwa wie »Innis Shield«, aber dessen, von der Schreibweise ganz zu schweigen, konnten wir nicht sicher sein.

Diese Informationsfragmente, wiewohl unbestätigt und enttäuschend vage, waren verlockend. Auch wir kannten die verschwommenen Berichte, nach denen ganze Gruppen von Templern die offizielle Verfolgung und die Auflösung ihres Ordens zwischen 1307 und 1314 überlebt hatten. Wir kannten Geschichten darüber, daß ein solcher Trupp von Rittern seinen Peinigern auf dem Kontinent und in England entkommen sei, in Schottland Zuflucht gefunden und zumindest eine Zeitlang einen Teil der ursprünglichen Einrichtungen bewahrt habe. Aber wir wußten auch, daß die meisten dieser Traditionen von den Freimaurern des 18. Jahrhunderts stammten, die bemüht waren, ihre Herkunft direkt von den vier Jahrhunderte zuvor existierenden Templern herzuleiten. Folglich waren wir äußerst skeptisch. Uns war klar, daß es keine von der Forschung akzeptierten Belege für ein Überleben der Templer in Schottland gab und daß sogar moderne Freimaurer dazu neigten, alle gegenteiligen Behauptungen als reine Erfindung und als Wunschdenken zu verwerfen.

Trotzdem verfolgte uns die Geschichte von der Insel im See. Wir hatten für jenen Sommer ohnehin eine Forschungsreise nach Schottland geplant, wenn auch weit nach Osten. Sollten wir nicht einen gemächlichen Abstecher nach Westen machen, um die Geschichte zu widerlegen und sie ein für allemal aus unserer Vorstellung zu verbannen? Also beschlossen wir, unsere Reise um ein paar Tage zu verlängern und über Argyll zurückzukehren.

Als wir uns Loch Awe von Norden her näherten, sahen wir an seiner Spitze, von dichten Kiefern verdeckt, sofort das große, aus dem 15. Jahrhundert stammende Schloß der Campbells von Kilchurn. Wir fuhren am Ostufer des Sees hinunter. Nach etwa fünfundzwanzig Kilometern erschien eine Insel zu unserer Rechten, vielleicht fünfundvierzig Meter vom Ufer entfernt. Darauf stand die Ruine des im 13. Jahrhundert gebauten Schlosses Innis Chonnell, das um 1308 von dem engen Freund, Verbündeten und Schwager von Robert Bruce, Sir Neil Campbell, besetzt worden war und in den folgenden anderthalb Jahrhunderten der Hauptsitz des Clan Campbell wurde. Nachdem man dann ein neues Schloß in Inverary, am oberen Teil von Loch Fyne, gebaut hatte, wurde Innis Chonnell zu einem Gefängnis für die Feinde der Campbells, die mittlerweile zu den Earls of Argyll ernannt worden waren.

Eine Meile südlich von Innis Chonnell lag eine kleinere Insel, die von der Straße her durch die Bäume und Sträucher, die das Ufer umsäumten, gerade noch zu erkennen war. Wir hielten an und machten die Überreste eines Gebäudes sowie Steine aus, die zu Gräbern zu gehören schienen. An der gegenüberliegenden Seite der Straße lag das Dörfchen Portinnisherrich. Die Insel selbst hieß laut den Karten, auf denen wir nachschauten, bald Innis Searraiche, bald Innis Sea-ramhach. Wir folgerten sofort, daß dies die gesuchte Insel »Innis Shield« sein mußte.

Die Insel war knapp vierzig Meter vom Ufer entfernt, an dem einige offenbar häufig benutzte Boote vertäut waren. Wir hofften, eines von ihnen mieten und zu der Insel hinausrudern zu können, und erkundigten uns im Laden von Portinnisherrich. Doch dort begegnete man uns seltsam ausweichend. Obwohl die Gegend von malerischer Schönheit war und wenigstens in gewissem Grade auf den Tourismus angewiesen sein mußte, behandelte man uns sehr abweisend. Weshalb wir ein Boot mieten wollten? Um uns die Insel anzusehen, antworteten wir. Die Boote seien nicht zu vermieten. Ob wir jemanden dafür bezahlen könnten, uns zu der Insel hinauszurudern? Nein, erfuhren wir ohne jede weitere Erklärung, das sei ebenfalls unmöglich.

Enttäuscht und um so überzeugter, daß sich auf Innis Searraiche etwas Wichtiges befinden mußte, spazierten wir am Ufer entlang. Über den Wasserstreifen hinweg – kaum mehr als einen Steinwurf entfernt, doch unerreichbar – lockte die Insel. Wir sprachen über die wahrscheinliche Kälte des Wassers und die Möglichkeit hinüberzuschwimmen, als wir im Norden des Dörfchens auf ein älteres Ehepaar stießen, das neben einem Wohnwagen ein Zelt errichtet hatte. Nach einem Austausch von Höflichkeitsfloskeln luden die beiden uns zu einer Tasse Tee ein. Wie sich herausstellte, stammten sie ebenfalls aus London. Seit ungefähr fünfzehn Jahren kamen sie jeden Sommer hierher, um ihren Wohnwagen aufzustellen und am Ufer von Loch Awe zu angeln.

Im Inneren des Wohnwagens mußten wir uns an einem Tisch vorbei zu einer langen Bank durchzwängen. An der einen Seite stand ein kleinerer Tisch, der wahrscheinlich zur Essenszubereitung benutzt wurde. Darauf lag ein altes Buch; es war auf einer Seite aufgeschlagen, die den Stich eines alten Freimaurergrabes zu zeigen schien (wir bemerkten gewisse Freimaurersymbole sowie einen Totenkopf mit gekreuzten Knochen). Später vermuteten wir, daß wir eine freimaurerische »Arbeitstafel«, wie sie im 18. Jahrhundert benutzt worden war, gesehen hatten. Jedenfalls erkundigten wir uns ganz beiläufig nach der Verbreitung der Freimaurerei in der Gegend – woraufhin das Buch diskret, aber sehr rasch geschlossen und unsere Frage mit einem Schulterzucken beantwortet wurde.

Wir baten unsere Gastgeber, uns etwas über die Insel zu erzählen. Da gebe es nicht viel zu erzählen, erwiderten sie. Ja, dort seien irgendwelche Ruinen und ein paar Gräber, von denen die meisten allerdings nicht sehr alt seien. Die Insel scheine jedoch irgendeine besondere Bedeutung zu haben. Eine genauere Erklärung war ihnen nicht zu entlocken. Manchmal würden Tote aus erheblicher Entfernung – zuweilen sogar aus den Vereinigten Staaten – hierher gebracht und bestattet.

Dies hatte offensichtlich nichts mit den Tempelrittern des 13. oder 14. Jahrhunderts zu tun. Trotzdem war es faszinierend. Gewiß, vielleicht handelte es sich nur um eine Tradition örtlicher Familien, deren Angehörige einem überlieferten Ritual oder Brauch zufolge im Heimatboden beigesetzt wurden. Andererseits war nicht völlig ausgeschlossen, daß die Freimaurerei, von der unsere Gastgeber offenkundig nicht sprechen wollten, bei alledem eine Rolle spielte. Die beiden besaßen ein Boot, das sie zum Angeln benutzten. Wir fragten, ob wir es mieten oder ob sie uns zur Insel hinausrudern könnten. Zunächst sträubten sie sich ein wenig und wiederholten, daß wir nichts von Interesse finden würden, doch schließlich erbot sich der Mann, vielleicht von unserer Neugier angesteckt, uns hinauszurudern, während seine Frau eine weitere Kanne Tee kochte.

Die Insel erwies sich als Enttäuschung. Sie war sehr klein und hatte einen Durchmesser von kaum mehr als fünfundzwanzig Metern. Auf ihr entdeckten wir zwar tatsächlich die Ruine einer winzigen Kapelle, doch sie bestand nur aus ein paar Mauerfragmenten, die knapp einen Meter hoch aus dem Boden ragten. Es war nicht einmal festzustellen, ob die verfallenen, moosbewachsenen Überreste wirklich einst zu einer Templerkapelle gehört hatten. Jedenfalls waren sie zu klein für ein Ordenshaus.

Was die Gräber betraf, so waren die meisten in der Tat relativ neuen Datums. Das älteste stammte aus dem Jahre 1732, das jüngste aus den sechziger Jahren. Einige Familiennamen kamen immer wieder vor: Jameson, McAllum, Sinclair. Auf einem Stein, der während des Ersten Weltkrieges gesetzt worden war, zeigten sich ein freimaurerisches Winkelmaß und ein Zirkel. Die Insel wurde offensichtlich von den örtlichen Familien, von denen einige – wohl eher zufällig – mit der Freimaurerei zu tun hatten, als Begräbnisstätte benutzt. Aber es gab nichts, was den Templern zugeschrieben werden konnte. Und schon gar nichts, was auf einen Friedhof der Templer hindeutete. Wenn die Insel irgendein Geheimnis barg, dann war es vermutlich örtlichen, nebensächlichen Charakters.

In unserer Niedergeschlagenheit beschlossen wir, eine Unterkunft für die Nacht zu suchen, unsere Gedanken zu sammeln und, wenn möglich, herauszufinden, wie unsere Informationen so verzerrt hatten sein können. Wir fuhren am Ostufer von Loch Awe entlang auf die Straße zu, die nach Loch Fyne und dann nach Glasgow führt. Mittlerweile hatte sich die Abenddämmerung niedergesenkt. Wir hielten in einem Dorf namens Kilmartin hinter dem südlichen Ende des Sees an und erkundigten uns, wo wir übernachten könnten. Man schickte uns zu einem großen, umgebauten Haus ein paar Meilen jenseits des Städtchens, in der Nähe einiger alter keltischer Steinhügel. Nachdem wir dort unsere Zimmer bezogen hatten, kehrten wir zu einem Drink in den Pub von Kilmartin zurück.

Kilmartin war zwar größer als Portinnisherrich, doch trotzdem kaum mehr als ein Dörfchen; es hatte eine Tankstelle, einen Pub, ein empfehlenswertes Restaurant und rund zwei Dutzend Häuser, die sich alle auf einer Straßenseite konzentrierten. Auf der anderen Seite lag eine geräumige Pfarrkirche mit einem Turm. Das gesamte Gebäude war entweder im letzten Jahrhundert errichtet oder umfassend restauriert worden.

Wir erwarteten nicht, irgend etwas Wichtiges in Kilmartin zu entdecken. Allein müßige Neugier ließ uns den Kirchhof betreten. Doch dort, nicht auf einer Insel in einem See, sondern auf dem Gelände einer Pfarrkirche fanden wir Reihe um Reihe streng ausgerichteter, verwitterter flacher Grabplatten. Einige der mehr als achtzig Platten waren so tief im Boden versunken, daß sie bereits von Gras überwachsen waren. Andere wirkten immer noch unversehrt und hoben sich deutlich von den moderneren, senkrechten Steinen und Familiengräbern ab. Viele der Steine, besonders die jüngeren und besser erhaltenen, waren mit kunstvollen Verzierungen versehen: Schmuckmotiven, Familien- oder Clanzeichen und einer Vielzahl freimaurerischer Symbole. Andere waren an ihrer Oberfläche bereits völlig verwittert und flach geworden. Aber am meisten interessierten uns diejenigen, die außer einem einfachen, geraden Schwert keine Verzierung aufwiesen.

Diese Schwerter unterschieden sich nach Größe und manchmal, wenn auch nur geringfügig, nach ihrer Gestaltung. Dem damaligen Brauch folgend, legte man das Schwert des Toten auf den Stein, markierte den Umriß und meißelte ihn dann aus. Das Muster gab also genau die Größe, die Form und den Stil der Waffe wieder. Dieses karge, anonyme Schwert fand sich auf den ältesten Steinen, die am stärksten verwittert und geglättet waren. Auf den späteren Steinen hatte man dem Schwert Namen und Daten, dann Schmuckmotive, Familien- und Clanzeichen sowie Freimaurersymbole hinzugefügt. Es gab sogar einige Frauengräber. Anscheinend hatten wir den gesuchten Templerfriedhof gefunden.

Allein die Existenz der Gräberreihen in Kilmartin mußte andere Besucher vor uns zu Fragen veranlaßt haben: Wer waren die hier beerdigten Streiter? Warum befanden sich so viele von ihnen an einem so abgelegenen Ort? Welche Erklärungen hatten örtliche Behörden und Antiquare zu bieten? Die Tafel an der Kirche lieferte kaum Aufschluß. Darauf stand nur, daß die frühesten Steinplatten aus der Zeit um 1300, die spätesten aus dem beginnenden 18. Jahrhundert stammten. Der Text endete mit den Worten: »Die meisten sind das Werk einer Gruppe von Bildhauern, die im späten 14. und im 15. Jahrhundert in der Umgebung von Loch Awe arbeiteten.« Was für eine Gruppe von Bildhauern? Wenn sie eine organisierte »Gruppe« bildeten, was eindeutig der Fall zu sein schien, mußte mit Sicherheit etwas mehr über sie bekannt sein. Und war es nicht recht ungewöhnlich, daß sich Bildhauer zu »Gruppen« zusammenschlossen, es sei denn, für einen spezifischen Zweck oder unter einer bestimmten Ägide –

zum Beispiel der eines königlichen oder aristokratischen Hofes oder eines religiösen Ordens? Wenn der Text vage blieb, was die Urheber der Steine betraf, so war er mehr als vage, was die hier Beigesetzten anging. Über sie wurde nämlich kein einziges Wort verloren.

Ungeachtet der Eindrücke, die durch Bücher, Filme und eine romantisierende Geschichtsschreibung vermittelt werden, waren Schwerter im frühen 14. Jahrhundert ein seltener und teurer Besitz. Durchaus nicht jeder Krieger hatte ein Schwert; viele waren zu arm und mußten Äxte oder Speere benutzen. Zudem gab es damals kaum eine Waffenindustrie in Schottland, schon gar nicht in diesem Teil des Landes. Die meisten Schwerter wurden importiert, was sie um so wertvoller machte. Folglich konnten die Gräber in Kilmartin nicht für »gemeine« Soldaten angelegt worden sein. Im Gegenteil, die Gedenksteine mußten Männern von gesellschaftlichem Stand gelten: wohlhabenden Individuen, reichen Landadligen, wenn nicht richtiggehenden Rittern.

Aber war es plausibel, daß man Männer von Reichtum und sozialem Stand *anonym* beerdigt hatte? In weit größerem Maße als heute brüsteten sich prominente Individuen des 14. Jahrhunderts mit ihrer Familie, ihrer Herkunft, ihrem Stammbaum. Und dies galt besonders für Schottland, wo Sippenbande äußerst wichtig waren und wo man Identität und Abstammung zuweilen fast zwanghaft betonte. Solche Dinge wurden zu Lebzeiten ständig hervorgehoben und nach dem Tod der Betreffenden gebührend verewigt.

Und weshalb fehlte den frühesten Gräbern in Kilmartin – den nur durch ein gerades Schwert gekennzeichneten, anonymen Ruhestätten – jede christliche Symbolik, sogar etwas so Elementares wie ein Kreuz? In einem Zeitalter, da die Hegemonie der Kirche in Westeuropa nahezu unangefochten war, blieben nur Gräber mit Heiligenbildern frei von christlichen Symbolen; und solche Gräber wurden stets in Kapellen oder Kirchen angelegt. Doch die Grabstätten in Kilmartin lagen außerhalb der Kirche, hatten keine Heiligenbilder und trotzdem auch keine religiösen Verzierungen. Sollte der Schwertgriff das Kreuz symbolisieren? Oder handelte es sich um Gräber von Männern, die nicht als herkömmliche Christen angesehen wurden?

Von 1296 an war Sir Neil Campbell – Bruce' Freund, Verbündeter und späterer Schwager – »Verwalter« von Kilmartin und Loch Awe gewesen, und da Kilmartin einer seiner Wohnsitze war, bot sich die

Vermutung an, daß Sir Neils Männer in den ältesten der Gräber ruhten. Aber damit ließen sich weder ihre Anonymität noch das Fehlen christlicher Symbolik erklären. Es sei denn, daß die Männer, die unter Sir Neil dienten, nicht aus der Gegend stammten, keine konventionellen Christen waren und einen Grund hatten, ihre Identität sogar nach ihrem Tod zu verbergen.

Im Laufe unserer Forschungen hatten wir uns mit den meisten Ruinen von Templerordenshäusern beschäftigt, die noch in England vorhanden waren, und mit vielen in Frankreich, Spanien und im Nahen Osten. Wir waren bestens vertraut mit den Erscheinungsformen von Skulpturen, Sinnbildern und Verzierungen der Templer und mit den wenigen noch erhaltenen Templergräbern. Diese Gräber zeigten die gleichen Merkmale wie jene in Kilmartin. Sie waren stets einfach, nüchtern, schmucklos. Häufig, wenn auch nicht immer, waren sie durch ein schlichtes gerades Schwert gekennzeichnet, und sie waren ausnahmslos anonym. Gerade die Anonymität der Templergräber unterschied sie von den Ruhestätten anderer Adliger mit ihren kunstvollen Inschriften, Dekorationen, Monumenten und Sarkophagen. Die Templer waren schließlich ein Mönchsorden, eine Gesellschaft von Kriegermönchen, soldatischen Mystikern. Wenn vielleicht auch nur theoretisch, so hatten sie doch zumindest als Individuen das Beiwerk und die Ansprüche der materiellen Welt zurückgewiesen. Wer in den Tempel eintrat, gab im Grunde seine eigene Identität auf und ordnete sich dem Orden unter. Das schmucklose Bild des geraden Schwerts sollte Zeugnis für die asketische, selbstverleugnende Frömmigkeit geben, die in den Reihen des Ordens herrschte.

Historiker – besonders freimaurerische Historiker – hatten sich seit langem bemüht, das Überleben der Templer in Schottland, nachdem der Orden anderenorts offiziell unterdrückt wurde, schlüssig zu beweisen oder zu widerlegen. Aber diese Historiker hatten nach und in Dokumenten geforscht, nicht »an Ort und Stelle«. Sie hatten, was nicht überraschen sollte, keine schlüssigen Belege gefunden, weil die meisten relevanten Dokumente verloren, vernichtet, unterdrückt, gefälscht oder bewußt diskreditiert worden waren. Andererseits hatten die Historiker von Argyll, die von den Gräbern in Kilmartin wußten, keinen Grund, an die Templer zu denken, denn es war nichts darüber bekannt, daß Templer in dieser Gegend aktiv oder auch nur anwesend gewesen wären. In Europa waren die Templer am stärksten in Frankreich, Spanien, Deutschland, Italien und England vertreten gewesen. Ihre offiziellen Besitztümer in Schottland befanden sich, zumindest laut leicht zugänglichen Unterlagen, weit im Osten, in der Umgebung von Edinburgh und Aberdeen. Es gab keinen Anlaß, die Existenz einer Ordensenklave in Argyll zu vermuten, wenn man nicht speziell nach ihr Ausschau hielt. Auf diese Weise schienen die Gräber in Kilmartin ihr Geheimnis vor den Forschern beider Lager bewahrt zu haben: vor den Chronisten der Templer und der Freimaurerei einerseits und vor den lokalen Chronisten andererseits, die keinen ersichtlichen Grund hatten, an die Templer zu denken.

Wir waren natürlich sehr aufgeregt über unsere Entdeckung. Und wir hielten sie für um so bedeutsamer, da sie nicht nur die Templer zu betreffen schien. Offenbar gab es einen logischen Zusammenhang zwischen den ältesten Gräbern in Kilmartin (die wir für Templergräber hielten) und den späteren, die mit Familienwappen, Clanzeichen und Freimaurersymbolen geschmückt waren. Die früheren Gräber schienen Vorstufen der späteren zu sein – oder, besser gesagt, die späteren schienen sich durch Assimilierung und Hinzufügung aus den früheren entwickelt zu haben. Die Motive waren im wesentlichen die gleichen, sie hatten mit den Jahren nur ein kunstvolleres Aussehen angenommen; die späteren Verzierungen ersetzten das gerade Schwert nicht einfach, sondern ergänzten es. Die Gräber in Kilmartin lieferten unserer Ansicht nach ein stummes, doch beredtes Zeugnis einer Geschichte, die vier Jahrhunderte – vom Beginn des 14. bis zum Beginn des 18. Jahrhunderts – umspannte. An jenem Abend versuchten wir im Pub, die Chronik der Steine zu entschlüsseln.

Konnte es wirklich sein, daß wir auf eine Enklave von Templern gestoßen waren, die nach der Auflösung ihres Ordens in der damaligen Wildnis von Argyll eine Zuflucht gefunden hatten? Waren vielleicht weitere Flüchtlinge aus dem Ausland von ihnen aufgenommen worden? Argyll, obwohl im frühen 14. Jahrhundert über Land schwer zugänglich, war auf dem Seeweg mühelos zu erreichen, und die Templer besaßen eine recht umfangreiche Flotte, die von ihren Verfolgern in Europa nie gefunden worden war. Hatten diese grünen, von Wäldern durchzogenen Hügel und Täler einer ganzen Gemeinschaft von Rittern eine Heimstatt geboten, wie einem »verlorenen Stamm« oder einer »verlorenen Stadt« in einer Abenteuergeschichte? Und hatte der Orden hier seine Existenz, seine Rituale und Regeln fortgesetzt? Aber wenn sie über eine einzige Generation hinaus weiterbestehen wollten, hätten die Ritter sich »verweltlichen« oder zumindest ihr Keuschheitsgelübde aufgeben und heiraten müssen. War dies vielleicht ein Teil des Prozesses, von dem die Steine kündeten: Ehen zwischen geflüchteten Templern und Angehörigen des Clansystems? Und könnte aus dem Bündnis zwischen den weißbemantelten Rittern und den Clans von Argyll einer der Entwicklungsstränge hervorgegangen sein, die zur späteren Freimaurerei führten? Lieferten die Steine von Kilmartin vielleicht eine konkrete Antwort auf eine der verwirrendsten Fragen in der europäischen Geschichte: die Frage nach den Ursprüngen und der Entwicklung der Freimaurerei?

Wir nahmen nichts von dem, was wir entdeckt hatten, in unserem Film auf, dessen Drehbuch inzwischen zum Teil geschrieben war. Ohnehin war er hauptsächlich den Templern im Heiligen Land und in Frankreich gewidmet. Und sollten sich unsere Funde in Schottland als stichhaltig erweisen, so dachten wir, würden sie einen nur ihnen geltenden Film rechtfertigen. Vorläufig hatten wir jedoch nur eine plausible Theorie und keine unmittelbar zugänglichen Dokumente, so daß wir die Theorie nicht bestätigen konnten.

Mittlerweile hatten andere Projekte und Verpflichtungen dafür gesorgt, daß unsere Entdeckungen in Schottland immer weiter in den Hintergrund traten. Aber wir verloren sie nicht aus den Augen, und sie beschäftigten weiterhin unsere Phantasie. In den sich anschließenden neun Jahren sammelten wir, wenn auch nur am Rande, zusätzliche Informationen.

Wir zogen die Arbeiten Marion Campbells zu Rate, der wohl prominentesten örtlichen Historikerin, und nahmen eine persönliche Korrespondenz mit ihr auf. Sie empfahl uns, keine voreiligen Schlüsse zu ziehen, doch unsere Theorie gab ihr zu denken. Wenn es keine Urkunden über Templerbesitzungen in Argyll gab, dann deutete dies ihrer Meinung nach eher auf die Abwesenheit von Urkunden als auf die Abwesenheit von Templern hin. Und sie hielt es in der Tat für möglich, daß das Erscheinen der Templer in der Gegend das plötzliche Auftauchen eines anonymen, geraden Schwerts unter den traditionelleren, vertrauteren keltischen Verzierungen und Motiven erklären konnte.[1]

Daneben konsultierten wir die wenigen vorliegenden Arbeiten über die Steine von Kilmartin, von den Forschungen einiger Experten des 19. Jahrhunderts bis hin zu einem jüngeren Werk, das im Jahre 1977 unter den Auspizien der »Königlichen Kommission für die alten und historischen Denkmäler Schottlands« veröffentlicht worden war.[2] Zu unserer Enttäuschung konzentrierte sich der größte Teil dieses Materials auf die späteren, kunstvoller verzierten Steine. Die früheren, mit dem einzelnen, anonymen Schwert gekennzeichneten Steine wurden weitgehend außer acht gelassen, da nichts über sie bekannt war und sich niemand zu ihnen äußern konnte. Trotzdem kamen einige wichtige Tatsachen ans Licht. Zum Beispiel erfuhren wir von Marion Campbell, daß die Steine im Kirchhof von Kilmartin ursprünglich an einer anderen Stelle gewesen waren. Manche hatten sich innerhalb der Kirche – oder, besser gesagt, innerhalb einer viel früheren Kirche – befunden, andere waren in der umgebenden Landschaft verstreut gewesen und erst später verlagert worden. Wir erfuhren auch, daß Kilmartin nicht den einzigen derartigen Kirchhof in der Gegend besaß. Es gab nicht weniger als sechzehn davon. Aber Kilmartin verfügte offenbar über die größte Konzentration von älteren Steinen, die mit dem anonymen, geraden Schwert gekennzeichnet waren.

Nur drei sichere Schlüsse konnten gezogen werden. Der erste war, daß die Herkunft der Verzierungen, besonders der älteren, ein Geheimnis blieb. Der zweite, dem praktisch alle zustimmten, besagte, daß diese früheren Verzierungen vom Beginn des 14. Jahrhunderts datierten: der Zeit von Robert Bruce in Schottland und der Unterdrückung der Tempelritter in anderen Teilen Europas. Die dritte Schlußfolgerung war, daß die Gräber eine neue Entwicklung, einen neuen Stil repräsentierten, der plötzlich und auf unerklärliche Weise in der Region aufgetaucht war, obwohl man das Muster schon zuvor in den Besitzungen der Templer verwendet hatte. Wir hatten es bereits in einem älteren Zusammenhang als dem der frühesten Steine von Kilmartin gesehen, nämlich in Herefordshire in Temple Garway, das unbestreitbar im Besitz der Templer gewesen war.[3]

In *Incised Effigial Slabs in Latin Christendom* (1976) veröffentlichte der mittlerweile verstorbene F. A. Greenhill die Ergebnisse seiner Lebensarbeit, die er darauf verwandt hatte, mittelalterliche Gräber in ganz Europa, von der Ostsee bis zum Mittelmeer, von Riga bis nach Zypern, aufzulisten. Unter den viertausendvierhundertsechzig Gräbern, die er verzeichnet und beschreibt, gibt es einige ohne Inschrift, doch die sind äußerst selten. Kriegergrabsteine sind noch seltener. Zum Beispiel hatte er in England nur vier gefunden (den in Garway, dessen Existenz er übersah, nicht mitgerechnet). In Irland hatte er nur einen und in ganz Schottland außer Argyll ebenfalls nur einen einzigen entdeckt. Dagegen hatte er in Argyll sechzig anonyme Kriegergrabsteine gefunden. Damit stand fest, daß die Konzentration von Steinen in Kilmartin und benachbarten Stätten einzigartig ist. Fast genauso einzigartig ist die außergewöhnliche Konzentration von Freimaurergräbern.

Eine weitere wichtige Materialquelle war die Israelische Archäologische Vermessungsgesellschaft, die die alte Templerfestung Atlit im Heiligen Land ausgegraben hat.[4] Atlit war im Jahre 1218 gebaut und schließlich, wie alle anderen Überreste des Kreuzfahrerkönigreichs von Jerusalem, im Jahre 1291 aufgegeben worden. Bei der Ausgrabung der Festung fand man einen Friedhof mit mehr als hundert Steinen. Die meisten waren natürlich stark verwittert, und flache Einkerbungen wie die der geraden Schwerter in Schottland hatten sich nicht erhalten. Aber ein paar tiefer eingemeißelte Muster waren bewahrt geblieben, und sie erregten besonderes Interesse. Eines befand sich auf dem Stein eines Flottenbefehlshabers der Templer – vielleicht eines Admirals – und stellte einen großen Anker dar. Ein anderes, obwohl stark abgetragen, zeigte eindeutig ein Winkelmaß und ein Lot der Freimaurer. Ein dritter Stein – er gehörte vermutlich dem »Meister der Templer-Freimaurer« – trug ein Kreuz mit Verzierungen, ein Winkelmaß und einen Hammer. Dies ist, mit nur zwei Ausnahmen, der früheste bekannte Fall von Grabsteinen, die Freimaurersymbole aufweisen. Eine der Ausnahmen, aus dem Jahre 1263, ist in Reims anzutreffen. Die andere, von vergleichbarem Alter, findet sich ebenfalls in Frankreich: in dem früheren Templerordenshaus Bure-les-Templiers an der Côte-d'Or. Hier also waren überzeugende Belege, um die »Chronik der Steine« zu stützen, die wir in Kilmartin zu entschlüsseln versucht hatten – eine Chronik, die, wenn wir sie korrekt entschlüsselt hatten, auf eine wichtige frühe Verbindung zwischen den Templern und den Anfängen der Freimaurerei hinwies.

In unserer Begeisterung über unseren Fund hatten wir den ursprünglichen Anlaß unseres Besuchs in Argyll vergessen: den Bericht über einen Templerfriedhof auf einer Insel in Loch Awe. Wir hatten angenommen, der Bericht sei entstellt worden und habe sich in Wirklichkeit auf Kilmartin bezogen. Damals wußten wir nicht, daß wir die falsche Insel besucht hatten.

Im Herbst 1987 kehrten wir nach Argyll und Loch Awe zurück. Inzwischen hatten wir erfahren, daß die Insel, die unseren früheren Besuch veranlaßt hatte, nicht Innis Searraiche war, sondern Inishail, ein paar Kilometer nördlich. (Wir waren beim erstenmal an ihr vorbeigefahren, ohne sie auch nur zu bemerken.)

Aber wenn Inishail die »richtige« Insel war, so blieb unser Besuch trotzdem genauso ergebnislos wie der auf der »falschen« Insel neun Jahre zuvor – allerdings hatten wir diesmal keine Mühe, ein Boot zu mieten. Zwar fanden wir die Ruine einer Kirche aus dem frühen 14. Jahrhundert, doch das Gebäude war offensichtlich nicht von Templern errichtet worden. Wie wir erfuhren, hatte man den letzten regulären Gottesdienst im Jahre 1736 abgehalten, und am Ende des Jahrhunderts war die Kirche aufgegeben worden. Als wir sie sahen, war das Innere von Gras, Unkraut und Nesseln überwuchert, die eine Reihe hoffnungslos verwitterter Grabtafeln bedeckten. Draußen waren weitere Tafeln; die älteren von ihnen waren so tief in den Boden gesunken und so überwachsen, daß man sie kaum noch erkennen konnte, während andere, jüngeren Datums, immer noch aufrecht standen. Unter den jüngsten Gräbern war das des Elften Herzogs von Argyll, der im Jahre 1973 gestorben war, und das von Brigadegeneral Reginald Fellowes aus dem Jahre 1982. Der Mann, von dem wir das Boot gemietet hatten, erzählte uns, daß er oft nach Inishail rudere und die Insel erforsche. Er berichtete uns von einer Tafel, die er gerade entdeckt hatte und die noch nicht von der Königlichen Kommission verzeichnet war. Wir stocherten mit unseren Taschenmessern und fanden einige weitere Platten, aber auch ihnen war nichts zu entnehmen. Wenn die Stätte je systematisch gesichtet wird, könnten diese Platten viel Bedeutsames zu enthüllen haben. Aber unsere eigenen amateurhaften und oberflächlichen Ermittlungen erbrachten nichts, was auf die Tempelritter hingedeutet hätte. Es war eine Enttäuschung, aber wenigstens kannten wir jetzt die Wahrheit über die bis dahin so schwer faßbare Insel.

In der Umgebung von Loch Awe fanden wir auch nichts Aufschlußreicheres als in Kilmartin: Spuren, die möglicherweise, aber nicht nachweisbar von den Templern stammten. Auf einem Hügel im Südosten des Sees, in der Ruine der im 13. Jahrhundert erbauten Kirche von Kilneuair, entdeckten wir jedoch etwas Merkwürdiges. Im Gras waren Platten, die jenen späteren, kunstvoll verzierten von Kilmartin glichen. Das Muster einer dieser Platten überlagerte ein nicht zu verkennendes Templerkreuz. Doch das Kreuz gehörte nicht zu der ursprünglichen, sorgfältig gemeißelten Verzierung. Es war – vielleicht erst im 17. oder 18. Jahrhundert – wie Graffiti grob in den Stein gehauen worden. Dies war schwerlich als Beweis für die Anwesenheit der Templer in der Gegend anzusehen. Immerhin zeigte es, daß irgend jemand später ein Interesse an den Templern gehabt hatte.

Wir fuhren weiter nach Südwesten, vorbei an der imposanten Festung Castle Sween, die an einem gleichnamigen See liegt. Im frühen 14. Jahrhundert war Loch Sween ein strategisch wichtiger Hafen auf dem Seeweg gewesen, der von Ulster an den Inseln Islay und Jura vorbeiführte; damals stellte das Schloß, um 1308/09 von Bruce belagert und erobert, den stärksten militärischen Stützpunkt der Region dar. Es gilt als eines der ältesten Steinschlösser auf dem schottischen Festland und war offensichtlich eine Seezitadelle mit einem eigenen Galeerenhafen. Niedergestürzte, teils behauene Steine zeigten, wo ein Wellenbrecher, ein Binnenhafen und eine Anlegestelle gewesen waren. Wenn Templer zur Zeit der Unterdrückung ihres Ordens aus Europa über das Meer nach Schottland geflüchtet waren, dann hatten sie höchstwahrscheinlich hier angelegt.

Hinter dem Schloß lag das Meer; die Insel Jura, deren Hügel von Wolken verhüllt waren, zeichnete sich im Westen jenseits der Meerenge ab. Hier, an der Küste, stand die Ruine der kleinen, im 13. Jahrhundert erbauten Kapelle von Kilmory, die der einst blühenden Gemeinde gedient hatte. In der Kapelle und um sie herum fanden wir rund vierzig Grabtafeln aus derselben Periode und von der Art, die wir aus Kilmartin kannten. Aber daneben stießen wir auf zwei Gegenstände von größerer Bedeutung, die vielleicht nicht gerade den schlagenden Beweis lieferten, nach dem wir suchten, die jedoch ausreichten, um unsere Theorie zu bestätigen.

Templerkirchen besaßen stets ein Kreuz, entweder über dem Eingang eingemeißelt oder frei vor der Kirche stehend. Das Kreuz, ob einfach oder verziert, hatte immer eine charakteristische Gestalt: gleicharmig, wobei das Ende beider Arme breiter war als der Sockel. Im Inneren der Kapelle von Kilmory stand ein Kreuz eben dieser Art, das aus der Zeit vor dem 14. Jahrhundert stammte. Wäre dieses Kreuz irgendwo sonst in Europa gefunden worden, hätte niemand gezögert, es als Templerkreuz anzuerkennen und die Kapelle dem Orden zuzuordnen. Zudem lag im Inneren der Kirche eine Grabplatte aus dem 14. Jahrhundert, in die eine Galeere, eine bewaffnete Gestalt und ein weiteres Templerkreuz, diesmal als Teil eines Blumenmusters, eingraviert waren.

Aber das war noch nicht alles. Dieselbe Grabplatte verdeutlichte uns, daß unsere Entschlüsselung der »Chronik der Steine« nicht nur haltbar, sondern in ihren allgemeinen Umrissen korrekt gewesen war. Über dem Kopf der bewaffneten Gestalt mit dem Templerkreuz war ein freimaurerisches Winkelmaß eingemeißelt.

Nun stand fest, daß Tempelritter bei Loch Sween gelebt hatten und Kilmory eine Templerkapelle gewesen war – nicht eigens für den Orden erbaut, aber jedenfalls von ihm übernommen. Angesichts dieses Materials war es nicht nur möglich, sondern wahrscheinlich, daß die Gräber in Kilmartin und an anderen Orten der Gegend Templergräber waren.

1 ROBERT BRUCE: DER ERBE DES KELTISCHEN SCHOTTLAND

1.1 BRUCE UND SEIN KAMPF UM DIE MACHT

Am 18. Mai 1291 fiel Akko, die letzte Bastion der westlichen Kreuzritter im Heiligen Land, an die Sarazenen, und das Königreich Jerusalem, das beinahe zwei Jahrhunderte zuvor aus dem Ersten Kreuzzug entstanden war, brach endgültig und unwiderruflich zusammen. So endete der große europäische Traum von einem christlichen Nahen Osten. Die berühmten heiligen Stätten der Bibel – von Ägypten über Palästina bis hin zum Libanon und Syrien – sollten in islamischer Hand bleiben und für Christen erst rund fünf Jahrhunderte später, zur Zeit Napoleons, wieder zugänglich werden.

Mit dem Verlust des Heiligen Landes büßten die Tempelritter nicht nur die Hauptsphäre ihrer militärischen Tätigkeit, sondern auch ihren Daseinszweck ein. Zumindest in militärischer Hinsicht konnten sie ihre Existenz nicht mehr rechtfertigen. Die mit ihnen verwandten militärisch-religiösen Orden hatten anderswo Stützpunkte und konnten andere Kreuzzüge führen. Die Ritter des heiligen Johannes vom Spital zu Jerusalem etablierten sich zunächst in Rhodos, dann auf Malta und verbrachten die folgenden drei Jahrhunderte damit, für eine stetig merkantiler werdende Christenheit die Kontrolle über das Mittelmeer zu gewinnen. Die Deutschherren hatten bereits eine neue Berufung an der Ostsee gefunden, wo sie die heidnischen Stämme ausrotteten und einen christlichen Ordensstaat schufen, der sich von Preußen über Litauen, Lettland und Estland bis hin zum Finnischen Meerbusen erstreckte. Die spanischen Orden von Santiago, Calatrava und Alcantera mußten noch die Mauren von der Iberischen Halbinsel vertreiben, während sich die portugiesischen Christusritter zunehmend seemännischer Forschung widmeten. Nur die Templer – der reichste, mächtigste und angesehenste der Orden – blieben ohne Ziel und ohne Heimat. Ihr Ehrgeiz, ein Fürstentum in der Languedoc zu gründen, wurde im Keim erstickt.

Die anderthalb Jahrzehnte, die der Einnahme von Akko folgten, sollten eine Periode des Verfalls für die Templer werden. Dann, im Morgengrauen des 13. Oktober 1307, eines Freitags, befahl Philipp IV. von Frankreich die Verhaftung aller Templer in seinem Herrschaftsbereich. In den sich anschließenden sieben Jahren rückte die Inquisition in den Mittelpunkt, um das zu beenden, was der französische König begonnen hatte. Templer in ganz Europa wurden eingekerkert, verhört, gefoltert, verurteilt und hingerichtet. Im Jahre 1312 löste der Papst den Templerorden offiziell auf. Im Jahre 1314 wurde Jacques de Molay, der letzte Großmeister des Ordens, auf dem Scheiterhaufen verbrannt, womit die Existenz des Tempels im Grunde beendet war.

Die Karriere von Robert Bruce umfaßt genau diese wichtige Zeitspanne. Er trat zum erstenmal im Jahre 1292 – ein Jahr nach dem Fall von Akko – in den Vordergrund, als er Earl of Carrick wurde. Sein Leben erreichte seinen Höhepunkt mit der Schlacht von Bannockburn im Jahre 1314, rund drei Monate vor Jacques de Molays Tod. Im Jahre 1306 – ein Jahr, bevor die Verfolgung des Templerordens begann – war Bruce selbst exkommuniziert worden, und er sollte weitere zwölf Jahre mit dem Papsttum im Streit liegen. Da der Papst ihn nicht mehr anerkannte, konnte Rom keine Verhandlungen mit ihm führen oder Bruce' Herrschaftsgebiet seinen Willen aufzwingen. Päpstliche Verfügungen galten nicht mehr für Schottland oder jedenfalls für die Teile Schottlands, die Bruce kontrollierte und die deshalb »jenseits der Grenzen des Erlaubten« lagen. Folglich war die Bulle, die den Templerorden anderenorts in Europa abschaffte, im strengen Sinne des Gesetzes für jene Teile Schottlands nicht anwendbar. Wenn Ordensritter hofften, vor der Verfolgung auf dem Kontinent eine Zuflucht zu finden, dann lag es nahe, daß sie sich unter Bruce' Schutz begaben.

Eine Vielzahl von Legenden und Traditionen hat Bruce seit Jahrhunderten mit den Templern in Verbindung gebracht, wiewohl ihre Beziehung nie zufriedenstellend definiert wurde. Die Gräber in Argyll waren ein überzeugendes Zeugnis für diese Legenden und Traditionen, denn sie stammten aus ebenjener Zeit und lagen in einem Gebiet, das flüchtigen Templern einen natürlichen Schutz geboten hätte. Und je genauer man sich mit Bruce beschäftigt, desto klarer wird, daß er und die Templer vieles gemeinsam hatten.

Das keltische Königreich Schottland

Bruce wird gewöhnlich als zentrale Gestalt im Unabhängigkeitskampf des mittelalterlichen Schottland angesehen. Doch Bruce hatte viel radikalere und ehrgeizigere Pläne, als nur die englische Vorherrschaft zu vereiteln. Was er anstrebte, war nicht weniger als die Wiederherstellung eines einzigartigen keltischen Königreichs, das an die alten keltischen Traditionen anknüpfte. Dazu könnte sogar die Wiedereinführung ritueller Menschenopfer gehört haben.

Im mittelalterlichen Irland und Wales gab es selbst dort, wo die normannischen Herrscher Englands ihren Einfluß nicht gefestigt hatten, keine Zentralmacht. Beide Länder wurden von mörderischen Streitigkeiten zerrissen, die zwischen den zahlreichen örtlichen Prinzen und Stammesführern und ihren Clans bestanden. Schottland war »zu Beginn des ›Hochmittelalters‹ das einzige keltische Reich mit ausgeprägten, unabhängigen politischen Institutionen«[1].

In römischen Zeiten war Schottland von den Pikten beherrscht worden, die bis zur Mitte des 9. Jahrhunderts eine zentrale Rolle für die schottische Geschichte spielten. Doch im späten 5. Jahrhundert begannen keltische Siedler aus Irland, vor allem aus Ulster, sich im Westen des Landes niederzulassen. Sie gründeten das Königreich Dalriada. Eine seiner alten Festungen war Dunadd, nur fünf Kilometer von Kilmartin entfernt. Dreihundertfünfzig Jahre lang kämpften die Herren von Dalriada und die Pikten um die Oberherrschaft; beide setzten sich wechselseitig durch und verloren dann wieder ihre Überlegenheit. Der Kampf war oft, doch nicht immer, von Gewalt geprägt. Er hatte auch kulturelle und dynastische Aspekte, und zuweilen kam es zu hochrangigen Mischehen zwischen beiden Völkern. Doch um das Jahr 843 war der Triumph von Dalriada besiegelt; es hatte die Pikten weniger militärisch niedergeworfen als sie vielmehr einfach absorbiert. Die piktische Sprache und Kultur gingen allmählich unter, und Schottland wurde unter der Herrschaft des Königs Kenneth MacAlpin zu einem einheitlichen keltischen Reich. Um 850 wurde Kenneth in Scone zum Monarchen von ganz Schottland ausgerufen.

Es sollte immer noch zu Wechselfällen, Intrigen und Hader kommen, wie sie Shakespeare in *Macbeth* verewigte, doch unter Kenneth MacAlpins Nachfahren David I. bildete sich im Jahre 1124 schließlich das feudale Königreich Schottland heraus – ein Vierteljahrhundert, nachdem westliche Kreuzfahrer das Königreich Jerusalem gegründet hatten.

Obwohl die Normannen bereits unter Wilhelm Rufus, dem Sohn Wilhelm des Eroberers, nach Schottland vorgestoßen waren, hatte es bis zu Davids Zeit keine umfassende oder erfolgreiche normannische Durchdringung gegeben. David, Sohn des keltischen Königs Malcolm III., war durch und durch keltisch, doch während seiner Herrschaft wurden zahlreiche normannische und flämische Ritter ins Land gelassen. Das gleiche galt für das Mönchtum, das hauptsächlich unter den Auspizien der Zisterzienser stand. Trotzdem blieb Schottland ein rein keltisches Königreich, und man kann belegen, daß sich dort ein großer Teil des keltischen Gedankengutes – heidnischer wie christlicher Art – erhielt, nachdem es aus Irland längst verschwunden war.

Zu den von David geschaffenen einzigartigen Institutionen gehörte das (später erbliche) Amt des »Royal Steward«, danach »Stewart« genannt, aus dem sich die Dynastie der Stuarts entwickeln sollte. Der Steward war eine Art königlicher Haushofmeister oder Hofkanzler, ähnlich dem sogenannten »Hausmeier« im Frankreich der Merowinger drei Jahrhunderte zuvor. Genau wie die Hausmeier schließlich die Merowinger ablösten und die Karolingerdynastie bildeten, so sollten die Stewards in Schottland (wenn auch auf friedlichere Weise) die Dynastie Davids verdrängen. Der erste Steward, Walter fitz Allan, war keltisch-bretonischer Herkunft und der Sohn eines gewissen Alan fitz Flaald. Vielleicht stammte er auch von einem schottischen Than, Banquo von Lochaber, ab, dessen Legende in Shakespeares Drama eingegangen ist.

Unter König Davids Gefolgschaft befand sich auch der normannische Ritter Robert de Brus. David überantwortete ihm das Annan-Tal, das den Zugang nach Schottland durch Carlisle schützte. Robert war auch ein enger Freund des englischen Königs Heinrich I. und hatte umfassende Besitzungen in Yorkshire. Man nimmt allgemein an, daß seine Familie aus Brus oder Bruis (nun Brix), südlich von Cherbourg, kam. In jüngerer Zeit wird allerdings auch die These vertreten, daß er flämischer Herkunft gewesen sei, nämlich ein Nachfahre von Robert de Bruges; dieser war ein Dreivierteljahrhundert zuvor der reiche Kastellan der Stadt Brügge gewesen.[2] Im Jahre 1053 verschwand er aus Brügge. Damals heiratete Matilda von Flandern Wilhelm, den Herzog der Normandie. Möglicherweise begleitete Robert Matilda nach Frankreich und schloß sich dreizehn Jahre später ihrem Gatten bei der Eroberung Englands an.

Obwohl Robert de Brus normannischer (und vielleicht flämischer) Herkunft war, heiratete sein Urenkel die Urenkelin König Davids, die Nichte der keltischen Könige Malcolm IV. und Wilhelm I. Robert Bruce konnte also für seine Nachkommen eine Blutsverwandtschaft mit dem alten keltischen Königshaus – bis hin zu Kenneth MacAlpin von Dalriada – nachweisen. Und als seine Tochter den Steward (oder Stewart) heiratete, war die später als Geschlecht der Stuarts bekannte Dynastie geboren.

Das keltische Element blieb in der schottischen Gesellschaft bis zum Ende des 13. Jahrhunderts vorherrschend. Beispielsweise waren die einflußreichsten Adligen jene dreizehn Grafen (oder Thans), die ihre Abstammung und Autorität direkt von dem früheren Königreich Dalriada herleiteten. Der bedeutendste unter ihnen war der Earl of Fife, der das erbliche Recht hatte, den neuen König während der Krönungszeremonie zum Thron zu geleiten. Die Krönung selbst fand traditionsgemäß in Scone statt, drei Kilometer nördlich von Perth am Tay, und der Thron des Königreichs war um den berühmten Stein von Scone herum gebaut, den Kenneth MacAlpin angeblich im Jahre 850 hierher gebracht hatte. Scone selbst war seit vorkeltischen, piktischen Zeiten ein sakraler oder halbsakraler Ort gewesen. Seinen Mittelpunkt bildete der »Hügel des Glaubens«, heute Moot Hill genannt. Hier wurde der neue Monarch – einem Ritual folgend, das älter ist als die Geschichtsschreibung – auf einen Stein gesetzt und mit den Insignien seines Amtes, darunter wahrscheinlich ein Zepter und ein Umhang, ausgestattet. So wurde der König mit dem Land, dem von ihm beherrschten Volk und der Erdgöttin vermählt, die häufig in Tiergestalt dargestellt wurde. In der irischen Variante des Ritus opferte man eine Stute und kochte sie in Wasser; danach badete der neueingesetzte König in dem Wasser, trank von der Brühe und aß von dem Fleisch. Man glaubte, daß die Fruchtbarkeit des Landes und des Volkes auf diese Weise gesichert werde. Vor Ablauf des 12. Jahrhunderts sollte dieses archaische Prinzip – die Verantwortung des Monarchen für die Fruchtbarkeit des Landes – im Anschluß an die Kreuzzüge mit Teilen der judäisch-christlichen Tradition verschmelzen und den Stoff für die Gralssagen hervorbringen, die, wie wir sehen werden, in Schottland besondere Bedeutung hatten.

Die Krönung Alexanders III. im Jahre 1249 war typisch für die keltischen Riten, die sich in Schottland erhalten hatten, nachdem sie anderenorts längst verschwunden waren. Als Alexander auf den Thron in Scone gesetzt wurde, rezitierte ein bejahrter Hochlandbarde in gälischer Sprache die Ahnentafel des neuen Monarchen, die über Dalriada bis zum »ersten Schotten« zurückreichte. Wie man von einem keltischen Herrscher erwarten durfte, wurde Alexander stets von einem Harfenisten begleitet. Auf Reisen gingen ihm, wie es die Tradition für einen keltischen Häuptling vorsah, sieben Frauen voran, die seinen Ruhm und seine Herkunft besangen – gewiß ein schmeichelhafter Brauch, der ihm jedoch rasch langweilig geworden sein muß.

In einem solchen Milieu übte die Kirche natürlich nur einen dürftigen Einfluß aus. Während des 9. Jahrhunderts scheint Schottland überlebenden Splittergruppen der keltischen Kirche in Irland kurzfristig Zuflucht geboten zu haben. Eine dieser Gruppen (»celi De« oder »Culdees«) begründete ein Mönchssystem, das jedoch nie so viel Macht genoß wie jenseits der Irischen See.

Aber das keltische Königreich Schottland, das seinen Höhepunkt mit Alexander III. erlebte, sollte auch mit ihm sterben. Im März 1286 kehrte der König in einer stürmischen Nacht von einem Konzil in Edinburgh zurück, wurde von seiner Eskorte getrennt und am nächsten Morgen mit gebrochenem Genick aufgefunden. Sein Tod sollte nicht nur eine starke innere Krise und einen heftigen Kampf um den Thron auslösen, sondern England auch einen Vorwand liefern, sich in bis dahin beispiellosem Umfang in schottische Angelegenheiten einzumischen.

Das Erscheinen von Bruce

Alexander starb, ohne Söhne zu hinterlassen. Margarete, seine einzige Tochter, war mit dem König von Norwegen verheiratet, und Schottland gelüstete es nicht nach einem norwegischen Herrscher. Folglich bildete man eine provisorische Regierung, die aus sechs »Hütern des Friedens« bestand: dem Earl of Fife als höchstem Adligen, dem Earl of Buchan, James dem Stewart, John Comyn und den

Lismore
Loch Etive
Mull
Dunstaffnage Castle
Iona
Firth of Lorn
Loch Awe
Innis Chonnel
Castle
Kilneuair Church
Kilmartin Church
Atlantik
Sound of Jura
Keills Chapel
Castle Sween
Kilmory Chapel
Jura
Islay
Kilwinning
Mull of Oa
Kintyre
Arran
Firth of Clyde
Ayr
Rathlin I.
Dunaverty
Castle
Mull of Kintyre
Lough
Foyle
IRLAND
Nord-Kanal
Carrickfergus
Mull of Galloway

Süd- und Zentralschottland sowie Nordirland zur Zeit von Robert Bruce, 1306–1329

Bischöfen von Glasgow und St. Andrews. Dieser Regentschaftsrat beschloß, der Tochter Margaretes von Norwegen – sie hieß ebenfalls Margarete und war damals noch ein Kleinkind – die Krone zu verleihen. Man vereinbarte, daß das Kind, wenn es erwachsen war, Prinz Edward, später Edward II. von England, heiraten sollte. Aber im Jahre 1290 starb die junge Margarete auf der Heimreise von Norwegen, und die Frage der schottischen Nachfolge endete im Chaos.

Mehr als ein Dutzend Kandidaten präsentierte sich als Thronanwärter, darunter John Baliol und Robert Bruce' Großvater, bekannt als Robert Bruce »der Bewerber«. Die Gefahr eines Bürgerkrieges war so groß, daß der Bischof von St. Andrews Edward I. von England um Vermittlung bat. So erhielt die normannische Monarchie von England ein Mandat, in die Angelegenheiten des keltischen Königreichs von Schottland einzugreifen.

Edward verlor keine Zeit und machte sich dieses Mandat zunutze. Als er im Jahre 1291 mit den schottischen Thronanwärtern zusammentraf, beanspruchte er die Oberherrschaft über Schottland für sich selbst. Die schottischen Adligen protestierten, ließen sich jedoch einschüchtern und erkannten den Status, den sich der englische König angemaßt hatte, zumindest teilweise an. Danach übertrug er John Baliol die Thronfolge; dieser hatte einen legitimen Anspruch und wurde ordnungsgemäß in Scone gekrönt. Edward brach sofort sein Versprechen, die schottische Unabhängigkeit zu respektieren, und verlangte von dem Mann, den er auf den Thron gebracht hatte, einen demütigenden Gehorsams- und Lehnseid. Im Jahre 1294 wurden die Schotten schließlich von den Forderungen des englischen Königs zur Rebellion aufgestachelt. Es kam zu einem Bündnis mit Frankreich, und im Jahre 1296 wies Baliol seine Untertanenpflicht Edward gegenüber zurück. Mittlerweile war es jedoch zu spät: Edward hatte bereits Berwick geplündert und war mit seiner Armee nach Schottland vorgerückt. Die Schotten wurden besiegt; Baliol kapitulierte, wurde öffentlich erniedrigt und ging schließlich ins Exil.

Nachdem Edward Schottland niedergerungen hatte, begann er eine systematische Kampagne, um alle politischen und religiösen Spuren des alten keltischen Königreichs auszulöschen. Dem Stein von Scone, dem archaischsten und heiligsten der keltischen Talismane, wurde besondere Aufmerksamkeit zuteil. Auf Edwards Befehl hin wurde seine Aufschrift entfernt und der Stein selbst nach London

Stammbaum von Robert Bruce (* 1274 – † 1329)

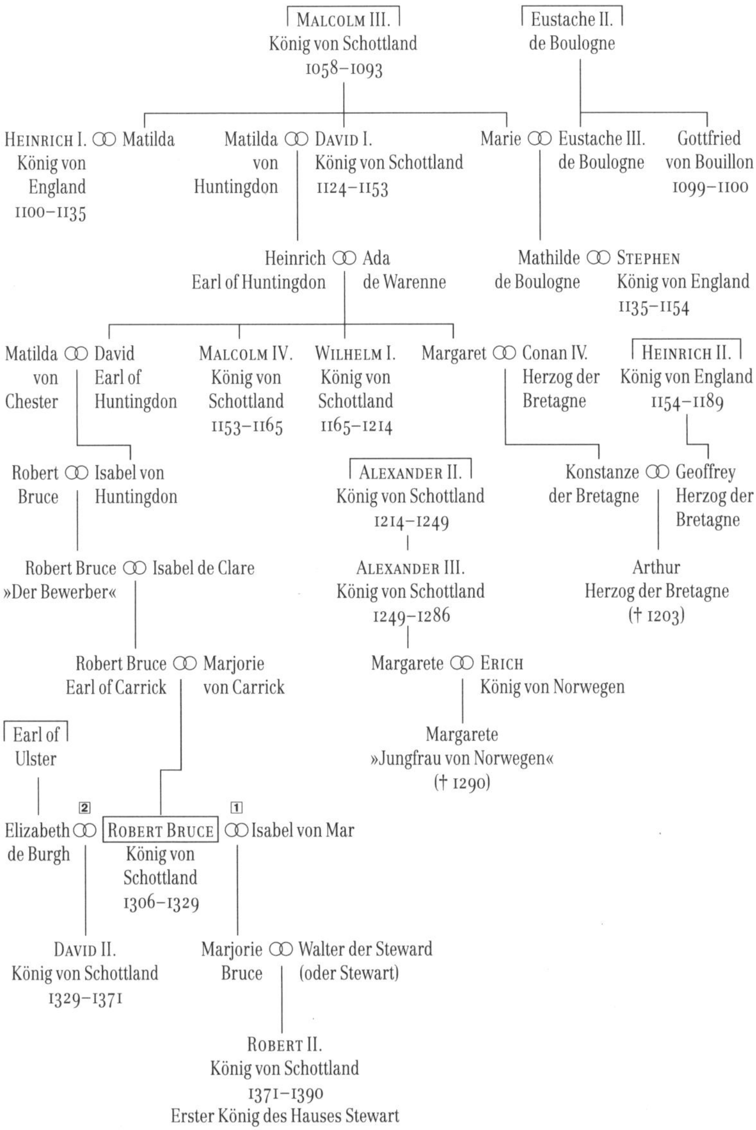

gebracht.[3] Man zerschmetterte das große Siegel Schottlands und beschlagnahmte Truhen mit königlichen Aufzeichnungen. Edward machte sich im Grunde zum Verteidiger des Glaubens, also zu einem archetypischen christlichen König, der die Herrschaft Roms verkündete. Um diesen Eindruck zu unterstützen, betonte man die heidnischen Aspekte des alten keltischen Königreichs, die als ketzerisch, wenn nicht gar satanisch hingestellt wurden. Edward ließ Gerüchte über Zauberei und Nekromantie verbreiten, um seinen Kreuzzug zur Angliederung Schottlands moralisch und theologisch rechtfertigen zu können.[4]

Als Edward jeden Widerstand im Lande gebrochen hatte, übertrug er die Regierung an seinen eigenen Beauftragten, den Earl of Warenne. Dieser behandelte seine Rolle mit arroganter Geringschätzung, und ein Jahr später, 1297, gab William Wallace durch die Ermordung des Sheriffs von Lanark das Signal zu einer allgemeinen Erhebung; danach griff er, gemeinsam mit William Douglas, die proenglische Richterschaft in Scone an. Wallace hatte seinen Aufstand mit ähnlichen Aktionen abgestimmt, die anderswo unter Führung des Bischofs von Glasgow und James dem Stewart stattfanden.

Vor diesem stürmischen Hintergrund tauchte plötzlich die Gestalt von Robert Bruce auf, der die Rebellion im Süden führte. Bruce war bereits zum Earl of Carrick ernannt worden, einem der größten, mächtigsten und zutiefst keltischen Lehnsgüter des Landes; es umfaßte den größten Teil der als Galloway bekannten westlichen Region. Bruce' Anhänger und Vasallen kontrollierten weite Landstriche in Ulster, darunter ganz Nord-Antrim, Teile der heutigen Grafschaft Londonderry und die Insel Rathlin vor der Nordküste. Neben Carrick gehörte ein Drittel der Lehnsgüter Huntingdon, Garioch und Dundee zu Bruce' Besitzungen. Da sein Urgroßvater in die Linie Davids I. eingeheiratet hatte, war Bruce königlichen Blutes.

Gegen Ende des Jahres 1297 gelang es Wallace, die Wahl William Lambertons, des Rektors der Glasgower Kathedrale, zum Bischof von St. Andrews, der wichtigsten Diözese Schottlands, durchzusetzen. Da Lamberton ein leidenschaftlicher Patriot war, hoffte man, daß seine Amtseinsetzung die schottische Sache stärken werde. Er machte sich sofort nach Rom auf, um seine Wahl durch den Papst bestätigen zu lassen und um im Namen seiner Waffengefährten an das Papsttum zu appellieren. Währenddessen wurde Wallace von einem prominenten schottischen Grafen – möglicherweise von Bruce selbst – zum Ritter geschlagen und im Jahre 1298 zum einzigen Hüter des Landes gewählt.

Doch im Frühjahr desselben Jahres führte die Revolte zu einem weiteren großangelegten Einmarsch der Engländer. Am 19. und 20. Juli 1298 schlug die englische Armee, die aus zweitausend Kavalleristen und zwölftausend Infanteristen bestand, ihr Lager in der Nähe von Falkirk auf: auf der Templerbesitzung Temple Liston (wo heute der Edinburgher Flughafen liegt). Edwards Streitkräfte wurden von einer Abteilung Templer unterstützt; unter ihnen waren, bedeutsam genug, zwei der höchsten Würdenträger des Ordens, der Großmeister von England und der Präzeptor von Schottland. Damals wurde der Orden noch nicht verfolgt und hatte keinen besonderen Grund, sich bedroht zu fühlen. Trotzdem war sein Bündnis mit dem englischen König höchst regelwidrig – eine Anomalie, für welche die Historiker keine befriedigende Erklärung liefern können. Es war den Templern stets streng verboten gewesen, an einem weltlichen Krieg, vor allem gegen einen christlichen Monarchen, teilzunehmen. Die Kreuzzüge, ihr einziger Daseinszweck, waren ausdrücklich als kriegerische Handlungen gegen Ungläubige definiert. Die Schotten waren schwerlich Ungläubige, und Schottland befand sich unter päpstlichem Schutz. Die Ernennung Bischof Lambertons war gerade von Papst Bonifatius VIII. persönlich bestätigt worden. Die einzige Erklärung für die Teilnahme der Templer liegt darin, daß die heidnischen und/oder alten keltischen Bräuche bei den rebellierenden Schotten immer noch ausgeprägt genug waren, um eine Art »Minikreuzzug« zu rechtfertigen.

Wie auch immer, die Schotten wurden am 22. Juli 1298 in der Schlacht von Falkirk übel zugerichtet. Die englischen Verluste waren kaum der Rede wert. Im Grunde fielen auf englischer Seite nur zwei wichtige Gestalten: die beiden hohen Würdenträger des Tempels.

Nach seiner Niederlage bei Falkirk war Wallace gezwungen, als Hüter des Landes zurückzutreten, doch dies war noch nicht das Ende der Revolte. Im Herbst 1298 ernannten die Rebellen John Comyn und Robert Bruce zu gleichberechtigten Hütern, die den Kampf fortsetzen sollten. Die beiden zerstritten sich jedoch rasch, was die gemeinsamen Aktionen gegen die Engländer behinderte und fast zu Bruce' Tod geführt hätte. Deshalb wurde Bischof Lamberton im Jahre 1299, nach seiner Rückkehr aus Rom, zum dritten Hüter ernannt, um zwischen seinen Landsleuten zu schlichten. Aber Lamberton hegte starke Sympathien für Bruce und war bald in einen eigenen Streit mit Comyn verwickelt. Angewidert von dem Gezänk trat Bruce zurück, überließ Schottland vorläufig Comyn und Lamberton und machte sich daran, seine Position mit anderen Mitteln zu festigen. Dazu gehörten zwei wichtige dynastische Bündnisse.

In den frühen neunziger Jahren des 13. Jahrhunderts hatte Bruce Isabel, die Tochter des Earl of Mar, geheiratet, während seine Schwester Christina Isabels Bruder, den Erben des Grafen, ehelichte. Isabel von Mar und Bruce hatten eine Tochter, Marjorie, die im Jahre 1315 Walter, den Sohn von James dem Stewart, heiraten sollte. Doch nachdem Isabel von Mar im Jahre 1312 gestorben war, schmiedete Bruce mit beeindruckendem Opportunismus ein zeitweiliges Bündnis mit den Engländern. Er heiratete Elizabeth de Burgh, die Tochter des Earl of Ulster, der ein treuer Gefolgsmann des englischen Königs war. Seit den Tagen von Dalriada hatte eine enge kulturelle und politische Bindung zwischen Ulster und Bruce' eigener Grafschaft Carrick bestanden. Dies läßt sich noch heute an der Häufigkeit ablesen, mit der »Carrick« in Nordirland als Präfix für Ortsnamen benutzt wird. Dadurch, daß Bruce die Tochter des Earl of Ulster heiratete, konnte er die alte Bindung zwischen seinem eigenen Lehnsgut in Schottland und den irischen Besitzungen, die den früheren Herren von Carrick gehörten, neu beleben. Nun war er in der Lage, erhebliche Unterstützung, was Menschen und Material betraf, von jenseits der Irischen See anzufordern. Und mit Hilfe seiner Verbündeten in Ulster konnte ein wichtiger Seeweg für den Nachschub offengehalten werden.

Unterdessen setzte sich die Revolte ohne ihn fort. Im Jahre 1303 besiegte Comyn in der Schlacht von Roslin eine kleine englische Truppe. Dies erwies sich jedoch als kurzlebiger Erfolg, denn im Jahre 1304 marschierte Edward wiederum in Schottland ein und zwang Comyn, sich zu unterwerfen und den Treueid auf die englische Krone abzulegen. Im Jahre 1305 wurde die Sache der schottischen Unabhängigkeit durch die Gefangennahme von Wallace noch mehr geschwächt. In einer barbarischen Weise, die selbst für mittelalterliche Verhältnisse extrem war, wurde Wallace umgebracht. Er wurde die sieben Kilometer zwischen Westminster und Smithfield hinter einem

Pferd hergezogen, kastriert, aufgehängt, bei noch lebendigem Leibe ausgeweidet und enthauptet. Man vierteilte seine Leiche und stellte die Stücke an verschiedenen Orten aus.

Die Ermordung John Comyns

Wallace war tot, und Comyn wurde von den Engländern straff an der Kandare gehalten. Aber im März 1304, ein Jahr vor Wallace' Gefangennahme, war Bruce' Vater gestorben, so daß Bruce nun einen direkten Thronanspruch hatte. Drei Monate später, im Juni, schloß er ein Geheimabkommen mit Bischof Lamberton. Der Inhalt dieser Vereinbarung wurde nie öffentlich bekanntgegeben, doch laut G.W.S. Barrow, einem von Bruce' Biographen, »kündete sie dunkel von ›Rivalen‹ und ›Gefahren‹«[5]. Heute wird allgemein angenommen, daß die Vereinbarung Pläne für ein unabhängiges keltisches Schottland enthielt, über das Bruce, von Lamberton unterstützt, als Monarch herrschen sollte. Aber bevor man ein solches Projekt realisieren konnte, mußte John Comyn aus dem Weg geräumt werden.

Die Comyns, denen auch die Grafschaften von Buchan und Monteith gehörten, waren ein altes Geschlecht, das dem von Bruce an Macht und Prestige gleichkam. John Comyn, das Oberhaupt des wichtigsten Zweiges der Familie, war unter anderem Herr von Lochaber, Badenoch und Tynedale. Trotz seines Streites mit Bruce und Lamberton hatte ihm niemand je die Integrität eines schottischen Patrioten abgesprochen. Seine Unterwerfung im Jahre 1304 unter Edward von England hatte ihn jedoch zu einem leicht verwundbaren Freiwild werden lassen.

Die folgenden Ereignisse bleiben verworren; vieles war auch damals unklar, vieles scheint bewußt unterdrückt worden zu sein. Sicher ist, daß Bruce seinen Widersacher am 10. Februar 1306 in der Greyfriars Kirk in Dumfries mit eigenen Händen ermordete. Comyn wurde mit einem Dolch vor dem Hochaltar verwundet und blutend auf dem Steinfußboden der Kirche zurückgelassen. Mehreren Berichten zufolge starb er nicht sofort und wurde von den Mönchen in Sicherheit gebracht, die seine Wunden versorgen wollten. Bruce hörte davon, kehrte zu der Kirche zurück, *schleppte ihn wieder zum Altar* und brachte ihn dort um.[6] Als Comyns Onkel einzugreifen versuchte, wurde er seinerseits von Christopher Seton, Bruce' Schwager, niedergemetzelt.

John Barbour, der einzige wichtige Chronist jener Zeit und Bruce' erster Biograph, äußerte sich neunundsechzig Jahre später seltsam vage über den Vorfall – seltsam deshalb, weil Barbour sonst jede Einzelheit erschöpfend behandelt und Namen, Daten und Statistiken präzise notiert. Er beschreibt den Mord selbst recht ausführlich, sagt jedoch fast nichts über die Hintergründe. Er deutet vorsichtig an, Bruce und Comyn hätten einen Pakt gegen die Engländer geschlossen, den Comyn brechen wollte; die beiden Männer seien sich mehr oder weniger zufällig in der Kirche begegnet, und der Mord habe sich spontan ereignet, in einem plötzlichen Wutausbruch nach Verratsbezichtigungen. Dann räumt Barbour ein, daß auch andere Erklärungen vorliegen, ist jedoch sichtlich bemüht, sie nicht anzuführen.[7]

Spätere Historiker geben zu, daß mehr hinter der Sache stecken muß, doch die wenigen Erklärungen, die sie vorbringen, reichen schwerlich aus. Die Ermordung Comyns weist Aspekte auf, die nicht allein mit dem Bruch eines Paktes oder mit der langjährigen Antipathie zwischen Bruce und seinem Opfer begründet werden können. Erstens gibt es überzeugende Belege dafür, daß Comyns Ermordung nichts mit einem spontanen Wutausbruch zu tun hatte. Im Gegenteil, sie scheint sorgfältig geplant, vielleicht sogar geprobt worden zu sein. Comyn wurde offenbar vorsätzlich in die Kirche gelockt. Außerdem dürfte ihn eine Eskorte seiner eigenen Soldaten begleitet haben, die mit Ausnahme seines Onkels untätig zusahen.

Zudem ist es unmöglich, den Schauplatz des Mordes zu ignorieren. Kirchen galten schließlich als heiliger Boden, als Zufluchtsstätten. Es war streng verboten, in einer Kirche Blut zu vergießen – ein Tabu, das von den mächtigsten Männern jener Zeit ehrfürchtig respektiert wurde. Selbst bei den seltenen Gelegenheiten, da Morde in Kirchen begangen wurden – zum Beispiel im Falle Thomas Beckets –, achtete man im allgemeinen darauf, kein Blut zu vergießen. Die Tatsache, daß Bruce eine so unsaubere Waffe wie einen Dolch benutzte, daß er Comyn zum Altar zurückschleppte, nachdem dieser von den Mönchen gerettet worden war, und daß er später keine Reue oder Bußfertigkeit erkennen ließ, deutet auf mehr als eine Affekthandlung hin. Sie läßt eine auffallende Herausforderung nicht nur der englischen Autorität, der Comyn Treue geschworen hatte, sondern auch

Roms erkennen. Durch Comyns Ermordung sollte Edwards Autorität, vor allem aber die des Papsttums, zurückgewiesen werden. Außerdem weist die Tat die unmißverständlichen Zeichen einer rituellen Tötung auf; es war – der archaischen heidnischen Tradition entsprechend auf geweihtem Boden – die fast zeremonielle Ermordung eines Thronanwärters durch den anderen. Zur damaligen Zeit kann niemand die weitreichende Symbolik von Bruce' Akt übersehen haben – eine Symbolik, welche die Bedeutung des Aktes selbst übertraf.

Der Papst reagierte wie erwartet: Bruce wurde unverzüglich exkommuniziert und blieb es mehr als ein Jahrzehnt lang. Doch die Exkommunikation machte bezeichnenderweise nicht den geringsten Eindruck auf die schottische Geistlichkeit. Lamberton ließ kein einziges Wort der Kritik an seinem Freund und Verbündeten vernehmen. Auch Bischof Wishart von Glasgow, der damals zweitwichtigste Kleriker des Landes, in dessen Diözese der Mord stattgefunden hatte, blieb stumm. Vielmehr schienen beide Bruce' Tat zu billigen – und sie erwartet zu haben. Um zu G.W.S. Barrow zurückzukehren: »Die Vermutung scheint nicht übereilt, daß Wishart im voraus wußte, wann sich der Gewaltstreich ungefähr ereignen würde.«[8]

Nach Comyns Tod machte Bruce seinen Thronanspruch sofort geltend. Lamberton unterstützte ihn ebenso wie Wishart. Mehr noch, nachdem Bruce seinen Rivalen beseitigt hatte, machte er sich unverzüglich nach Glasgow auf, wo er von Wishart zu Gesprächen auf hoher Ebene empfangen wurde. Und als Bruce eine neue Kampagne gegen die Engländer einleitete, priesen Lamberton und Wishart sein Vorgehen – in offenkundiger Mißachtung Roms – als einen regelrechten Kreuzzug.

Mit diesem geistlichen Segen eroberte Bruce die Schlösser, die den Firth of Clyde kontrollierten, wodurch er seine Nachschubrouten nach Ulster und zu den Westlichen Inseln schützte. Wie auf ein Stichwort hin zauberte Bischof Wishart die bis dahin versteckten alten königlichen Gewänder sowie ein Banner hervor, welches das Wappen des alten keltischen Königshauses trug. Unterdessen verschwand Lamberton, der in Berwick den Vorsitz in einem englischen Rat übernehmen sollte, der entsandt worden war, um Schottland zu regieren. Er tauchte in Scone wieder auf, wo er Bruce sechs Wochen nach Comyns Tod offiziell zum König krönte, eine Messe für den neuen Monarchen zelebrierte, ihm huldigte und ihm Treue schwor. Die

Historiker sind sich darin einig, daß diese Ereignisse, was immer die Umstände von Comyns Ermordung gewesen sein mochten, planmäßig vorbereitet worden waren.

Es gab sogar zwei getrennte Krönungen. Die erste, von der kaum Einzelheiten überliefert sind, scheint mehr oder weniger konventionell gewesen und am 25. März 1306 in der Abteikirche von Scone abgehalten worden zu sein. Lamberton führte den Vorsitz; Wishart, Bischof Murray von Moray, die Äbte von Scone und Inchaffray, die Grafen von Lennox, Monteith, Athol und wahrscheinlich von Mar standen ihm zur Seite.

Die zweite Krönung fand zwei Tage später statt; dabei nahm Bruce nach altem keltischem Brauch auf dem Thron von Scone Platz. Traditionsgemäß hätte ihn der Earl of Fife, dem diese Rolle bei der Krönung von schottischen Königen seit Jahrhunderten übertragen war, zum Thron geleiten müssen. Aber der Earl of Fife war gerade erst volljährig geworden und befand sich völlig unter dem Einfluß Edwards von England. Folglich wurde diese Aufgabe von seiner Schwester Isabel, der Frau des Earl of Buchan, eines Cousins von Comyn, wahrgenommen; sie war eigens von ihren Besitzungen in England nach Norden geritten, um die Krönung durchzuführen.

Früher neigten Historiker dazu, Bruce' Laufbahn und seine Kampagne für die schottische Unabhängigkeit als vorwiegend von politischen, nicht von kulturellen Faktoren bestimmt einzustufen. Deshalb ignorierte man das keltische Element weitgehend und stellte Bruce als einen typischen normannischen Potentaten dar. »Erst in relativ jüngerer Zeit wurde der Beitrag des ›keltischen‹ Schottland zu dem Kampf hinreichend gewürdigt.«[9] Inzwischen wurde deutlich, daß der Beitrag des keltischen Schottland entscheidend war. Bruce war ein typisch keltischer Herrscher, der die Wiederherstellung des alten keltischen Königreichs anstrebte, und seine Kampagne hatte nicht nur politische, sondern auch kulturelle und ethnische Beweggründe. Zum Beispiel verbreiteten Bruce' Propagandisten im Jahre 1307, als Edward auf dem Totenbett lag, Geschichten von einer angeblichen Prophezeiung Merlins. Laut dieser Prophezeiung sollten sich die keltischen Völker nach Edwards Tod vereinen, ihre Unabhängigkeit erlangen, ein eigenes Königreich gründen (das sich vermutlich über die Irische See hinweg erstrecken würde) und gemeinsam in Frieden leben.[10]

Solche Prophezeiungen waren jedoch eindeutig verfrüht. England wie Rom reagierten rasch auf Bruce' Krönung. Denn während England eine restaurierte keltische Monarchie als politische Gefahr betrachtete, zeichnete sich für Rom etwas noch Bedrohlicheres ab: die Auferstehung der alten, potentiell ketzerischen keltischen Kirche oder, schlimmer noch, eine Rückkehr zum vorchristlichen Heidentum in Schottland. Die allgemeine schottische Gleichgültigkeit gegenüber Bruce' Exkommunikation war alarmierend. Das gleiche galt für die Unbekümmertheit, mit der man jedem weiteren christlichen Bannstrahl begegnete.

Die englische Reaktion konnte nicht so leicht abgetan werden. Inzwischen war Bruce' Gefolgschaft beträchtlich angewachsen. Ihr gehörten neben den wichtigsten Grafen Schottlands so bedeutende Familien wie die Frasers, die Hays, die Campbells, die Montgomeries, die Lindsays und die Setons an, von denen einige später noch erwähnt werden sollen. Aber ihre Unterstützung reichte nicht aus, um den Vormarsch der englischen Armee, die nun wieder ins Feld zog, aufzuhalten. Am 19. Juni 1306, in der Schlacht von Methven, überraschte Edward die Schotten vor dem Morgengrauen und fügte ihnen eine vernichtende Niederlage zu. Der Earl of Athol wurde gefangengenommen und hingerichtet, ebenso Simon Fraser, Neil Bruce, Christopher Seton und sein Bruder John.

Auch die Damen, die sich für Bruce' Sache einsetzten, entgingen dem Zorn der Engländer nicht. Isabel, Gräfin von Buchan, die bei der keltischen Krönung von Bruce mitgewirkt hatte, wurde in einen vor der Mauer von Berwick Castle hängenden Käfig gesperrt und darin vier Jahre lang, bis 1310, festgehalten. Bruce' Schwester Mary wurde im Turm von Roxburgh Castle bis 1314 in einem ähnlichen Käfig gefangengehalten. Man verurteilte Marjorie, seine zwölfjährige Tochter, zunächst zur Einkerkerung in einem dritten Käfig, diesmal im Tower von London, doch die Vernunft oder äußerer Einfluß bewirkten, daß sie statt dessen einem Kloster übergeben wurde. Einer Reihe von Historikern ist das »rasende Streben König Edwards nach Rache stets am verblüffendsten hinsichtlich seiner Behandlung der weiblichen Gefangenen erschienen«[11]. Aber man muß sich an den einzigartigen Status erinnern, den die Frauen – als Priesterinnen, Prophetinnen, Bewahrerinnen des königlichen Geschlechts – in der keltischen Gesellschaft innehatten. Für Edward dürften die Frauen aus Bruce'

Gefolgschaft weniger mit normannischen Schloßherrinnen als mit den Hexen in *Macbeth* gemein gehabt haben.

Nach der Vernichtung seiner Armee war Bruce gezwungen, zunächst in den Bergen von Perthshire, dann in Argyll Zuflucht zu suchen. Aus Argyll entkam er nach Kintyre und von dort auf die Insel Rathlin vor der Küste von Ulster. Bekannt ist, daß er einen Teil des Winters 1306/07 auf der Insel verlebte, aber was er bis Februar 1307 tat, bleibt unklar. Man darf jedoch annehmen, daß er wenigstens einen Teil seiner Zeit auf dem irischen Festland verbrachte, um Nutzen aus dem alten Bündnis zwischen Ulster und Carrick zu ziehen und irische Anhänger zu gewinnen. Der Versuch war erfolgreich, denn als er von neuem auftauchte, begleiteten ihn mehrere irische Adlige mit ihren Gefolgsleuten.

Bruce kehrte im Februar 1307 mit einer beträchtlichen Streitmacht nach Carrick zurück und nahm den Kampf gegen die Engländer wieder auf. Entgegen den Prophezeiungen wurden die Feindseligkeiten durch Edwards Tod im Juli nur sehr kurz unterbrochen. In den folgenden sieben Jahren – genau während der Zeit, in welcher die Templer auf dem Kontinent und in England verfolgt wurden – sollte sich der Krieg in Schottland mit nur sporadischen Unterbrechungen fortsetzen. Bei einer Zusammenkunft des Parlaments von St. Andrews im Jahre 1309 wurde Bruce offiziell zum »König der Schotten« ernannt. Von diesem Zeitpunkt an war er der Souverän ganz Schottlands und wurde als solcher von seinem eigenen Volk und von anderen Staatsoberhäuptern – mit Ausnahme des Papstes, der ihn exkommuniziert hatte, und Edwards II., des neuen Königs von England – anerkannt. Der letztere war nicht weniger entschlossen als sein Vater, die Schotten gefügig zu machen und ihr Königreich seinen eigenen Ländereien anzugliedern.

Im Winter 1310/11 leitete Edward eine neue Offensive ein. Doch die Erfahrung von Methven hatte Bruce gelehrt, seinem Gegner nicht in einer offenen Feldschlacht gegenüberzutreten. Seine Truppen waren den englischen zahlenmäßig stets unterlegen. Vor allem fehlte es ihm an schwerbewaffneten Rittern, die im entscheidenden Moment mit einer massiven Attacke auch den hartnäckigsten Widerstand niedermachen konnten. Folglich bevorzugte er Überraschungsangriffe, die von Männern in leichter Rüstung auf schnellen und wendigen Pferden durchgeführt wurden – dies war die Taktik, welche auch die

Sarazenen im Heiligen Land angewandt hatten. Außerdem stützte er sich in hohem Grade auf gutausgebildete Bogenschützen.

Gleichzeitig begannen die Schotten, einen entschiedeneren Widerstand zu leisten und eine weit straffere Disziplin und eine raffiniertere Kriegskunst an den Tag zu legen. Zudem erhielten sie ab Januar 1310 beachtliche Waffen- und Materiallieferungen aus Irland. Dieser Handel nahm in einem solchen Maße zu, daß er Edward zu einer wütenden Proklamation veranlaßte: »Der König gebietet dem Schatzkanzler von Irland, in allen Städten und Häfen bekanntzugeben ..., daß der Export von Lebensmitteln, Pferden, Rüstungen und anderem Nachschub ... an die aufrührerischen Schotten, der, wie er hört, von Händlern in Irland betrieben wird, unter Höchststrafe verboten ist.«[12]

Verblüffte Historiker weisen jedoch darauf hin, daß Irland genausowenig wie Schottland über eine großangelegte Militärindustrie verfügte. Die in Irland vorhandenen Waffen und Rüstungen konnten nur vom Kontinent stammen.

Natürlich ist denkbar, daß die erhöhte Schlagkraft der schottischen Armee ein natürliches Ergebnis des langen Konfliktes war, in dem die Männer immer mehr Erfahrungen sammelten. Aber es ist auch denkbar, daß Teile der schottischen Streitmacht bereits von flüchtigen Templern ausgebildet wurden. Schließlich waren die Templer damals die diszipliniertesten und professionellsten Soldaten Europas, und sie könnten aus dem Heiligen Land die Sarazenentaktik mitgebracht haben, die Bruce nun anwandte. Was Waffenlieferungen vom Kontinent über Irland nach Schottland betrifft, so ist es schwer, sich einen anderen Vermittler für diesen Handel vorzustellen als den Templerorden – dessen Einrichtungen in Irland, wie sich bei königlichen Razzien herausstellte, praktisch von Waffen entblößt waren.

Bannockburn und die Templer

Die Schlacht von Bannockburn, die letztlich über die schottische Unabhängigkeit entscheiden sollte, wurde nicht durch geschickte strategische Manöver, sondern durch einen seltsamen mittelalterlichen Ehrbegriff ausgelöst. Gegen Ende des Jahres 1313 wurde eine kleine englische Garnison in Stirling Castle, dem Tor zum Hochland und nach Argyll, von Bruce' Bruder Edward belagert. Die Belagerung zog sich hin, und Edward Bruce, der die Kräfte seiner Streitmacht nicht verschwenden wollte, akzeptierte die von den Verteidigern vorgeschlagenen Bedingungen: Wenn bis zum Mittsommer des folgenden Jahres keine englische Armee in einem Umkreis von drei Meilen erschienen sei, werde die Garnison kapitulieren. Es war eine Herausforderung, die König Edward II. von England nicht ehrenvoll zurückweisen konnte. Und Robert Bruce wurde nun durch seinen Bruder zu genau der offenen Feldschlacht gezwungen, die er seit Methven im Jahre 1306 vermieden hatte.

Das vorgebliche Ziel des englischen Monarchen bestand darin, Stirling zu befreien. Allein schon die Größe seiner Armee deutete jedoch darauf hin, daß seine wahren Ziele viel ehrgeiziger waren. Er plante einen vernichtenden Sieg über die Schotten, die endgültige Niederwerfung von Bruce und eine militärische Besetzung Schottlands. Zeitgenössische Chronisten schrieben, daß die englische Armee hunderttausend Mann zählte. Dies ist zweifellos eine der für das Mittelalter typischen Übertreibungen. Immerhin zeigen die Stammrollen der damaligen Zeit aber, daß Edward 21 640 Infanteristen einberief.[13] Durch die unvermeidliche Auszehrung durch Fahnenflucht und Krankheit trafen gewiß nicht alle in Schottland ein, doch zu den Ankömmlingen gesellten sich rund dreitausend Ritter, von denen jeder seine eigenen ausgebildeten Gefolgsleute mitbrachte. Moderne Historiker stimmen darin überein, daß die englischen Streitkräfte nicht weniger als zwanzigtausend Mann umfaßten. Dies hätte ihnen eine zahlenmäßige Überlegenheit von drei zu eins verliehen – ein Verhältnis, das sich in den damaligen Chroniken widerspiegelt. Man nimmt an, daß die Schotten zwischen sieben- und zehntausend Infanteristen und ungefähr fünfhundert »Ritter« besaßen, deren Bewaffnung und Rüstung nicht annähernd an die ihrer englischen Gegner heranreichte.

Man debattiert immer noch über die genaue Stätte der Schlacht von Bannockburn, doch es ist bekannt, daß sie rund vier Kilometer von Stirling Castle entfernt stattfand. Die Hauptauseinandersetzung spielte sich am 24. Juni 1314 ab. Das Datum ist interessant, denn der 24. Juni war der Tag des heiligen Johannes, und damit von besonderer Bedeutung für die Templer.

Einzelheiten der Geschehnisse von Bannockburn sind nicht bekannt. Kein Augenzeugenbericht hat sich erhalten, und die wenigen überlieferten Darstellungen aus zweiter oder dritter Hand sind entstellt und verworren. Man nimmt allgemein an, daß es am Vortag zu Scharmützeln kam und daß Bruce den englischen Ritter Henry de Bohun in einem klassischen Duell tötete. Die meisten Historiker sind sich einig, daß die schottische Armee fast ausschließlich aus Infanteristen – bewaffnet mit Spießen, Speeren und Äxten – bestand. Außerdem stimmen sie darin überein, daß in den schottischen Reihen nur berittene Krieger Schwerter besaßen und daß Bruce nur über wenige solcher Männer verfügte – keinesfalls genug nach Zahl, Pferden und Ausrüstung, um den englischen Rittern gewachsen zu sein. Doch paradoxerweise schreibt John Barbour, der Chronist des 14. Jahrhunderts, über Bruce, daß »aus dem Tiefland bei ihm war von bewehrten Männern eine Schar«[14]. Aus den wenigen überlieferten Berichten über die Schlacht scheint tatsächlich hervorzugehen, daß berittene Krieger, die bis dahin als Teil von Bruce' persönlicher Abteilung in Reserve gehalten worden waren, irgendwann einen Angriff auf die englischen Bogenschützen durchführten. Aber am auffallendsten in den Chroniken ist – als alle schottischen Einheiten *bereits in den Kampf verwickelt waren* und der Ausgang der Schlacht in der Schwebe schien – der entscheidende Vorstoß einer nach Meinung der Engländer »frischen Streitmacht«, die plötzlich mit fliegenden Bannern aus der schottischen Nachhut auftauchte.

Einigen Darstellungen zufolge bestand dieses frische Kontingent aus Freisassen, Kindern, Marketendern und anderen Nichtkämpfern, die von den Engländern fälschlich für Krieger gehalten wurden. Sie hatten angeblich einen Hauptmann aus ihren eigenen Reihen gewählt, Fahnen aus Laken hergestellt, sich mit hausgemachten Waffen ausgerüstet und als Freiwillige in die Schlacht geworfen. Es ist eine rührende, romantische Geschichte, die dem schottischen Patriotismus zur Ehre gereicht, aber sie klingt nicht überzeugend. Wenn der Vorstoß wirklich so improvisiert und unvorbereitet gewesen wäre, hätte er die Schotten nicht weniger überrascht als die Engländer. Da sich in den schottischen Reihen keine Verwirrung ausbreitete, muß man mit dieser Intervention gerechnet haben. Auch ist kaum denkbar, daß die schwer gerüsteten englischen Ritter – selbst wenn sie eine Horde von Bauern und Marketendern merkwürdigerweise für einen Trupp von Berufssoldaten gehalten hätten – vor einer zu Fuß geführten Attacke geflüchtet wären. Alles deutete darauf hin, daß der entscheidende Vorstoß von einer Reserve berittener Männer ausging. Wer könnten diese unbekannten Reiter gewesen sein?

Das plötzliche Auftauchen einer frischen Streitmacht, wie immer ihre Identität sein mochte, nach einem Tag des Kampfes, der die englische wie die schottische Armee erschöpft hatte, bestimmte den Ausgang der Schlacht. Panik ergriff die englischen Reihen. König Edward floh mit fünfhundert seiner Ritter jäh vom Schlachtfeld. Die demoralisierten englischen Infanteristen folgten sofort seinem Beispiel; in wilder Flucht ließ die englische Armee ihren Nachschub, ihren Troß, ihr Geld, ihre Gold- und Silberbestecke, ihre Waffen und Ausrüstung zurück. Während einige Chroniken von einem schrecklichen Gemetzel sprechen, scheinen die beurkundeten englischen Verluste in Wirklichkeit gar nicht so hoch gewesen zu sein. Nur ein Graf sowie achtunddreißig Barone und Ritter wurden als gefallen gemeldet. Der englische Zusammenbruch scheint weniger vom Ungestüm des schottischen Angriffs als von Furcht ausgelöst worden zu sein.

Bauern und Marketender dürften kaum in der Lage gewesen sein, dem Feind solche Furcht einzujagen. Andererseits wäre selbst ein kleiner Trupp von Templern dazu fähig gewesen. Wer immer die geheimnisvollen Eingreifer waren, sie schienen sofort erkennbar gewesen zu sein – wie etwa die Templer an ihren Bärten, den weißen Mänteln und dem »Beauséant«, ihrem schwarzweißen Banner. Wenn sie als solche erkannt worden wären und wenn sich die Nachricht von ihrer Identität in den englischen Reihen verbreitet hätte, wäre das Ergebnis eine Panik von genau der beschriebenen Art gewesen.

Doch weshalb werden die Templer in den Chroniken nicht erwähnt, falls sie bei Bannockburn eine so wichtige Rolle gespielt haben? Es könnte eine Reihe von Gründen für diese Zurückhaltung geben. Vom englischen Standpunkt aus waren die Geschehnisse zu schmachvoll, um überhaupt diskutiert zu werden, und tatsächlich wird die Schlacht in englischen Darstellungen kaum erwähnt. Was die Schotten betrifft, so legten sie Wert darauf, Bannockburn als einen Triumph ihres Volkes, ihrer Kultur, ihres Nationalismus zu schildern; dieser Triumph wäre durch den Hinweis auf ein Eingreifen Dritter geschmälert worden. Zudem hatte Bruce sehr spezifische politische Gründe dafür, die Anwesenheit der flüchtigen Templer in seinen Ländereien geheimzuhalten. Zwar war er immer noch exkommuniziert, doch im Jahre 1314 war ihm bereits an der Unterstützung der Kirche gelegen, und er konnte es nicht riskieren, das Papsttum noch stärker gegen sich aufzubringen. Und schon gar nicht konnte er das Risiko eingehen, daß der Papst einen Anlaß erhielt, zu einem Kreuzzug gegen Schottland aufzurufen. Etwas Ähnliches hatte sich genau ein Jahrhundert zuvor im Languedoc ereignet, und die sich anschließenden Verwüstungen, die etwa vierzig Jahre gedauert hatten, waren noch frisch im Gedächtnis der Menschen. Damit nicht genug, Bruce' wichtigster europäischer Verbündeter war Philipp IV. von Frankreich – ebender Mann, der die Verfolgung der Templer eingeleitet hatte.

Nach der Schlacht wurde einem von Bruce' Vasallen, Angus Óg MacDonald, besondere Anerkennung zuteil: »Das traditionelle Recht der MacDonalds, auf dem rechten Flügel der königlichen Armee – einem Ehrenplatz – zu kämpfen, soll Angus Óg von Bruce in Anerkennung der Rolle eingeräumt worden sein, die er und seine Männer beim Erfolg von Bannockburn spielten.«[15]

Das Gebiet um Kilmartin, Loch Awe und Loch Sween war königlicher Besitz, der von Sir Neil Campbell, Bruce' Schwager, verwaltet wurde. Alle übrigen Ländereien gehörten den MacDonalds. Jeder in der Region ansässige Tempelritter wäre selbstverständlich unter dem nominellen Befehl Angus Ógs in die Schlacht gezogen.

Bannockburn war eine von rund einem halben Dutzend Entscheidungsschlachten des Mittelalters und wahrscheinlich die größte, die je auf britischem Boden ausgefochten wurde. Sie setzte den englischen Ansprüchen auf Schottland, das in den nächsten 289 Jahren ein unabhängiges Königreich bleiben sollte, faktisch ein Ende. Als die beiden Länder zu Beginn des 17. Jahrhunderts unter einem gemeinsamen Monarchen vereinigt wurden, geschah dies nicht durch Eroberung, sondern durch Erbschaft.

Trotz Bannockburn sollten die verbleibenden fünfzehn Jahre von Bruce' Herrschaft stürmisch werden. Da er keinen männlichen Erben hatte, war es besonders schwer, einen Nachfolger zu benennen. Im Jahre 1315, etwa zehn Monate nach Bannockburn, wurde die Nachfolge schließlich seinem Bruder Edward übertragen. Einen Monat später stach Edward Bruce nach Irland in See, wo man ihn im

Mai des folgenden Jahres in Dundalk zum König des Landes krönte. Damit hätte er den alten keltischen Traum – die Vereinigung Irlands und Schottlands – wahrmachen können. Doch er starb im Oktober 1318, und die Thronfolge war in beiden Ländern wiederum offen. Im Dezember einigte man sich, daß der schottische Thron nach Bruce' Tod an seinen Enkel Robert, den Sohn von Marjorie Bruce und Walter dem Stewart, übergehen sollte.

Am 6. April 1320 wurde ein außergewöhnliches Dokument – die sogenannte Deklaration von Arbroath – herausgegeben. Es hatte die Form eines Briefes, der von acht Grafen und einunddreißig anderen Adligen, darunter Vertreter der Familien Seton, Sinclair und Graham, in Auftrag gegeben und unterzeichnet worden war. Der Text skizzierte die legendäre Geschichte der Schotten, beginnend bei ihrer angeblichen Herkunft aus Skythien und ihrer dortigen Bekehrung durch den heiligen Andreas. Er beschrieb Robert Bruce als den Erlöser der Schotten und pries ihn als einen »zweiten Makkabäus oder Josua« (biblische Vergleiche waren bei den Templern traditionsgemäß beliebt). Wichtiger sind jedoch die Proklamation der schottischen Unabhängigkeit und die bemerkenswert moderne Sichtweise, mit der das Verhältnis des Königs zu seinem Volk definiert wird:

»Die göttliche Fügung, das Recht der Erbfolge durch die Gesetze und Bräuche des Königreichs ... und die gebührende und rechtmäßige Zustimmung und Billigung des gesamten Volkes machten ihn zu unserem König und Fürsten. Wir sind verpflichtet und entschlossen, ihm in allen Dingen zu folgen, sowohl aufgrund seines Rechtes als auch seines Verdienstes, da er es war, der die Sicherheit des Volkes durch die Verteidigung seiner Freiheiten wiederhergestellt hat. Wenn aber dieser Fürst die Prinzipien, für die er sich so edelmütig eingesetzt hat, aufgeben und zustimmen sollte, daß wir oder unser Königreich dem König oder dem Volk von England unterzuordnen sind, werden wir uns sogleich bemühen, ihn als unseren Feind und als den Zerstörer seiner eigenen und unserer Rechte zu vertreiben, und werden einen anderen König wählen, der unsere Freiheiten verteidigt.«[16]

Mit anderen Worten, Bruce war kein König durch »göttliches Recht«. Er war nur so lange König, wie er die seinem Amt obliegenden Pflichten erfüllte. Im Rahmen der damaligen Zeit war dies eine überaus fortschrittliche Definition des Königtums.

Im Jahre 1322 begann Edward II. seine letzte und recht halbherzige Expedition gegen Schottland. Sie schlug fehl, und Bruce revanchierte sich mit Vorstößen nach Yorkshire. Im Jahre 1323 schlossen die beiden Länder einen auf dreizehn Jahre geplanten Waffenstillstand, der allerdings nur vier Jahre anhielt. Unterdessen wurde Bruce in eine neue Streiterei mit dem Papsttum verwickelt, das damals die Qual seines eigenen Schismas, der sogenannten »Gefangenschaft von Avignon«, durchmachte. Edward von England hegte schon seit einiger Zeit den Wunsch, die mächtigen nationalistischen Bischöfe der schottischen Kirche zu entfernen: Prälaten wie Lamberton von St. Andrews, Wishart von Glasgow und William Sinclair von Dunkeld (ein Bruder Sir Henry Sinclairs von Rosslin, der zu den Unterzeichnern der Deklaration von Arbroath gehörte). Zu diesem Zweck hatte der englische König mehreren Päpsten zugesetzt, keinen neuen einheimischen Bischof der schottischen Kirche zu weihen. Bei dem in Avignon weilenden Papst Johannes XXII. stieß er auf Verständnis. Doch Bruce trotzte gemeinsam mit seinen Bischöfen den Wünschen des Papstes und wurde im Jahre 1318, zusammen mit James Douglas und dem Earl of Moray, wiederum exkommuniziert. Ein Jahr später forderte der Papst die Bischöfe von St. Andrews, Dunkeld, Aberdeen und Moray auf, vor ihm zu erscheinen und sich zu rechtfertigen. Sie ignorierten ihn und wurden im Juni 1320 ebenfalls exkommuniziert. Während der gesamten Auseinandersetzung hatte der Papst sich geweigert, Bruce als König anzuerkennen, und ihn pointiert stets als »Herrscher des Königreichs Schottland« bezeichnet. Erst im Jahre 1324 gab Papst Johannes XXII. endlich nach, und Bruce wurde von der Kirche als Monarch anerkannt.

Bruce starb im Jahre 1329. Ihm folgte, wie er es bestimmt hatte, sein Enkel Robert II., der erste König des Hauses Stuart. Vor seinem Tode hatte Bruce den Wunsch geäußert, daß sein Herz in eine Schatulle gelegt, nach Jerusalem gebracht und in der Kirche des Heiligen Grabes beigesetzt werde. Um seinen Willen zu erfüllen, brachen Sir James Douglas, Sir William Sinclair, Sir William Keith und wenigstens zwei weitere Ritter im Jahre 1330 ins Heilige Land auf; Douglas trug Bruce' Herz in einer silbernen, an seinem Hals befestigten Schatulle. Ihre Reise führte sie durch Spanien, wo sie mit König Alfons XI. von Kastilien und Leon Bekanntschaft schlossen und ihn auf seinem Feldzug gegen die Mauren von Granada begleiteten. Am 25. März

1330 wurden die in der Vorhut reitenden Schotten während der Schlacht von Tebas de Ardales umzingelt. Der Chronik des 14. Jahrhunderts zufolge löste Douglas die Schatulle von seinem Hals und schleuderte sie dem angreifenden Feinde mit dem Ruf entgegen:

»Mut'ges Herz, das stets im Kampf geführt,
Voran! wie's war dein Brauch. Und ich,
Dir folgend, weih' dem Tode mich!«[17]

Ob Douglas in der Kampfeshitze die Zeit und Neigung hatte, seine Gedanken zu Versen zu ordnen, bleibt dahingestellt. Aber nachdem er Bruce' Herz dem Feind entgegengeschleudert hatte, folgten er und seine schottischen Landsleute ihm in der Tat und warfen sich ungestüm ins Gefecht. Alle starben, mit Ausnahme Sir William Keiths, der sich vor der Schlacht den Arm gebrochen hatte und deshalb nicht daran teilnahm. Es heißt, er habe das Herz, das in seiner Schatulle wie durch ein Wunder unversehrt geblieben war, vom Schlachtfeld geborgen und nach Schottland zurückgebracht. Es wurde in der Abtei von Melrose, unter dem östlichen Fenster des Altarraums, beigesetzt.

Zu Beginn des 19. Jahrhunderts öffnete man Bruce' Grab in der Abtei von Dunfermline. Laut populärer Überlieferung, die im Zeitalter Sir Walter Scotts starken Einfluß hatte, fand man ihn mit sorgfältig unter dem Schädel gekreuzten Schenkelknochen. Dies traf nicht zu; anscheinend war an den Überresten der Leiche nichts Ungewöhnliches.[18] Aber die Überlieferungen weisen darauf hin, daß jemand Wert darauf legte, Bruce mit dem Totenkopf und den gekreuzten Knochen der Freimaurer in Verbindung zu bringen.

1.2 KRIEGERMÖNCHE: DIE TEMPELRITTER

Schon vor seiner Auflösung war der Templerorden von ausgefallenen Mythen und Legenden, Gerüchten, Mißtrauen und Aberglauben umgeben gewesen. In den Jahrhunderten nach der Unterdrükkung des Ordens verstärkte sich diese Aura, und seine wirklichen Rätsel wichen immer weiter hinter albernen Mystifikationen zurück. Im 18. und 19. Jahrhundert gab man sich, wie wir sehen werden, alle Mühe, gewisse Riten der Freimaurerei von den Templern herzuleiten. Gleichzeitig erschienen neutemplerische Organisationen, die ihre Herkunft auf ähnliche Weise von dem ursprünglichen Orden ableiteten. Heute gibt es nicht weniger als fünf Vereinigungen, die behaupten, direkt von den weißbemantelten Kriegermönchen des Mittelalters abzustammen. Und ungeachtet des Zynismus und der Skepsis unseres Zeitalters finden selbst Außenstehende einen faszinierenden, wenn nicht gar romantischen Zug an den soldatischen Mystikern mit ihrem schwarzweißen Banner und dem achteckigen roten Kreuz. Sie sind in unsere Folklore und Tradition eingegangen, sie prägen sich der Phantasie nicht nur als Kreuzfahrer, sondern als etwas viel Rätselhafteres und Beschwörerischeres ein: als hochrangige Drahtzieher der Macht, als Hüter eines wunderbaren Schatzes, als Zauberer und Kenner gespenstischer Kräfte, als Bewahrer eines geheimen Wissens. Die Zeit ist gnädiger mit ihnen umgegangen, als sie es unter den Qualen ihrer letzten Prüfungen je hätten ahnen können.

Doch die Zeit hat auch die Identität und den Charakter der Menschen hinter dem romantischen Schleier undeutlich werden lassen – ebenso wie das Wesen der Institution, die von diesen Menschen geschaffen wurde. Zum Beispiel bleibt offen, wie orthodox oder ketzerisch der Glaube der Templer wirklich war; in welchem Maße sie sich der gegen sie vorgebrachten Anklagepunkte schuldig gemacht haben; wie die interne Tätigkeit des Ordens auf höchster Ebene aussah; wie er seine geheimen Generalpläne, sein Projekt zur Gründung eines Templerstaates, seine Politik zur Versöhnung von Christentum, Judaismus und Islam verfolgte. Offen bleibt, welche Einflüsse den Orden gestalteten, wie sich die »Ansteckung« durch die Ketzerei der Katharer sowie die Beschäftigung mit älteren, nichtpaulinischen christlichen Denkweisen auswirkten, auf welche die Ritter im Heiligen Land gestoßen waren. Offen bleibt, was aus dem Reichtum wurde, den diese vermeintlich armen »Soldaten Christi« anhäuften – ein Reichtum, den Könige an sich zu raffen suchten und der spurlos verschwand. Offen bleibt, welche Rituale die Templer pflegten und was es mit dem geheimnisvollen »Götzenbild« auf sich hatte, das angeblich unter dem Namen »Baphomet« von ihnen verehrt wurde. Und offen bleibt auch die Frage nach dem geheimen Wissen, das, wie es hieß, zumindest von den höheren Rängen des Ordens geteilt wurde. Was war der Charakter dieses Wissens? War es wirklich in dem Sinne »okkult«, wie die Inquisition behauptete, hatte es mit verbotenen magischen Bräuchen, schändlichen und gotteslästerlichen Riten zu tun? War es politischer und kultureller Art – bezog es sich beispielsweise auf die Ursprünge des Christentums? War es wissenschaftlicher und technischer Art – umfaßte es solche Dinge wie Drogen, Gifte, Medizin, Architektur, Karthographie, Navigation und Handelsrouten? Je gründlicher man die Geschichte der Templer untersucht, desto weniger scheinen solche Fragen beantwortet zu werden, sondern sich im Gegenteil zu vervielfachen.

Die Geschichte der Templer verläuft, wie erwähnt, fast parallel zu der des feudalen keltischen Königreichs Schottland, von der Herrschaft Davids I. bis hin zu Bruce. Oberflächlich betrachtet, scheinen die schottische Monarchie und der im Heiligen Land gegründete, militärisch-religiöse Orden sonst kaum etwas gemein zu haben. Und doch gab es eine Reihe von Verbindungen zwischen ihnen, die zum Teil durch die Geopolitik der mittelalterlichen Welt, zum Teil durch weniger leicht faßbare, nie aufgezeichnete Faktoren zustande gekommen waren. Gegen 1314 könnten diese Verbindungen durchaus zur Teilnahme der Templer an der Schlacht von Bannockburn geführt haben.

Der Aufstieg der Templer

Den meisten Quellen zufolge wurde die »Arme Ritterschaft Christi vom Salomonischen Tempel« im Jahre 1118 gegründet, doch einiges deutet darauf hin, daß sie wenigstens vier Jahre früher bereits existierte.[1] Ihre vorgebliche Raison d'être bestand darin, die Pilger im Heiligen Land zu schützen. Es gibt jedoch hinreichende Belege dafür, daß dieser erklärte Zweck eine Fassade war und daß die Ritter weit ehrgeizigere, geopolitische Pläne schmiedeten, an denen der Zisterzienserorden, der heilige Bernhard sowie Hugo, der Graf von der Champagne (einer der ersten Förderer und Schirmherren sowohl der Zisterzienser wie der Templer), beteiligt waren. Der Graf selbst trat den Templern im Jahre 1124 bei, und der erste Großmeister des Ordens war Hugo von Payens, einer seiner Vasallen. Zu den übrigen Gründungsmitgliedern gehörte auch André de Montbart, der Onkel des heiligen Bernhard.

Bis 1128 – vier Jahre, nachdem David I. König von Schottland geworden war – soll der Templerorden nur neun Ritter umfaßt haben, doch die Belege weisen auf mehrere neue Mitglieder hin. Neben Hugo von der Champagne war unter ihnen auch Fulk, Graf von Anjou, der Vater Geoffroy Plantagenets und Großvater Heinrichs II. von England. Aber die anfängliche Zahl der Mitglieder des Ordens scheint relativ klein gewesen zu sein. Dann erhielten die Templer auf der Synode von Troyes, die der heilige Bernhard einberufen hatte, ein Mönchsstatut, also gewissermaßen eine Verfassung verliehen, wonach sie offiziell etabliert waren. Sie stellten ein neues Phänomen dar: »Zum erstenmal in der christlichen Geschichte würden Soldaten wie Mönche leben.«[2]

Nach 1128 weitete sich der Orden mit ungewöhnlicher Geschwindigkeit aus; er nahm nicht nur zahlreiche neue Mitglieder auf, sondern erhielt auch reiche Schenkungen an Geld und Gütern. Innerhalb eines Jahres gehörten ihm Ländereien in Frankreich, England, Schottland, Spanien und Portugal. Innerhalb eines Jahrzehnts sollte er auch Besitzungen in Italien, Österreich, Deutschland, Ungarn und Konstantinopel sein eigen nennen. Im Jahre 1131 vermachte der König von Aragon ihm ein Drittel seiner Ländereien. Gegen Mitte des 12. Jahrhunderts war er bereits zu der reichsten und mächtigsten Institution der Christenheit geworden – das Papsttum ausgenommen.

In den Jahren unmittelbar nach der Synode von Troyes unternahmen Hugo von Payens und andere Gründungsmitglieder des Ordens ausgedehnte Reisen durch Europa und propagierten nicht nur ihre eigenen Tugenden, sondern auch die Vorzüge von »Time-Share-Lehnsgütern« in Palästina. Man weiß, daß Hugo und wenigstens einer seiner Gefährten sowohl England als auch Schottland besuchten. In der *Angelsächsischen Chronik* heißt es über Hugos Besuch bei Heinrich I.: »Der König empfing ihn mit viel Ehre und gab ihm reiche Geschenke aus Gold und Silber. Und danach schickte er ihn nach England hinein; und dort wurde er von allen guten Männern empfangen, die ihm Geschenke reichten, und in Schottland ebenso … Und er lud das Volk nach Jerusalem ein; und es gingen mit ihm und hinter ihm mehr Menschen als je zuvor.«[3]

Bei diesem ersten Besuch vermachte Philip de Harcourt den Templern ihr erstes Ordenshaus in Shipley in Essex. Das Ordenshaus in Dover (die Kirchenruine ist heute noch sichtbar) stammt, wie man annimmt, aus derselben Periode.

Als Großmeister machte sich Hugo von Payens daran, regionale Meister für jede der »Provinzen« des Tempels zu ernennen. Der erste Meister von England, über den wenig bekannt ist, war ein gewisser Hugh d'Argentein. Ihm folgten der junge normannische Ritter Osto de St. Omer, der bis 1153/54 den Vorsitz hatte, und Richard de Hastings. Unter diesen beiden Meistern begannen die Templer in England ein bahnbrechendes Unternehmen: die Übersetzung eines Teils des *Alten Testaments* in die Landessprache. Ihre Version des Buches der Richter nahm die Form eines Ritterromans an und trug den Titel »Josua und seine grimmigen Ritter«[4].

Die Beziehungen zwischen den Templern und den Herrschern der Reiche, in denen sie Ländereien besaßen, waren unterschiedlich. In Frankreich zum Beispiel war diese Beziehung selbst in den besten Zeiten gespannt, während sie sich in Spanien stets positiv gestaltete. Auch in England waren die Kontakte zwischen dem Orden und der Monarchie meist herzlicher Art. Heinrich I. empfing die ersten Ritter mit offenen Armen, und Stephen, der die Macht im Jahre 1135 ergriff, brachte als Sohn des Grafen von Blois, eines der Führer des Ersten Kreuzzugs, den Aktivitäten der Templer im Heiligen Land besondere Sympathie entgegen. Unter seiner Patronage breitete sich ein Netz von Ordenshäusern über England aus. Der Earl of Derby schenkte dem Orden Bisham; der Earl of Warwick stellte Land für ein Ordenshaus in Warwick zur Verfügung; Roger de Builli bot Willoughton in Lincolnshire an. Stephens Frau Mathilde übereignete dem Orden Grundbesitz in Essex und Oxford, auf dem Temple Cressing und Temple Cowley, zwei der wichtigsten frühen Ordenshäuser, entstanden.

Während Stephens Herrschaft bauten die Templer auch ihren ersten zentralen Hauptsitz in England. Dieser – der »alte Tempel« – lag in Holborn. Er bestand aus den Gebäuden des Ordenshauses, einer Kirche, einem Garten, einem Obstgarten und einem Friedhof und war von einem Begrenzungsgraben und vermutlich von einer Mauer eingefaßt. Das Fundament befand sich auf dem Gelände der heutigen U-Bahn-Station High Holborn. Doch der Londoner Sitz des Ordens wurde bald darauf verlagert. Im Jahre 1161 hatten die Ritter sich bereits in dem »neuen Tempel« eingerichtet, dessen Stätte noch heute ihren Namen trägt und nicht nur ihre ursprüngliche runde Kirche, sondern auch eine Reihe von Gräbern aufweist. »Barram Novi Templi« oder Temple Bar, wo Fleet Street und Strand ineinander übergehen, bildete das Tor zum Ordensgelände. Auf seinem Höhepunkt erstreckte sich der »neue Tempel« von Aldwych den Strand hinauf, die halbe Fleet Street entlang und zur Themse hinunter, wo er eine eigene Anlegestelle hatte. Einmal im Jahr fand hier eine Vollversammlung statt, welcher der Meister von England und alle anderen Amtsträger des Ordens in Großbritannien, darunter die Prioren von Schottland und Irland, beiwohnten.

Heinrich II. führte die enge Verbindung der englischen Monarchie mit den Tempelrittern fort, die sich besondere Mühe gaben, ihn mit Thomas Becket zu versöhnen. Aber unter Heinrichs Sohn Richard Löwenherz wurde die Verbindung am engsten. Richard unterhielt so gute Beziehungen zu dem Orden, daß er häufig als eine Art Templer ehrenhalber betrachtet wird. Er kam regelmäßig mit den Rittern zusammen, unternahm Reisen auf ihren Schiffen und residierte in ihren Ordenshäusern. Nachdem er sich mit seinen Mitherrschern zerstritten hatte und aus dem Heiligen Land fliehen mußte, tat er dies als Templer verkleidet und begleitet von einer Gruppe echter Tempelritter. Er war eng in die Geschäfte zwischen den Templern und ihrem islamischen Gegenstück, den Haschischim oder »Assassinen«, eingebunden. Außerdem verkaufte er Zypern an den Orden, und die Insel wurde später eine Zeitlang zum Hauptsitz der Tempelritter.

Gleichzeitig war der Orden einflußreich genug geworden, um sich den Respekt und die Ergebenheit von König Johann, dem Bruder und Erzfeind Richards, zu sichern. Wie Richard hielt sich Johann regelmäßig im Londoner Ordenshaus auf, und er machte es während der letzten vier Jahre seiner Herrschaft (1212-1216) vorübergehend zu seiner Residenz. Aymeric de St. Maur, der Meister von England, war Johanns engster Berater, und es war hauptsächlich seiner Überzeugungskraft zu danken, daß der König im Jahre 1215 die Magna Charta unterzeichnete. Bei diesem Akt war Aymeric an seiner Seite und unterzeichnete das Dokument ebenfalls. Später wurde Aymeric zu einem von Johanns Testamentsvollstreckern ernannt.

Offiziell galt das Königreich Jerusalem als Hauptbetätigungsfeld des Templerordens. Europa war angeblich nur eine Nachschubbasis für Männer und Material und für den Transport ins Heilige Land. Unzweifelhaft verloren die Templer »Outremer« – das »Land jenseits des Meeres«, wie sie den Nahen Osten nannten – nie aus den Augen. Ihre Aktivitäten reichten von Ägypten, wenn nicht gar von westlicheren Punkten, bis hin nach Konstantinopel. In den Kreuzfahrerstaaten wurden wenige Entscheidungen oder Maßnahmen getroffen, an denen die Templer nicht beteiligt waren. Ihre Rolle bei der Unterzeichnung der Magna Charta zeigt jedoch, daß sich die Ritter bald auch intensiver an der Innenpolitik der meisten europäischen Königreiche beteiligten. In England genossen sie besondere Privilegien. Zum Beispiel hatte der Meister des Tempels im Parlament den Platz des obersten Barons inne.

Der Orden mußte natürlich auch keine Steuern zahlen, und in größeren englischen Orten und Städten wurde dies den Steuereinnehmern durch Templerkreuze an allen Ordensbesitzungen angezeigt. (Exemplare dieser Kreuze – aus der Street of the Templars in Leeds – sind heute im Museum des Johanniterordens in Clerkenwell zu besichtigen.) Innerhalb solcher Enklaven legten die Templer ihre eigenen Gesetze fest. Wie jede Kirche boten sie Flüchtigen Asylrecht. Ihre eigenen Gerichtshöfe verhandelten über örtliche Verbrechen. Sie betrieben eigene Märkte und Messen, und sie brauchten keinen Straßen-, Brücken- oder Flußzoll zu zahlen.

Die Besitzungen der Templer waren über ganz England verstreut. Einige, wenn auch keineswegs alle früheren Ländereien des Ordens sind heute an dem Präfix »Temple« zu erkennen, wie im Falle des

Londoner Bezirks Temple Fortune nördlich von Golders Green. Wo immer dieses Präfix auftaucht, bestand, wie man allgemein akzeptiert, irgendeine Templereinrichtung. Es ist heute unmöglich, ein definitives Verzeichnis von Ordensbesitzungen anzulegen, doch selbst die vorsichtigsten Schätzungen deuten auf mindestens vierundsiebzig umfangreiche Besitzungen hin, darunter dreißig Ordenshäuser[5] mit allem Zubehör und buchstäblich Hunderte von kleineren Ländereien in Form von Dörfern, Siedlungen, Kirchen und Bauernhöfen. Gelegentlich sah sich der Orden durch seine kommerzielle Tätigkeit sogar veranlaßt, eigene Städte zu gründen. Ein Beispiel ist Baldock bei Letchworth in Hertfordshire, das die Templer um 1148 anlegten. Sein Name leitet sich von »Bagdad« ab.

Auch ein erheblicher Teil des modernen Bristol gehörte einst den Templern. Bristol war einer der Haupthäfen des Ordens, und es gab einen regen Schiffsverkehr zwischen dieser Stadt und La Rochelle, dem Hauptstützpunkt der Templer am Atlantik. In den Archivrollen Heinrichs III. sind die Namen von zwei Templerschiffen verzeichnet: »La Templere« und »Le Buscard«.[6]

Eines der einträglichsten Privilegien der Ritter betraf den Export der von ihnen erzeugten Wolle. Dies sowie der Transport von Pilgern und der Grundbesitz des Ordens brachten den Templern erhebliche Summen ein. Im Jahre 1308 warfen die Tempelbesitzungen allein in Yorkshire 1130 Pfund ab.[7] (Damals konnte man für fünfhundert Pfund ein bescheidenes Schloß bauen. Ein Ritter und ein Knappe konnten jährlich für fünfundfünfzig, ein Armbrustschütze für sieben Pfund beschäftigt werden. Ein Pferd kostete neun Pfund.)

In Irland war das Netz der Templerbesitzungen genauso weit ausgebreitet, doch darüber liegen weniger Dokumente vor.[8] Es gab mindestens sechs Ordenshäuser, darunter eines in Dublin sowie wenigstens drei an der Südküste in den Grafschaften Waterford und Wexford. Wie in England waren ihnen zahlreiche Herrensitze, Bauernhöfe, Kirchen und Schlösser angegliedert. Zum Beispiel gehörten dem Ordenshaus von Kilsaren in der Grafschaft Louth zwölf Kirchen, und es erhielt zehn Prozent der Einnahmen von acht weiteren. An der Westküste verfügten sie über mindestens einen Herrensitz, nämlich Temple House in Sligo. Wie wir sehen werden, ist die Frage nach anderen Templergütern im Westen Irlands von entscheidender Bedeutung.

Die Dokumente über die Besitzungen der Templer in Schottland sind besonders bruchstückhaft und unzuverlässig, teils wegen des chaotischen Zustands, in dem sich das Königreich am Ende des 13. Jahrhunderts befand, teils deshalb, weil vieles offenbar absichtlich verheimlicht wurde. Es gab jedoch wenigstens zwei bedeutende Ordenshäuser in Schottland.[9] Das eine, Maryculter, lag in der Nähe von Aberdeen; das andere, Balantrodoch (gälisch für: »Stätte der Krieger«), war umfangreicher und stellte den schottischen Hauptstützpunkt des Ordens dar. Es lag bei Edinburgh und wird heute »Temple« genannt. Das Verzeichnis von Templerbesitzungen in Schottland beruht auf der Aussage eines einzigen Ritters, William de Middletons, der von der Inquisition verhört wurde. Er erwähnte Maryculter und Balantrodoch als die beiden Orte, an denen er persönlich gedient hatte. Dies schließt natürlich nicht die Möglichkeit, ja die Wahrscheinlichkeit aus, daß es weitere Ordenshäuser gab, in denen er *nicht* gedient hatte; schließlich war es in seinem Interesse, »sparsam« mit der Wahrheit umzugehen. Tatsächlich ist in manchen Chroniken von Templergütern in Berwick (damals ein Teil Schottlands) und in Liston bei Falkirk die Rede. Von Argyll ganz abgesehen, ist Templerbesitz an mindestens zehn anderen Orten in Schottland belegt. Aber es ist unmöglich festzustellen, wie groß dieser Besitz war – ob es sich um Ordenshäuser, Herrensitze oder bloß um Bauernhöfe handelte.

Der finanzielle Einfluss der Templer

Durch seine Besitzungen, seine Mitgliederzahl, sein diplomatisches Geschick und seine Kriegskunst hatte der Templerorden einen enormen politischen und militärischen Einfluß. Aber seine finanzielle Macht war nicht weniger ausgeprägt; sie führte zu tiefgreifenden Veränderungen im wirtschaftlichen Gefüge jener Zeit. Die Historiker machen im allgemeinen jüdische Geldverleiher und die großen italienischen Handelshäuser und Konsortien für die Entwicklung der westeuropäischen Wirtschaft verantwortlich. Doch in Wirklichkeit war die Rolle der jüdischen Geldverleiher verglichen mit der des Tempels geringfügig. Und der Orden war nicht nur älter als die italienischen Handelshäuser, er führte auch die Verfahrensweisen ein, welche diese Häuser später übernehmen sollten. Im Grunde können die Ursprünge des modernen Bankwesens dem Templerorden zugeschrieben werden. Auf dem Höhepunkt ihrer Macht hatten die Templer wahrscheinlich den größten Teil des verfügbaren westeuropäischen Kapitals in Händen. Sie waren die Pioniere des Kreditwesens. Praktisch nahmen sie alle Aufgaben einer Merchant-Bank des 20. Jahrhunderts wahr.

Das kanonische Gesetz verbot Christen theoretisch, Zinsen einzunehmen. Man hätte erwarten sollen, daß dieses Verbot auf eine dem Anschein nach so fromme Organisation wie den Tempel besonders strikt angewendet werden würde. Nichtsdestoweniger verlieh der Orden gewaltige Summen und bezog entsprechende Zinsen. In einem Fall betrug der vereinbarte Zinssatz bei verspäteter Rückzahlung der Schuld nachweislich sogar sechzig Prozent pro Jahr – siebzehn Prozent mehr, als jüdische Geldverleiher fordern durften. Das Wucherverbot des kanonischen Gesetzes wurde allein durch Beschönigungen und spitzfindige Ausflüchte umgangen.[10] Man kann nur mutmaßen, welche Worte die Templer benutzten, um den Ausdruck »Zins« zu vermeiden, da sich nur wenige ihrer Dokumente erhalten haben. Aber die Empfänger von Templerkrediten brauchten nicht so zurückhaltend zu sein. In seinem Rückzahlungsschreiben an den Tempel spricht Edward I., um nur eines von vielen möglichen Beispielen zu nennen, von dem Kapitalanteil und ganz spezifisch von »Zins«.[11]

Die englische Monarchie war bei den Templern chronisch verschuldet. König Johann borgte sich ständig Geld von dem Orden. Das gleiche gilt für Heinrich III., der zwischen 1260 und 1266 – die Mittel seiner Schatzkammer waren durch militärische Expeditionen aufgebraucht worden – sogar die englischen Kronjuwelen bei den Templern verpfändete (Königin Eleanor brachte sie persönlich zum Ordenshaus in Paris). In den Jahren vor Heinrichs Thronbesteigung liehen die Templer auch seinem Sohn, dem künftigen Edward I., beträchtliche Summen. Im ersten Jahr seiner Herrschaft zahlte Edward zweitausend Pfund von einer Gesamtschuld in Höhe von 28 189 Pfund an den Orden zurück.[12]

Eine der wichtigsten finanziellen Neuerungen des Ordens war die Einrichtung von »bargeldlosem« Verkehr. In einer Zeit, da Reisen unsicher, Straßen ungeschützt und Überfälle an der Tagesordnung waren, widerstrebte es Reisenden verständlicherweise, Wertsachen bei sich zu tragen. Die Robin-Hood-Legenden liefern ein beredtes Zeugnis der Gefahr, welcher reiche Kaufleute, Handwerker und sogar Adlige ausgesetzt waren. Deshalb führte der Orden Kreditbriefe ein. Man konnte etwa im Londoner Tempel eine bestimmte Summe einzahlen und sich dafür eine Art Gutschein geben lassen. Damit konnte man nach Gutdünken in andere Teile Großbritanniens, in die meisten Länder des Kontinents und sogar ins Heilige Land reisen. Am Zielort wurde der Gutschein gegen Bargeld der gewünschten Währung eingetauscht. Diebstahl und Unterschlagung solcher Kreditbriefe wurden durch ein raffiniertes Codesystem verhindert, das allein die Templer kannten.

Die Templer verliehen nicht nur Geld und stellten Kreditbriefe aus, sondern sie boten über ihre zahlreichen Ordenshäuser auch Tresorvorrichtungen an. Der Pariser Tempel war gleichzeitig die wichtigste königliche Schatzkammer, die sowohl den Reichtum des Staates als auch den des Ordens barg (der Schatzmeister der Templer fungierte gleichzeitig als Schatzmeister des Königs). Damit waren alle finanziellen Mittel der französischen Krone mit dem Tempel verbunden und von ihm abhängig. In England war der Einfluß des Ordens nicht ganz so groß. Immerhin diente der Londoner Tempel unter Heinrich II., Johann, Heinrich III. und Edward I. als eine der vier königlichen Schatzkammern.

In England betätigten sich die Templer auch als Steuereinnehmer. Sie sammelten neben Abgaben und Spenden für den Papst auch Steuern für die Krone, wobei sie ihre Aufgabe noch unerbittlicher erfüllten als die heutigen Finanzämter. Und im Jahre 1294 führten sie eine Änderung des Währungssystems durch. Häufig wurden sie als Treuhänder für Vermögen oder Grundstücke, als Makler und als Schuldeneintreiber tätig. Sie vermittelten bei der Zahlung von Lösegeldern, Mitgiften, Renten und in einer Vielzahl anderer Transaktionen.

Auf dem Höhepunkt ihrer Macht wurden den Templern Stolz, Hochmut, Brutalität sowie eine ausschweifende und zügellose Lebensweise vorgeworfen. »Er säuft wie ein Templer« war im mittelalterlichen England eine häufig gebrauchte Redewendung, und trotz ihres Keuschheitsgelübdes scheinen die Ritter genauso unmäßig gehurt zu haben, wie sie tranken. Dessenungeachtet blieb ihr Ruf, was Korrektheit, Ehrlichkeit und Integrität in finanziellen Dingen betraf, ungebrochen. Man brauchte keine Sympathien für sie zu haben, aber man wußte, daß man sich auf sie verlassen konnte. Und sie gingen besonders streng mit jedem Mitglied ihres Ordens um, das sich als unwürdig erwies. Einmal wurde der Prior des Tempels in Irland der Unterschlagung für schuldig befunden. Daraufhin sperrte man ihn in die Bußzelle der Templerkirche in London ein – in einen Raum, der, wie man sich noch heute überzeugen kann, zum Liegen zu klein war – und ließ ihn verhungern. Es soll acht Wochen gedauert haben, bis er starb.

Wie die heutigen Schweizer Banken verwaltete der Tempel eine Reihe langfristiger Treuhandvermögen von Toten und/oder Enterbten. Verständlicherweise strebten Monarchen oder andere Machthaber zuweilen danach, diese Mittel an sich zu bringen. Zum Beispiel forderte Heinrich II. einmal von den Templern das Geld, das ein in Ungnade gefallener Lord bei ihnen hinterlegt hatte. Sie teilten ihm mit, daß »sie niemandem ihnen zu treuen Händen übergebenes Geld ohne die Genehmigung desjenigen auszahlen würden, der es dem Tempel anvertraut habe«[13].

»Die dauerhafteste Leistung der Armen Ritter ... war wirtschaftlicher Art. Keine mittelalterliche Institution trug mehr zum Aufstieg des Kapitalismus bei.«[14] Doch der Reichtum, den sie so effektiv verwalteten, sollte sie zu einer unwiderstehlichen Verlockung für einen Monarchen werden lassen, dessen Kühnheit nur seine Habgier gleichkam.

1.3 VERHAFTUNGEN UND FOLTER

Im Jahre 1306 erregte der Templerorden die besondere Aufmerksamkeit König Philipps IV. von Frankreich, der als Philipp der Schöne bekannt ist. Philipp war von ungeheurem Ehrgeiz erfüllt. Er hatte grandiose Pläne für sein Land und scheute nicht davor zurück, alle, die ihm im Weg standen, zu beseitigen. Zu diesem Zeitpunkt hatte er bereits die Entführung und Ermordung von Papst Bonifatius VIII. organisiert und war, wie man weithin annimmt, auch für die wahrscheinliche Vergiftung von dessen Nachfolger Benedikt XI. verantwortlich. Im Jahre 1305 hatte er seine eigene Marionette auf den Papstthron gebracht: Bertrand de Goth, vormals Erzbischof von Bordeaux, der Papst Klemens V. wurde. Im Jahre 1309 startete Philipp einen Großangriff auf das Papsttum selbst, indem er es in Rom entwurzelte und auf französischem Boden, in Avignon, ansiedelte, wo es kaum mehr als ein Anhängsel der französischen Krone war. Dies war der Beginn der »Gefangenschaft von Avignon«, eines Schismas, das rivalisierende Päpste hervorbringen und die katholische Kirche für achtundsechzig Jahre, bis 1377, spalten sollte. Da ihm das Papsttum nun untertan war, hatte Philipp den nötigen Spielraum, um gegen den Tempel vorzugehen.

Er hatte eine Reihe von Motiven für sein Handeln, darunter einen persönlichen Groll gegen die Templer. Auf seine Bitte hin, von dem Orden – wie zuvor Richard I. – als Templer ehrenhalber aufgenommen zu werden, hatte er eine demütigende Abweisung erhalten. Und im Juni 1306 hatte eine aufrührerische Menge ihn gezwungen, im Pariser Tempel Zuflucht zu suchen, wo er das ungeheure Ausmaß des Templerreichtums unmittelbar wahrnehmen konnte. Philipp brauchte dringend Geld, und beim Anblick des Templerschatzes muß ihm das Wasser im Munde zusammengelaufen sein. Die Haltung des Königs den Rittern gegenüber war also eine gefährliche Mischung aus Gier, Gekränktheit und Rachsucht. Und schließlich müssen die

Templer in Philipps Augen eine sehr reale Bedrohung für die Stabilität seines Königreichs dargestellt haben. Seit die Sarazenen im Jahre 1291 Akko und damit das gesamte Heilige Land eingenommen hatten, waren die Templer – die am besten ausgebildete, am besten ausgerüstete und professionellste Militärstreitmacht der westlichen Welt – ohne Daseinszweck und, noch bedrohlicher für Philipp, ohne Heimat.

Die Templer hatten bereits einen vorläufigen Hauptsitz auf Zypern eingerichtet, doch sie hegten weiterreichende Pläne. Verständlicherweise träumten sie von einem eigenen Staat oder Fürstentum, ähnlich dem Ordensstaat, den die Deutschherren an der Ostsee gegründet hatten. Aber der Ordensstaat lag am äußersten Rand des christlichen Europa, weit von der Reichweite des Papsttums und dem Einfluß jedes weltlichen Herrschers entfernt. Zudem ließ sich die Gründung des Ordensstaates als Kreuzzug in anderer Form rechtfertigen: gegen die heidnischen Stämme Nordosteuropas, gegen die gottlosen Preußen und Balten, gegen die griechisch-orthodoxen (und deshalb ketzerischen) Stadtstaaten Nordwestrußlands, wie etwa Pskow und Nowgorod. Andererseits erwogen die Templer, die bereits einen gewaltigen Einfluß in Frankreich ausübten, die Gründung ihres Ordensstaates im Herzen der europäischen Christenheit, nämlich im Languedoc, das bereits im vorigen Jahrhundert von der französischen Krone praktisch annektiert worden war.[1] Die Aussicht auf ein Templerfürstentum im südlichen Grenzbereich des Landes – ein Fürstentum, das von ihm beanspruchtes Gebiet umfaßte – mußte Philipp mit Wut und Sorge erfüllen.

Philipp plante seine Strategie sehr sorgfältig. Er ließ eine Liste von Anschuldigungen zusammenstellen, die zum Teil von seinen Spionen stammten, welche er in die Reihen der Ordensbrüder eingeschleust hatte, und teilweise auf dem freiwilligen Geständnis eines übergelaufenen Tempelritters beruhten. Philipp sah den Zeitpunkt zum Handeln nun gekommen. Mit tödlicher Präzision lief die von ihm vorbereitete Aktion ab. Der König sandte versiegelte Befehle an seine Seneschallen im ganzen Land. Die Siegel mußten überall gleichzeitig zu einer festgesetzten Stunde erbrochen und die Befehle unverzüglich ausgeführt werden. Danach waren im Morgengrauen des 13. Oktober 1307, an einem Freitag, alle Tempelritter in Frankreich zu verhaften, ihre Ordenshäuser königlicher Aufsicht zu unterstellen und ihre Güter zu beschlagnahmen. Obgleich Philipps Überraschungscoup die gewünschten Ergebnisse zu zeitigen schien, verfehlte er sein Hauptziel, denn das legendäre Vermögen des Ordens, dem sein eigentliches Interesse galt, entging seinem Zugriff. Was aus dem sagenhaften »Schatz der Templer« wurde, ist bis heute ein Geheimnis geblieben.

Tatsächlich ist zu bezweifeln, ob Philipps Vorgehen gegen den Orden so überraschend kam, wie er und einige spätere Historiker glaubten. Manches deutet darauf hin, daß die Templer eine Warnung erhalten hatten. So ließ der Großmeister Jacques de Molay kurz vor dem Angriff viele Bücher und Dokumente des Ordens verbrennen. Und einem Ritter, der einige Tage vorher aus dem Orden ausschied, pflichtete der Schatzmeister bei, er habe eine »kluge« Entscheidung getroffen, denn eine Katastrophe stehe unmittelbar bevor. An alle Ordensleute in Frankreich ging ein offizielles Rundschreiben, in dem daran erinnert wurde, keinerlei Informationen über die Bräuche und Rituale des Ordens preiszugeben.

Ob sie nun gewarnt wurden oder etwas ahnten – jedenfalls wurden gewisse Vorsichtsmaßnahmen getroffen. Viele Ritter konnten fliehen, und jene, die festgenommen wurden, leisteten offenbar nicht den geringsten Widerstand – als handelten sie auf Befehl. Außerdem liegen Hinweise darauf vor, daß eine Gruppe von Rittern um den Schatzmeister des Ordens ihre Flucht systematisch vorbereitete.[2]

In Anbetracht dieser Vorsichtsmaßnahmen überrascht es nicht, daß der Templerschatz mitsamt allen Dokumenten und Aufzeichnungen verschwand. Ein von der Inquisition verhörter Ritter erklärte, der Schatz sei kurz vor den Verhaftungen aus dem Pariser Ordenshaus hinausgeschmuggelt worden. Derselbe Zeuge sagte aus, daß der Präzeptor von Frankreich die Hauptstadt mit fünfzig Pferden verlassen habe und dann mit achtzehn Galeeren in See gestochen sei. Niemand weiß, welches Ziel die Flotte ansteuerte, und keine der Galeeren wurde je wieder gesehen.[3]

Ob die Aussage stimmt oder nicht, die gesamte Templerflotte scheint den Fängen des Königs entkommen zu sein, denn es fehlen jegliche Berichte darüber, daß sie aufgebracht worden wäre. Die Schiffe waren und blieben verschwunden – und mit ihnen alles, was sie an Bord hatten.

Die verhafteten Templer wurden in Frankreich vor Gericht gestellt und in vielen Fällen grausam gefoltert. Man erhob immer seltsamere Beschuldigungen und förderte merkwürdige Geständnisse zutage. Im Land liefen erschreckende Gerüchte um. Es hieß, die Templer hätten eine dämonische Macht namens »Baphomet« verehrt. Bei ihren geheimen Zusammenkünften hätten sie sich vor einem bärtigen Männerkopf zu Boden geworfen, der zu ihnen gesprochen und ihnen okkulte Kräfte verliehen habe; unbefugte Zeugen dieser rituellen Handlungen seien beseitigt worden. Anderen, noch dubioseren Anschuldigungen zufolge hätten die Templer Kinder ermordet, Frauen zu Abtreibungen veranlaßt, neue Ordensmitglieder in unzüchtiger Weise geküßt und homosexuelle Beziehungen unterhalten. Schließlich beschuldigte man diese Streiter Christi, die für den Sohn Gottes gekämpft und ihr Leben eingesetzt hatten, sie hätten Christus geleugnet sowie das Kreuz mit Füßen getreten und bespuckt.

Hier soll nicht untersucht werden, welchen Wahrheitsgehalt diese Anschuldigungen hatten. Dies haben wir – wie zahlreiche andere Kommentatoren – bereits in einer früheren Arbeit ausführlich getan.[4] Ganze Bücher sind über die Templerprozesse und die Frage nach der Schuld oder Unschuld des Ordens geschrieben worden. In diesem Zusammenhang genügt die Feststellung, daß die Templer höchstwahrscheinlich mit dem »Makel« der Heterodoxie, wenn nicht gar des ausgewachsenen Ketzertums behaftet waren. Die meisten anderen Vorwürfe dagegen dürften frei erfunden oder unmäßig übertrieben gewesen sein. Zum Beispiel gestanden den Aufzeichnungen der Inquisition zufolge nur zwei von allen verhörten und gefolterten Rittern, sie seien homosexuell. Das Ausmaß der Homosexualität innerhalb des Ordens war vermutlich nicht größer als in jeder anderen rein männlichen Gemeinschaft, ob militärischer oder monastischer Art.

Die Prozesse begannen innerhalb von sechs Tagen nach den ersten Verhaftungen. Zunächst waren die Juristen des Königs für die Anklage gegen den Tempel zuständig. Aber Philipp verfügte schließlich über einen von ihm abhängigen Papst und zwang diesen, ihn mit der ganzen Würde seiner päpstlichen Autorität zu unterstützen. Die von der französischen Krone eingeleitete Verfolgung griff auch jenseits der Landesgrenzen sehr schnell um sich und wurde von der Inquisition weitergeführt. Sie sollte sieben Jahre dauern. Was uns heute als nebensächliches, überwiegend obskures Ereignis der mittelalterlichen Geschichte erscheint, wurde zum dominierenden Streitpunkt der damaligen Zeit, der das Geschehen im fernen Schottland dramatisch beeinflußte, Stellungnahmen und Reaktionen überall in der christlichen Welt auslöste und die westliche Kultur erbeben ließ. Man darf nicht vergessen, daß der Templerorden neben dem Papsttum die bedeutendste, mächtigste, angesehenste und für unerschütterlich gehaltene Institution jener Epoche war. Zur Zeit von Philipps Überfall war der Orden fast zwei Jahrhunderte alt und wurde als eine der zentralen Säulen der westlichen Christenheit betrachtet. Auf die meisten Zeitgenossen wirkte er so unangreifbar und unvergänglich wie die Kirche selbst. Die Tatsache, daß ein solches Gebäude von einem Moment zum anderen zerstört werden konnte, erschütterte die Grundlagen, auf denen die Annahmen und religiösen Überzeugungen der Epoche ruhten. Zum Beispiel bringt Dante in der *Göttlichen Komödie* seinen Schock über die Ereignisse und seine Sympathie mit den verfolgten »Weißmänteln« zum Ausdruck. Man vermutet sogar, daß der Aberglaube, nach dem Freitag, der 13., als Unglückstag gilt, von Philipps erster Razzia am Freitag, dem 13. Oktober 1307, herrührt.

Am 22. März 1312 wurde der Orden durch päpstlichen Erlaß offiziell aufgelöst, ohne daß je ein definitives Urteil über seine Schuld oder Unschuld ausgesprochen worden wäre. In Frankreich aber verfolgte man die Ritter noch weitere zwei Jahre. Im März 1314 wurden schließlich Jacques de Molay, der Großmeister, und Geoffroi de Charnay, der Präzeptor der Normandie, über kleiner Flamme auf der Île de la Cité in der Seine zu Tode geröstet. An dieser Stätte befindet sich eine Gedenktafel.

Die Inquisition

Der Eifer, mit dem Philipp die Templer verfolgte, ist mehr als verdächtig. Man kann verstehen, daß er bestrebt war, den Orden innerhalb Frankreichs auszulöschen, doch sein Wunsch, jeden Templer überall in der Christenheit umzubringen, zeugt von krankhafter Besessenheit. Fürchtete er die Rache des Ordens? Es war schwerlich moralische Inbrunst, die ihn motivierte. Auch ist unwahrscheinlich, daß ein Monarch, der den Tod wenigstens eines – und wahrscheinlich eines zweiten – Papstes bewirkte, großen Wert auf die Reinheit des Glaubens legte. Und was die Loyalität der Kirche gegenüber betraf, so brauchte er sich keine Gedanken zu machen, denn die Kirche war ja nun in seiner Hand.

Wie auch immer, Philipp drängte auch andere Herrscher, bei seiner Verfolgung des Templerordens mitzuwirken. Dabei hatte er nur begrenzten Erfolg. Zum Beispiel war der Herzog von Lothringen den Templern freundlich gesinnt. Nur wenige wurden vor Gericht gestellt und dann rasch freigesprochen. Die meisten folgten offenbar der Anweisung ihres Präzeptors, sich die Bärte zu scheren, weltliche Kleidung anzulegen und in der örtlichen Bevölkerung unterzutauchen. Interessanterweise wurden sie von der Bevölkerung nicht verraten.

Im übrigen Heiligen Römischen Reich erschienen die Templer in voller Rüstung vor Gericht und machten deutlich, daß sie sich verteidigen würden. Die eingeschüchterten Richter sprachen sie daraufhin sofort frei. Als der Orden offiziell aufgelöst worden war, schlossen sich viele deutsche Tempelritter den Johannitern oder dem Deutschen Orden an. Auch die spanischen Templer widersetzten sich der Verfolgung und fanden bei anderen Orden, besonders in Calatrava, Unterschlupf. Ein neuer Orden namens Montesa wurde hauptsächlich als Zufluchtsstätte für die Tempelritter gegründet.

In Portugal wurden die Tempelherren durch einen Untersuchungsausschuß von jedem Verdacht freigesprochen und änderten einfach ihren Namen: aus dem Templerorden wurde der Christusorden. Unter dieser Bezeichnung bestand er bis weit ins 16. Jahrhundert hinein und hinterließ durch seine seemännischen Unternehmungen unauslöschliche Spuren in der Geschichte. (Vasco da Gama war ein Ritter Christi, Prinz Heinrich der Seefahrer ein Großmeister des Ordens. Die Schiffe der Bruderschaft segelten unter dem bekannten Tatzenkreuz der Templer. Unter diesem Kreuz überquerten auch die drei Karavellen des Christoph Kolumbus den Atlantik und erreichten die Neue Welt. Kolumbus war mit der Tochter eines früheren Ordensgroßmeisters verheiratet, der ihm seine Seekarten und Logbücher zur Verfügung stellte.)

Wenn Philipp für sein Vorgehen gegen die Templer auf dem Kontinent auch wenig Unterstützung fand, so hatte er doch allen Grund, von England größere Kooperation zu erwarten. Edward II. war schließlich sein Schwiegersohn. Doch Edward sträubte sich zunächst. Mehr noch, der englische Monarch ließ in seinen Briefen keinen Zweifel daran, daß er die gegen den Orden vorgebrachten Anklagen nicht nur für unglaubwürdig hielt, sondern auch die Integrität der Ankläger mit Mißtrauen betrachtete. Am 4. Dezember 1307, weniger als anderthalb Monate nach den ersten Verhaftungen, schrieb er an die Könige von Portugal, Kastilien, Aragon und Sizilien: »Er [Philipps Abgesandter] wagte, uns ... gewisse entsetzliche und verabscheuenswerte Freveltaten kundzutun, die im Widerspruch zum katholischen Glauben stehen. Seine Worte richteten sich gegen die vorgenannten Brüder, und er suchte uns zu überreden, [daß wir] die gesamte Bruderschaft inhaftieren sollten.«[5] Er schloß mit der Bitte an die Empfänger: »... taub zu sein gegen alle Verleumdungen boshafter Männer, die ... nicht von dem Eifer der Rechtschaffenheit, sondern vom Geist der Habgier und des Neides erfüllt sind.«[6]

Doch zehn Tage später erhielt Edward eine päpstliche Bulle, welche die Verhaftungen sanktionierte und vorläufig rechtfertigte. Die Bulle verpflichtete ihn zum Handeln, aber er tat es immer noch mit deutlichem Widerstreben und einem unverkennbaren Mangel an Inbrunst. Am 20. Dezember schrieb er an alle Sheriffs in England und wies sie an, drei Wochen später mit »zehn oder zwölf vertrauenswürdigen Männern« alle Mitglieder des Tempels in ihrem Amtsbereich zu verhaften. In Gegenwart wenigstens eines zuverlässigen Zeugen sollte ein Verzeichnis aller auf Templerbesitzungen gefundenen Güter hergestellt werden. Und die Templer selbst seien in Gewahrsam zu nehmen, aber nicht in einem »strengen und schimpflichen Gefängnis«[7].

Englische Templer wurden im Tower von London sowie in den Schlössern von York, Lincoln und Canterbury festgesetzt. Die gegen sie gerichteten Maßnahmen gingen äußerst saumselig vonstatten. Zum Beispiel wurde William de la More, der englische Meister, am 9. Januar 1308 verhaftet und zusammen mit zwei weiteren Ordensbrüdern im Canterbury Castle untergebracht, wo sie über genug Habseligkeiten für ein bequemes, wenn nicht gar luxuriöses Leben verfügten. Man ließ ihn am 27. Mai frei und gewährte ihm zwei Monate später das Einkommen aus sechs Templergütern für seinen Unterhalt. Erst im November wurde er auf neuerlichen Druck hin wieder verhaftet und einer harscheren Disziplin unterworfen. Mittlerweile hatten die meisten englischen Templer reichlich Gelegenheit gehabt, in der Zivilbevölkerung unterzutauchen, Zuflucht bei anderen Orden zu finden oder aus dem Land zu fliehen.

Im September 1309 trafen die päpstlichen Inquisitoren in England ein, und die wenigen verhafteten Templer wurden in London, York oder Lincoln verhört. Im Laufe des nächsten Monats schrieb Edward, als sei er durch einen nachträglichen Einfall motiviert worden, seinen Repräsentanten in Irland und Schottland, daß alle *noch nicht verhafteten* Templer in den Schlössern in Dublin und Edinburgh festzusetzen seien.[8] Daraus geht hervor, daß sehr viele Templer – mit Wissen des Königs – immer noch in Freiheit waren.

Zwischen dem 20. Oktober und dem 18. November 1309 wurden rund siebenundvierzig Tempelritter in London aufgrund von siebenundachtzig Anklagepunkten verhört. Sie legten keine Geständnisse ab, sondern räumten nur ein, daß Ordensvertreter das Recht für sich beanspruchten, wie Priester die Absolution zu erteilen. Die frustrierten Inquisitoren beschlossen, zur Folter zu greifen. Als reisende Abgesandte des Papstes hatten sie natürlich keine Foltergeräte oder Folterknechte und mußten entsprechende Anträge bei der weltlichen Gewalt stellen. Dies taten sie in der zweiten Dezemberwoche. Edward gab ihnen nur die Genehmigung zu »begrenzter Folter«, wodurch ebenfalls keine Geständnisse erzielt wurden.

Am 14. Dezember 1309 – mehr als zwei Jahre nach den ersten Verhaftungen in Frankreich und ein Jahr nach der Forderung, in England schärfere Maßnahmen durchzuführen – schrieb Edward von neuem an seine Sheriffs. Er habe gehört, daß Templer immer noch »in weltlichem Gewand umherziehen und dem Glauben abtrünnig sind«[9]. Doch auch jetzt legten weder er noch seine Beamten allzugroße Energien an den Tag. Am 12. März 1310 teilte er dem Sheriff von York mit: »Da der König weiß, daß er [der Sheriff] den Templern gestattet ..., in Mißachtung des königlichen Befehls umherzuziehen«[10], seien die Ritter innerhalb des Schlosses festzuhalten. Und am 4. Januar 1311 beanstandete Edward in einem Schreiben an den Sheriff von York, daß sich Templer allen früheren Anweisungen zum Trotz *immer noch* frei bewegen könnten.[11] Während sich dieses planlose Getue um offiziell bereits gefangengenommene Templer entwickelte, wurde nichts unternommen, um der zahlreichen englischen Ritter habhaft zu werden, die sich der Verhaftung entzogen hatten. Energischere Bemühungen seitens der Inquisition führten zur Entdeckung und Festnahme von nur neun Flüchtlingen. Der Papst beschwerte sich beim Erzbischof von Canterbury und anderen prominenten Prälaten, daß eine Reihe von Templern völlig mit der Zivilbevölkerung verschmolzen sei und sogar Ehen geschlossen habe – was nicht ohne ein Mindestmaß von Kooperation durch die englische Obrigkeit hätte geschehen können.

Unterdessen wurden die in Gewahrsam befindlichen Ordensangehörigen bereits gefoltert. Im Juni 1310 gab die Inquisition jedoch ein Dokument heraus, in dem ihre Erfolglosigkeit bekundet wurde. Sie klagte, daß sie Schwierigkeiten habe, die Folter korrekt und wirksam anwenden zu lassen. Diese Methode scheine der englischen Rechtsprechung fremd zu sein. Obwohl der König widerwillig zugestimmt hatte, zeigten die Kerkermeister nur eine halbherzige Kooperationsbereitschaft. Die Inquisitoren machten eine Reihe von Vorschlägen, um die Verfahren effektiver zu gestalten. Darunter war auch die Empfehlung, die verhafteten Templer nach Frankreich zu verlegen, wo sie von Männern mit der entsprechenden Neigung und Erfahrung »richtig« gefoltert werden könnten.

Am 6. August 1310 tadelte der Papst den englischen König in einem Protestschreiben, weil dieser keine »vernünftige« Folterung zulasse. Nun kapitulierte Edward endlich und befahl, die Templer im Tower zu den Inquisitoren bringen zu lassen, damit sie, wie es euphemistisch hieß, »der Anwendung des kirchlichen Gesetzes« unterworfen werden könnten. Aber auch diese Maßnahme scheint nicht allzu erfolgreich gewesen zu sein, denn der König mußte seine Anweisung im Oktober zweimal wiederholen.

Im Juni 1311 gelang der Inquisition in England endlich der Durchbruch, auf den sie so lange gewartet hatte. Für diesen Erfolg war allerdings nicht die Folter verantwortlich, sondern ein kurz zuvor in Salisbury gefangener flüchtiger Templer namens Stephen de Stapelbrugge. Stephen war der erste Tempelritter in England, der ketzerische Praktiken innerhalb des Ordens eingestand. Während der Aufnahmezeremonie habe man ihm ein Kruzifix gezeigt und ihm befohlen zu leugnen, daß »Jesus Gott und Mensch und Maria seine Mutter war«[12]. Danach habe er das Kreuz anspucken müssen. Stephen bekannte sich auch vieler anderer Verbrechen schuldig, die man den Templern vorwarf. Die »Irrtümer« des Ordens hätten ihren Ursprung in der Gegend von Agen in Frankreich genommen.

Die letzte Behauptung verleiht Stephens Aussage eine gewisse Plausibilität. Im 12. und 13. Jahrhundert war Agen einer der Mittelpunkte der albigensischen oder katharischen Ketzerei gewesen, und die Katharer hatten sich bis wenigstens 1250 in dem Gebiet gehalten. Es gibt überwältigende Belege dafür, daß die Templer vom katharischen Gedankengut, wie die Kirche es nannte, »infiziert« worden waren und vor der Inquisition flüchtigen Katharern sogar Asyl gewährten.[13] Einer der bedeutendsten und einflußreichsten Großmeister des Ordens entstammte einer seit langem etablierten katharischen Familie. Zudem lag Agen in der Provence, einer Besitzung der Templer. Zwischen 1248 und 1250 fungierte Roncelin de Fos als Meister der Provence; zwischen 1251 und 1253 war Roncelin Meister von England. Im Jahre 1260 übernahm er wiederum das Amt des Meisters der Provence und hatte es bis 1278 inne. Es ist also durchaus möglich, daß Roncelin Teile des häretischen Gedankenguts der Katharer aus ihrer französischen Heimat nach England brachte. Diese Vermutung wird durch die Aussage gestützt, die Geoffroy de Gonneville, Präzeptor von Aquitanien und Poitou, vor der Inquisition machte. Laut Geoffroy behaupteten ungenannte Individuen, daß alle üblen und verderbten Regeln von einem gewissen Bruder Roncelin, einem früheren Meister des Ordens, eingeführt worden seien.[14] Mit Bruder Roncelin konnte nur Roncelin de Fos gemeint sein.

Der weitere Ablauf war vielleicht etwas zu glatt, denn nach Stephen de Stapelbrugges Geständnis folgten rasch zwei weitere, die es erhärteten: das von Thomas Tocci de Thoroldeby und das von John de Stoke. Laut Thomas hatte Brian de Jay, ein früherer Meister von England, behauptet, daß »Christus nicht der wahre Gott, sondern nur ein Mann war«. John de Stokes Aussage war besonders wichtig, denn er hatte früher als Schatzmeister des Tempels in London gedient. Damit war er der höchste nichtmilitärische Vertreter des Ordens in England, und da der Londoner Tempel auch als königliche Schatzkammer verwendet wurde, muß er sowohl Edward I. als auch Edward II. persönlich bekannt gewesen sein. Er war unter den englischen Templern, die ein Geständnis ablegten, die bedeutendste Gestalt.

In seinen früheren Aussagen hatte John de Stoke alle Vorwürfe zurückgewiesen. Nun erklärte er jedoch, der Großmeister Jacques de Molay habe bei einem Besuch in Temple Garway in Herefordshire behauptet, Jesus »sei der Sohn einer gewissen Frau, und da er sich als Sohn Gottes ausgab, wurde er gekreuzigt«[15]. Hiervon ausgehend, habe der Großmeister ihn aufgefordert, Jesus zu leugnen. Die Inquisitoren fragten John de Stoke, an wen oder was er habe glauben sollen. John erwiderte, der Großmeister habe ihn ermahnt, an »den großen, allmächtigen Gott« zu glauben, »der Himmel und Erde schuf, und nicht an die Kreuzigung«[16]. Dies hat nichts mit der katharischen Lehre zu tun, denn Gott der Schöpfer war für die Katharer ein böses Wesen. Eine solche Haltung konnte allerdings dem orthodoxen Judaismus oder dem Islam zugeschrieben werden, von denen der Templerorden während seiner Tätigkeit im Heiligen Land sehr viel übernommen hatte.

Die Inquisition verlor keine Zeit, die Geständnisse von Stephen de Stapelbrugge, Thomas de Thoroldeby und John de Stoke für sich zu nutzen. Innerhalb von ein paar Monaten machten die meisten in England gefangengehaltenen Templer mehr oder weniger ähnliche Aussagen. Am 3. Juli 1311 versöhnten sich viele von ihnen mit der Kirche, indem sie entweder spezifische Verbrechen gestanden und ihnen feierlich abschworen oder indem sie ein allgemeines Schuldbekenntnis ablegten und ihre Bußfertigkeit bekundeten. Zu diesem Zeitpunkt lief das Verfahren auf eine Art »Absprache« oder sogar auf eine »außergerichtliche Einigung« hinaus. Als Gegenleistung für ihre Kooperation wurden die englischen Tempelritter milde behandelt. Es kam nicht zu massenhaften Verbrennungen wie in Frankreich. Statt dessen wies man die »Bußfertigen« in Klöster ein, wo sie ihre Seele reinigen sollten. Für ihren Unterhalt wurden hinreichende Mittel bereitgestellt.

Man muß jedoch anmerken, daß die in England erlangten Geständnisse meist von bejahrten und gebrechlichen Rittern stammten. Schließlich war England für den Orden weder ein militärisches Kampfgebiet noch ein wichtiges politisches oder kommerzielles Zentrum wie Frankreich. Deshalb wurde es als eine Art »Erholungsheim« benutzt. Alternden oder kranken Veteranen des Heiligen Landes wurde in England ein erträglicher »Ruhestand« ermöglicht.[17] Manche waren während ihrer Verhandlung so schwach, daß sie sich nicht sehr weit von ihrem Haftort entfernen konnten. »Sie waren so alt und gebrechlich, daß sie nicht einmal zum Stehen fähig waren«[18], berichtet ein Notar, der Protokoll über die Verfahren führte. Dies waren die Männer, die von Edwards Beamten festgesetzt wurden, nachdem der König schließlich dem äußeren Druck nachgegeben hatte. Jüngere und aktivere Templer hatten bis dahin genug Zeit zur Flucht gehabt. Ihre Zahl dürfte sich außerdem dadurch erhöht haben, daß sich Flüchtlinge aus anderen Ländern in England einfanden.

Flucht vor der Verfolgung

Im Mittelalter teilte man die heutige Leidenschaft für präzise Statistiken nicht. Wenn damalige Chronisten zum Beispiel von Armeen sprachen, führen sie nur grobe Schätzungen an, die häufig aus Propagandagründen übertrieben werden. Sie scheuten nicht davor zurück, einem Heer Tausende oder Zehntausende von Soldaten zuzuschreiben, was häufig jeder Plausibilität entbehrt und eine ärgerliche Mißachtung selbst der grundlegendsten Sorgfaltsregeln erkennen läßt. Deshalb gibt es auch keine verläßlichen Angaben über die zahlenmäßige Stärke der Tempelritter zu irgendeinem Zeitpunkt ihrer Geschichte. Auch ist keine vollständige Liste der Templerbesitzungen (vorausgesetzt, es gab überhaupt eine außerhalb der Ordensarchive) in Großbritannien oder anderswo erhalten. Wie bereits erwähnt, wurden in offiziellen Schriftstücken zahlreiche Ordenshäuser, Herrensitze, Güter, Häuser, Bauernhöfe und andere Liegenschaften ausgelassen, die, wie man aus anderen Quellen weiß, den Templern gehörten. Zum Beispiel erscheinen die großen Ordensbesitzungen in Bristol und Berwick, die beide höchstwahrscheinlich sogar Hafenanlagen umfaßten, auf keiner offiziellen Liste.

Laut mittelalterlichen Darstellungen umfaßte der Templerorden zur Zeit seiner Auflösung viele tausend Menschen in ganz Europa. Einige Berichte sprechen von nicht weniger als zwanzigtausend, obwohl zweifelhaft ist, daß wirkliche Ritter mehr als einen kleinen Prozentsatz davon ausmachten. Andererseits war es im Mittelalter Brauch, daß jeder Ritter ein Gefolge hatte, zu dem ein Stallmeister oder Knappe und – in der Schlacht – wenigstens drei Lehnsmänner oder bewaffnete Krieger gehörten. Französische Aufzeichnungen deuten darauf hin, daß dies auch für die Templer galt. Folglich dürften Kämpfer, die keine Ritter waren, einen großen Teil der Ordensstärke ausgemacht haben.

Aber der Tempel hatte, wie es bei einer solchen Institution zu erwarten ist, auch umfangreiches Hilfspersonal: Bürokraten aller Art, zahlreiche Kapläne, Diener, Zinsbauern und Handwerker. Wie viele von ihnen in den noch erhaltenen offiziellen Unterlagen aufgeführt sind, bleibt meist unklar. Daneben gibt es andere Bereiche, für die nicht die geringsten Dokumente vorliegen, so daß nicht einmal grobe Schätzungen möglich sind. Zum Beispiel ist bekannt, daß die Templer eine beachtliche Flotte – aus Handels- wie aus Kriegsschiffen – besaßen, die nicht nur im Mittelmeer, sondern auch im Atlantik operierte. Mittelalterliche Berichte enthalten allerlei oberflächliche Hinweise auf Häfen, Schiffe und Flotteneinrichtungen der Templer. Es gibt sogar Dokumente, welche die Unterschrift und das Siegel von Flottenoffizieren der Templer tragen. Nichtsdestoweniger sind nicht die geringsten Informationen über ihre Seetätigkeit überliefert. Nirgendwo sind Einzelheiten über die Stärke der Flotte oder über ihr Schicksal nach der Auflösung des Ordens verzeichnet. Zudem ist in einem englischen Bericht des späten 12. Jahrhunderts von einer Frau die Rede, die als Schwester in den Tempel aufgenommen worden sei. Dies läßt auf eine beigeordnete Frauenorganisation des Ordens schließen, aber man hat nirgends – nicht einmal in den offiziellen Inquisitionsaufzeichnungen – weitere Erläuterungen zu diesem Sachverhalt gefunden.

Ein gründliches Studium von Dokumenten englischer Herkunft und der Inquisition sowie der Arbeiten anderer Historiker führt uns zu dem Schluß, daß die Templer im Jahre 1307 in England rund 265 Mann zählten. Darunter dürften bis zu neunundzwanzig Ritter, bis zu siebenundsiebzig Lehnsmänner und einunddreißig Kapläne gewesen sein. Wenn man die Kapläne und anderes Hilfspersonal beiseite läßt, beläuft sich die Zahl der eigentlichen Kämpfer auf wenigstens zweiunddreißig und maximal 106. Nur zehn von ihnen wurden laut Angaben der Inquisition unzweifelhaft verhaftet, und drei weitere gefangene Templer gehörten wahrscheinlich ebenfalls der militärischen Organisation an. Damit könnten dreiundneunzig Krieger, die nie gefunden wurden, dem Zugriff der Inquisition entgangen sein.[19] In dieser Zahl sind Kämpfer, die sich in Schottland und Irland der Verfolgung entzogen, nicht enthalten.

Die europäische Bevölkerung des Mittelalters machte nur einen Bruchteil der heutigen Bevölkerung aus, so daß diese Zahlen im Kontext der damaligen Zeit verhältnismäßig höher waren. Außerdem muß man bedenken, daß die Durchschlagskraft mittelalterlicher Armeen mehr denn je von ihrer Ausbildung, nicht von ihrer zahlenmäßigen Stärke bestimmt wurde. Im sudanesischen Omdurman besiegten dreiundzwanzigtausend britische und ägyptische Soldaten im Jahre 1898 mehr als fünfzigtausend Derwische; sie fügten dem Feind Verluste in Höhe von fünfzehntausend Mann zu, während sie selbst weniger als fünfhundert verloren. Im Jahre 1879 hielten 139 britische Soldaten in Rorke's Drift ungefähr viertausend Zulus stand; sie töteten vierhundert Feinde und verloren fünfundzwanzig Mann (die Schlacht wird in dem Film *Zulu* dargestellt). Bei der Belagerung von Malta im Jahre 1565 schlugen weniger als tausend Johanniterritter gemeinsam mit ihrem Hilfspersonal eine türkische Streitmacht von dreißigtausend Mann zurück und töteten zwanzigtausend. Im Mittelalter dürfte ein ähnliches Ungleichgewicht geherrscht haben, bei dem sich Pferde, Rüstung, Disziplin und überlegene Taktik als genauso entscheidend erwiesen wie stärkere Feuerkraft in späteren Jahrhunderten. Eine Streitmacht von einem Dutzend Rittern in voller Rüstung, die auf schweren Pferden anstürmten, muß während der Kreuzzüge einer modernen Panzerformation geglichen haben, so daß sie mühelos zwei- oder dreihundert Sarazenen zerstreuen konnte. Durch einen geballten Angriff von hundert Rittern konnten zwei- oder dreitausend Feinde aufgerieben werden.

Folglich sollte die Möglichkeit, daß vielleicht dreiundneunzig ausgebildete Templer in Großbritannien in Freiheit waren, nicht unterschätzt werden. Mit ihrer professionellen Disziplin, ihrer dem neuesten Stand entsprechenden Bewaffnung und ihrer Kriegserfahrung konnten sie im Einsatz gegen die Amateursoldaten und zwangsweise ausgehobenen Bauern der meisten europäischen Feldzüge leicht den Ausschlag geben. Ein Feldzug dieser Art fand damals gerade in Schottland statt.

1.4 DAS VERSCHWINDEN DER TEMPLERFLOTTE

Edward II. widerstrebte es zunächst, überhaupt Maßnahmen gegen die Templer in seinem Reich zu ergreifen. Als ihn äußerer Druck – durch Philipp von Frankreich, die Inquisition und den Papst – schließlich zum Handeln zwang, ließ er weiterhin keine Eile erkennen. Die relative Apathie, mit welcher die Tempelritter in England verfolgt wurden, erstreckte sich auch auf Schottland und Irland.

In Irland gehörten den Templern nicht weniger als sechzehn Besitztümer, darunter mindestens sechs vollständige Ordenshäuser. Man weiß auch, daß sie über vier bis sieben Schlösser verfügten. Unserer Schätzung nach dürfte ein Minimum von neunzig Mann, darunter ungefähr sechsunddreißig Kämpfer, nötig gewesen sein, um solche Besitztümer zu verwalten und zu bewachen.

Am 3. Februar 1308 – fast vier Monate nach den ersten Verhaftungen in Frankreich und anderthalb Monate nach den ersten Maßnahmen in England – ging man auch in Irland gegen die Templer vor. Insgesamt wurden etwa dreißig Mitglieder des Ordens – rund ein Drittel der Gesamtstärke – festgenommen und nach Dublin gebracht. In Irland kam es offenbar nicht zu ausgeprägter Brutalität; jedenfalls ereigneten sich keine Brandschatzungen oder Hinrichtungen. Der Meister Irlands wurde gegen Kaution freigelassen, und es scheint, daß man seine Untergebenen mit relativer Milde behandelte. Es gibt keine Belege darüber, daß irische Templer in Klöster gesteckt worden wären, um Buße zu tun. Gegen 1314 dürften also fast alle Ordensangehörigen in Freiheit gewesen sein, weil sie entweder den anfänglichen Verhaftungen entgangen oder nach einem Verhör freigelassen worden waren.

Durch das lange Zögern, das die Obrigkeit an den Tag legte, bevor sie einschritt, hatten die irischen Templer reichlich Zeit und Gelegenheit, Vorkehrungen zu treffen. Als man ihre Ländereien beschlagnahmte und Bestandsverzeichnisse anlegte, wurden fast keine Waffen gefunden. Einem Historiker zufolge war es »äußerst überraschend, die Behausungen eines militärischen Ordens so schlecht mit Waffen ausgerüstet vorzufinden«[1]. In Clontarf, dem Hauptsitz, gab es nur drei Schwerter; in Kilclogan entdeckte man lediglich zwei Speere, einen eisernen Helm und einen Bogen. Da Edward II. sich damals über die irischen Waffenlieferungen nach Schottland beklagte, dürfte es keinen Mangel an Ausrüstungen gegeben haben. Folglich entzogen sich die meisten irischen Templer nicht nur der Verhaftung, sondern retteten sogar den Großteil ihrer Waffen und Geräte.

Flüchtige Templer

Am 6. Oktober 1309 befahl Edward seinen Beamten, »alle noch in Freiheit befindlichen Templer in Schottland in sicheren Gewahrsam zu nehmen«[2]. In Wirklichkeit wurden nur zwei verhaftet, doch einer von ihnen war Walter de Clifton, der Meister von Schottland. Allerdings war Edward um 1309 bereits nicht mehr in der Lage, seine Verfügungen in Schottland durchzusetzen, da Bruce über den größten Teil des Landes gebot. Im März war Bruce zum Herrscher »durch Blutsrecht« erklärt und »mit Zustimmung des Volkes zum König gewählt« worden. Zur Zeit von Edwards Anordnung kämpfte er in Argyll. Am Jahresende hatte er zwei Drittel Schottlands unter seiner Kontrolle, und die englischen Garnisonen in Perth, Dundee und Banff mußten auf dem Seeweg versorgt werden.

Der in einen Guerillakrieg gegen Edward verwickelte Bruce war natürlich nicht geneigt, die Befehle des englischen Königs zu befolgen. Und nach seiner Exkommunikation dürften ihm auch die Anordnungen des Papstes gleichgültig gewesen sein, die, wie wir gesehen haben, in Schottland ohnehin keine Gültigkeit hatten. Unter diesen Umständen muß Bruce den Zustrom von Flüchtlingen, die professionelle Krieger waren, überschwenglich begrüßt haben. Und sie müssen über alle Maßen bereit gewesen sein, seine Sache zu unterstützen.

Das Schicksal der beiden in Schottland verhafteten Templer ist unbekannt. Wahrscheinlich wurden sie freigelassen. Sie sagten jedoch beim Verhör aus, daß eine Reihe ihrer Ordensbrüder, darunter der Präzeptor von Balantrodoch, »ihre Gewänder abwarfen« und

»übers Meer« flüchteten.[3] Andererseits wurde die Verhandlung gegen die Templer in Schottland von keinem anderen als Bischof Lamberton von St. Andrews geführt. Lamberton spielte ein kompliziertes Doppelspiel, doch seine Loyalität galt in erster Linie Bruce. Er war durchaus fähig, für den Mann, den er als rechtmäßigen König seines Landes anerkannte, Soldaten zu rekrutieren. Flüchtige Templer mögen tatsächlich über das Meer entkommen sein, aber es ist genausogut möglich, daß sie um Schottland herumsegelten und sich Bruce' Armee in Argyll anschlossen. Andererseits flohen sie vielleicht gar nicht auf dem Seeweg.

Es brauchen nicht nur Templer aus Schottland gewesen zu sein, die Bruce' Reihen verstärkten. Auch in England gab es eine beträchtliche Zahl von Rittern, die sich der Verhaftung entzogen hatten. Die Vermutung bietet sich an, daß sich wenigstens einige von ihnen – genauso wie manche ihrer irischen Ordensbrüder – nach Schottland durchschlugen. Ein englischer Templer erklärte bei seinem Verhör ausdrücklich, daß seine Brüder nach Schottland geflohen seien. Im Grunde ist die Frage nicht, ob englische Templer im Norden Zuflucht suchten, sondern, wie viele es taten.

Ihre Zahl – sie mag bei dreiundneunzig Rittern gelegen haben – wurde wahrscheinlich durch Flüchtlinge aus Frankreich und aus anderen Ländern des Kontinents erhöht. Die Templer in Frankreich waren früh genug gewarnt worden, um wenigstens ein paar Vorbereitungen treffen zu können. Deshalb verschwand der Schatz des Pariser Ordenshauses, und etliche hohe französische Würdenträger des Ordens stachen angeblich mit achtzehn Schiffen in See. Die Tatsache, daß der Großmeister und andere Amtsinhaber zurückblieben, bedeutet nicht, daß sie unvorbereitet gewesen oder überrumpelt worden wären. Sie zeigt nur, daß sie bis zum letzten Moment hofften, ihr Schicksal abwenden zu können – das heißt, daß sie hofften, den Orden gegen alle Bezichtigungen verteidigen und seinen früheren Status wiederherstellen zu können.

Man muß im Gedächtnis behalten, daß Philipps erster Überfall auf die Templer in Frankreich rasch und unvermutet vonstatten ging, während sich der dann folgende Prozeß in die Länge zog. Erst nach fünf Jahren juristischen Gerangels, der Unterredungen, der Intrigen und des »Kuhhandels« wurde der Orden offiziell aufgelöst, und Jacques de Molay sollte erst nach sieben Jahren hingerichtet werden.

Während dieser Zeit blieben große Scharen von Templern in Freiheit und zogen durch Europa. Sie hatten reichlich Gelegenheit, Pläne zu schmieden, ihre Bemühungen zu koordinieren, Fluchtrouten zu organisieren und ein Asyl zu finden.

Laut den vorhandenen Urkunden gab es neben zahllosen kleineren Besitzungen mindestens 556 vollständige Templerordenshäuser in Frankreich. Der Orden umfaßte wenigstens 3200 Männer, von denen vielleicht 350 Ritter und 930 Lehnsmänner waren, insgesamt also 1280 Streiter. Die Dokumente der Inquisition zeigen, daß im Laufe der Gerichtsverfahren in Frankreich 620 Templer verhaftet wurden; wenn hier die gleichen Prozentanteile gelten, müssen ungefähr 250 von ihnen Krieger gewesen sein. Damit blieben mindestens 1030 aktive, militärisch ausgebildete Ordensbrüder in Freiheit – und sie wurden nie gefunden.

Eine erhebliche Zahl dürfte in Frankreich geblieben sein. Einer wahrscheinlich übertriebenen Darstellung zufolge sollen sich in den Hügeln um Lyon zu einem gewissen Zeitpunkt mehr als fünfzehnhundert flüchtige Templer verborgen haben – eine abschreckende Aussicht für die Inquisitoren wie für den französischen König. Aber während viele Templer in Frankreich blieben, dürfte eine beträchtliche Menge im Ausland Zuflucht gesucht haben. Nach den ersten Verhaftungen kam zum Beispiel Imbert Blanke, Meister der Auvergne, nach England, wahrscheinlich um den englischen Ordensbrüdern Ratschläge zu geben, wie sie sich in den bevorstehenden Gerichtsverfahren zu verhalten hätten. Imbert wurde schließlich in England inhaftiert, doch unter weit lockereren Bedingungen als die Templer in Frankreich. Im April 1313 wurde er zum Erzbischof von Canterbury geschickt, um Buße zu tun. Einen Monat darauf gewährte Edward II. ihm eine Pension zu seiner Unterstützung. Viele andere Templer kamen vermutlich nach England, ohne je festgesetzt zu werden. Einige dürften den Kanal direkt überquert haben oder reisten durch Flandern, das ihnen gewogen blieb und einen ständigen Seeverkehr mit den Britischen Inseln aufrechterhielt. Da England sich im Laufe der folgenden sieben Jahre immer weniger als Asyl eignete, zogen die Flüchtlinge vom Kontinent, zusammen mit ihren englischen und irischen Ordensbrüdern, wahrscheinlich zunehmend nach Norden, wo sie der Reichweite des Papsttums und der Inquisition entzogen waren und Immunität erwarten konnten.

Die Templerflotte und ihre Fluchtrouten

Bei einer Massenflucht von Rittern, besonders wenn sie den Ordensschatz mitnahmen, muß die Templerflotte eine Rolle gespielt haben – jene Flotte, die auf so geheimnisvolle Weise verschwand und über die so wenig bekannt ist. Mehr noch, die Templerflotte mag Aufschluß über viele Fragen geben, die in den letzten Tagen des Ordens aufgeworfen wurden. Hier könnte auch die Erklärung für eine mögliche Anwesenheit von Templern in Argyll liegen. Dies ist ein praktisch unerforschter Bereich.

Gegen Mitte des 13. Jahrhunderts war die Templerflotte nicht bloß zu einer Notwendigkeit, sondern zu einem wichtigen Aktivposten geworden. Wie für die Johanniter war es auch für die Templer weit billiger, Männer, Pferde und Material mit ihren eigenen Schiffen ins Heilige Land zu transportieren, als Seefahrzeuge von örtlichen Kaufleuten zu heuern. Zudem konnten sie mit ihrer Flotte auch andere Personen und Geräte sowie Pilger transportieren, was sich als profitable Einkommensquelle erwies.

Zuweilen beförderten die Templer aus ihren Häfen in Spanien, Frankreich und Italien sechstausend Pilger pro Jahr nach Palästina. Ihre Schiffe erhielten gewöhnlich den Vorzug, weil sie mit einer Eskorte bewaffneter Galeeren reisten. Auch »konnte man sich darauf verlassen«, daß der Orden »seine Passagiere nicht in moslemischen Häfen in die Sklaverei verkaufte, wie es manche Kaufleute taten«[4]. Da die Templer keine Zollabgaben zu leisten brauchten, wurden ihre Schiffe auch häufig für den Güterverkehr – Stoffe, Gewürze, Farbstoffe, Porzellan und Glas – eingesetzt. Wie erwähnt, hatten die Templer auch die Konzession für den Export ihrer eigenen Wolle.

Der Templerhandel war so rege, daß die zivilen Schiffseigner von Marseille sich schon im Jahre 1234 bemühten, den Orden aus ihrem Hafen zu verbannen. Von diesem Zeitpunkt an mußten Templer wie Hospitaliter sich auf jeweils ein Schiff beschränken, das nur zwei Reisen pro Jahr machen durfte; während seine Frachtmenge unbegrenzt war, durfte es nicht mehr als 1500 Passagiere befördern. Doch solche Maßnahmen wirkten sich nicht auf die seemännischen Aktivitäten der beiden Orden aus. Beide benutzten einfach andere Häfen.

Im großen und ganzen konzentrierte sich die Templerflotte auf das Mittelmeer. Sie versorgte das Heilige Land mit Männern und Ausrüstung und importierte Handelswaren aus dem Nahen Osten nach Europa. Gleichzeitig operierte die Flotte jedoch auch im Atlantik. Man betrieb einen umfangreichen Handel sowohl mit den Britischen Inseln als auch – aller Wahrscheinlichkeit nach – mit den Hansestädten an der Ostsee. Deshalb lagen die Templerordenshäuser in Europa, vor allem in England und Irland, meist an der Küste oder an schiffbaren Flüssen. Der wichtigste Atlantikhafen für die Templer war La Rochelle, das auch gute Überlandverbindungen zu Mittelmeerhäfen hatte. Zum Beispiel konnte Tuch aus Großbritannien mit Templerschiffen nach La Rochelle gebracht, über Land zu einem Mittelmeerhafen wie Collioure transportiert, dort wiederum auf Templerschiffe geladen und ins Heilige Land befördert werden. Auf diese Weise konnte man die stets gefahrvolle Passage durch die Meerenge von Gibraltar vermeiden, die gewöhnlich von den Sarazenen kontrolliert wurde.

Das Personal des Pariser Tempels, das sich Philipps Zugriff entzog, entkam vermutlich nicht über Land, denn das Gebiet um Paris wurde von den Männern des Königs recht gut überwacht. (Zwei Templer, die trotzdem nach Norden zu fliehen versuchten, wurden in Chaumont, am Oberlauf der Marne, gefangengenommen, gerade als sie sich anschickten, das französische Territorium zu verlassen.) Eine Überlandreise bis nach La Rochelle wäre äußerst schwierig, wenn nicht unmöglich gewesen. Aber während La Rochelle der Haupthafen der Templer war, unterhielt der Orden auch eine Flotte kleinerer Schiffe auf der Seine; es gab eine Reihe von Templerbesitzungen an dem Fluß, wenigstens zwölf zwischen Paris und der Küste, darunter eine in Rouen und eine in der Nähe des heutigen Le Havre. Da die Templer keine Abgaben zu leisten brauchten, wurden ihre Schiffe nicht durchsucht. Deshalb könnte man in den Monaten unmittelbar vor den ersten Verhaftungen Männer und Wertsachen mühelos auf der Seine zur Küste gebracht haben. Hier wären sie dann von größeren Schiffen übernommen worden, die aus La Rochelle oder irgendeinem anderen Hafen in See stachen. Sogar nach Beginn der Verfolgungen dürften die Templer wahrscheinlich eher zu Wasser als zu Lande geflohen sein.

Aber wohin könnte die Templerflotte gesegelt sein, nachdem sie die französischen Küstenhäfen verlassen hatte? Die Tatsache, daß keine Urkunden existieren, liefert einen wichtigen Anhaltspunkt.

Wenn Philipp Templerschiffe gekapert oder beschlagnahmt hätte, wäre dies bestimmt irgendwo belegt. Selbst wenn die offiziellen Verzeichnisse zensiert oder unterdrückt wurden, hätte die Öffentlichkeit von einer so bedeutenden Aktion erfahren. Solche Ereignisse hätten nicht geheimgehalten werden können.

Gleichermaßen hätte eine Landung der Templer in Spanien und Portugal nicht unbemerkt bleiben können. Gewiß, aus Frankreich in See stechende Templer wären von ihren spanischen und portugiesischen Ordensbrüdern aufgenommen worden. Sie hätten etwa auf Mallorca – wo dem Orden der Hafen Pollensa sowie umfangreiche Ländereien gehörten und wo der König, Jakob II., den Templern freundlich gesinnt war – mit einem herzlichen Empfang rechnen können. Aber die Seehäfen Spaniens und Portugals waren damals wichtige städtische und kommerzielle Zentren mit einem blühenden Geschäftsleben und einer großen Zivilbevölkerung. Nach dem Eklat, den die ersten Verhaftungen in Frankreich ausgelöst hatten, hätten Templerschiffe kaum in einer Stadt wie Palma anlegen können, ohne auch nur die geringste Spur in den historischen Dokumenten zu hinterlassen. Und natürlich konnten die Templer selbst sich solches Aufsehen nicht leisten.

Im Grunde gab es nur drei mögliche Zielorte für die Templerflotte. Der eine lag, wie manche Historiker vermuten, irgendwo in der islamischen Welt: entweder im Mittelmeer oder an der Atlantikküste Nordafrikas. Doch die Umstände sprechen dagegen. Erstens hofften die Templer im Jahre 1307 immer noch, ihre Unschuld beweisen zu können. Hätten sie bei den »Ungläubigen« Zuflucht gesucht, so wäre dies gleichbedeutend mit einem Bekenntnis der Ketzerei und Illoyalität gewesen. Außerdem wären moslemische Kommentatoren nicht stumm geblieben, wenn die Templerflotte im Islam ein Asyl gefunden hätte. Schließlich hätte man es mit einem wichtigen Propagandacoup zu tun gehabt. Als kleine Gruppen von Templern in Spanien und Ägypten Unterschlupf fanden und dort – jedenfalls offiziell – zum Islam übertraten, schlugen moslemische Schriftsteller daraus erhebliches Kapital. Sie hätten kaum geschwiegen, wäre die Templerflotte, vielleicht sogar mit dem Ordensschatz, zu ihnen übergelaufen.

Zuweilen hört man, daß die Templerflotte sich nach Skandinavien geflüchtet haben könnte. Zwei in Schottland verhörte Templer behaupteten bekanntlich, ihre Ordensbrüder seien auf dem Seeweg entkommen, was einige Historiker vermuten ließ, daß ihr Ziel Dänemark, Schweden oder, am ehesten, Norwegen gewesen sei. Dies ist nicht völlig ausgeschlossen, doch höchst unwahrscheinlich. In Skandinavien lebten damals nur wenige Menschen, und es wäre schwierig gewesen, in einem bewohnten Gebiet nicht aufzufallen. Die Templer besaßen dort keine Ordenshäuser, keine Stützpunkte und keine wirtschaftlichen oder politischen Verbindungen zum Volk oder zu den Regierungen, und nach der offiziellen Auflösung des Ordens im Jahre 1310 hätten sie in Skandinavien genauso verfolgt werden können wie anderswo. Wiederum müßte sich auch in den Urkunden irgendein Hinweis finden.

Nichtsdestoweniger hätte die nordische Wildnis – schließlich war sie nicht schlimmer als die von den Deutschherrenrittern »kolonisierten« Gebiete – ein gewisses Asyl bieten können. Sie wäre vielleicht sogar verlockend gewesen, wenn man keine Alternative gehabt hätte. Doch es gab eine Alternative: nämlich Schottland, zu dem die Templer bereits freundschaftliche Beziehungen unterhielten, dessen anerkannter König exkommuniziert worden war und das dringend Verbündete, besonders ausgebildete Krieger, benötigte. Wenn die Ritter einen idealen Unterschlupf suchten, gab es keine bessere Möglichkeit als Schottland.

Edwards an der englischen Ostküste stationierte Flotte blockierte die etablierten Handelswege zwischen Flandern und schottischen Häfen wie Aberdeen und Inverness. Templerschiffe, die von La Rochelle oder von der Seinemündung nordwärts segelten, hätten die Durchquerung des Kanals und der Nordsee nicht riskieren können. Auch die Irische See war von englischen Marineschiffen blockiert, die Stützpunkte in Ayr und in Carrickfergus am Belfast Lough hatten. Aber eine wichtige Route war offen: von der Nordküste Irlands, einschließlich der Foyle-Mündung bei Londonderry, bis hin zu Bruce' Herrschaftsgebiet in Argyll, Kintyre und dem Sound of Jura. Angus Óg MacDonald von Islay, Bruce' enger Freund und Verbündeter, kontrollierte Islay, Jura und Colonsay, so daß eine Direktverbindung zwischen Nordwest-Ulster und Südwestschottland garantiert war. Dies war die Route, über die Bruce seit einiger Zeit Waffen und Gerät bezogen hatte.

Wenn große Scharen von Templern (vielleicht mit der gesamten Flotte oder Teilen davon) den Kontinent verließen und in Schottland

Zuflucht fanden, dann war dies die einzig mögliche Route: von Donegal, vom Foyle, von der Nordwestküste Ulsters zum Sound of Jura und seiner Umgebung. Aber wie konnte eine Templerflotte diese Route erreichen, ohne die Irische See zu durchqueren und von englischen Schiffen abgefangen zu werden?

Heutzutage sind wir geneigt, Irland als eine der Britischen Inseln zu betrachten, deren Hauptzentrum Dublin ist und deren wichtigste Häfen, den einen oder anderen im Süden ausgenommen, an der Ostküste liegen, mit Ausblick auf die Irische See und das englische »Festland«. Diese Betrachtungsweise hat sich seit dem 17. Jahrhundert durchgesetzt, aber sie galt nicht für das Mittelalter und noch frühere Epochen. Zur Zeit von Robert Bruce konzentrierte sich der irische Handel nicht auf England, sondern auf den Kontinent. Folglich spielten Dublin und die anderen östlichen Häfen eine unbedeutende Rolle, verglichen mit den südlichen Häfen in den Grafschaften Wexford, Waterford und Cork. Was noch wichtiger war, der Westen Irlands – der heute als fernes, entvölkertes Hinterland eingeschätzt wird – verfügte über zwei hochrangige Häfen: Limerick und, vor allem, Galway.

Limerick und Galway waren im Mittelalter blühende Städte, die nicht nur mit Frankreich, sondern auch mit Spanien und Nordafrika regen Handel trieben. Auf einigen alten Karten scheint die Entfernung zwischen Irland und Spanien sogar geringer als die zwischen Irland und England. Die Handelswege von Spanien und von Bordeaux und La Rochelle aus nach Galway gehörten zu den am häufigsten benutzten jener Periode. Von Galway aus setzte sich die Route nach Norden fort: um die Küste von Donegal, an der Mündung des Foyle und am heutigen Londonderry vorbei bis hin zur schottischen Westküste. Dies dürfte der Weg gewesen sein, den fliehende Templerschiffe eingeschlagen hatten. Es war eine sichere, bequeme und vertraute Route, die von der englischen Flotte nicht abgeschnitten werden konnte.

Historiker erkennen, wie erwähnt, an, daß heutige britische Orte, deren Namen das Präfix »Temple« tragen, früher den Templern gehörten. Wie wir gleichfalls ausgeführt haben, neigten die Templer infolge ihrer Seefahrer- und Handelstätigkeit dazu, ihre Hauptsitze an der Küste oder an schiffbaren Flüssen zu bauen. Zum Beispiel lag Maryculter in Schottland am Dee, Balantrodoch und Temple Liston

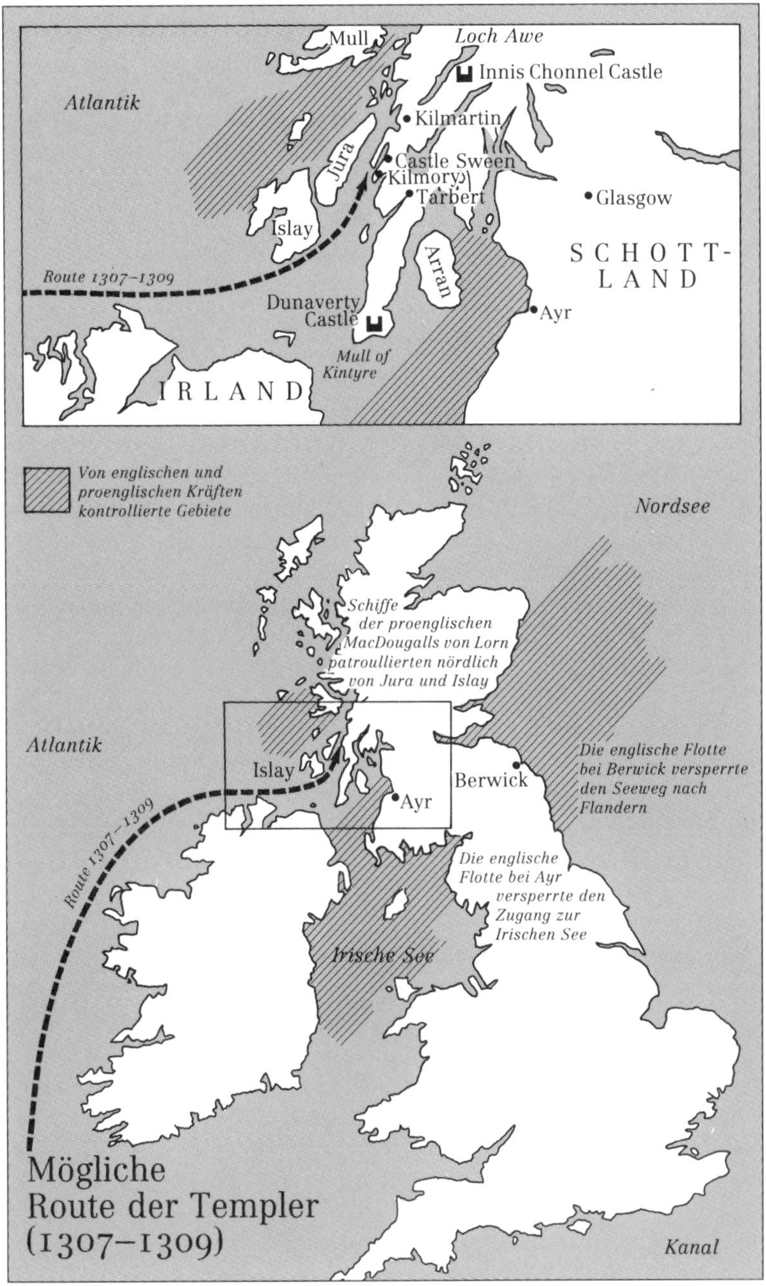

Mögliche
Route der Templer
(1307–1309)

befanden sich am Firth of Forth. In England lag Temple Thornton am Tyne, Westerdale am Esk, Faxfleet am Humber, und es gab umfangreiche Hafenanlagen in London, in Dover und Bristol. Die irischen Aufzeichnungen sind weitaus unklarer; viele gingen zweifellos in den Unruhen der folgenden Jahrhunderte verloren oder wurden vernichtet. Und im Westen Irlands, wo ein großer Teil der Bevölkerung bis ins 20. Jahrhundert hinein Gälisch sprach, sind entsprechende Dokumente möglicherweise nie hergestellt worden. Die wenigen existierenden Urkunden lassen für Irland ein ähnliches Muster erkennen wie für die anderen Teile der Britischen Inseln: Templerordenshäuser und sonstige Besitzungen lagen an der Küste oder an schiffbaren Flüssen. Aber diese Urkunden zeigen, daß sich die Güter der Templer an der Ostküste konzentrierten: von Ulster zum Hauptsitz Clontarf bei Dublin und über Kilcloggan und Templebryan hinunter nach Cork. Die wichtigste bekannte Ausnahme ist Limerick, wo der Orden ebenfalls umfassende Besitzungen hatte.

Der Westen Irlands wird nie erwähnt, da niemand über ihn unterrichtet zu sein scheint. Wir entdeckten jedoch nicht weniger als sieben zusätzliche Stätten an der irischen Nordwestküste, die in keiner Urkunde erwähnt sind, doch allem Anschein nach den Templern gehört haben müssen. Im heutigen Donegal findet man Templecrone in der Nähe der Insel Aran und Templecavan auf der Halbinsel Malin. Templemoyle liegt bei Greencastle am Foyle. Etwas landeinwärts von der Donegal Bay sind Templehouse, Templerushin und Templecarne sowie – noch weiter landeinwärts – Templedouglas. Und möglicherweise gab es Besitzungen des Ordens in Lifford (in der heutigen Grafschaft Tyrone), knapp nördlich von Strabane. Keine dieser Stätten hatte eine besondere religiöse Bedeutung – weder in christlicher noch in vorchristlicher Zeit –, die das Präfix »Temple« erklären könnte. Die meisten haben die Ruine einer mittelalterlichen Kirche vorzuweisen. Alles deutet darauf hin, daß auch sie früher im Besitz der Templer waren. Sie tauchten deshalb nicht in den Urkunden auf, weil sie von den damaligen Bevölkerungszentren so weit entfernt waren. Die geistliche und weltliche Obrigkeit jener Zeit – der Papst in Avignon, Philipp in Paris und Edward in London – wußte vielleicht nicht einmal von ihrer Existenz. Nichtsdestoweniger entsprachen sie dem etablierten Muster von Templerbauten: Sie bildeten wertvolle Anlaufhäfen, und sie schützten die Handelsstraßen.

Aus alledem geht hervor, daß die Templerflotte auf der Flucht vor dem französischen König höchstwahrscheinlich um die West- und Nordküste Irlands segelte. Es ist gut möglich, daß sie unterwegs mehrfach anlegte, um Waffen, Gerät und vielleicht andere flüchtige Ordensbrüder aufzunehmen. Sobald die Flüchtlinge die Umgebung des Foyle erreicht hatten, waren sie in Sicherheit, denn dieses Gebiet wurde von Bruce' Verbündeten kontrolliert. Und vom Foyle und der Westküste Ulsters dürfte es eine direkte Verbindung zu der etablierten Route gegeben haben, auf der Waffen unter dem Schutz von Angus Óg MacDonald nach Argyll geschmuggelt wurden. So könnten Schiffe, Waffen und Material, Krieger und – möglicherweise – der Schatz der Templer ihren Weg nach Schottland gefunden haben, wo sie eine wesentliche Verstärkung für Bruce bildeten.

Legenden über das Überleben von Templern

Mitte des 19. Jahrhunderts schrieb ein Historiker vielleicht etwas definitiver, als sich rechtfertigen läßt: »Viele [Templer] waren jedoch noch in Freiheit, weil sie alle Spuren ihres früheren Berufes verwischt und sich so der Gefangennahme entzogen hatten, und einige waren verkleidet in die wilden und gebirgigen Teile von Wales, Schottland und Irland entkommen.«[5] Am Ende des Jahrhunderts meinte einer seiner Kollegen: »Die Templer ... fanden möglicherweise eine Zuflucht in der kleinen Armee des exkommunizierten Königs Robert, dessen Befürchtung, den französischen Monarchen zu verärgern, unzweifelhaft von seinem Wunsch verdrängt worden wäre, ein paar fähige Krieger zu rekrutieren.«[6] Ein moderner Historiker äußerte sich im Jahre 1972 sogar noch präziser: »Alle bis auf zwei schottische Ordensbrüder entkamen; als raffinierte Politiker könnten sie bei Bruce' Guerillas Asyl gefunden haben – König Robert verzichtete nämlich darauf, die Aufhebung des schottischen Tempels gesetzlich zu ratifizieren.«[7]

Freimaurerische Historiker und freimaurerisch orientierte Autoren vertreten noch explizitere Standpunkte: »Wir hören ..., daß sie sich, nachdem sie den Tempel verlassen hatten, unter den Bannern von Robert Bruce gruppierten und mit ihm bei Bannockburn kämpften ... Legenden besagen, daß Bruce ... diese Templer nach der Entscheidungsschlacht von Bannockburn in Anerkennung ihrer herausragenden Dienste zu einer neuen Körperschaft zusammenschloß.«[8] Oder: »Als die Verfolgungen im Jahre 1309 begannen, wurde eine Inquisition in Holyrood durchgeführt, bei der nur zwei Ritter erschienen; die anderen, die sich der gegen die Engländer marschierenden Armee von Bruce angeschlossen hatten, waren rechtmäßig an den Kämpfen beteiligt.«[9]

Ob solche Aussagen wie die beiden letzteren, die aus freimaurerischen Quellen stammen, nicht nur auf Legenden, sondern auf verifizierbaren Mitteilungen beruhen, bleibt ungewiß. Jedenfalls steht außer Frage, daß es viele Legenden gibt, die von einem Überleben der Templer in Schottland berichten. Man kann mindestens zwei Arten von Legenden unterscheiden:

Die eine verdankt ihre erste Verbreitung – oder zumindest ihr erstes Auftauchen in der Geschichtsschreibung – einem bedeutenden Freimaurer des 18. Jahrhunderts, Baron Karl von Hund, und dem von ihm begründeten Ritus, der Strikten Observanz, durch die der Templerorden »wiederhergestellt« werden sollte. Laut der Strikten Observanz floh Pierre d'Aumont, Präzeptor der Auvergne, zusammen mit sieben Rittern und zwei weiteren Präzeptoren um 1310 aus Frankreich; zuerst nach Irland und dann, zwei Jahre später, nach Schottland, genauer gesagt auf die Insel Mull. Auf Mull sollen sie sich mit einer Reihe anderer Templer, vermutlich Flüchtlingen aus England und Schottland, zusammengeschlossen haben. Der Führer der letzteren soll ein Präzeptor namens George Harris gewesen sein, ein früherer Ordensbeamter in Caburn und Hampton Court. Unter der gemeinsamen Leitung von Harris und Pierre d'Aumont habe man den Beschluß gefaßt, die Institution fortbestehen zu lassen. Ein Verzeichnis von Großmeistern der Templer, das Baron von Hund anlegte, weist Pierre d'Aumont als Nachfolger von Jacques de Molay aus.[10]

Im dritten Teil des vorliegenden Buches werden wir die Plausibilität dieser Behauptungen sowie ihre historischen Grundlagen eingehend untersuchen. Wir werden Hunds eigene Glaubwürdigkeit und die jener Quellen prüfen, aus denen er seine Informationen angeblich bezog. Vorläufig genügt es, ein paar Einzelheiten der Strikten-Observanz-Darstellung zu kommentieren.

Manche Details sind nicht nur unzuverlässig, sondern nachweisbar falsch. Zum Beispiel bezeichnet die Strikte Observanz Pierre d'Aumont als Präzeptor der Auvergne. In Wirklichkeit hatte jedoch Imbert Blanke dieses Amt inne, der, wie wir gehört haben, im Jahre 1306 nach England entkam und dort verhaftet wurde. Und zudem ist es höchst unwahrscheinlich, daß flüchtige Templer auf der Insel Mull Unterschlupf fanden. Mull war damals von Alexander McDougall von Lorn besetzt, einem Verbündeten Edwards II. und einem von Bruce' leidenschaftlichsten Gegnern. Selbst nachdem er von Bruce besiegt worden war, dürfte er auf Mull zahlreiche Sympathisanten gehabt haben, die heimliche Templeraktivitäten auf der Insel schwerlich verschwiegen hätten.

Andererseits gab es zwei Orte, die sich in den Händen von Bruce' Verbündeten befanden und flüchtigen Templern ein Asyl oder wenigstens eine sichere Zwischenstation geboten haben könnten. Einer diente Bruce selbst in widrigen Phasen seiner Feldzüge kurzfristig als Unterschlupf; dort stand ein Schloß mit einer starken Garnison, deren Loyalität unerschütterlich war. Und beide Orte lagen strategisch günstig an der wichtigen Meeresroute zwischen Ulster und den Nachschubbasen von Bruce in Argyll. Es handelte sich um Mull of Kintyre und Mull of Oa.

Die Darstellung der Strikten Observanz ist also in einigen Details unzutreffend, aber man kann leicht nachvollziehen, wie es zu diesen Irrtümern kam. Hund räumte ein, seine Informationen von schottischen Gewährsleuten erhalten zu haben. Die Einzelheiten könnten im Laufe von viereinhalb Jahrhunderten entstellt worden sein. Auch die Weitergabe und Übersetzung dürfte einiges verfälscht haben. Wenn ein heutiger Engländer die Insel Mull mit Mull of Kintyre und Mull of Oa verwechseln kann, dann ist die Verwirrung eines deutschen Adligen des 18. Jahrhunderts, der nichts von schottischer Geographie wußte und sich einer Vielzahl von fremdsprachigen Angaben gegenübersah, um so verständlicher. Während einzelne Details falsch sein mögen, ist der allgemeine Tenor der von der Strikten Observanz gelieferten Darstellung jedoch höchst plausibel. Ein besonders aufschlußreiches Detail ist die Behauptung, daß die flüchtigen Templer zuerst nach Irland gezogen seien. Dies erscheint, wie wir gesehen haben, als überaus einleuchtend, und man hätte es nicht in eine fingierte Geschichte aufzunehmen brauchen.

Die zweite Legende über das Überleben von Templern tauchte um 1804, mehr als ein halbes Jahrhundert nach Hunds Version, zum erstenmal in Frankreich auf. Unter dem napoleonischen Regime legte ein gewisser Bernard-Raymond Fabré-Palaprat eine Urkunde vor, die angeblich 1324, zehn Jahre nach der Hinrichtung von Jacques de Molay, entstanden ist. Wenn man ihr glauben darf, erließ Jacques kurz vor seinem Tode Anweisungen für die Fortführung des Ordens. Als seinen Nachfolger benannte er einen der in Zypern zurückgebliebenen Templer, den in Palästina geborenen Christen Johannes Marcus Larmenius. Auf der Basis der sogenannten »Charta transmissionis des Larmenius« gründete Fabré-Palaprat den nichtfreimaurerischen, neuritterlichen Alten und Souveränen Militärorden des Tempels von Jerusalem, der noch heute existiert. Laut unbestätigten Mitteilungen seiner heutigen Angehörigen wurde die »Charta transmissionis« zwar erst im Jahre 1804 veröffentlicht, war aber bereits ein Jahrhundert zuvor, nämlich im Jahre 1705, im Umlauf; Fabré-Palaprats Orden soll seine Neugründung auf diesen Zeitpunkt datieren.[11]

Wir selbst können zur Echtheit der »Charta transmissionis« nicht Stellung nehmen. Für unsere Zwecke ist nur eine einzige Aussage darin von Bedeutung: »Ich werde zum Schluß sagen und befehlen, daß die schottisch-templerischen Deserteure des Ordens mit einem Bannfluch zu belegen sind.«[12] Diese Drohung könnte aufschlußreich sein. Wenn die »Charta transmissionis« authentisch ist und aus dem 14. Jahrhundert stammt, bestätigen diese Worte das Überleben von nach Schottland geflüchteten Templern. Sie zeigen ferner, daß die Flüchtlinge eine Gegenposition zu Larmenius und seinen Anhängern bezogen, die offenbar eine Entlastung von allen Vorwürfen und eine Versöhnung mit der Kirche anstrebten. Wenn die »Charta transmissionis« jedoch, was wahrscheinlicher ist, später – im 18. oder 19. Jahrhundert – entstand, so läßt sich aus ihr eine heftige Antipathie gegen die von Hund und von der Freimaurerei der Strikten Observanz verbreiteten Aussagen – oder gegen eine andere, damals in Schottland noch bestehende Templerinstitution – ablesen.

Was immer man von der Zuverlässigkeit der Legenden halten mag, es steht außer Frage, daß sich zumindest *einige* Templer nach Schottland durchschlugen, während andere, die bereits im Land waren, nie gefangengenommen wurden. Offen ist nur, wie viele in Freiheit blieben. Doch letztlich spielt die Zahl keine Rolle. Entscheidend ist, daß die Templer ausgebildete Krieger waren – die besten Krieger ihres

Zeitalters, die anerkannten Meister der Kriegführung. Schottland war ein Königreich, das verzweifelt um seine Unabhängigkeit, um das Überleben seiner nationalen und kulturellen Identität rang. Mehr noch, es stand unter dem päpstlichen Interdikt, und sein König war exkommuniziert. Unter solchen Umständen muß Bruce für jede Hilfe, zumal die der Templer, dankbar gewesen sein. Als kriegserprobte Veteranen könnten sie eine nicht zu unterschätzende Rolle dabei gespielt haben, die schottischen Soldaten auszubilden, ihnen Disziplin und die Basis des Kriegshandwerks angesichts eines zahlenmäßig überlegenen und besser ausgerüsteten Feindes zu vermitteln. Ihre strategischen und logistischen Kenntnisse könnten ausschlaggebend gewesen sein. Ob sie wirklich die »frische Streitmacht« waren, die sich so wirkungsvoll in Bannockburn einschaltete, werden wir wahrscheinlich nie erfahren. Aber das brauchten sie gar nicht. Eine kleine Gruppe von ihnen hätte genügt, um die Streitmacht zu führen, was den gleichen Effekt auf die englische Armee gehabt hätte.

1.5 DAS KELTISCHE SCHOTTLAND UND DIE GRALSSAGEN

Wenn sich in den Jahren nach Bannockburn tatsächlich eine Gruppe von Templern in Argyll niederließ und in die Clans einheiratete, dann war die Region eine natürliche und sehr passende Heimat für sie. In gewisser Hinsicht könnte man fast von einer Heimkehr sprechen. Gewiß, die Templer waren »schon zu Lebzeiten eine Legende«. Doch in Schottland – und besonders in Argyll – gab es legendäre Vorfahren, mit denen der Orden von der Bevölkerung identifiziert worden wäre. Die Templer ließen sich mühelos in die Sagen von Argyll einfügen.

Gegen Ende des 12. Jahrhunderts erschienen die ersten sogenannten Gralsromanzen in Westeuropa. Zu Beginn des 14. Jahrhunderts – also zur Zeit von Robert Bruce und der Unterdrückung des Templerordens – war die Gralsdichtung immer noch sehr beliebt und hatte eine gewaltige Menge verwandter Literatur hervorgebracht. Der Begriff der Ritterlichkeit, der in solchen Werken vertreten wurde, erfuhr damals seine höchste Ausprägung. Christliche Herrscher orientierten sich bewußt an den erhabenen Vorbildern Parzivals, Gawains, Lanzelots und Galahads – oder sie versuchten zumindest, sich ihrem Volk in einem solchen Licht darzustellen. Zum Beispiel gab Edward I. sich alle Mühe, die Rolle eines neuen König Artus zu übernehmen, wobei er so weit ging, »Tafelrunden«-Turniere abzuhalten. Und am Tage vor Bannockburn, während die beiden Armeen ihre Kampfpositionen bezogen, trafen Bruce und der englische Ritter Henry de Bohun im klassischen Zweikampf aufeinander – es war die Verkörperung des Duells bis zum Tode, wie es in der Ritterdichtung verherrlicht wurde.

Die Gralsromanzen, die anderswo in Europa von den kirchlichen Autoritäten scharf verurteilt wurden, genossen in Schottland besondere Popularität. Man muß sich vergegenwärtigen, daß Bruce ein keltisches Königreich wiederbegründen wollte, dessen Traditionen über David I. bis zum Reich Dalriadas zurückreichten. Die Gralsdichtung enthielt ein wichtiges keltisches Element: keltische Sagen und Legenden, die in der späteren Literatur, die aus dem normannischen England oder vom Kontinent kam, nicht zu finden waren.

In der Form, die wir heute kennen, sind die Gralserzählungen ein Mischgenre, das durch ein kompliziertes Wechselverhältnis charakterisiert ist. Sie enthalten ein wichtiges Korpus judäisch-christlicher Stoffe, die sich hinter einer ausgeklügelten dramatischen Gestaltung verbergen (siehe dazu eine unserer früheren Arbeiten[1]). Aber diese Stoffe sind einer typisch keltischen Legendensammlung aufgepfropft worden. Lange bevor der Gral mit seiner spezifisch christlichen Sinngebung in der Literatur erschien, gab es keltische Gedichte und Erzählungen, die eine ritterliche Suche beschrieben: nach einem geheimnisvollen, heiligen Gegenstand, der magische Eigenschaften besaß, nach einem fernen Schloß mit einem verkrüppelten oder machtlosen König, nach einer unfruchtbaren Wüste, die unter derselben Krankheit litt wie der Herrscher. Deshalb unterscheiden einige Gelehrte der letzten Zeit sorgfältig zwischen dem »christlichen Gral« der späteren, bekannteren Romanzen und dem »heidnischen Gral« ihrer Vorläufer. Und die Verwechslung des wundersamen Kessels der früheren Erzählungen mit dem weniger greifbaren Objekt der späteren führte zu der Definition des Grals als einer Tasse, einer Schale oder eines Kelchs – und nicht zum *sang réal*, dem königlichen Blut, das in Wirklichkeit gemeint war.

Auf dieser Grundlage der früheren keltischen Sagen, die von einem Kessel, einer Wüste und einem gefahrvollen Schloß handelten, baute die judäisch-christliche Literatur auf und brachte die Gralsromanzen hervor. Interessanterweise wurde diese judäisch-christliche Literatur häufig mit den Templern in Verbindung gebracht. Zum Beispiel stellt Wolfram von Eschenbach die Templer im *Parzival*, dem wohl wichtigsten aller Gralsepen, als »Hüter des Grals« und Angehörige der »Gralsfamilie« dar. Wolfram behauptet, die Gralsgeschichte von einem gewissen »Kyot de Provence« gehört zu haben, der als Guiot de Provins, ein Propagandist der Templer, identifiziert werden kann.[2] Noch aufschlußreicher ist die Tatsache, daß der *Perlesvaus* – ein Gralsepos, das nur hinter dem Wolframs zurücksteht – unmißverständliche Hinweise auf den Orden enthält: nicht nur dadurch, daß Ritter weiße Mäntel mit roten Kreuzen tragen und ein heiliges

Geheimnis hüten, sondern auch durch den ganzen Tenor seiner Gedanken und Werte. Der *Perlesvaus* verrät eine genaue Kenntnis von Waffen und Rüstung, von Kampftechniken und Wundmerkmalen. Er ist offensichtlich nicht das Werk eines Troubadours oder Romanciers, sondern eines Kriegers. Der Einfluß der Templer in diesem Werk ist so beherrschend, daß viele den anonymen Autor für ein Ordensmitglied halten. In Werken wie Wolframs *Parzival* und dem *Perlesvaus* hat der Leser es mit einer Verschmelzung von zwei unterschiedlichen Traditionen – der judäisch-christlichen und der keltischen – zu tun. Und das »Bindemittel«, der metaphorische Rahmen, der diese beiden Bestandteile zusammenhält, geht auf die Templer zurück.

Zur Zeit von Robert Bruce hatten sich keltische Tradition, Gralsmystik und Templerwerte zu einer häufig verblüffenden Mischung verbunden. Da ist zum Beispiel der bekannte keltische »Kopfkult«: der alte Glaube, daß der Kopf die Seele enthalte, weshalb man die Häupter besiegter Feinde abtrennen und bewahren müsse. Heute wird das abgetrennte Haupt als eines der Merkmale der archaischen keltischen Kultur betrachtet. Es spielt eine besonders wichtige Rolle in dem Mythos von Bran dem Gesegneten, dessen Kopf laut Überlieferung als Schutztalisman außerhalb Londons, mit dem Gesicht nach Frankreich, begraben wurde. Er sollte die Stadt nicht nur vor Angriffen schützen, sondern auch die Fruchtbarkeit der umgebenden Landschaft sichern und die Pest von ganz England abwenden. Mit anderen Worten, seine Aufgaben waren jenen, die der Gral in den späteren Epen erfüllte, überraschend ähnlich. In der Folgezeit verwandelte er sich in den sogenannten »Grünen Mann«, die Schutzgottheit der Vegetation und Fruchtbarkeit.

Die Templer hatten damals ebenfalls einen eigenen »Kopfkult«. Unter den gegen sie vorgebrachten Anklagen war auch die, daß sie ein rätselhaftes, abgetrenntes Haupt, manchmal als »Baphomet« bezeichnet, anbeteten (einige Ritter bekannten sich dieses Verbrechens schuldig). Und als die Beamten des französischen Königs am 13. Oktober 1307 in den Pariser Tempel eindrangen, fanden sie ein silbernes Reliquiar, das den Schädel einer Frau enthielt. Es trug die Aufschrift: »Caput LVIIIm« (Kopf 58m).[3] Dies mochte zunächst als makabrer Zufall erscheinen, aber in der Anklageschrift gegen die Templer, welche die Inquisition am 12. August 1308 vorlegte, heißt es,

»daß sie in jeder Ordensprovinz Götzenbilder hatten, nämlich Köpfe …
daß sie diese Götzenbilder anbeteten …
daß sie sagten, der Kopf könne sie retten.
daß er Reichtümer gewähre …
daß er die Bäume zum Blühen und die Pflanzen zum Sprießen bringe«[4].

Dies sind genau die Attribute, die dem Gral von den Romanzen und dem abgetrennten Haupt Brans des Gesegneten von der keltischen Tradition zugeschrieben wurden. Damit ist klar, daß sowohl die Gralsromanzen als auch die Templer – trotz ihrer vorwiegend christlichen Ausrichtung – wichtige Überreste der keltischen Tradition bewahrt hatten.

Obwohl der Gral selbst – jedenfalls unter diesem Namen – in den keltischen Prototypen noch keine Rolle spielte, waren also andere Bestandteile der späteren Geschichte bereits vorhanden. Das Thema wurde zum erstenmal am Ende des 12. Jahrhunderts von Chrétien de Troyes in einem Epos mit dem Titel *Le Conte du Graal* (Die Erzählung vom Gral) verarbeitet. Wolframs *Parzival* und der anonyme *Perlesvaus*, die rund ein Vierteljahrhundert später entstanden, stützten sich auf Material und Quellen, die Chrétien offenbar nicht zugänglich waren. Nichtsdestoweniger lassen sich diese Werke – und alle anderen Gralserzählungen – letztlich auf Chrétiens Epos zurückführen.

Über Chrétien ist wenig bekannt. Immerhin läßt sich aus den Widmungen seiner Werke und aus Texthinweisen schließen, daß er von aristokratischen Höfen protegiert wurde, und zwar denen des Grafen der Champagne und des Grafen von Flandern. Diese Höfe unterhielten enge Beziehungen zueinander und waren für ihre heterodoxe religiöse Einstellung bekannt, zu der auch das ketzerische Gedankengut der Katharer gehörte. Zudem hatten beide Höfe enge Verbindungen zu den Templern. Und der Graf von der Champagne hatte, wie erwähnt, maßgeblich bei der Gründung des Ordens mitgewirkt. Hugo von Payens, der erste Großmeister des Templerordens, war ein loyaler Gefolgsmann des Grafen und scheint sich ständig an dessen Anweisungen gehalten zu haben. Später erklärte der Graf seine Ehe für nichtig, trat in den Orden ein und wurde dadurch paradoxerweise zum Gefolgsmann seines eigenen Gefolgsmannes.

Ein großer Teil von Chrétiens frühen Werken ist verschiedenen

Angehörigen des Hofes der Champagne, insbesondere der Gräfin Marie, gewidmet. Doch die Widmung der Gralserzählung, die zwischen 1184 und 1190 verfaßt wurde, gilt Philippe d'Alsace, dem Grafen von Flandern. Chrétien erklärt ausdrücklich, daß Philippe ihm die Gralsgeschichte erzählt und ihn dann angewiesen habe, das Thema literarisch umzusetzen.

Chrétien starb, bevor er seine Arbeit vollenden konnte. Aber sein Fragment enthält eine Reihe von interessanten Anhaltspunkten. Zum Beispiel wird die Hauptstadt des Artus hier zum erstenmal als Camelot bezeichnet. Und Chrétien charakterisiert seinen Helden, »Perceval le Galois«, wiederholt durch eine Wendung, die später von Wolfram und anderen Romanciers übernommen werden und noch später in der Freimaurerei eine wichtige Rolle spielen sollte: Er nennt ihn »den Sohn der Witwe«.

Für unsere Zwecke ist vor allem von Belang, daß Chrétien für die keltischen Elemente seines Epos nicht nur die üblichen englischen und walisischen Quellen heranzog. Natürlich ignorierte er diese Quellen keineswegs, sondern machte ausgiebige Anleihen etwa bei Geoffrey von Monmouths *Historia regum Britanniae*, einer Art legendären Darstellung, die um 1138 geschrieben wurde und die Öffentlichkeit zum erstenmal mit Artus bekannt machte. Zudem stützt er sich auf archaische Erzählungen wie *Peredur* und andere Geschichten aus dem walisischen *Mabinogion*. Aber andere Aspekte in Chrétiens Werk sind spezifisch schottischer Herkunft. Offenbar hatte Chrétien irgendeine unabhängige Informationsquelle, was Schottland betraf; Experten kamen zu dem Schluß, daß entscheidende geographische und topographische Details seines Gedichts aus Schottland stammen.

Zum Beispiel könnte man vermuten, daß Chrétiens Held »Perceval le Galois« Waliser sei. Aber zu Chrétiens Zeit verwandte man den Begriff »Gualeis« oder »Galois« für die Bewohner von Galloway in Schottland. Die Gralsritter in Chrétiens Gedicht verteidigen »les pors de Galvoie« (»die Tore von Galvoie«). Die wissenschaftlichen Kenner der Gralsepen stimmen darin überein, daß mit »Galvoie« Galloway gemeint sein muß.[5]

Bei Geoffrey von Monmouth gibt es Hinweise auf das »Castellum Puellarum«, das in einigen der späteren Gralsdichtungen, nicht jedoch in der Chrétiens, zu dem berühmten »Schloß der Gefahren«

wird. Der Kommentator und Übersetzer Robert von Brunne schrieb im Jahre 1338, das »Castellum Puellarum« sei das tatsächlich existierende Schloß Caerlaverock in Galloway. Ein moderner Biograph Chrétiens bemerkt, daß Robert von Brunne »möglicherweise der anerkannten Tradition folgte, denn in seiner Jugend in Cambridge hatte er den künftigen König Robert Bruce gekannt«[6]. Wie auch immer, Caerlaverock war nur rund fünfzehn Kilometer von Annan entfernt, dem Sitz der Familie Bruce, deren Oberhaupt David I. im Jahre 1124 zum Lord von Annandale gemacht hatte. Über die Schlösser Annan und Caerlaverock wurde häufig gesagt, daß sie »die Tür nach Galloway hüteten«. Chrétien spricht zwar nicht vom »Castellum Puellarum«, doch er erwähnt »Roche de Canguin«, einen Namen, der sich mehreren Gelehrten zufolge »von einer Ausschmückung des Namens Caerlaverock herleitet«[7]. In Chrétiens Gedicht ist es bezeichnenderweise dieser Ort, der »les pors de Galvoie« bewacht.

Die zweite Residenz des Artus (neben Camelot) wird von Chrétien »Cardoeil« genannt. Die Hauptstadt Schottlands war bis 1157 Carlisle, das in den Tagen der *Angelsächsischen Chronik* »Cardeol« und später »Carduil« hieß. Chrétien erwähnt auch eine religiöse Stätte namens »Mount Dolerous«. Damit war offenbar Melrose Abbey in Northumberland gemeint, die im Jahre 1136 gegründet wurde und in Chrétiens Zeit als »Mons Dolorus« bekannt war. Hier sollte Bruce' Herz fast zwei Jahrhunderte später begraben werden.

Diese und viele ähnliche Belege machen deutlich, daß Chrétien seine spezifisch christliche Gralsvorstellung einem viel älteren Material, das sich zum Teil sehr präzise auf Schottland bezieht, aufpfropft. Doch weshalb sollte sich ein Dichter, der unter der Patronage der Höfe der Champagne und Flandern arbeitete, so sehr auf schottische Stätten konzentrieren, obwohl der judäisch-christliche Überbau seines Werkes ganz anderen Quellen entstammte?

Chrétien behauptete, wie erwähnt, die Umrisse der Gralsgeschichte von Philippe d'Alsace, dem Grafen von Flandern, erfahren zu haben. Als Herr von Flandern unterhielt Philippe zahlreiche enge Kontakte zu Schottland, und er hatte erhebliche Kenntnisse über das Land, sein Volk und seine Traditionen. Das ganze 12. Jahrhundert hindurch waren bewußt Verbindungen zwischen Schottland und Flandern geknüpft worden. Während der Herrschaft Davids I. (1124 bis 1153) und Malcolms IV. (1153–1165) wurden flämische Einwanderer systematisch in Schottland angesiedelt. Man brachte die Ankömmlinge in großen, organisierten Enklaven im oberen Lanarkshire, im oberen Clydesdale, in West Lothian und im Norden von Moray unter. Einem Kommentator zufolge »erscheint die flämische Ansiedlung als planmäßiger Versuch, im oberen Clydesdale und Moray auf Kosten der örtlichen Aristokratie und der örtlichen Kirche eine neue Aristokratie zu schaffen«[8]. Wie bereits erwähnt, meint man heute, daß Bruce' eigene Familie nicht normannischer, sondern flämischer Herkunft war. Für andere prominente schottische Familien – Balliol, Cameron, Campbell, Comyn, Douglas, Graham, Hamilton, Lindsay, Montgomery, Seton und Stewart – wurde eine ähnliche Abstammung nachgewiesen.[9]

Der Zweck der flämischen Ansiedlungen in Schottland scheint darin bestanden zu haben, städtische Zentren aufzubauen. Flandern war bereits urbanisiert und kommerzialisiert; große Kaufmannsstädte wie Brügge und Gent lagen an den Handelsstraßen zum Rhein, zur Seine und den Britischen Inseln. Auch Boulogne und Calais gehörten zum flämischen Territorium. Die schottische Monarchie, die das Einkommen aus städtischen Pachtgeldern benötigte, betrachtete Flandern als Vorbild der Stadtentwicklung. Deshalb wurden flämische Siedler ermuntert, ins Land zu kommen und städtische Zentren nach flämischem Muster einzurichten. Auch ihre Kenntnisse auf dem Gebiet der Landwirtschaft, der Weberei und des Wollhandels waren willkommen.

Die enge Verbindung zwischen Schottland und Flandern, die unter David I. und Malcolm IV. begonnen hatte, setzte sich auch unter Malcolms Nachfolger, Wilhelm dem Löwen, fort. Als Wilhelm im Jahre 1173 in England einmarschierte, wurden seine Truppen durch eine flämische, von Philippe d'Alsace entsandte Abteilung verstärkt. Und ebenso wie in der Stadtentwicklung lernten die Schotten auch auf militärischem Gebiet vieles von den Flamen. Im Jahre 1302 rebellierten die Bürger der flämischen Stadt Courtrai. Mit Hilfe der sogenannten »schilltrom«-Formation – die Soldaten bildeten ein Quadrat und verankerten lange, nach außen weisende Piken im Boden – gelang es ihnen, ein mächtiges französisches Heer zu besiegen. Zum erstenmal wurden die bis dahin unbesiegbaren Ritter in Westeuropa geschlagen. Bruce zog seine Schlüsse aus der Schlacht von Courtrai. Auch er hielt in Bannockburn mit der »schilltrom«-Formation stand, bis die geheimnisvolle »frische Streitmacht« erschien und das Blatt wendete.

Es gab einen regen Austausch zwischen Schottland und Flandern. Infolge des Zustroms flämischer Siedler nahmen schottische Städte flämische Merkmale an, während Elemente des alten keltischen Erbes nach Flandern vordrangen und (zum Beispiel) in der Gralsdichtung zum Ausdruck kamen. Nachdem sie begonnen hatten, sich als Genre zu entwickeln, gelangten die Gralserzählungen zurück nach Schottland, wo man ihre ursprüngliche keltische Komponente erkannte und zu schätzen wußte.

Man kann sich leicht vorstellen, wie sympathisch Schottland – dieser Schauplatz für die literarischen Abenteuer von Gralsrittern und fiktionalisierten Templern – den flüchtigen Ordensbrüdern gewesen sein muß. Es war für sie sozusagen »gebrauchsfertig«. Sie konnten sich als »echte« Gralsritter präsentieren, Bruce bei seinen Feldzügen helfen und sich als Retter feiern lassen. Wo sonst hätten sie eine Atmosphäre finden können, die für Überlebende des Ordens so günstig gewesen wäre, wenn sie beabsichtigten, sich, ungefährdet durch Verfolger, zu verweltlichen, zu integrieren und fortzupflanzen?

2 SCHOTTLAND UND EINE VERBORGENE TRADITION

2.1 DAS VERMÄCHTNIS DER TEMPLER IN SCHOTTLAND

Es ist eine der Fehlleistungen der herkömmlichen Forschung, auf einer strikten und künstlichen Unterscheidung zwischen »Geschichte« und »Mythos« zu beharren. Dieser Unterscheidung zufolge gelten allein dokumentierte Tatsachen als »Geschichte« – Daten, die wissenschaftlich geprüft werden können, verschiedenen Tests standhalten und dadurch beweisen, daß etwas »wirklich geschah«. In diesem Sinne besteht »Geschichte« aus Namen, Daten, Schlachten, Verträgen, politischen Bewegungen, Konferenzen, Revolutionen, sozialen Umwälzungen und anderen »objektiv unterscheidbaren« Phänomenen. Andererseits wird der »Mythos« als irrelevant oder nebensächlich für die »Geschichte« verworfen. Man verbannt ihn ins Reich der Phantasie, der Dichtung und Literatur. Er gilt als unechte Ausschmückung oder Verfälschung von Tatsachen, als Verzerrung der »Geschichte«; deshalb müsse er rücksichtslos ausgemerzt werden. »Geschichte« und »Mythos« seien voneinander zu trennen, bevor die Wahrheit des Vergangenen enthüllt werden könne.

Doch die ursprünglichen Schöpfer dessen, was spätere Epochen »Mythos« nannten, kannten eine solche Unterscheidung nicht. Homers *Odyssee,* die den wahrscheinlich fiktiven Abenteuern eines einzelnen Mannes gewidmet war, wurde zu ihrer Zeit – und Jahrhunderte danach – für nicht weniger historisch zutreffend gehalten als die *Ilias,* die sich mit einem »wirklichen« Ereignis, der Belagerung Trojas, beschäftigte. Die Geschehnisse des Alten Testaments – zum Beispiel die Teilung des Roten Meeres oder die Übergabe der göttlichen Gesetzestafeln an Moses – erscheinen vielen Menschen heutzutage als »mythisch«; aber andererseits gibt es auch heute noch viele, die glauben, daß diese Geschehnisse tatsächlich stattfanden. In der keltischen Tradition hielt man die Sagen über Cuchulain und die »Ritter« des Roten Zweiges jahrhundertelang für historisch korrekt; und selbst heute ist nicht festzustellen, ob dies zutrifft, ob es sich um umfassende oder geringere Ausschmückungen historischer Ereignisse handelt oder ob sie völlig fiktiv sind. Um ein jüngeres Beispiel zu nennen: Der »Wilde Westen«, wie er zuerst in »Groschenromanen«, dann in Hollywood-Filmen porträtiert wurde, gilt allgemein als »mythisch«. Aber Jesse James, Billy the Kid, Wild Bill Hickock, Doc Holliday und die Brüder Earp existierten *wirklich*. Die legendäre Schießerei am OK Corral fand *tatsächlich* statt, wenn auch nicht ganz so, wie man üblicherweise annimmt. Bis vor kurzem waren die »Mythen«, die um solche Gestalten und Episoden gesponnen wurden, von der »Geschichte« praktisch nicht zu trennen. Während der Prohibition glaubten Männer wie Eliot Ness einerseits, John Dillinger und »Legs« Diamond andererseits, die Neuauflage eines historisch exakten »Westerns« mit beherzten Gesetzesvertretern und romantischen Ausgestoßenen zu inszenieren. Und dabei schufen sie neue »Geschichte«, um die sich neue »Mythen« spinnen sollten.

Je nachdem, wie sehr sie die Phantasie entzünden und in der Vorstellungswelt der Menschen lebendig bleiben, werden historische Ereignisse und Personen unmerklich zu Mythen. In Fällen wie denen von König Artus oder Robin Hood hat der Mythos jede einst existierende historische »Wirklichkeit« überlagert. Im Falle der Johanna von Orléans ist die historische »Wirklichkeit«, wenn auch nicht völlig überdeckt, so doch in den Hintergrund gedrängt worden, während der Vordergrund von Übertreibung, Ausschmückung und reiner Erfindung beherrscht wird. In der jüngeren Vergangenheit – man denke an Che Guevara, John F. Kennedy oder Marylin Monroe, John Lennon oder Elvis Presley – ist die historische »Wirklichkeit« hinter den mythischen Elementen noch auszumachen, doch letztlich nicht von ihnen zu trennen. Und gerade die mythischen Elemente sind es, die unser Interesse an der historischen »Wirklichkeit« wecken.

Man kann argumentieren, daß jede Geschichtsschreibung im wesentlichen eine Form des Mythos ist. Jede historische Darstellung orientiert sich an den Bedürfnissen, Einstellungen und Werten der Zeit, in der sie verfaßt wird, nicht an denen jener Zeit, auf welche sie sich bezieht. Jede historische Darstellung ist notwendigerweise selektiv, das heißt, sie betont bestimmte Faktoren und vernachlässigt andere. Sie ist also voreingenommen und verfälscht unvermeidlich das, »was wirklich geschah«. – Wenn moderne Medien sich schon nicht über die Interpretation von Geschehnissen einigen können, die erst gestern stattfanden, muß die Vergangenheit einer noch viel größeren Spannweite von Interpretationen unterworfen sein.

Aus diesen Gründen beharren Nachkriegsschriftsteller – von Carlos Fuentes und Gabriel García Márquez in Lateinamerika bis hin zu Graham Swift, Peter Ackroyd und Desmond Hogan in England und Irland – auf einer Neubewertung dessen, was wir unter »Geschichte« verstehen. Für diese Schriftsteller besteht die Geschichte nicht nur aus äußeren, beweisbaren »Daten«, sondern auch aus dem geistigen Zusammenhang, in den die Daten eingebettet sind und in dem sie von späteren Generationen interpretiert werden. Für diese Schriftsteller ist die einzig wahre »Geschichte« im psychischen Erleben eines Volkes, einer Kultur, einer Zivilisation zu finden – und dies bezieht sich nicht nur auf äußere Daten, sondern auch auf die erfinderischen Übertreibungen, Ausschmückungen und Interpretationen des Mythos. Der Jugoslawe Ivo Andrić, dem im Jahre 1961 der Literaturnobelpreis verliehen wurde, betonte, daß der Historiker die hintergründige »Wahrheit von Lügen« anerkennen müsse. Die »Lügen« eines Volkes oder einer Kultur – die Übertreibung und Ausschmückung, sogar die reine Fälschung und Erfindung – seien ganz und gar nicht nutzlos. Im Gegenteil, sie zeugten von tieferliegenden Bedürfnissen, Wünschen, Mängeln, Träumen und Überkompensierungen, und daher seien sie trotz ihrer Falschheit nicht nur wahr, sondern auch aufschlußreiche und informative Aussagen, die wichtige Anhaltspunkte zum Verständnis der betreffenden Menschen lieferten. Und in dem Maße, in dem sie helfen würden, eine kollektive Identität oder Selbstdefinition herauszukristallisieren, schüfen sie eine neue Wahrheit – oder etwas, das wahr werde.

Ein einfaches und nur zu deprimierendes Beispiel mag genügen, um den von Andrić beschriebenen Prozeß zu veranschaulichen: die Verschlingung von »Wahrheit« und »Lüge«, »Geschichte« und »Mythos«, aus der eine neue historische Wirklichkeit erwächst. Im Jahre 1688 verschlossen die protestantischen Bürger in Londonderry eher aus Panik als aus Notwendigkeit die Stadttore vor einer Abteilung katholischer Soldaten, die Jakob II. als Garnisonstrupp ausgesandt hatte. Diese rebellische Tat löste bei dem König eine absehbare Reaktion aus, was von keiner der beiden Seiten gewünscht oder beabsichtigt worden war. Im großen Rahmen der europäischen Geschichte war die Belagerung von Londonderry völlig unbedeutend, nicht zu vergleichen mit den militärischen Operationen, die sich innerhalb rund eines Jahrzehnts auf dem Kontinent abspielen sollten. Zudem war sie belanglos, da nicht das geringste Problem durch sie gelöst wurde. Die Belagerung wurde nicht von militärischer Notwendigkeit diktiert, schuf keine neuen militärischen Zwänge und war im rein militärischen Sinne nicht entscheidend. Aber in einem weniger greifbaren Sinne war sie es doch, denn sie brachte gewisse Haltungen, Werte, Orientierungen hervor, die später in Taten umgesetzt wurden.

Als Reaktion nicht auf das, was in Londonderry »wirklich geschah«, sondern auf das, was vermeintlich geschah, verhärteten sich die protestantische und die katholische Mentalität in Irland. Und die beiden Gemeinschaften handelten in genauer Übereinstimmung mit dieser Mentalität. Ihre Aktionen sollten den Kurs der irischen Politik für das nächste Jahrhundert festlegen. Und als sich das katholische Irland im Jahre 1798 zum Aufstand erhob, wurde der Verlauf des Aufstandes nicht von den Fakten einer hundert Jahre zurückliegenden Belagerung bestimmt, sondern von den Mythen, welche die Fakten umrankten. So brachte der Mythos eine neue Geschichte hervor. Und die Geschichte – in diesem Fall der Aufstand von 1798 – schuf ihrerseits neue Mythen. Das Ergebnis des Prozesses ist das heutige Nordirland, wo im Grunde nicht Religionen aufeinanderprallen, sondern widersprüchliche Mythen, widersprüchliche Geschichtsinterpretationen.

Die Schlacht von Blenheim (1704, also nur fünfzehn Jahre nach der Belagerung von Londonderry) war von entscheidender Bedeutung. Sie änderte das Kräftegleichgewicht in Europa und hatte radikale Auswirkungen auf die europäische Geschichte. Aber Blenheim ist für die meisten Menschen heute nur ein prächtiger Wohnsitz in Oxfordshire, der zufällig auch Churchills Geburtsort war. Hingegen sind die Belagerung von Londonderry, der Aufstand von 1798 und all die anderen halbmythischen und halbhistorischen Marksteine der irischen Geschichte pauschal in die Gegenwart befördert worden, wo man sie regelmäßig feiert, ihrer gedenkt, sie neu inszeniert und ritualisiert – und wo sie folglich immer noch fähig sind, Ansichten und Werte zu gestalten, Stammesidentitäten festzulegen und Gemeinschaften zu polarisieren. So mächtig ist der Mythos, und so untrennbar ist er von dem, was wir Geschichte nennen.

Geschichte besteht nicht bloß aus Fakten und Ereignissen, sondern auch aus der Beziehung zwischen Fakten und Ereignissen sowie der oft erfinderischen Interpretation dieser Beziehungen. In jedem derartigen Interpretationsakt wird zwangsläufig ein mythisches Element wirksam. Noch einmal: Mythos und Geschichte sind nicht voneinander zu trennen.

Wie der Templermythos ausgenutzt wurde

Von Beginn an hüllte der Templerorden sich in Mythen und nutzte sie aus. Die Rätselhaftigkeit seines Ursprungs ermöglichte es ihm, sich mit einer stark mystischen Aura zu umgeben. Diese Aura wurde nicht nur durch die Patronage führender Adliger, sondern auch durch Schriftsteller wie Wolfram von Eschenbach und wichtige Kirchenvertreter wie den heiligen Bernhard bekräftigt. Es war recht leicht für den Orden, schon während seiner Existenz zur Legende zu werden, und er förderte diesen Prozeß. Die Templer beriefen sich ständig auf Josua und die Makkabäer und stellten sich als neuere Verkörperung des Heeres dar, das die Mauern von Jericho zum Einstürzen gebracht und Rom in den Jahren kurz vor der christlichen Ära beinahe besiegt hatte. Sie unterstützten die populäre Vorstellung, daß sie etwas mit den Gralslegenden zu tun hätten oder gar die »Hüter« des Heiligen Grals seien.

Die Aura des Templerordens sorgte also dafür, daß verschiedene Bilder ineinander übergingen. Josuas Heer, die Makkabäer und die Gralsritter verschmolzen mit noch anderen historischen oder legendären Vorläufern: den Adligen Karls des Großen, den Rittern der Tafelrunde und, besonders auf den Britischen Inseln, den Rittern des Roten Zweiges von Ulster. Kriegsmut war nicht die einzige Tugend, welche die Aura des Ordens auf seine Mitglieder übertrug. Die Templer erscheinen im *Perlesvaus* nicht nur als Krieger, sondern auch als zutiefst in die Mystik eingeweihte Männer. Dies ist bezeichnend, denn die Templer stellten sich nur zu gern als Magier, Zauberer, Schwarzkünstler, Alchimisten und als Weise hin, die über erhabene Geheimnisse verfügten. Doch es war genau dieses Bestreben, das sich gegen sie wandte und ihren Feinden die Mittel zu ihrer Vernichtung lieferte.

Selbst in der Untergangsphase des Ordens blieb der mythenschöpfende Prozeß noch wirksam und ließ sich nicht von der historischen Wirklichkeit trennen. Belegte Jacques de Molay, der letzte Großmeister, während er auf kleiner Flamme geröstet wurde, den Papst und den französischen König tatsächlich mit einem Fluch, in dem er beiden befahl, sich ihm innerhalb eines Jahres vor Gottes Thron anzuschließen? Ob er diese Worte sprach oder nicht, beide starben innerhalb eines Jahres unter äußerst verdächtigen Umständen. Heute ist es nicht schwer, flüchtige Ritter oder Sympathisanten, die sich der Sachkenntnis des Ordens auf dem Gebiet der Giftmischerei bedienten, für ihren Tod verantwortlich zu machen, aber im Mittelalter war man nur zu geneigt, das Wirken einer übersinnlichen Macht zu vermuten. Die französische Monarchie, die Jacques de Molays Fluch wie ein Damoklesschwert über sich schweben sah, hielt sich für verwünscht. Und der Fluch sollte ungeachtet aller Dynastiewechsel mit dem französischen Thron verbunden bleiben. Daher ist es auch wenig verwunderlich, daß im Jahre 1793, als Ludwig XVI. unter der Guillotine starb, ein weiteres historisches Ereignis in Mythos und Legende verstrickt wurde. Ein französischer Freimaurer soll auf das Schafott gesprungen sein, die Hand in das Blut des Königs getaucht, es über die Menge gesprüht und gerufen haben: »Jacques de Molay, du bist gerächt!«

Auch im Untergang brachten die Templer mithin neue Legenden, neue Mythen hervor, die dann von anderen zu »historischen Fakten« gemacht wurden. Eine besonders folgenreiche Umwandlung dieser Art betraf die Freimaurerei, wie wir sehen werden. Aber es gab frühere Erscheinungsformen dieses Phänomens, in denen die Freimaurerei selbst verwurzelt war und die sie für sich nutzen sollte. Denn der Templerorden war kaum zerstört, als er bereits wie ein Phönix aus der Asche seines eigenen Scheiterhaufens auferstand, um eine neue mythische Gestalt anzunehmen.

Innerhalb eines Vierteljahrhunderts nach der Auflösung des Ordens wurde eine Vielzahl von neutemplerischen Orden gegründet – diese Gründungen setzten sich über Jahrhunderte hinweg fort. Zum Beispiel schuf Edward III. von England im Jahre 1348 den Hosenbandorden, der aus zwei Gruppen von jeweils sechsundzwanzig Rittern bestand. Der Hosenbandorden existiert noch heute und ist die in der Welt führende Einrichtung ihrer Art. Im Jahre 1352 gründete Johann II. in Frankreich eine fast identische Institution: den Sternorden. Seine Lebensdauer war jedoch weit kürzer als die des Hosenbandordens, denn alle Mitglieder fielen im Jahre 1356 in der Schlacht von Poitiers. Im Jahre 1430 schuf Philipp III., Herzog von Burgund, den Orden vom Goldenen Vlies, und 1469 gründete Ludwig XI. von Frankreich den Orden des heiligen Michael. Ihm gehörten Männer wie Claude von Guise, Karl (Konnetabel) von Bourbon, Franz von Lothringen, Federico de Gonzaga und Louis de Nevers sowie Kommandeure und Offiziere einer Organisation an, die in unserer Darstellung bald eine herausragende Rolle spielen wird: der Schottischen Garde.

Solche Orden waren natürlich viel kleiner an Zahl als der Templerorden und viel weniger einflußreich. Sie hatten kein Land, keine Ordenshäuser, keine Güter und kein Einkommen. Da sie von dem einen oder anderen Potentaten oder Souverän abhingen, fehlte es ihnen an Autonomie. Obwohl sie zunächst aus Kriegern bestanden, waren sie strenggenommen nicht militärisch ausgerichtet. Zum Beispiel verzichteten sie auf eine militärische Ausbildung, besaßen keine militärische Hierarchie und fungierten weder auf dem Schlachtfeld noch im Frieden als erkennbare Militäreinheiten. Letztlich ging es ihnen eher um Prestige als um reale Macht; sie waren Instrumente königlicher Patronage und gehörten in die Höflingssphäre. Ihre militärische Ausstattung und Terminologie wurde bald so metaphorisch wie die der späteren Heilsarmee. Aber was ihre Gründung, ihre Riten und Rituale und die von ihnen angestrebte Aura betraf, so war der Templerorden ihr Vorbild.

Diese spezielle Hinterlassenschaft der Templer war vornehmlich heraldischer Art, aber es gab ein weiteres Vermächtnis, das das Erscheinungsbild des europäischen Katholizismus nicht nur radikal änderte, sondern ihn die Meere überwinden ließ – westwärts bis nach Amerika, ostwärts bis nach Japan. Im Jahre 1540 ließ ein früherer Offizier namens Ignatius von Loyola, beschämt über das Vorrükken des Protestantismus, das ursprüngliche Templerideal eines Kriegermönchs, eines Soldaten Christi, wiederaufleben und stellte eine entsprechende Truppe auf. Im Gegensatz zu den Templern sollten Loyolas Soldaten ihre Kreuzzüge jedoch nicht mit dem Schwert durchführen, sondern mit dem Wort (wobei sie aber nichts dagegen hatten, wenn sich andere in ihrem Namen des Schwertes bedienten).

So entstand das, was Loyola die Kompanie Jesu nannte, bis der Papst, abgeschreckt von dieser explizit militärischen Bezeichnung, die Umbenennung in »Gesellschaft Jesu« forderte. Wie Loyola eingestand, orientierten sich die Jesuiten hinsichtlich ihrer soldatischen Struktur und Organisation, ihres weitläufigen Systems von »Provinzen« und ihrer strikten Disziplin an den Templern. Mehr noch, sie waren nicht nur als hochrangige Diplomaten und Botschafter, sondern häufig auch als Militärberater und Waffenexperten tätig. Wie die Templer unterstanden die Jesuiten nominell der Kirche, doch wie die ersteren erkannten sie oftmals kein Gesetz über sich an. Im Jahre 1773 verbot Papst Klemens XIV. »aus geheimen Gründen« – die Umstände erinnerten an die Auflösung des Templerordens 461 Jahre zuvor – die Gesellschaft Jesu. Allerdings lebte sie im Jahre 1814 wieder auf. Aber auch heute noch sind die Jesuiten in vieler Hinsicht eine in sich abgeschlossene Institution, und sie liegen nicht selten im Streit mit dem Papsttum, dem sie angeblich Gefolgschaft schulden.

Die Ritterorden und die Jesuiten waren, auf ihre Weise, Erben des Tempels, doch sie vergaßen im Laufe der Zeit ihre Ursprünge oder sagten sich bewußt von ihnen los. Aber in Schottland sollte sich ein konkreteres Erbe der Templer erhalten, das als solches anerkannt und durch Vermögens- und Blutsbeziehungen weitergegeben wurde. Zunächst sorgten geheime Absprachen, Tarnung und Manipulation dafür, daß die Ordensbesitzungen in Schottland unversehrt blieben und wenigstens eine Zeitlang als separate Einheit von »verweltlichten« Templern und später von irgendeinem Ableger des Ordens verwaltet wurden. Das Eigentum der Templer in Schottland sollte nicht – wie anderenorts – zerstückelt und parzelliert werden. Im Gegenteil, man verwahrte es zu treuen Händen, als solle es den ursprünglichen Besitzern irgendwann zurückgegeben werden.

Außerdem sollte in Schottland ein verzweigtes Familiensystem entstehen, das der Bewahrung wie der Vermittlung des Templererbes diente. Wenn eine echte Templertradition in Schottland überlebte, dann unter dem Schutz dieser Familien und der von ihnen finanzierten militärischen Organisation, der Schottischen Garde, die von allen Einrichtungen am unmittelbarsten die Nachfolge der Templer antrat. Mit Hilfe der Schottischen Garde und der Familien, deren Söhne das Personal der Garde bildeten, ging außerdem eine neue Energie vom Kontinent auf Schottland über. Diese Energie – zunächst durch eine Vielfalt »esoterischer« Disziplinen sowie durch Steinmetzkunst und Architektur ausgedrückt – sollte mit dem Rest der Templertradition verschmelzen und sie neu beleben. Und so entstand die moderne Freimaurerei aus der Asche des alten religiös-militärischen Ordens.

Die Ländereien der Templer

Im Jahre 1312, einen Monat nach der offiziellen Auflösung des Templerordens durch den Papst, wurden alle Ländereien, Ordenshäuser und anderen Besitzungen der Templer ihren früheren Verbündeten und Rivalen, den Hospitaliterrittern des heiligen Johannes, übertragen. Im Heiligen Land waren die Hospitaliter genauso korrupt wie die Templer gewesen, hatten nicht weniger dazu geneigt, auf Kosten des Kreuzfahrerreiches ihren eigenen Manipulationen, Intrigen, Fraktionskämpfen und egoistischen Interessen nachzugehen. Wie die Templer – und wie die Deutschherrenritter gegen Mitte des 13. Jahrhunderts – widmeten sich die Hospitaliter ebenfalls dem Bankwesen und dem Kommerz und einem breiten Spektrum anderer Tätigkeiten, die weit über ihren ursprünglichen Auftrag als Kriegermönche hinausgingen. Doch in Europa, besonders in ihren Beziehungen zum Papsttum, achteten die Hospitaliter sorgfältig darauf, keinen Anstoß zu erregen. Sie widerstanden jeder »Infektion« durch Ketzerei und jedem Vergehen, das sie Verfolgungen hätte aussetzen können. Auch stellten sie keine Bedrohung für irgendeinen europäischen Monarchen dar.

Die Hospitaliter waren unzweifelhaft genauso arrogant und autokratisch wie die Templer und die Deutschherren. Aber ihre Arbeit im Bereich der Krankenpflege und ihre unerschütterliche Loyalität Rom gegenüber genügten, um alle negativen Eindrücke aufzuwiegen. Deshalb genossen sie größeres Ansehen beim Papsttum und in der Öffentlichkeit als die mit ihnen rivalisierenden Orden. In den Jahren vor 1307 war sogar die Rede davon, die Templer durch Verschmelzung mit den Hospitalitern zu »läutern«. Zwischen 1307 und 1314, als die Templerprozesse stattfanden, wurden ähnliche Vorwürfe gegen die Deutschherrenritter laut, und da sie entsprechende Anklageerhebungen fürchteten, verlegten sie ihr Hauptquartier von Venedig nach Marienburg im heutigen Polen, weit jenseits der Reichweite der päpstlichen und weltlichen Obrigkeit. Die Hospitaliter befanden sich in der günstigen Lage, vom Mißgeschick beider Rivalen profitieren zu können.

Trotzdem war die Übernahme der Templerbesitzungen durch die Hospitaliter nicht so unkompliziert, wie man glauben könnte. In einigen Fällen vergingen nicht weniger als dreißig Jahre, bevor sie den ihnen übertragenen Besitz auch wirklich ihr eigen nennen konnten, und mittlerweile waren diese Güter so vernachlässigt worden, daß sie ohne erhebliche Investitionen wertlos waren. Bei zwei Gelegenheiten – 1324 und 1334 – wandten sich die Prioren des heiligen Johannes an das englische Parlament, um ihr Anrecht auf Ländereien der Templer bestätigen zu lassen.[1] Doch erst im Jahre 1340 erhielten sie den Rechtstitel für den Londoner Tempel. Zuweilen gerieten die Hospitaliter auch in Konflikt mit weltlichen Würdenträgern, die sich weigerten, Besitzungen an den Orden des heiligen Johannes übergehen zu lassen, welche ihre Vorfahren ein oder zwei Jahrhunderte zuvor den Templern gespendet hatten. Diese Aristokraten waren oftmals zwar nicht mächtig genug, um sich durchzusetzen, aber sie konnten den Vorgang jedenfalls durch Prozesse hinauszögern.

In Schottland war die Lage noch verworrener als in England. Die deutlichsten Hinweise auf die dortigen Entwicklungen sind nicht in dem zu finden, was gesagt wurde, sondern in dem, was ungesagt blieb. Zum Beispiel stellte Bruce den Hospitalitern sechs Monate nach Bannockburn eine Urkunde aus, in der all ihre Besitzungen im Königreich bestätigt wurden.[2] Der Text erwähnt jedoch keine Ländereien oder Güter der Templer, obwohl diese bereits zwei Jahre zuvor in die Hände der Hospitaliter hätten übergehen sollen. Die Hospitaliter erhielten also nur die Bestätigung dessen, was sie bereits besaßen. Interessanterweise versuchten weder die Hospitaliter noch die Krone noch die weltlichen Herren, Ansprüche auf Templereigentum anzumelden. Mit einer einzigen Ausnahme gibt es keine Eintragung darüber, daß jemand Templerbesitz erhalten oder auch nur versucht hätte, ihn zu übernehmen. Zu Bruce' Lebzeiten herrschte völliges Schweigen, was solche Fragen betraf.

Im Jahre 1338, neun Jahre nach Bruce' Tod, forderte der Großmeister der Hospitaliter ein Verzeichnis aller Templerbesitzungen an, die sein Orden in allen Teilen der Welt übernommen hatte. Der Prior jeder Region und jedes Landes wurde angewiesen, ein Inventar von Templergütern in seinem Einflußbereich vorzulegen. Im letzten

Jahrhundert entdeckte man in der Bibliothek des Johanniterordens in Valetta ein Dokument, in dem die Antwort des englischen Priors zitiert wird. Das Manuskript enthält ein umfangreiches Verzeichnis von Templerbesitzungen, welche die Hospitaliter in England erwarben; und weiter heißt es: »Was das Land, die Gebäude ... die Kirchen und alle anderen Güter der Templer in Schottland angeht, so lautete die Antwort, daß nichts von Wert vorhanden sei ... Alles sei wegen der viele Jahre dauernden Kriege zerstört, verbrannt und vernichtet worden.«[3]

Im Jahre 1338 hatten die Hospitaliter also immer noch keine Templerbesitzungen in Schottland an sich bringen können. Andererseits kam es ohne Frage zu Unregelmäßigkeiten. Denn obwohl die Templergüter nicht in Transaktionen der Hospitaliter, der schottischen Krone oder weltlicher Adliger auftauchten, wurden einige trotzdem verkauft – allerdings ohne amtliche Eintragungen. Zum Beispiel wird vor 1329 berichtet, daß Rodulph Lindsay, ein Vertreter des Johanniterordens, die Templerländereien von Temple Liston verkauft habe.[4] Aber die Transaktion wird in keinem Dokument oder Archiv des Ordens erwähnt. In wessen Auftrag handelte Lindsay also? Für wen war er als Makler tätig?

Lindsays Transaktion ist nur eine von vielen, die für spätere Historiker die gesamte Frage nach dem Templereigentum in Schottland während jener Periode undurchschaubar gemacht haben: »Man ... weiß nicht, wie die Besitzungen der Templer den Hospitalitern übergeben wurden; es scheint sich um einen ungeordneten, allmählichen Prozeß gehandelt zu haben, und manches deutet darauf hin, daß die Hospitaliter bis weit ins 14. Jahrhundert hinein Schwierigkeiten hatten, frühere Templerbesitzungen an sich zu bringen.«[5] Derselbe Autor schließt: »In der Geschichte der Ritterorden in Schottland gibt es keine Epoche, die unklarer wäre als das 14. Jahrhundert.«[6]

Trotz der Unklarheiten zeichnet sich ein gewisses Muster ab: Nach 1338 begannen die Hospitaliter, Templereigentum in Schottland zu erwerben, wenn auch auf äußerst fragwürdige Weise. Vor 1338 wurde kein Templerbesitz weitergegeben, doch liegen, mit der oben erwähnten Ausnahme, keine Dokumente über das sonstige Schicksal der Templergüter vor. Und als die Hospitaliter sie schließlich erhielten, wurden die Templerländereien separat behandelt. Die Hospitaliter parzellierten sie nicht und fügten sie ihren übrigen

Gütern nicht ein. Im Gegenteil, der Templerbesitz hatte einen Sonderstatus und wurde als geschlossene Einheit verwaltet. Der Orden des heiligen Johannes ging nicht wie ein Eigentümer mit ihnen um, sondern wie ein Treuhänder. Noch am Ende des 16. Jahrhunderts führten die Hospitaliter nicht weniger als 519 Stätten in Schottland als »Terrae templariae« auf, also als Teil des selbständigen und separat verwalteten Templervermögens![7]

Die Übertragung der Templerländereien in Schottland war durch etwas ganz Außergewöhnliches gekennzeichnet, was die Historiker fast völlig vernachlässigt haben und was es dem Tempel ermöglichte, bis zu einem gewissen Grade »postum« weiterzubestehen. Denn die Templer waren in Schottland offenbar mehr als zwei Jahrhunderte lang – von Beginn des 14. bis zur Mitte des 16. – mit den Hospitalitern *vereinigt*. Damals gab es häufige Hinweise auf einen einzigen gemeinsamen Orden, den »Orden der Ritter des heiligen Johannes *und* des Tempels«[8].

Es ist eine bizarre Situation, die etliche quälende Fragen aufwirft: Rechneten die Hospitaliter mit einer künftigen Wiederbelebung des Templerordens, weshalb sie sich – möglicherweise durch ein Geheimabkommen – verpflichteten, das Templereigentum zu treuen Händen zu verwalten? Oder hatte der Orden des heiligen Johannes in Schottland so viele flüchtige Templer aufgenommen, daß diese ihre eigenen Güter verwalten konnten?

Diese beiden Möglichkeiten schließen einander nicht aus. Jedenfalls ist klar, daß die Ländereien der Templer einen einzigartigen Status hatten, der in den historischen Urkunden nicht offiziell definiert wurde. Und sie behielten diesen Status bei. Im Jahre 1346 saß Alexander de Seton, ein Meister der Hospitaliter, den regelmäßigen Gerichtsverhandlungen in dem früheren Templerordenshaus Balantrodoch vor. Inzwischen war das Ordenshaus endlich an die Hospitaliter übergegangen, aber es wurde als Teil des Templervermögens weiterhin separat verwaltet. Zwei der von Alexander de Seton beglaubigten Dokumente sind uns überliefert.[9] Aus ihnen geht hervor, daß man vierunddreißig Jahre nach der Auflösung des Ordens immer noch »Tempelgerichte« abhielt.

Solche »Tempelgerichte« sollten noch gut zwei Jahrhunderte tagen. Erneut stoßen wir auf Belege dafür, daß der Orden des heiligen Johannes, obwohl ihm die Templerbesitzungen in Schottland übertragen worden waren, aus nie explizit genannten Gründen unfähig war, sich die Güter legal einzuverleiben. Wiederum haben wir es mit einer unsichtbaren Präsenz der Templer zu tun, die auf eine Gelegenheit zu warten schienen, ihre Rechte von neuem geltend zu machen und ihr Erbe für sich zu reklamieren. Und ganz Schottland – die Monarchie, die reichen Landbesitzer, sogar der Orden des heiligen Johannes – scheint sein Einverständnis zu diesem verborgenen Plan gegeben zu haben.

David Seton, der schwer fassbare Ritter

Anfang des 19. Jahrhunderts entdeckte ein bekannter Anwalt und Antiquar namens James Maidment, dessen besonderes Interesse der Genealogie galt, eine Chartularia – das heißt eine Schriftrolle oder gebundene Sammlung von Landerwerbsurkunden – für »Terrae templariae«, die dem Orden des heiligen Johannes zwischen 1581 und 1596 eingegliedert worden waren. Neben den beiden bekannten Ordenshäusern in Balantrodoch und Maryculter führte dieses Dokument drei weitere an: in Auldlisten, Denny und Thankerton.[10] Es verzeichnete auch mehr als fünfhundert sonstige Templerbesitzungen – von Pachtgrundstücken und Feldern, Getreidemühlen und Bauernhöfen bis hin zu Schlössern und vier ganzen Ortschaften. Von dieser Entdeckung angespornt, intensivierte Maidment seine Forschungen. Seine abschließende Auswertung – das Manuskript wird in der National Library of Scotland verwahrt – enthält nicht weniger als 579 namentlich genannte Templerbesitzungen![11]

Was war aus diesem Land geworden? Wie hatte man es veräußert, und weshalb waren nahezu alle einschlägigen Aufzeichnungen aus der historischen Chronik verschwunden? – Ein Teil der Antworten läßt sich bei einer Familie finden, die zur Zeit von Robert Bruce zu den bedeutendsten und einflußreichsten in Schottland gehörte. Sie hieß Seton.

Wie wir gehört haben, war Sir Christopher Seton mit Bruce' Schwester verheiratet. Er war zugegen, als Bruce John Comyn ermordete, und er selbst tötete Comyns Onkel, als dieser einzugreifen versuchte. Er wohnte auch Bruce' Krönung in Scone im Jahre 1306 bei. Später wurde er während der Schlacht von Methven gefangengenommen und auf Befehl Edwards I. hingerichtet. Ein ähnliches Schicksal traf seinen Bruder Sir John Seton, ebenso wie Bruce' Bruder Neil. Im Jahre 1320 unterzeichnete Christopher Setons Sohn Alexander, zusammen mit Vertretern anderer hochrangiger schottischer Familien, etwa der Sinclairs, die Deklaration von Arbroath.

Die Setons sollten weitere vierhundert Jahre lang eine herausragende Rolle in der schottischen Politik und für den schottischen Nationalismus spielen. Deshalb ist es kein Akt besonderer Eitelkeit, daß noch ein Seton, nämlich George, im Jahre 1896 eine umfassende Chronik seiner Vorfahren anfertigte. In diesem gewaltigen Band – *A History of the Family of Seton* – verzeichnet der Autor zahlreiche seiner Ahnen, die teils belanglose, teils erlauchte Titel tragen. Er führt auch viele andere Setons an, die in herkömmlichen Adelsverzeichnissen nicht genannt werden. Einige sind bescheidene Handwerker und Bürger. In diesem Wald aus wuchernden Familienstammbäumen findet man eine besonders rätselhafte, doch relevante Eintragung: »*ca.* 1560. Als die Tempelritter durch Mitwirkung ihres Großmeisters Sir James Sandilands ihres Vermögens beraubt wurden, zogen sie gemeinsam davon, an der Spitze David Seton, Großprior von Schottland (Neffe Lord Setons?). Auf diesen Vorgang wird in einem merkwürdigen satirischen Gedicht jener Zeit angespielt:

Die heilige Kirche und ihre Diebe
Pfui also dem Verräter,
Dem dieses Übel schulden wir,
Dem Judas gleich in seiner Gier!
Pfui ihm, verkaufte doch der Unhold
Heil'ge Erde gegen rotes Gold;
Doch spürt' der Tempel kein Verzagen,
Als David Seton das Kreuz getragen.

David Seton starb 1581 im Ausland und soll in der Schottenkirche in Ratisbon [heute Regensburg] begraben sein.«[12]

Dies ist, mit seinem ausdrücklichen Hinweis auf den Tempel, ein faszinierendes Fragment. Sein Datum läßt es noch faszinierender werden. Zweieinhalb Jahrhunderte nach der offiziellen Auflösung des Ordens waren die Templer dem Gedicht zufolge in Schottland immer noch überaus aktiv und machten eine neue Krise durch. Aber wer war eigentlich David Seton? Und wer war Sir James Sandilands?

Zumindest der letztere ist recht leicht aufzuspüren. James Sandilands, Erster Baron Torphichen, wurde um 1510 als zweiter Sohn einer Familie von Landadligen in Midlothian geboren. Sandilands' Vater war mit John Knox befreundet, der, nachdem er im Jahre 1555 aus Genf nach Schottland zurückgekehrt war, auf dem Familiensitz in Calder wohnte. Ungeachtet der Verbindung seines Vaters zu einem protestantischen Reformator trat der junge James Sandilands kurz vor 1537 in den Orden des heiligen Johannes ein. Im Jahre 1540 bat er Jakob V. um sicheres Geleit für eine Reise nach Malta, wo er sich vom Großmeister des Ordens offiziell das Recht bestätigen lassen wollte, nach dem Tode Walter Lindsays, des damaligen Präzeptors von Torphichen, dessen Amt zu übernehmen. Dieses Recht bestätigte Juan d'Omedes, der Großmeister der Hospitaliter, im Jahre 1541. Während der Heimreise aus Malta machte der ehrgeizige junge Mann in Rom halt und ließ die ihm gerade versprochene Pfründe vom Papst ratifizieren.

Walter Lindsay starb im Jahre 1546. Ein Jahr später erkannte der Großmeister in Malta Sandilands offiziell als Prior von Torphichen an. Er zog als Lord St. John ins schottische Parlament ein und wurde Mitglied des Kronrats. Um 1557 war er wieder in Malta, um mit einem mutmaßlichen Verwandten, ebenfalls einem Ordensangehörigen, einen langwierigen und anscheinend recht albernen Disput über eine Adelsbescheinigung auszufechten. Zur Schande beider Männer mündete der Streit in eine öffentliche Schlägerei, und der mutmaßliche Verwandte wurde inhaftiert.[13] Im Jahre 1558 kehrte Sandilands nach Schottland zurück. Hier unterstützte er, gemeinsam mit seinem Vater, die Reformation und leistete der regierenden Königin Maria von Guise aktiven Widerstand. Diese war die ältere Schwester von Franz, Herzog von Guise, und Karl, Kardinal von Lothringen, und sie hatte Jakob V. im Jahre 1538 geheiratet.

Zunächst mag verblüffend erscheinen, daß Sandilands die Sache der protestantischen Reform gegen eine eisern katholische Herrscherin vertreten und gleichzeitig ein geachtetes Mitglied eines katholischen Militärordens bleiben konnte. Er schaffte es jedoch, diesen Konflikt zu lösen, und seine tieferliegenden Motive sollten bald allzu deutlich werden. Im Jahre 1560 hob das schottische Parlament die Autorität des Papstes im Lande durch ein Gesetz auf und annullierte die Rechte des Johanniterordens auf das »Ordenshaus von Torphephen [sic!], Fratribus Hospitalis Hierosolimitani, Militibus Templi Solomonis«[14]. Als Prior der Hospitaliter war Sandilands also verpflichtet, der Krone die Besitzungen zu übergeben, die er für den Orden verwaltete. Er hatte keine Einwände. Vielmehr präsentierte er sich der neuen Monarchin Maria Stuart im Jahre 1564 als »gegenwärtiger Besitzer der Lordschaft und der Ordenshäuser von Torphephen [sic!], das nie irgendeinem Kapitel oder Konvent außer dem der Ritter Jerusalems und des salomonischen Tempels unterworfen war«[15].

Gegen Zahlung einer Pauschalsumme von zehntausend Kronen sowie eine jährliche Abgabe sicherte Sandilands sich sodann den ständigen Pachtbesitz der Ländereien, die er zuvor für die Hospitaliter verwaltet hatte. Im Rahmen des Geschäftes wurde ihm auch der Erbtitel Baron Torphichen zuerkannt.

Mit einem fast modern anmutenden Unternehmergeist brachte Sandilands die Hospitaliter also um ihre Ländereien, während er selbst einen stattlichen Profit machte. Das oben zitierte Gedicht bezieht sich höchstwahrscheinlich auf diese Angelegenheit, denn die Güter, die Sandilands veräußerte, gehörten nicht nur den Hospitalitern, sondern stellten auch einen Teil des Templervermögens dar.

Im Jahre 1567 wohnte Sandilands der Krönung Jakobs VI. von Schottland (Jakobs I. von England) bei. Er starb im Jahre 1579 und wurde von seinem Großneffen James Sandilands (geboren 1574) beerbt, der den Titel Zweiter Baron Torphichen übernahm. Doch der junge Mann geriet bald in finanzielle Schwierigkeiten und verkaufte die ererbten Ländereien. Gegen 1604 waren sie an einen gewissen Robert Williamson übergegangen, der sie elf Jahre später an Thomas, Lord Binning (den späteren Earl of Haddington), verkaufte. Danach hatten sie eine Reihe von Besitzern, bis James Maidment zu Beginn des 19. Jahrhunderts die verbleibenden Grundstücke erwarb.

Während man Sir James Sandilands' Spuren relativ leicht folgen kann, ist David Seton weitaus schwerer zu fassen. Die Frage ist nicht nur, wer er war, sondern auch, ob er überhaupt existierte.[16] Der einzige Beleg für seine Existenz ist das zitierte Gedicht, das George Seton veranlaßte, ihm im Familienstammbaum von 1896 etwas verwundert eine Fußnote einzuräumen. Und doch nehmen Wissenschaftler das Gedicht ernst genug, um es als Hinweis auf etwas zu interpretieren, das wie durch eine Verschwörung der Geschichte und der handelnden Personen im verborgenen geblieben ist.

Die Familie Seton gehörte wie erwähnt über etliche Jahrhunderte hinweg zu den angesehensten und einflußreichsten der schottischen Geschichte. Unklar bleibt jedoch, wo genau sich der geheimnisvolle David Seton in die Ahnentafel einfügt. Der Genealoge von 1896 deutet an, was recht plausibel ist, daß David der Enkel von George, dem Sechsten Lord Seton, war, der den Titel im Jahre 1513 erbte und im Jahre 1549 starb.[17]

Sandilands war ein Gegner des dynastischen Bündnisses zwischen den Stuarts und dem Haus Lothringen sowie dessen Ableger, dem Haus Guise. George Seton gehörte zum anderen Lager. Im Jahre 1527 heiratete er Elizabeth Hay; sie hatten zwei Söhne, von denen der ältere, ein Vertrauter Maria Stuarts, den Titel des Siebten Lords Seton übernahm. Im Jahre 1539 heiratete George Seton zum zweitenmal; seine neue Ehefrau war Marie du Plessis, eine Hofdame, die mit Maria von Guise nach Schottland gekommen war. Durch diese Verbindung nahm Seton engen Kontakt mit dem königlichen Hof auf. Zusammen mit Marie du Plessis hatte er drei weitere Kinder: Robert, James und Mary. Mary Seton sollte eine der Ehrenjungfern Maria Stuarts werden; sie ist in Balladen und Legenden als eine der »drei Marys« verewigt, welche die Königin im Jahre 1558 zu deren Eheschließung mit dem Dauphin, dem späteren Franz II., nach Frankreich begleiteten. Über Robert und James Seton ist nur bekannt, daß der letztere um 1562 starb, während der erstere ein Jahr später noch am Leben war. Manche Genealogen sind der Ansicht, daß David Seton der Sohn von einem der beiden gewesen sein muß. In diesem Fall wäre er der Enkel des Sechsten und der Neffe des Siebten Lords Seton.

Woher bezog der Familienchronist im Jahre 1896 die kargen Informationen über David Seton? Zunächst stießen wir nur auf eine einzige frühere Quelle, ein Werk des Historikers Whitworth Porter, der Zugang zu den Archiven der Hospitaliter in Valetta hatte. Porter teilte im Jahre 1858 mit, daß David Seton »der letzte Prior Schottlands gewesen sein und sich um 1572/73 mit dem größeren Teil seiner schottischen Ordensbrüder zurückgezogen haben soll«[18]. Er fügt hinzu, daß David Seton im Jahre 1591 (zehn Jahre später als das von George Seton genannte Datum) gestorben und in der Kirche der schottischen Benediktiner in Ratisbon begraben sei. Auch Porter zitiert das Gedicht »Die heilige Kirche und ihre Diebe«, allerdings mit einer etwas veränderten vorletzten Zeile. Sie lautet in der Version von 1896: »Doch spürt' der Tempel kein Verzagen.« Porter zitiert sie als: »Doch spürt' der *Orden* [Hervorhebung von uns] kein Verzagen.«[19]

Selbst im 19. Jahrhundert handelte es sich hier offenbar um einen heiklen Punkt. Der Begriff »Tempel« ist ganz eindeutig, während mit dem Wort »Orden« sowohl die Hospitaliter als auch die Templer gemeint sein könnten. Hatte George Seton den Text bewußt verfälscht? Welches Motiv sollte er gehabt haben? Wenn eine Version verfälscht wurde, dann wahrscheinlich eher die frühere. Durch die Änderung von »Orden« in »Tempel« war nichts zu gewinnen, während die Änderung von »Tempel« in »Orden« die Ritter des heiligen Johannes von dem Verdacht befreit hätte, Templer in ihrer Mitte zu verbergen.

Die Frage wäre offengeblieben, wenn man nicht eine frühere Version des Gedichts – 1843 gedruckt, also fünfzehn Jahre vor Whitworth Porters Zitat – gefunden hätte. Der Text stammt nicht aus den Archiven von Valetta, sondern aus schottischen Quellen, die wir noch untersuchen werden. Vorläufig genügt die Anmerkung, daß die Fassung von 1843 den umstrittenen Vers genauso wiedergibt, wie George Seton ihn im Jahre 1896 zitierte: »Doch spürt' der Tempel kein Verzagen.«[20]

2.2 DIE SCHOTTISCHE GARDE

Wer immer David Seton war und was immer aus den angeblich mit ihm geflohenen »Templern« geworden sein mochte, zu jener Zeit gab es bereits eine andere Anlaufstelle für schottische Adlige, die ihre Abkunft von den Templern herleiteten. Es handelte sich um eine Einrichtung, die manche Templertraditionen bewahrte und sie, wenn auch indirekt, auf spätere Vereinigungen, darunter die Freimaurerei, übertrug. Obwohl unverfälscht schottisch, hatte diese Einrichtung ihren Sitz in Frankreich. Sie sollte den Weg für die Flucht der letzten Stuarts nach Frankreich und für die jakobitische (vornehmlich an den Templern orientierte) Freimaurerei ebnen, die sich um die Stuarts herausbildete.

In den Jahren unmittelbar nach der Schlacht von Bannockburn (1314) entwickelten Schottland und Frankreich, vereint durch ihre gemeinsame Feindschaft England gegenüber, immer engere militärische Beziehungen. Im Jahre 1326 unterzeichneten Bruce und Karl IV. von Frankreich ein wichtiges Vertragswerk, in dem das »alte Bündnis« erneuert wurde. Dieses Bündnis wurde durch den Hundertjährigen Krieg gefestigt. Zum Beispiel plante der Dauphin, der spätere Karl VII., auf dem Tiefpunkt seines Kriegsglücks, nach Schottland zu fliehen, was er vermutlich auch getan hätte, wenn nicht Johanna von Orléans erschienen und das Blatt gewendet hätte. Schottische Soldaten spielten in allen Feldzügen Johannas eine Schlüsselrolle, auch bei der berühmten Befreiung des von den Engländern eingeschlossenen Orléans. Sogar der damalige Bischof von Orléans, John Kirkmichael, war Schotte. Johannas »große Standarte« – das gefeierte weiße Banner, um das sich ihr Heer scharte – war von einem Schotten entworfen worden, und zu ihren Befehlshabern bei Orléans gehörten Sir John Stuart und zwei Brüder der Familie Douglas.[1]

Nach Johannas dramatischer Siegesserie war Frankreich, ungeachtet seines Erfolges, ausgelaugt und in einem Zustand des inneren

Chaos. Auch Gruppen entlassener Söldner, die nun keinen Krieg mehr auszufechten hatten, bedrohten die Ordnung im Lande. Viele dieser Veteranen, die keine Einkommensquelle mehr besaßen, wurden zu Räubern und plünderten die ländlichen Gegenden. Deshalb machte sich Karl VII. daran, ein stehendes Heer zu gründen. Unterdessen hatten die Hospitaliter ihre ganzen Kräfte auf die Seefahrt im Mittelmeer verlagert. Damit wurde Karls Armee zum ersten stehenden Heer in Europa seit den Templern, und es war das erste seit dem kaiserlichen Rom, das einem einzelnen Staat – oder, genauer gesagt, einem einzelnen Thron – gehörte.

Die neue, im Jahre 1445 von Karl VII. gegründete Armee bestand aus fünfzehn »compagnies d'ordonnance« von jeweils sechshundert Mann, also aus insgesamt neuntausend Soldaten. Unter ihnen hatte die schottische Kompanie – die »Compagnie des Gendarmes Ecossois« – einen Ehrenplatz. Sie war die unumstrittene Elite des Heeres und hatte Vorrang vor allen anderen militärischen Einheiten; zum Beispiel marschierte sie bei Paraden stets an erster Stelle. Der Befehlshaber der schottischen Kompanie trug zudem den Titel »Oberster Feldmeister der französischen Kavallerie«[2]. Dies war trotz der schwerfälligen Formulierung mehr als ein Ehrentitel. Er verschaffte seinem Träger enorme Autorität im Felde, am Hof und in der Innenpolitik.

Doch vor der Gründung des stehenden Heeres und der schottischen Kompanie war eine noch elitärere, exklusivere Truppe von Schotten aufgestellt worden. In der blutigen Schlacht von Verneuil (1424) hatten die schottischen Kämpfer überragende Tapferkeit und höchsten Opfermut bewiesen. Fast alle wurden ausgelöscht, darunter ihr Kommandeur, John Stuart, Earl of Buchan, und andere Adlige wie Alexander Lindsay, Sir William Seton und die Earls of Douglas, Murray und Mar. Ein Jahr später stellte man als Anerkennung eine Spezialeinheit von Schotten auf, die als ständige persönliche Leibwache des französischen Königs dienen sollte. Anfangs bestand sie aus dreizehn bewaffneten Kriegern und zwanzig Bogenschützen. Eine Abteilung dieser Truppe war stets um den Monarchen und schlief sogar in seinem Gemach.[3]

Die Eliteeinheit war in die »Garde du Roi« und die »Garde du Corps du Roi« unterteilt: in die Königliche Garde und die Königliche Leibwache. Beide waren unter dem Oberbegriff Schottische Garde bekannt. Im Jahre 1445, als man das stehende Heer vergrößerte, wurde auch die Schottische Garde entsprechend verstärkt – und zwar stets um ein Vielfaches von dreizehn. Im Jahre 1474 legte man die Zahlen endgültig fest: siebenundsiebzig Mann und ihr Befehlshaber für die Königliche Garde sowie fünfundzwanzig Mann und ihr Befehlshaber für die Königliche Leibwache.[4] Mit auffallender Regelmäßigkeit wurden Offiziere und Befehlshaber der Schottischen Garde auch in den Orden des heiligen Michael aufgenommen, von dem später ein Ableger in Schottland entstand.

Die Schottische Garde war in viel höherem Maße als rein formelle Ritterorganisationen wie der Hosenband-, der Stern- und der Orden vom Goldenen Vlies eine neutemplerische Einrichtung. Wie die Templer hatte die Garde einen überwiegend militärischen, politischen und diplomatischen Daseinszweck. Wie die Templer verfügte die Garde über eine militärische Ausbildung und eine militärische Hierarchie, und sie bot ebenfalls Gelegenheit, eine Feuertaufe in der Schlacht zu erleben sowie vielfältige Erfahrungen und Sachkenntnisse zu erwerben. Wie die Templer fungierte die Garde als separate militärische Einheit nach Art eines heutigen Elite-Bataillons. Und obwohl sie nie eigene Ländereien besaß und zahlenmäßig stets weit hinter den Templern zurückblieb, war die Schottische Garde stark genug, um in den damaligen europäischen Gefechten eine entscheidende Rolle zu spielen. Sie unterschied sich von den Templern hauptsächlich dadurch, daß sie keine feste religiöse Orientierung hatte und nicht dem Papst, sondern der französischen Krone Treue schuldete. Aber auch die Templer waren im Grunde immer heterodox gewesen und hatten dem Papst eher nominellen Gehorsam entgegengebracht. Und wie wir sehen werden, war die Loyalität der Schottischen Garde gegenüber der französischen Krone durchaus nicht bedingungslos. Wie die Templer sollte die Garde aufgrund sehr unterschiedlicher Interessen ihre eigene Politik und ihre eigenen Pläne verfolgen.

Die Schottische Garde besaß fast anderthalb Jahrhunderte lang einen einzigartigen Status in Frankreich. Ihre Angehörigen waren nicht nur auf dem Schlachtfeld, sondern auch in der politischen Arena aktiv, wo sie als Höflinge und Berater für innere Angelegenheiten, als Abgesandte und Botschafter auftraten. Die Befehlshaber der Garde waren gewöhnlich auch als königliche Kammerherren tätig und hatten häufig eine Reihe ehrenamtlicher und praktischer Funktionen inne. Daher bezogen sie auch für die damalige Zeit außerordentlich hohe Gehälter. Im Jahre 1461 bekam ein Hauptmann der Garde monatlich 167 *livres tournois*.[5] Dies entsprach fast den halben Einkünften eines Adelsgutes. Die Offiziere der Garde konnten sich deshalb den Lebensstil von wohlhabenden und angesehenen Männern leisten.

Wie sich unter den Templern zahlreiche Mitglieder der damaligen Aristokratie befanden, so besetzte auch die Schottische Garde ihre Offiziers- und Befehlshaberposten mit Mitgliedern aus den erhabensten und berühmtesten Familien Schottlands, deren Namen in der gesamten Geschichte des Landes zu finden waren und die ihren Klang auch heute noch nicht verloren haben: Cockburn, Cunningham, Hamilton, Hay, Montgomery, Seton, Sinclair und Stuart (oder Stewart). Zwischen 1531 und 1542 dienten drei Stuarts in der Garde, einer von ihnen als Hauptmann. Zwischen 1551 und 1553 waren nicht weniger als fünf Angehörige der Familie »Montgommery« (sic!) – einer von ihnen als Hauptmann – und vier Sinclairs in der Garde vertreten. Im Jahre 1587, zur Zeit des rätselhaften David Seton, dienten in ihr vier weitere Setons, drei Hamiltons, zwei Mitglieder der Familie Douglas und ein Sinclair. Offensichtlich erfüllte die Schottische Garde nicht nur für den französischen Thron, sondern auch für diese Familien eine besondere Aufgabe. Die Truppe bot eine Mischung von *rite de passage* und Ausbildungsstätte für junge schottische Adlige; hier wurden sie in die Kriegskunst und in die Politik, in höfische Angelegenheiten, ausländische Sitten und Gebräuche und wohl auch in bestimmte Rituale eingeführt. Ein Angehöriger der heutigen Familie Montgomery beschrieb in einem Interview mit uns den Stolz, mit dem er und seine Verwandten immer noch auf die Zugehörigkeit ihrer Ahnen zur Schottischen Garde zurückblicken. Er teilte uns auch mit, daß es in der Familie einen halbfreimaurerischen, halbritterlichen Privatorden gebe, in den alle Männer der Sippe aufgenommen werden könnten. Diese Organisation, die anscheinend um die Zeit der Schottischen Garde gegründet wurde, heiße »Orden des Tempels«[6].

Theoretisch schuldete die Schottische Garde dem französischen Thron Gefolgschaft – genauer gesagt, dem Haus Valois, das damals den Thron innehatte. Aber die Legitimität des Hauses Valois wurde von einer Reihe mächtiger Interessengruppen heftig in Frage gestellt. Die wichtigsten unter ihnen waren das Haus Lothringen und seine Seitenlinie, das Haus Guise. Ein großer Teil der französischen Geschichte drehte sich im 16. Jahrhundert um die mörderische Fehde zwischen diesen rivalisierenden Dynastien. Die Häuser Guise und Lothringen waren bedingungslos entschlossen, das Haus Valois zu beseitigen – wenn möglich, mit politischen Mitteln, wenn nötig, durch Mord – und sich selbst auf den Thron zu bringen. Bis 1610 waren nicht weniger als fünf französische Monarchen durch Gewalt oder mutmaßliche Vergiftung umgekommen, und auch die Reihen der Häuser Guise und Lothringen hatten sich durch Ermordungen gelichtet.

Die Schottische Garde spielte in diesem Vernichtungskampf eine undurchsichtige Rolle. Sie befand sich in einer zwiespältigen Situation, denn einerseits war sie offiziell dem Haus Valois verpflichtet, dessen persönliche Leibwache und Kerntruppe sie darstellte, andererseits hatte sie zwangsläufig einige Verbindungen zu den Häusern Guise und Lothringen. Schließlich hatte Maria von Guise im Jahre 1538 Jakob V. von Schottland geheiratet und dadurch eine wichtige Beziehung zwischen den Dynastien hergestellt. Als ihre Tochter Maria den Thron bestieg, hatte Schottland mithin eine Monarchin, die halb dem Hause Stuart, halb dem Hause Guise-Lothringen angehörte, was die Aristokraten der Schottischen Garde schwerlich gleichgültig gelassen haben kann. Im Jahre 1547 erhöhte Heinrich II. von Frankreich, der aus dem Hause Valois stammte, den Status und die Privilegien der Garde. Nichtsdestoweniger setzte sie sich oft – und nicht immer im verborgenen – für Heinrichs Rivalen aus den Häusern Guise und Lothringen ein. Zum Beispiel wurde die damals sechsjährige Maria Stuart 1548 unter dem Begleitschutz der Schottischen Garde nach Frankreich gebracht. Zehn Jahre später stand eine Gardeabteilung an der Spitze der Armee, mit der Franz, Herzog von Guise, den Engländern den lange umkämpften Hafen Calais abrang (wodurch er zum Nationalhelden wurde).

Unter den schottischen Familien, aus denen sich die Garde rekrutierte, waren, wie wir gehört haben, auch die Montgomerys. Im Jahre 1549 dienten fünf von ihnen gleichzeitig in der Truppe. Zwischen 1543 und 1651 wurde die Garde zuerst von James de Montgomery, dann von Gabriel, dann wiederum von James befehligt. Im Juli 1559 kam es zu einem der dramatischsten Ereignisse des 16. Jahrhunderts, durch das Gabriel de Montgomery sich selbst, seiner Familie und der Garde einen Platz in den Geschichtsbüchern sicherte und, willentlich oder nicht, einen entscheidenden Schlag für die Häuser Guise und Lothringen führte.

Als zwei seiner Töchter heirateten, setzte Heinrich II. ein Galaturnier an, an dem Adlige aus ganz Europa teilnahmen. Der König war berühmt für seine Liebe zum Zweikampf und wollte unbedingt persönlich mitwirken. Das Volk und die Würdenträger sahen ihn in die Schranken treten. Zuerst rannte er gegen den Herzog von Savoyen an, danach gegen Franz, den Herzog von Guise. Das dritte Duell muß den Zuschauern besonders ungefährlich vorgekommen sein. Darin stand der König seinem alten Freund und offenbar treuen Gefolgsmann Gabriel de Montgomery, dem Hauptmann der Schottischen Garde, gegenüber. Da keiner der Gegner aus dem Sattel geworfen wurde, erklärte Heinrich den ersten Zusammenstoß für unbefriedigend. Den Protesten seines Hofes zum Trotz verlangte er einen zweiten Durchgang, und Montgomery willigte ein. Die beiden Männer stürmten wieder aufeinander zu, und diesmal zersplitterten die Lanzen wie vorgesehen. Doch Montgomery »versäumte es, den zerbrochenen Schaft fortzuwerfen«, der Schaft traf den Helm des Königs, ließ sein Visier aufspringen und jagte ihm ein gezacktes Holzstück über dem rechten Auge in den Kopf.[7]

Natürlich herrschte allgemeine Bestürzung. Man enthauptete sofort ein halbes Dutzend Verbrecher und fügte ihnen ähnliche Wunden zu, welche die Ärzte hastig untersuchten, um die beste Behandlungsmethode zu finden. Diese Bemühungen blieben fruchtlos, und Heinrich starb nach elftägigen Qualen. Viele waren mißtrauisch, aber man konnte Montgomery nicht nachweisen, daß es sich um etwas anderes als einen Unfall gehandelt hatte, und er wurde nicht offiziell für den Tod des Königs verantwortlich gemacht. Sein Taktgefühl zwang ihn jedoch, den Hauptmannsposten der Schottische Garde aufzugeben und sich auf seine Güter in der Normandie zurückzuziehen. Später trat er in England zum Protestantismus über. Bei seiner Rückkehr nach Frankreich kämpfte er während der Religionskriege als einer der militärischen Befehlshaber auf protestantischer Seite. Er geriet in Gefangenschaft und wurde im Jahre 1574 in Paris hingerichtet.

Der Tod Heinrichs II. erregte vor allem deshalb viel Aufmerksamkeit, weil er vorhergesagt worden war – und dies sogar zweimal: sieben Jahre zuvor von Luca Gaurico, einem geachteten Astrologen[8], und vier Jahre zuvor von Nostradamus, der 1555 den ersten seiner berühmten Prophezeiungsbände, die *Jahrhunderte*, veröffentlicht hatte. Darin ist der zweideutige, doch beziehungsreiche Vierzeiler enthalten:

»Le lyon ieune le vieux surmontera;
En champ bellique par singulier duelle;
Dans cayge d'or les yeux luy crevera,
Deux classes une puis mourir mort cruelle.«[9]

Der junge Löwe wird den alten überwinden
Auf dem Schlachtfeld im Zweikampf;
In einem goldenen Käfig werden seine Augen bersten,
Zwei Teile in einem, dann ein grausamer Tod.

Diese Verse waren vielen Menschen gegenwärtig, und der Gedanke an sie hatte das Turnier überschattet. Heinrichs Tod auf dem Kampfplatz schien den Beweis dafür zu liefern, daß Nostradamus »die Zukunft vorhersehen« konnte, und ließ ihn – nicht nur für sein eigenes Zeitalter, sondern auch in den Augen der Nachwelt – zum führenden Propheten Europas werden.

Wir selbst und eine Reihe anderer Kommentatoren der jüngeren Zeit sind jedoch der Meinung, daß die Tötung des französischen Königs durch Gabriel de Montgomery kein Unfall, sondern Teil eines raffinierten Planes war.[10] Im Lichte des nun verfügbaren Materials scheint die »Prophezeiung« des Nostradamus eher eine Art Aktionsschema oder eine verschlüsselte Anweisung gewesen zu sein. An wen oder von wem? An die Häuser oder von den Häusern Guise und Lothringen, für die Nostradamus offenbar als Geheimagent tätig war. Und wenn dies zutrifft, muß Gabriel de Montgomery sein Mitverschwörer oder zumindest das von den Häusern Guise und Lothringen gewählte Instrument gewesen sein, welches den Plan so ausführte, daß niemandem eine verbrecherische Absicht vorgeworfen werden konnte.

Heinrichs Tod hätte jedenfalls für die Interessen des Hauses Guise-Lothringen nicht günstiger sein können. Trotz zunehmend unverfrorener Versuche, es für sich auszunutzen, gelang es ihnen jedoch nicht, die gewünschten Vorteile aus dem Ereignis zu ziehen. Im Laufe des nächsten Jahrzehnts herrschte in Frankreich praktisch Anarchie, während die gegnerischen Fraktionen – die Häuser Valois und Guise-Lothringen – den Thron durch Intrigen und Manipulationen an sich zu bringen suchten. Im Jahre 1563 wurde Franz, Herzog von Guise, ermordet. Die Schottische Garde machte kaum noch ein Hehl aus ihrer Unterstützung der Interessen der Stuarts, die mit den Interessen von Guise und Lothringen zusammenfielen. Deshalb schenkte die Valois-Monarchie ihnen immer weniger Vertrauen, bis Heinrich III., der Enkel Heinrichs II., sich weigerte, weiterhin ihren Unterhalt zu bestreiten. Zwar kam es später zu einer Neugründung der Garde, doch sie sollte ihren früheren Status auch nicht mehr annähernd erreichen.

In Schottland und Frankreich spitzten sich die Dinge plötzlich zu. Im Jahre 1587 wurde Maria Stuart von der mit ihr verwandten Elisabeth I. dem Henker übergeben. Im Jahre der Spanischen Armada (1588) wurden der neue Herzog von Guise, ein Sohn von Franz von Guise, und sein Bruder, der Kardinal von Guise, auf Befehl Heinrichs III. in Blois umgebracht. Ein Jahr später wurde Heinrich seinerseits von rachsüchtigen Anhängern des Hauses Guise-Lothringen ermordet. Erst unter Heinrich IV., der allen Fraktionen genehm war, kam es in Frankreich wieder zu einem Anschein von Ordnung.

Unterdessen hatten die Häuser Guise und Lothringen zwei Generationen dynamischer, charismatischer, doch rücksichtsloser junger Männer verloren. Dem Haus Valois war es noch schlechter ergangen: Es war ausgelöscht worden und sollte nie wieder den französischen Thron innehaben. Während der nächsten beiden Jahrhunderte wurde Frankreich von den Bourbonen beherrscht.

Was die Schottische Garde betrifft, so war sie nach ihrer Neugründung stark verringert worden, hatte gegen 1610 nahezu all ihre Privilegien verloren und war nicht höher angesehen als jedes andere Regiment der französischen Armee. Im 17. Jahrhundert waren zwei Drittel ihrer Angehörigen nicht Schotten, sondern Franzosen. Immerhin konnte sie sich einen Abglanz ihres früheren Prestiges bewahren. Im Jahre 1612 wurde sie vom Herzog von York, dem späteren Karl I. von England, befehligt. Interessanterweise enthält das Register der Garde von 1624 zwei Setons, von denen einer den Vornamen

David trug[11] und sich bis 1679 zum Brigadegeneral hocharbeitete. Die Garde selbst sollte zum letztenmal im Jahre 1747 – während des Österreichischen Erbfolgekrieges in der Schlacht von Lauffeld – ins Gefecht ziehen.

Obwohl durch den Lauf der Ereignisse kläglich verringert, war die Schottische Garde so etwas wie eine neutemplerische Vereinigung. Zudem diente sie als wichtiges Zwischenglied, denn die Adligen, aus denen die Garde bestand, waren die Erben der ursprünglichen Templertraditionen. Durch sie wurden diese Traditionen nach Frankreich zurückverpflanzt, um dort rund zwei Jahrhunderte später Früchte zu tragen. Gleichzeitig wurde die Garde durch ihre Beziehung zu den Häusern Guise und Lothringen von einer anderen »esoterischen« Tradition beeinflußt. Ein Teil davon hatte durch die Heirat Marias von Guise mit Jakob V. bereits seinen Weg nach Schottland zurückgefunden, doch manches sollte auch von den Familien zurückgebracht werden, welche die Schottische Garde stellten. Die entstehende Mischung lieferte die Grundlage für einen späteren Orden: für die Freimaurer.

2.3 ROSSLYN

Rund fünf Kilometer südlich von Edinburgh liegt das Dorf Roslin. Es besteht aus einer einzigen Straße, die auf beiden Seiten von Läden und Wohnhäusern umsäumt ist und an deren Ende zwei Pubs liegen. Das Dorf beginnt am Rande einer steilen, bewaldeten Schlucht, des Tals der Nördlichen Esk. Elf Kilometer weiter, wo sich Nördliche und Südliche Esk vereinen, liegt das frühere Templerordenshaus Balantrodoch, das heute einfach »Temple« genannt wird.

Das Tal der Nördlichen Esk ist ein geheimnisvoller, geradezu gespenstischer Ort. Ein wilder, heidnischer Kopf ist in einen großen, moosbewachsenen Felsen eingemeißelt und starrt die Passanten an. Stromabwärts, in einer Höhle hinter einem Wasserfall, findet sich etwas, das wie ein weiterer gewaltiger Kopf mit tiefliegenden Augen aussieht – vielleicht ein verwittertes Schnitzwerk, vielleicht ein natürliches Produkt der Elemente. Der Pfad durch das Tal führt an zahlreichen Steinruinen und an einer Klippe mit einer behauenen Öffnung vorbei. Hinter der Öffnung liegt ein Tunnellabyrinth, in dem sich eine große Schar von Männern verbergen könnte und das nur durch einen geheimen Eingang zu erreichen ist: durch einen Brunnen. Der Legende zufolge fand Bruce hier Zuflucht während einer der vielen Krisen, die seine Feldzüge heimsuchten.

Ganz am Rande der Schlucht thront ein unheimlich wirkendes Gebäude: Rosslyn Chapel. Dem ersten Eindruck nach handelt es sich um eine Miniaturkathedrale. Nicht, daß sie besonders klein wäre. Aber sie ist derart mit gotischen Schnitzereien und überreichen Verzierungen überladen, daß sie wie der verstümmelte Teil von etwas Größerem wirkt – wie ein Fragment von Chartres, das man auf die Spitze eines schottischen Berges verlagert hat. Es ist, als hätten die Erbauer ihr ganzes Geschick und die teuersten Materialien auf das Gebäude verschwendet, um dann jäh ihre Arbeit abzubrechen.

Und genau dies geschah. Das Geld wurde knapp. Rosslyn Chapel war ursprünglich als »Marienkapelle« einer gewaltigen Stiftskirche, einer großangelegten Kathedrale französischen Maßstabs, geplant. Aus Mangel an finanziellen Mitteln wurde das Projekt dann nicht verwirklicht. Aus der westlichen Wand ragen massive Steinblöcke hervor; sie sollten durch weitere Quader ergänzt werden, die jedoch nie eintrafen.

Das Innere der Kapelle gleicht einem steinernen Fieberwahn, einer ungezügelten Fülle von gemeißelten Bildern und übereinandergehäuften geometrischen Strukturen. Es gibt viele Motive, die jene der Freimaurerei vorwegnehmen. Man scheint sich in einem versteinerten esoterischen Kompendium zu befinden.

Wie von einer solchen Stätte nicht anders zu erwarten, ist Rosslyn Chapel ein Kristallisationspunkt für Geheimnisse und Legenden. Eine dieser Legenden bezieht sich auf die ungewöhnliche Säule – heute »Lehrlingssäule« genannt – am östlichen Ende des Gebäudes. Ein im Jahre 1774 gedruckter Bericht erwähnt »eine Geschichte, die in der Familie Roslin vom Vater an den Sohn weitergegeben wurde: daß ein Modell dieser wunderschönen Säule aus Rom oder einem anderen ausländischen Ort hergeschickt worden sei; daß der Meister, als er das Modell gesehen habe, um keinen Preis habe einwilligen wollen, nach einer solchen Säule zu arbeiten, bevor er nicht nach Rom oder an jenen anderen ausländischen Ort habe reisen können, um die Säule, von welcher das Modell angefertigt worden sei, genau zu inspizieren; daß in seiner Abwesenheit, was immer der Anlaß gewesen sein mochte, ein Lehrling die Säule, wie sie nun dasteht, gefertigt habe; und daß sich der Meister nach seiner Rückkehr, als er die so exquisit gefertigte Säule sah, nach dem Urheber erkundigt und, von Neid geplagt, den Lehrling erschlagen habe.«[1]

Über dem westlichen Tor der Kapelle befindet sich der gemeißelte Kopf eines jungen Mannes mit einer klaffenden Wunde an der rechten Schläfe. Dies soll das Haupt des ermordeten Lehrlings sein. Ihm gegenüber sieht man den Kopf eines bärtigen Mannes, seines Mörders. Zu seiner Rechten befindet sich ein Frauenkopf, welcher seiner verwitweten Mutter zugeschrieben wird. Der namenlose begabte Junge war also – um eine allen Freimaurern vertraute Redewendung zu benutzen – ein »Sohn der Witwe«. Wie bereits erwähnt, wird Perceval oder Parzival in den Gralsromanzen mit denselben Worten beschrieben.

Die freimaurerischen Merkmale der Kapelle und ihrer Symbolik können nicht zufällig zustande gekommen sein, denn Rosslyn wurde von der Familie gebaut, die man wohl stärker als jede andere in Großbritannien mit der späteren Freimaurerei in Verbindung bringt: den Saint-Clairs oder, wie sie sich heute nennen, den Sinclairs.

Sir William Sinclair und Rosslyn Chapel

Adlige Familien wie die Hamiltons, die Montgomerys, die Setons und die Stuarts schickten über Generationen hinweg ihre Söhne in die Schottische Garde. Das gleiche taten die Sinclairs. Im späten 15. Jahrhundert dienten drei Sinclairs zur gleichen Zeit in der Garde. Mitte des 16. Jahrhunderts – in der Zeit von Gabriel de Montgomery – verfügte die Truppe über nicht weniger als vier Sinclairs. Insgesamt rekrutierte die Schottische Garde zwischen 1473 und 1587, dem Todesjahr Maria Stuarts, zehn Mitglieder der Familie aus Schottland. Daneben gab es einen französischen Zweig der Familie, die normannischen Saint-Clairs-sur-Epte, die in der damaligen französischen Politik besonders aktiv waren.

Während manche Angehörige der Familie Sinclair auf dem Kontinent eine militärische oder diplomatische Karriere einschlugen, waren andere in der Heimat nicht weniger emsig. In den ersten Jahren des 14. Jahrhunderts war William Sinclair Bischof von Dunkeld. Zusammen mit den Bischöfen Wishart von Glasgow, Lamberton von St. Andrews, Mark von den Inseln und David von Moray war William Sinclair einer der führenden schottischen Geistlichen, die Bruce und dessen Sache unterstützten. Der Neffe des Bischofs – er hieß ebenfalls William – gehörte zu Bruce' engsten Freunden und Gefolgsmännern. Nachdem Robert Bruce im Jahre 1329 gestorben war, brachen Sir William Sinclair und Sir James Douglas mit dem Herzen des Königs ins Heilige Land auf, kamen jedoch in Spanien um.

Gegen Ende des 14. Jahrhunderts, also hundert Jahre vor Kolumbus, sollte ein anderer Sinclair eine noch kühnere Tat vollbringen. Um 1395 versuchte Sir Henry Sinclair, Earl (oder »Prinz«, wie er manchmal genannt wird) von Orkney, zusammen mit dem venezianischen Forscher Antonio Zeno den Atlantik zu überqueren. Unzweifelhaft erreichten sie Grönland, wo Zenos Bruder, ebenfalls ein Forscher, im Jahre 1391 angeblich ein Kloster entdeckt hatte; jüngere Untersuchungen lassen vermuten, daß Sinclair sogar die »Neue Welt« (wie sie später hieß) erreicht haben könnte.[2] Manches deutet darauf hin, daß er beabsichtigte, sich nach Mexiko aufzumachen.[3] Dies würde erklären, weshalb Cortés bei seiner Ankunft im Jahre 1520 von den Azteken nicht nur mit dem Gott Quetzalcoatl identifiziert wurde, sondern auch mit einem blonden, blauäugigen weißen Mann, der lange vor ihm eingetroffen sein sollte.

»Prinz« Henrys Enkel, Sir William Sinclair, fuhr ebenfalls zur See. Er war der Schwager von Sir James Douglas und zugleich mit dessen Nichte verheiratet. Im Jahre 1436 wurde er zum Großadmiral von Schottland ernannt und sollte später auch Schatzkanzler werden. Doch sein Ruhm, der ihn für immer mit der freimaurerischen und anderen esoterischen Traditionen verbinden sollte, verdankte sich in erster Linie seinen Verdiensten im Bereich der Architektur. Unter Sir Williams Patronage wurde im Jahre 1446 das Fundament für eine große Stiftskirche in Rosslyn gelegt.[4] Im Jahre 1450 weihte man das Gebäude formell dem heiligen Matthäus und nahm die eigentliche Arbeit auf. Unterdessen trat ein anderer William Sinclair – wahrscheinlich der Neffe des Erbauers von Rosslyn Chapel – als erstes Mitglied seiner Familie in die Schottische Garde ein und stieg dort zu einem hohen Rang auf.

Der Bau von Rosslyn Chapel sollte vierzig Jahre dauern und wurde von Sir Williams Sohn Oliver, einem engen Freund von Lord George Seton, abgeschlossen. Oliver Sinclair setzte den Bau der übrigen Kirche nicht fort, wahrscheinlich weil die Energien der Sinclairs inzwischen in eine andere Richtung gelenkt wurden. Sir Williams Enkel, der ebenfalls den Vornamen Oliver trug, war Offizier und Königlicher Hofmeister sowie ein Vertrauter Jakobs V. Im Jahre 1542 befehligte er die schottische Armee bei Solway Moss, wo er gefangengenommen wurde. Nachdem er sein Ehrenwort gegeben hatte, sich für die englische Sache einzusetzen, wurde er freigelassen, doch er scheint seinen Eid nicht gehalten zu haben. Im Jahre 1545 erhielt er den Befehl, ins Gefängnis nach England zurückzukehren – was ihn veranlaßte, von der Bildfläche zu verschwinden; vermutlich tauchte er im schottischen Hinterland oder im Ausland unter.

Olivers Bruder, Henry Sinclair, war Bischof von Ross. Im Jahre 1541 wurde er zum Abt von Kilwinning ernannt – dies war ein Name, der später eine bedeutende Rolle in der Freimaurerei spielen sollte. Im Jahre 1561 trat er dem Thronrat Maria Stuarts bei. Er unterhielt enge Beziehungen zu den Häusern Guise und Lothringen und verbrachte einen großen Teil seiner Zeit in Paris. John Sinclair, Olivers und Henrys jüngerer Bruder, wurde gleichfalls Bischof. Auch er war ein Ratgeber Maria Stuarts, und im Jahre 1565 zelebrierte er ihre Eheschließung mit Henry Stuart, Lord Darnley, in Holyrood.

Die Sinclairs wirkten also im 15. und 16. Jahrhundert im Zentrum der schottischen Politik. Sie bewegten sich in denselben Kreisen wie etwa die Setons und die Montgomerys. Auch sie standen der Stuart-Monarchie nahe, stellten Männer für die Schottische Garde und hatten, besonders durch den französischen Familienzweig, enge Verbindungen zu den Häusern Guise und Lothringen. Gleichzeitig waren sie bereits enger als andere schottische Geschlechter mit den Keimen der Freimaurerei verbunden.

Es gehört zu den wenigen sicheren und erwiesenen Tatsachen, daß das Fundament von Rosslyn Chapel im Jahre 1446 gelegt wurde und die eigentliche Arbeit vier Jahre darauf begann. Alle anderen Informationen verdanken wir späteren Überlieferungen, die manchmal anderthalb und in einigen Fällen drei oder mehr Jahrhunderte danach aufkamen.

Diesen späteren Überlieferungen zufolge holte Sir William Sinclair für den Bau seiner Kapelle Steinmetzen und andere Handwerker vom Kontinent ins Land.[5] Das Städtchen Roslin wurde anscheinend eigens zur Unterbringung der Neuankömmlinge gebaut. Außerdem wird überliefert, »daß Jakob II., der König von Schottland, im Jahre 1441 Saint-Clair zum Schirmherrn der schottischen Maurer ernannte; daß das Amt erblich war; daß seine Nachkommen nach seinem Tod um 1480 jährliche Treffen in Kilwinning abhielten...; daß die Ernennung der maurerischen Amtsträger ein Vorrecht des Königs von Schottland blieb; daß Jakob VI. es vernachlässigte, als er König von England wurde«[6].

Man muß betonen, daß der Begriff »Maurerei« in diesem Zusammenhang nicht die heutige Freimaurerei meint. Er bezieht sich vielmehr auf Gilden oder Zünfte professioneller Steinmetzen und Baumeister. Diese Männer waren keineswegs ausschließlich einfache Handwerker, analphabetische und unausgebildete Arbeiter. Aber sie waren auch keine mystischen Philosophen, die sich zwischen Bauprojekten zu geheimen Versammlungen zusammenfanden, heimliche Begrüßungszeremonien mit Paßworten und bedeutungsvollem Händedruck durchführten und über die Mysterien des Universums diskutierten. Nach der später entstehenden Terminologie galten diese Männer als »operative Maurer«, die der praktischen Anwendung von Mathematik und Geometrie auf die Kunst der Architektur nachgingen.

Sir William Sinclairs Ernennung von 1441 zeigt also nur, daß er mit der Baukunst zu tun hatte – und vielleicht mit den mathematischen und geometrischen Prinzipien der Architektur. Aber selbst dies ist ungewöhnlich. Normalerweise beauftragte ein Lehnsherr, ein Monarch, eine Stadtbehörde oder irgendein anderer Gönner eine Gruppe von Architekten und Maurern, die dann selbständig die gesamte Arbeit durchführte. Der Leiter dieser Gruppe, »Werkmeister« genannt, stützte seinen Plan auf eine bestimmte Geometrie, und die spätere Konstruktion hatte harmonisch mit dem Grundmuster übereinzustimmen. Der »Meister« ließ Holzschablonen nach seinem Entwurf anfertigen, und die Steinmetzen orientierten sich an den Schablonen.

In Rosslyn scheint Sir William Sinclair die Kapelle jedoch selbst entworfen und auch als »Werkmeister« fungiert zu haben. Anfang des 18. Jahrhunderts schreibt der Stiefsohn eines späteren Sinclair – er hatte Zugang zu allen Familienurkunden und -archiven, bevor sie 1722 durch ein Feuer zerstört wurden –, daß »es ihm [Sir William Sinclair] in den Sinn kam, ein Haus für Gottes Dienst zu bauen, von ganz seltsamer Art, für die er, damit sie mit größerem Glanz und größerer Pracht getan werde, Handwerker aus anderen Gebieten und ausländischen Königreichen herbeiholen ließ ... und auch zu dem Zweck, daß die Arbeit seltener sei; zuerst ließ er die Entwürfe auf Eastland-Brettern zeichnen und sie von Zimmermännern nach der Vorlage schnitzen, dann gab er sie den Maurern als Muster, auf daß sie gleiches in Stein meißelten«[7].

Sir William muß mithin weit kundiger und technisch beschlagener gewesen sein als ein typischer Adliger seiner Zeit; auch sein Amt als »Schirmherr der schottischen Maurer« war offenbar mehr als ein Ehrentitel. Spätere Dokumente zeigen, daß die Ernennung zwar vom König ausgesprochen, aber auch von den Steinmetzen selbst zumindest ratifiziert werden mußte. In einer der Urkunden heißt es: »Die

Gutsherrn von Roslin sind stets unsere und unserer Privilegien Schirmherren und Beschützer gewesen.«[8] Und in einem Brief aus dem späten 17. Jahrhundert wird erklärt: »Die Gutsherrn von Roslin sind seit vielen Generationen große Architekten und Gönner der Baukunst. Sie sind verpflichtet, das Maurerwort zu empfangen, das ein geheimes Signal ist, mit dessen Hilfe Maurer einander in der ganzen Welt erkennen.«[9]

Im Jahre 1475, als Rosslyn noch im Bau war, wurde den Steinmetzen von Edinburgh eine Zunftsatzung gewährt, wonach sie Zunftregeln ausarbeiteten. Nach dem Namen des Ortes, an dem man die Urkunde ratifizierte, wurde dieser scheinbar routinemäßige mittelalterliche Vorgang später als »Inkorporation der Marienkapelle« bekannt.[10] Er sollte für die spätere Freimaurerei erhebliche Bedeutung haben. Als diese in Schottland auftauchte, sammelte sie sich zunächst um die »Loge Nr. 1«, die auch »Mary's Chapel« (Marienkapelle) genannt wurde.

Weitere Zunftsatzungen folgten, doch das nächste wesentliche Dokument erschien erst mehr als ein Jahrhundert später. Im Jahre 1583 erhielt William Schaw, ein Vertrauter Jakobs VI. (des späteren Jakobs I. von England), vom König das Amt des Werkmeisters und »Allgemeinen Aufsehers der Maurer«. Ein Exemplar seiner Statuten, das aus dem Jahre 1598 stammt und von ihm selbst geschrieben wurde, ist heute noch in dem ältesten Protokollbuch der Mary's Chapel Lodge No. 1 in Edinburgh enthalten.[11] Mit Schaws Ernennung sollte der Status der Sinclairs natürlich keinesfalls in Frage gestellt werden. Ihre Position bei den Steinmetzen war gefestigt, und sie gehörten quasi zu ihnen. Dagegen erfolgte Schaws Berufung von außen, und er wurde durch sie zu einem hohen Vertreter des königlichen Verwaltungsapparats – etwa einem heutigen beamteten Staatssekretär vergleichbar. Er war im Grunde ein Vermittler zwischen den Maurern und der Krone.

Schaws Amtszeit lief im Jahre 1602 ab. Kurz davor oder danach entstand ein weiteres wichtiges Dokument: die »Saint-Clair-Charta«. Im Text wird beklagt, daß »unsere ganze Kunst eines einzigen Schirmherrn und Beschützers und Aufsehers entbehrt, was viele falsche Entartungen und Unvollkommenheiten hervorgebracht hat«[12]. Hieraus scheint hervorzugehen, daß die Sinclairs trotz ihres erblichen Status ihre Pflichten zumindest vernachlässigt hatten. Und doch wird in der Urkunde die alte Loyalität bestätigt, denn der Text erkennt den damaligen William Sinclair und seine Erben als Aufseher, Schirmherrn und Richter des Handwerks und seiner Mitglieder an. Die Unterschriften auf dieser Erklärung stammen aus Logen, die damals bereits in Edinburgh, Dunfermline, St. Andrews und Haddington existierten.

Im Jahre 1630 wurde eine zweite »Saint-Clair-Charta« aufgesetzt. Darin wiederholte man die Grundsätze der früheren Urkunde und beschrieb sie im Detail. Die Unterschriften zeigen, daß in Dundee, Glasgow, Ayr und Stirling neue Logen gegründet worden waren.[13] Es gibt also deutliche Hinweise auf eine zunehmende Ausbreitung der Logen und gleichzeitig auf einen sich verstärkenden Zentralisierungsprozeß. Und natürlich ist es bedeutsam, daß man die langjährige Verbindung zwischen dem Steinmetzentum und den Sinclairs, wie sehr letztere diese in der Vergangenheit auch vernachlässigt haben mochten, von neuem bekräftigte. Daraus kann nur geschlossen werden, daß die Beziehung der Familie zu dem Handwerk auf einer so tief verwurzelten Tradition beruhte, daß sie nicht geändert werden konnte. Außerdem schienen sowohl die Maurerei als auch die Sinclairs zu Beginn des 17. Jahrhunderts ein Interesse daran zu haben, ihre Verbindung fortzusetzen. Das Steinmetzentum hatte damals ein gewisses Prestige erworben, das sich, wie jeder damalige Beobachter vorhersehen konnte, unzweifelhaft erhöhen würde. Wer mit ihm umging, hatte an diesem Prestige teil. Trotzdem maßte sich niemand – nicht einmal eine andere prominente schottische Familie – an, den Anspruch der Sinclairs in Frage zu stellen oder ihn für sich selbst zu reklamieren. Die Setons, die Hamiltons, die Montgomerys und andere geachtete Familien, darunter auch die Stuarts, sollten enge Kontakte zu der sich bereits herausbildenden Freimaurerei unterhalten. Laut einem Manuskript von 1658 nahm John Mylne, »Meister der Loge in Scone, Jakob VI. auf Seiner Majestät eigenen Wunsch als ›freien Mann, Maurer und Mithandwerker‹« auf.[14] Aber der Vorrang wurde weiterhin den Sinclairs eingeräumt.

Rosslyn und die Zigeuner

Die Sinclairs waren nicht nur die durch Erbschaft bestimmten Schirmherren der Maurerei, sondern (seit dem 16. Jahrhundert) auch der Zigeuner, welche »die Gunst und den Schutz der Familie von Roslin noch im ersten Viertel des 17. Jahrhunderts genossen«[15]. In Schottland hatte es stets eine strenge Gesetzgebung gegen die Zigeuner gegeben, und während der Reformation wurde sie noch strenger. Im Jahre 1574 verfügte das schottische Parlament, daß man alle gefangenen Zigeuner auspeitschen, an der Wange oder am Ohr brandmarken oder ihnen das rechte Ohr abschneiden solle.[16] Noch harschere Gesetze wurden im Jahre 1616 verabschiedet. Gegen Ende des 17. Jahrhunderts deportierte man Zigeuner in großer Zahl nach Virginia, Barbados und Jamaika.

Im Jahre 1559 war Sir William Sinclair Generallordrichter unter Maria Stuart. Seine Bemühungen scheinen nicht allzu erfolgreich gewesen zu sein, doch er widersetzte sich den damals gegen die Zigeuner verfügten Maßnahmen. Es heißt, er habe in einem kritischen Fall sein juristisches Amt genutzt, um sich einzuschalten und einen Zigeuner vor dem Schafott zu retten. Von jener Zeit an waren die Zigeuner jährliche Besucher auf den Gütern der Sinclairs, die ihnen eine willkommene Zuflucht boten. In jedem Mai und Juni versammelten sie sich auf den Feldern unterhalb von Rosslyn Castle, wo sie ihre Schauspiele aufführten. Sir William Sinclair soll ihnen sogar zwei Türme des Schlosses zur Verfügung gestellt haben, in denen sie während ihres Aufenthalts wohnen konnten. Diese Türme wurden als »Robin Hood« und »Little John« bekannt.[17] Die Bezeichnungen sind beziehungsreich, denn *Robin Hood and Little John* war ein beliebtes Maispiel, das englische und schottische Zigeuner damals aufführten. Wie die Zigeuner war es am 20. Juni 1555 vom schottischen Parlament mit einem offiziellen Bann belegt worden, der besagte, daß »niemand als Robin Hood, Little John, Abt der Unvernunft oder als Maikönigin auftreten solle«[18].

Den Zigeunern war seit langem ein Zweites Gesicht zugeschrieben worden. Zu Beginn des 17. Jahrhunderts schrieb man auch den Freimaurern immer häufiger eine solche Fähigkeit zu. Einer der frühesten und bekanntesten Hinweise auf die Freimaurerei heutigen Stils findet sich in einem von Henry Adamson aus Perth 1638 geschriebenen Gedicht; es trägt den Titel »Der Musen Klagelied« und enthält die oft zitierten Verse:

»Denn wir sind Brüder vom Rosenkreuz;
Wir haben das Maurerwort und das Zweite Gesicht,
Was kommen wird, das überrascht uns nicht ...«[19]

Dies ist die erste Andeutung, daß Freimaurer mit »okkulten Kräften« ausgestattet seien. Diese Kräfte wurden von den Zigeunern hergeleitet, und der Vermittler zwischen Zigeunern und Freimaurerei war Sir William Sinclair.

Wichtiger für die Entwicklung der Freimaurerei ist jedoch die Tatsache, daß die Zigeuner nach Rosslyn kamen, um Dramen aufzuführen. Ein prominenter Fachmann auf diesem Gebiet erklärte sogar, daß die alljährlich im Mai und Juni in Rosslyn willkommen geheißenen Schauspieltruppen gar nicht aus Zigeunern bestanden hätten, sondern »in Wirklichkeit eine Gesellschaft von Wanderschauspielern« gewesen seien.[20] Ob Zigeuner oder nicht, entscheidend ist, daß sie regelmäßig auf dem Grundstück des obersten schottischen Richters ein gesetzlich verbotenes Drama aufführten.

Weshalb war es verboten? Zum Teil natürlich deshalb, weil man das Thema selbst – die Feier eines legendären »Geächteten« – als »aufrührerisch« betrachtete. Teilweise deshalb, weil der nüchterne, calvinistische Protestantismus, der damals in Schottland von John Knox gepredigt wurde, das Theater als »unmoralisch« ansah (wie es Cromwells Puritaner ein Jahrhundert später in England taten). Doch der Hauptgrund ist aus der Formulierung des Verbots abzulesen: »Niemand solle als Robin Hood, Little John, Abt der Unvernunft oder als Maikönigin auftreten.« Der »Abt der Unvernunft« ist der Bruder Tuck der Legende, die »Maikönigin« ist die gemeinhin als Maid Marion bekannte Gestalt. Beide unterschieden sich ursprünglich jedoch sehr von dem, was spätere Traditionen aus ihnen machten. Auch Robin Hood war in England und Schottland das gesamte Mittelalter hindurch erst in zweiter Linie ein »Geächteter«. In erster Linie war er eine Art »Elfe«, die sich von dem alten keltischen und sächsischen Fruchtbarkeitsgott, dem sogenannten »Grünen Mann«, herleitete. Und in der Folklore war Robin Hood austauschbar mit dem »Grünen Robin«, »Robin aus dem Grünwald«, »Robin Goodfellow« und Shakespeares Puck in *Ein Sommernachtstraum,* der während der Sommerwende über Fruchtbarkeit, Sexualität und Eheschließungen herrscht.

Die Robin-Hood-Legende bot eine günstige Tarnung, mit deren Hilfe man die alten heidnischen Fruchtbarkeitsriten wieder in das offiziell christliche Großbritannien einschmuggeln konnte. An jedem 1. Mai hielt man ein Fest eindeutig heidnischen Ursprungs ab. Rituale vollzogen sich um den »Maibaum«, das traditionelle Symbol der archaischen Göttin von Sexualität und Fruchtbarkeit. Am Tag der Sonnenwende wurde jede Dorfjungfrau, metaphorisch gesehen, zur Maikönigin. Viele von ihnen wurden in den »Grünwald« geführt, wo sie die erste sexuelle Unterweisung durch einen jungen Mann empfingen, der die Rolle des Robin Hood oder Robin Goodfellow spielte; gleichzeitig »segnete« Bruder Tuck, der »Abt der Unvernunft«, die sich paarenden jungen Menschen und vollführte die Parodie einer offiziellen Trauung. Durch dieses Rollenspiel verwischten sich die Grenzen zwischen Drama und Fruchtbarkeitsritual, und der erste Mai wurde zu einem Tag der Orgien. Neun Monate später erschien überall auf den Britischen Inseln die jährliche »Kinderernte«. Diese »Söhne Robins« könnten für Familiennamen wie Robinson und Robertson verantwortlich sein.

Im Rahmen der damaligen Zeit war ein Drama mit dem Titel *Robin Hood and Little John* also kein konventionelles Schauspiel im heutigen Sinne; im Gegenteil, es war ein heidnischer Fruchtbarkeitsritus – oder seine Dramatisierung –, der von Christen jeder Prägung, seien sie Calvinisten oder Katholiken, als skandalös und sündhaft empfunden werden mußte. Deshalb kann es nicht überraschen, daß die selbstgerechten puritanischen Gesetzgeber Schottlands im 16. und die Englands im 17. Jahrhundert fromme Empörung über ein solches »Theater« offenbarten.

Die Sinclairs sanktionierten diese Bräuche nicht nur, sondern begrüßten und schützten sie sogar. Rosslyn bildete ein ideales Milieu für solche Praktiken und war vielleicht speziell für sie entworfen worden. Das beherrschende Thema der Kapelle, das die schmuckvolle christliche Oberfläche durchdringt, ist eindeutig heidnischer und keltischer Art. Die häufigste Gestalt ist die des »Grünen Mannes«: ein Menschenkopf, aus dessen Mund (und manchmal Ohren) Reben hervorsprießen, die dann in wirren Ranken über die Wände wuchern.

Der »Grüne Mann« späht überall in Rosslyn Chapel aus lianengleichen Ranken hervor, die er selbst erzeugt. Sein Kopf – der Körper fehlt stets – gleicht den Köpfen, deren Anbetung man den Templern vorwarf, oder den abgetrennten Häuptern der alten keltischen Tradition, die ebenfalls Fruchtbarkeitssymbole waren. Rosslyn läßt mithin sowohl an die Templer als auch an das archaische keltische Königreich denken, das Bruce wiederherstellen wollte.

In Rosslyn Chapel kam eine Reihe von Elementen, zuweilen aus sehr unterschiedlichen Quellen, zusammen. Tief verwurzelte Traditionen trafen sich mit zeitgenössischen, manchmal verfrühten Neuerungsströmungen. Zum Beispiel muß es eine produktive Wechselwirkung zwischen den Sinclairs, den »operativen« Steinmetzen und den Zigeunern oder Wanderschauspielern gegeben haben. Die Vereinigung solcher Elemente war ein wichtiger Schritt auf dem Wege zur Freimaurerei. Doch andere Elemente – etwa das ritterliche Vermächtnis der Templer – mußten erst wiederaufgenommen und verarbeitet werden. Und es bedurfte noch der Ergänzung durch einige neue Strömungen.

Die Landbevölkerung setzte das »Theater« mit Werken wie *Robin Hood and Little John* gleich, während in den städtischen Zentren Britanniens ein anderes Theater vorherrschte, das uns vertrauter ist und bereitwilliger in die kulturelle Tradition aufgenommen wird. Dies war das Mirakel- oder Mysterienspiel, das sich bereits im 12. Jahrhundert zu entwickeln begann und seine höchste Blüte im 14. und 15. Jahrhundert erreichte. Es leitete sich von der Messe und der Liturgie ab und vereinte Drama und festliches Gepräge. Die meisten Mirakelspiele waren in Zyklen eingebettet, von denen vier überliefert sind: die von York, Chester, Wakefield und ein weiterer, der manchmal Coventry zugeschrieben wird. Diese Zyklen, die an Festtagen aus dem Kirchengelände hinaus auf den Marktplatz verlegt wurden, hatten den Zweck, die gesamte Bevölkerung einer Stadt in die Nachgestaltung biblischer Stoffe einzubeziehen. Man stellte Episoden aus der Heiligen Schrift – zum Beispiel die Ermordung Abels, Noah und seine Arche, die Geburt Christi und sogar die Kreuzigung – in vereinfachter, leicht verständlicher dramatischer Form dar. Gott und Jesus erschienen häufig »auf der Bühne«. Das Böse – gewöhnlich in Gestalt eines tölpelhaften Teufels – wurde gebührend gegeißelt. Manchmal sprach man aktuelle Themen an und verspottete zeitgenössische Mißstände. Die Vorführungen fanden auf großen Wagen statt, vergleichbar mit heutigen Festwagen, die an verschiedenen Stellen des Ortes standen, und die Zuschauer gingen wie bei einer Kreuzprozession von einem Platz zum nächsten. Die Darsteller waren Angehörige der verschiedenen Zünfte – Gerber, Stukkateure, Schiffbauer, Buchbinder, Goldschmiede, Seidenhändler, Schlachter, Stallknechte –, und jede Zunft hatte eine bestimmte biblische Episode aufzuführen.

In einem wichtigen, 1974 publizierten Artikel wies Reverend Neville Barker Cryer nach, daß die Mirakelspiele eine entscheidende Quelle für die späteren Rituale der Freimaurerei waren, da sie Material lieferten, das ohne dramatische Gestaltung formlos geblieben wäre.[21] Die Zünfte der »operativen« Steinmetzen waren besonders rege an der Inszenierung von Mirakelspielen beteiligt. Da sie zahlreiche Kirchen, Abteien und andere religiöse Gebäude errichteten, hatten sie eine überaus enge Verbindung zum geistlichen Establishment. Dadurch waren sie vertrauter mit liturgischen Dramatisierungstechniken und mit biblischen Stoffen als andere Zünfte.[22] Und als die Reformation die Errichtung religiöser Bauten einschränkte, hatten die Zünfte der Steinmetzen mehr Gelegenheit, ihr dramatisches Geschick zu entwickeln und allmählich eigene Riten herauszuarbeiten, die sich immer weiter vom tabuisierten Katholizismus entfernten.

Jede Zunft in einer Stadt war, wie erwähnt, traditionsgemäß dafür verantwortlich, spezifische biblische Stoffe zu dramatisieren. In einigen Fällen dürfte die Zuweisung eines bestimmten Themas an eine spezielle Zunft mehr oder weniger willkürlich gewesen sein. Zum Beispiel wäre es schwierig gewesen, in der Heiligen Schrift einen Text zu finden, der einzigartige Bedeutung etwa für die Handschuhmacher gehabt hätte. Andererseits gibt es biblische Erzählungen, die von einzigartiger Bedeutung für die Steinmetzen waren. Zudem wird ihre enge Beziehung zur Geistlichkeit es ihnen ermöglicht haben, die von ihnen gewünschten Episoden auszuwählen und ihre Aufführung schließlich für sich allein zu beanspruchen. Reverend Cryer bestätigt diese These. Maurerzünfte hätten sich allmählich das Recht gesichert, Stoff zu dramatisieren, der von besonderem Belang für ihre eigene hochspezialisierte Arbeit war: etwa die Geschichte über den Bau des Salomonischen Tempels.[23] Folglich dürfte das wichtigste mythische Drama der späteren Freimaurerei – die Ermordung von Hiram Abiff – zum erstenmal von Steinmetzen in einem Mirakelspiel dargestellt worden sein.[24]

2.4 FREIMAUREREI: DIE GEOMETRIE DER HEILIGKEIT

Die Freimaurerei ist zutiefst unsicher, was ihre Ursprünge betrifft. In den rund vier Jahrhunderten ihrer formellen Existenz hat sie sich – zuweilen verzweifelt – bemüht, eine Ahnentafel aufzustellen. Freimaurerische Schriftsteller haben zahlreiche Bücher mit ihren Versuchen gefüllt, eine Chronik ihrer Bewegung zu liefern. Manche dieser Versuche sind nicht nur fruchtlos, sondern geradezu komisch hinsichtlich ihrer Ausgefallenheit, Naivität und ihres Wunschdenkens. Andere sind plausibler und haben der historischen Forschung wichtige neue Türen geöffnet. Doch letztlich münden die meisten Forschungen in Ungewißheit und werfen nicht selten mehr Fragen auf, als sie beantworten. Ein Problem besteht darin, daß die Freimaurer selbst zu oft nach einem zusammenhängenden Erbe, einer einzigen, unverfälschten Tradition gesucht haben, die von vorchristlichen Zeiten bis in die Gegenwart reicht. In Wirklichkeit setzt sich diese Tradition jedoch aus ungezählten Strängen zusammen, die entwirrt werden müssen, bevor ihre verschiedenen Ursprünge auszumachen sind.

Der freimaurerischen Legende zufolge geht die Bewegung, zumindest in England, von dem angelsächsischen König Athelstan aus. Athelstans Sohn soll sich einer bereits existierenden Bruderschaft von Maurern angeschlossen und durch seinen Status einen »Freibrief« für seine Gefährten erwirkt haben. Infolge dieser königlichen Anerkennung soll in York eine Vereinigung von Maurern zusammengekommen sein und die allgemeinen Satzungen entworfen haben, welche die Grundlage der englischen Freimaurerei bildeten.

Spätere freimaurerische Historiker haben diese Darstellung eingehend geprüft. Man stimmt darin überein, daß keine oder fast keine Belege für ihre Richtigkeit existieren. Doch sogar wenn sie wahr wäre, würden die wesentlichen Fragen unbeantwortet bleiben: Woher kamen die Maurer, die angeblich von Athelstan und seinem Sohn protegiert wurden? Wo lernten sie ihr Handwerk? Was war daran so Besonderes? Weshalb sollte der Thron sie derart bevorzugt haben?

Einige freimaurerische Autoren versuchen, diese Fragen mit dem Hinweis auf die sogenannten »Meister von Como« zu beantworten. In den späteren Tagen des Römischen Reiches habe es ein Kollegium von Architekten gegeben, die in bestimmte (später als freimaurerisch bezeichnete) Geheimnisse eingeweiht waren. Nach dem Fall Roms habe das am Comer See gelegene Kollegium seine Lehrtätigkeit in aller Stille mehrere Generationen hindurch fortgesetzt; seine Nachfolger seien während des frühen Mittelalters in die verschiedenen europäischen Zentren, darunter an Athelstans Hof, vorgedrungen.

Keine dieser beiden Darstellungen ist völlig unwahrscheinlich. Tatsächlich muß es unter Athelstans Herrschaft irgendein Bauprogramm gegeben haben, wie am Beispiel Yorks abzulesen ist. Es war das vielleicht ehrgeizigste Programm seiner Art im damaligen Europa, und man könnte in seinem Rahmen neue – oder neuerlich wiederentdeckte – technische Kenntnisse genutzt haben. Zudem sind frühe, aus dem angelsächsischen England datierende Bibeln entdeckt worden, in denen Gott in der typisch freimaurerischen Rolle eines Baumeisters geschildert wird. Und es gibt tatsächlich einige Belege dafür, daß so etwas wie ein Architekturkollegium während der späteren Tage des Römischen Reiches auf einer Insel im Comer See existierte. Es ist durchaus möglich, daß sich einige Lehren dieses Kollegiums erhielten und später über Westeuropa verbreitet wurden.

Aber weder Athelstan und sein Sohn noch die Meister von Como können herangezogen werden, wenn man einen der entscheidenden Aspekte der späteren Freimaurerei erklären will: die Tatsache, daß sie einen wichtigen Strang durch den Islam gefilterter judäischer Tradition enthält. Das im Mittelpunkt der Freimaurerei stehende Legendeninventar – darunter natürlich die vom Bau des Salomonischen Tempels – stützt sich letztendlich auf alttestamentarische (kanonische wie apokryphe) Texte sowie auf judäische und islamische Kommentare zu diesen Texten. Es lohnt sich, die bedeutendste der Legenden – die Ermordung Hiram Abiffs – eingehender zu betrachten.

Die Geschichte Hirams ist im Alten Testament verwurzelt. Sie kommt in zwei Büchern vor, im 1. Buch der Könige und im 2. Buch der Chronik. Im 1. Buch der Könige (5, 15-20) heißt es: »Und Hiram, der

König zu Tyrus, sandte seine Knechte zu Salomo; denn er hatte gehört, daß sie ihn zum König gesalbt hatten an seines Vaters Statt. Denn Hiram liebte David sein Leben lang. Und Salomo sandte zu Hiram und ließ ihm sagen: ... Siehe, so habe ich gedacht, ein Haus zu bauen dem Namen des Herrn, meines Gottes ... So befiehl nun, daß man mir Zedern aus dem Libanon haue.«[1]

Es folgt eine detaillierte Schilderung des Tempelbaus durch Salomons und Hirams Arbeiter. Für die Beschaffung von Arbeitskräften ist ein gewisser Adoniram – wahrscheinlich eine Variante des Namens Hiram – verantwortlich. Nachdem der Tempel errichtet ist, möchte der israelitische Monarch ihn mit zwei großen Bronzesäulen und anderem Beiwerk schmücken. Dazu das 1. Buch der Könige (7, 13-15): »Und der König Salomo sandte hin und ließ holen Hiram von Tyrus, einer Witwe Sohn aus dem Stamm Naphthali, und sein Vater war ein Mann von Tyrus gewesen; der war ein Meister im Erz ... Da der zum König Salomo kam, machte er alle seine Werke. Und machte zwei eherne Säulen.«

Im 2. Buch der Chronik (2, 3-14) findet sich eine etwas andere Version: »Und Salomo sandte zu Huram, dem König zu Tyrus, und ließ ihm sagen ... Siehe, ich will dem Namen des Herrn, meines Gottes, ein Haus bauen ... So sende mir nun einen weisen Mann, zu arbeiten mit Gold, Silber, Erz, Eisen, rotem Purpur, Scharlach und blauem Purpur und der da wisse einzugraben mit den Weisen, die bei mir sind in Juda und Jerusalem ... Da sprach Huram, der König zu Tyrus ...: ... So sende ich nun einen weisen Mann, der Verstand hat, Huram, meinen Meister (der ein Sohn ist eines Weibes aus den Töchtern Dans, und dessen Vater ein Tyrer gewesen ist); der weiß zu arbeiten an Gold, Silber, Erz, Eisen, Steinen, Holz ... und einzugraben allerlei und allerlei kunstreich zu machen, was man ihm aufgibt.«

Das Alte Testament schildert den Baumeister des Tempels nur oberflächlich. Aber die Freimaurerei, die auch aus anderen Quellen schöpft und einige erfindet, malt die kargen Details aus und entwickelt sie im Rahmen einer herkömmlich organisierten Religion zu einer in sich abgeschlossenen Theologie. Die Geschichte weist in ihrer endgültigen Form kleine Variationen auf, die an die Variationen der Evangelien denken lassen, doch ihr allgemeiner Tenor bleibt von Loge zu Loge, von Ritus zu Ritus und von Epoche zu Epoche unverändert.

Der Protagonist der Legende heißt gewöhnlich Hiram Abiff oder, was vermutlich zutreffender ist, Adoniram, offenkundig abgeleitet von »Adonai«, dem hebräischen Wort für »Herr«, etwa so, wie sich »Kaiser« und »Zar« von »Cäsar« ableiten. Der Baumeister war mithin »Hiram, der Herr« (allerdings hört man auch die Vermutung, daß »Hiram« gar kein Eigenname, sondern ein Titel gewesen sei, der vielleicht den König oder einen dem Königshaus Nahestehenden bezeichnete). »Abiff« leitet sich von dem hebräischen Wort für »Vater« ab. »Hiram Abiff« könnte also der König selbst, der symbolische Vater seines Volkes, oder der Vater des Königs gewesen sein, der vielleicht nach einer vorgeschriebenen Zahl von Jahren abgedankt hatte. Wie auch immer, entscheidend ist, daß er Verwandtschaftsbeziehungen zum Königshaus des phönizischen Tyrus unterhält und offensichtlich ein in die Geheimnisse der Architektur eingeweihter »Meister« ist: in die Geheimnisse von Zahl, Form, Maß und ihre praktische Anwendung durch die Geometrie. Die moderne archäologische Forschung bestätigt, daß der Salomonische Tempel, wie er im Alten Testament beschrieben wird, unmißverständliche Ähnlichkeit mit den Tempeln der Phönizier hat. Man kann sogar noch einen Schritt weitergehen. Tyrische Tempel wurden für die phönizische Muttergöttin Astarte errichtet. Im alten Tyrus war Astarte unter dem Beinamen »Himmelskönigin« und »Stern des Meeres« (Stella Maris) bekannt – Wendungen, die ebenfalls vom Christentum übernommen und der Heiligen Jungfrau zugeordnet wurden. Astarte wurde üblicherweise »auf den Höhen« angebetet; zahlreiche ihrer Schreine standen auf Hügeln und Bergen, zum Beispiel auf dem Berg Hermon. Und auch Salomon gehörte, ungeachtet seiner offiziellen Bindung an den Gott Israels, zu ihren Anbetern. So heißt es im 1. Buch der Könige (3, 3): »Salomo aber hatte den Herrn lieb und wandelte nach den Sitten seines Vaters David, nur daß er auf den Höhen opferte und räucherte.«

Noch expliziter wird an einer anderen Stelle (11, 4-5) desselben Buches gesagt: »Und da er nun alt war, neigten seine Weiber sein Herz fremden Göttern nach, daß sein Herz nicht ganz war mit dem Herrn, seinem Gott, wie das Herz seines Vaters David. Also wandelte Salomo Ashtoreth, der Göttin derer von Sidon, nach.« Sogar das berühmte »Hohelied Salomos« ist eine Hymne an Astarte: »Komm mit mir, meine Braut, vom Libanon, komm mit mir vom Libanon, tritt her von der Höhe Amana, von der Höhe Senir und Hermon.«[2]

Dies alles wirft die Frage auf, ob der Salomonische Tempel wirklich dem Gott Israels oder nicht vielmehr Astarte geweiht war. Jedenfalls läßt Salomon den Architekten Hiram aus Tyrus kommen, um den Bau des Tempels zu leiten; der »Salomonische Tempel« ist im Grunde also »Hirams Tempel«. Der ungeheure Arbeitsaufwand, den ein so ehrgeiziges Projekt erforderte, dürfte hauptsächlich von Sklaven geleistet worden sein. Im Ritual und in der Tradition der Freimaurer werden jedoch zumindest einige der Arbeiter als freie Männer, mutmaßlich tyrische Berufshandwerker, geschildert, die einen Lohn für ihre Arbeit erhalten. Sie sind in drei Grade eingestuft: Lehrlinge, Gesellen und Meister. Da Hiram nicht alle persönlich kennen kann, verfügt jeder Grad über eine eigene Parole. Lehrlinge werden mit dem Wort »Boas« – nach einer der beiden gewaltigen Messingsäulen, die den Vorraum des Tempels stützen – bezeichnet. Gesellen erhalten das Wort »Jachin« nach der zweiten Säule, und Meister, jedenfalls am Anfang, den Namen »Jehova«. Jedes dieser drei Wörter wird auch von einem besonderen »Zeichen« (einer bestimmten Handstellung) und einem besonderen »Griff« begleitet. Wenn der Lohn ausgezahlt wird, stellt jeder Arbeiter sich bei Hiram ein, gibt seinen Rang durch das Wort, das Zeichen und den Griff zu erkennen und erhält die entsprechende Bezahlung.

Eines Tages, als Hiram in seinem gerade vollendeten Gebäude betet, nähern sich ihm drei Schurken – Gesellen laut einigen Berichten, Lehrlinge laut anderen –, die sich in den Besitz der Geheimnisse eines höheren Grades bringen wollen. Sie versperren Hiram den Weg durch das Westtor und fordern ihn auf, ihnen das Wort, das Zeichen und den Griff eines Meisters mitzuteilen. Als er sich weigert, ihnen die geheime Information zu geben, fallen sie über ihn her.

Die Berichte sind sich nicht einig, welchen Hieb er an welcher Tür erhält und welches Gerät welche Wunde verursacht. In diesem Zusammenhang genügt es zu wissen, daß er drei Hiebe erhält. Ein Schlegel oder Hammer trifft seinen Kopf, eine Wasserwaage die eine Schläfe und ein Lot die andere. Die Darstellungen sind ebenfalls uneinheitlich, was die Reihenfolge betrifft, das heißt, mit welchem Schlag der Überfall beginnt und welcher seinen Tod verursacht. Die erste Wunde wird ihm entweder an der nördlichen oder an der südlichen Tür zugefügt. Hiram hinterläßt eine deutliche Blutspur auf dem Fußboden, taumelt von einem Ausgang zum anderen und erhält an jedem einen zusätzlichen Schlag. Allen Berichten zufolge stirbt er an der östlichen Tür. Hier steht der amtierende Meister in einer modernen Loge. Und dies ist natürlich auch die Stelle, an der sich in einer Kirche der Altar befindet.

Beschämt über ihre Tat, verbergen die drei Schurken die Leiche des Meisters. Nach den meisten Überlieferungen wird sie an einem nahegelegenen Hügel unter lockerer Erde vergraben. Die Täter entwurzeln einen Akazienschößling – die Akazie ist die heilige Pflanze der Freimaurerei – und stecken ihn in das Grab, damit der Boden unberührt wirkt. Doch sieben Tage später, als neun von Hirams untergebenen Meister nach ihm suchen, packt einer den Akazienschößling, um sich an dem Hügel hochzuziehen. Die Akazie löst sich, und die Leiche des Ermordeten wird entdeckt.

Die neun Meister fürchten, daß Hiram das Meisterwort preisgegeben haben könnte, und beschließen, es zu ändern. Das neue Wort soll aus der ersten zufälligen Äußerung bestehen, die einer von ihnen beim Ausgraben der Leiche fallenläßt. Als Hirams Hand an den Fingern und am Gelenk gepackt wird, rutscht die verwesende Haut wie ein Handschuh herunter. Einer der Meister ruft: »Macbenac!« (oder eine von mehreren Variationen des Wortes), was in irgendeiner unbekannten Sprache bedeuten soll: »Das Fleisch fällt vom Knochen« oder »Die Leiche ist verfault« oder einfach »Der Tod eines Baumeisters«. Dies wird das neue Meisterwort. Kurz darauf entdeckt und bestraft man die drei Schurken. Hirams Leiche wird mit großem Zeremoniell im Tempel beerdigt, wobei alle Meister Schurze und Handschuhe aus weißem Leder tragen, um zu zeigen, daß keiner von ihnen seine Hände mit dem Blut des Toten befleckt hat.[3]

Auch zum Verhalten Salomons während dieser Ereignisse gibt es unterschiedliche Versionen. Manchmal wird seine Rolle stark hervorgehoben, manchmal wird sie abgeschwächt. Aber in den wesentlichen Zügen entsprechen alle Fassungen der Legende dem oben skizzierten Ablauf. Hinter der Erzählung verbirgt sich eine andere Frage, die nicht in den Rahmen dieses Buches, sondern eher in den Bereich von Forschungen gehört, die sich der Anthropologie, der vergleichenden Mythologie und den Ursprüngen der Religion widmen. Im Anschluß an Sir James Frazers Pionierarbeit in *Der Goldene Zweig* sind die Kommentare immer zahlreicher geworden. Einige Gelehrte sowie manche freimaurerische Autoren sind der Meinung, daß die ganze Hiram-Geschichte – wie viele andere Erzählungen in den alten Mythen und, nicht zu vergessen, auch in der Bibel – eine bewußte Entstellung sei, die eines der archaischsten und am weitesten verbreiteten Rituale verschleiern solle: das des Menschenopfers. Es war im Nahen Osten zu biblischer Zeit durchaus nicht ungebräuchlich, ein Gebäude mit Hilfe eines heiligen Leichnams – etwa dem eines Kindes, einer Jungfrau, eines Königs oder irgendeiner anderen Person königlichen Blutes, eines Priesters, einer Priesterin oder eines Baumeisters – zu weihen. Häufig waren Grab und Schrein identisch. In späteren Epochen war das Opfer zu Beginn der Zeremonie bereits tot oder wurde durch ein Tier ersetzt, doch in den Anfängen tötete man nicht selten einen Menschen auf rituelle Art, um die Stätte mit seinem Blut zu weihen.

Die Geschichte Abrahams und Isaaks liefert nur einen von zahlreichen Hinweisen darauf, daß die alten Israeliten ebenfalls solche Praktiken pflegten. Überreste der Tradition erhielten sich bis weit in die christliche Zeit, denn Kirchen wurden häufig auf der Begräbnisstätte von Heiligen errichtet. In seinem 1984 veröffentlichten Roman *Hawksmoor* (dt. *Der Fall des Baumeisters*) schreibt Peter Ackroyd über eine Reihe von Londoner Kirchen des frühen 18. Jahrhunderts, die auf den Stätten von Menschenopfern gebaut wurden. Was manche Leser und Rezensenten als reines Phantasieprodukt und als Horrorgeschichte betrachteten, war in Wirklichkeit traditionell verankert. In der Zeit, von der Ackroyds Roman handelt, waren die Freimaurer höchstwahrscheinlich über diese Tradition unterrichtet, selbst wenn sie sie nie in die Tat umsetzten.

Wie auch immer, der Kern der Hiram-Geschichte ist keine Fiktion jüngerer Tage, sondern eine sehr alte Erzählung. Das Alte Testament behandelt das Ereignis nur oberflächlich, aber es gibt ausführlichere Versionen unter den frühesten talmudischen Legenden und judäischen Apokryphen. Eine andere Frage ist natürlich, weshalb das Thema später solche Bedeutung gewann und weshalb Hiram fast zu einer Christusgestalt wurde.

Im Mittelalter hatte der Architekt des Salomonischen Tempels bereits große Bedeutung für die Zünfte der »operativen« Steinmetzen. Im Jahre 1410 wird in einem Manuskript einer solchen Zunft der »Königssohn von Tyrus« erwähnt und mit einer alten Wissenschaft in Verbindung gebracht, welche die Sintflut überlebt und durch Pythagoras und Hermes weitervermittelt worden sein soll.[4] Ein zweites Manuskript, das aus dem Jahre 1583 stammt, erwähnt Hiram und beschreibt ihn als »Meister« und Sohn des Königs von Tyrus.[5] Diese Aufzeichnungen belegen die Existenz einer gewiß weitverbreiteten und viel älteren Tradition. Sie könnte die Parallelen zwischen dem Sohn des Königs von Tyrus und dem Sohn Athelstans erklären, die beide königliche Prinzen, angesehene Architekten, Baumeister und Schutzherren der Maurer sind.

Man weiß nicht genau, wann die Hiram-Geschichte zuerst in den Mittelpunkt der Freimaurerei rückte. Sie dürfte jedoch in gewissem Maße zu den Ursprüngen der Bewegung gehören. Im Rückblick auf Sir William Sinclairs Rosslyn Chapel und den Kopf des »ermordeten Lehrlings« läßt sich feststellen, daß die Wunde fast identisch mit der Hiram angeblich zugefügten Verletzung war; zudem soll der Frauenkopf in der Kapelle die »verwitwete Mutter« darstellen. Danach handelt es sich um Motive aus der Hiram-Geschichte, die weitaus älter sind als die moderne Freimaurerei.

Laut späteren freimaurerischen Autoren wurden Totenschädel und gekreuzte Knochen lange sowohl mit den Templern als auch mit dem ermordeten Meister in Verbindung gebracht. Während des 17. und 18. Jahrhunderts wurden sie als Symbol für Hirams Grab und vor diesem Hintergrund für das Grab jedes Meisters benutzt. Und wie bereits erwähnt, besagt die Legende, daß Bruce bei der Exhumierung mit unter dem Schädel gekreuzten Schenkelknochen gefunden worden sei. Der Totenkopf und die gekreuzten Knochen spielten auch eine wichtige Rolle für die Insignien des als »Knight Templar« bekannten freimaurerischen Hochgrades, und ihre Abbildung ist, zusammen mit anderen spezifisch freimaurerischen Emblemen, häufig auf den Gräbern in Kilmartin und anderswo in Schottland zu finden.

In der heutigen Freimaurerei wird der Tod Hirams von jedem Anwärter auf den sogenannten Dritten Grad, den Grad des Meisters, nachvollzogen. Aber es gibt nun einen entscheidenden Zusatz: Der Meister steht wieder auf. »Den Dritten Grad durchmachen« bedeutet, rituell zu sterben und wiedergeboren zu werden. Man spielt die Rolle Hirams; man wird zu dem Meister und durchleidet seinen Tod; danach wird man zum Freimaurermeister »erhoben«. Dieser Ritus erscheint bereits im 1. Buch der Könige (17, 17-24). Bei einem Besuch der Stadt Sidon trifft der Prophet Elia am Stadttor auf eine Holz sammelnde Witwe und erhält von ihr Unterkunft. Währenddessen wird ihr Sohn – der »Sohn einer Witwe« – krank und stirbt. Elia »maß sich über dem Kinde dreimal und rief Gott um Hilfe an«, woraufhin »die Seele des Kindes ... wieder zu ihm« kam, »und es ward lebendig«.

Bis ins 18. Jahrhundert hielt man die Hiram-Geschichte streng geheim, und sie gehörte offenbar zu den verborgenen Kenntnissen, die nur eingeweihten Mitgliedern anvertraut wurden. Doch um 1737 kam in Frankreich gegenüber der Freimaurerei und ihrer Geheimhaltung eine Paranoia auf (und diese Paranoia dauert bis heute fort), der polizeiliche Razzien folgten. Es scheinen sich Spione in Logen eingeschmuggelt zu haben, um über die dortigen Aktivitäten zu berichten, und ein paar Freimaurer verließen die Einrichtung oder gaben Informationen preis. Dies führte zu der ersten Reihe von »Enthüllungen«, die sich sämtlich als höchst enttäuschend erwiesen haben. Sie brachten auch die Hiram-Legende an die Öffentlichkeit, so daß sie Nichtfreimaurern vertraut wurde und vieles von ihrer ominösen Aura verlor.

Im Jahre 1851 veröffentlichte der französische Dichter Gérard de Nerval nach einer Reise durch den damals noch exotischen Nahen Osten die umfangreiche, siebenhundert Seiten starke Abhandlung *Voyage en Orient* (dt. *Reise in den Orient*). In diesem Werk erzählte de Nerval nicht nur von seinen eigenen Erfahrungen (teils in halbbelletristischer Form), sondern er schrieb auch einen Reisebericht mit Kommentaren zu den herrschenden Sitten und Bräuchen und notierte Legenden und Volkssagen, auf die er gestoßen war. Zu den letzteren gehört die ausführlichste und anregendste Version der Hiram-Geschichte, die je im Druck erschien. Nerval gab nicht nur die Grundzüge der Erzählung wieder, sondern arbeitete auch – unseres Wissens als erster – einen Strang gespenstischer, mystischer Traditionen heraus, die in der Freimaurerei mit Hirams Herkunft assoziiert werden.[6]

Besonders seltsam ist, daß Nerval die Freimaurerei überhaupt nicht erwähnt. Er behauptet, seine Erzählung sei eine regionale Volkssage, die niemand im Westen kenne; er habe sie in einem Konstantinopler Kaffeehaus von einem persischen Geschichtenerzähler gehört. Diese scheinbare Naivität könnte bei einem anderen Schriftsteller plausibel wirken, und es gäbe keinen besonderen Grund, seine Behauptungen in Frage zu stellen. Aber Nerval war Mitglied eines literarischen Zirkels, dem auch Charles Nodier, Charles Baudelaire, Théophile Gautier und der junge Victor Hugo angehörten – und sie alle waren mit Mysterien und »Esoterica« bestens vertraut. Nerval war vielleicht kein Freimaurer; er mag andere Bindungen zu okkulten Sekten und Geheimgesellschaften gehabt haben, aber er wußte mit Sicherheit, daß seine Erzählung (selbst wenn er wirklich eine Version davon in einem Konstantinopler Kaffeehaus gehört hatte) keine kuriose nahöstliche Volkssage war, sondern der zentrale Mythos der europäischen Freimaurerei. Weshalb Nerval sie preisgab – und zwar in dieser Weise –, bleibt ein Rätsel, das sich vielleicht mit der komplexen »okkulten Erneuerung«, die in Frankreich gegen Mitte des 19. Jahrhunderts stattfand, erklären läßt. Jedenfalls ist seine seltsame, unvergeßliche und anregende Nacherzählung der Hiram-Legende die vollständigste Fassung, die uns vorliegt und uns wahrscheinlich je vorliegen wird.

Der Baumeister als Magier

Die Hiram-Legende ist ein Element der judäischen Tradition in der Freimaurerei. In manchen Versionen, darunter die von Gérard de Nerval, weist sie jedoch auch islamische Züge und Einflüsse auf. Wie drang sie also im Mittelalter bis in den Kern des christlichen Europa vor? Und weshalb war sie für die Architekten christlicher religiöser Gebäude so bedeutungsvoll? Wir wollen mit der Untersuchung der zweiten Frage beginnen.

Der Judaismus verbot die Herstellung von Götzenbildern. Der Islam übernahm dieses Tabu. Unter dem Judaismus wie unter dem Islam bildete sich eine kulturelle Tradition heraus, die jede Abbildung natürlicher Gestalten, also auch die des Menschen, ablehnte. Die Art der Ausschmückung, wie man sie in christlichen Kathedralen findet, ist Synagogen oder Moscheen fremd.

Teilweise leitet sich dieses Verbot aus der Tatsache her, daß jeder Versuch, die natürliche Welt darzustellen, als blasphemisch galt – als Bemühung des Menschen, mit Gott dem Schöpfer zu wetteifern oder ihn sogar zu übertrumpfen. Gott allein wurde das Recht zugesprochen, Gestalten aus dem Nichts, Leben aus Staub zu schaffen. Wenn der Mensch das Leben mit Hilfe von Holz, Stein, Farbe oder anderen Stoffen nachbildete, so sündigte er gegen das göttliche Recht – und brachte notwendigerweise nur eine Parodie der Schöpfung hervor.

Aber hinter diesem anscheinend allzu wörtlich genommenen Dogma verbarg sich eine tiefergehende theologische Rechtfertigung, die sich teilweise mit dem alten pythagoräischen Gedankengut überschnitt und vielleicht sogar von ihm beeinflußt worden war. Im Judaismus wie im Islam war Gott einzig, eine Einheit, alles. Dagegen betrachtete man die Gestalten der Erscheinungswelt als zahlreich, vielfältig und unterschiedlich. Solche Gestalten zeugten nicht von der göttlichen Einheit, sondern von der Zerstückelung der säkularen Welt. Wenn Gott überhaupt in der Schöpfung ausgemacht werden konnte, dann nicht in der Mannigfaltigkeit der Gestalten, sondern in den Einheitlichkeitsprinzipien, die jenen Gestalten zugrunde lagen. Mit anderen Worten, Gott war in den Prinzipien der Form – letztlich bestimmt durch die Grade eines Winkels – und der Zahl auszumachen. In Form und Zahl, nicht in der Darstellung unterschiedlicher Gestalten, manifestierte sich Gottes Herrlichkeit. Deshalb mußte die göttliche Präsenz durch Gebäude veranschaulicht werden, die auf Form und Zahl, nicht auf darstellender Ausschmückung beruhten.

Die Synthese von Form und Zahl ist die Geometrie. Ständig wiederkehrende geometrische Muster geben der Synthese von Form und Zahl Ausdruck. Deshalb schienen gewisse absolute Gesetze durch das Studium der Geometrie sichtbar zu werden – Gesetze, die von einer allumfassenden Ordnung zeugten. Dieser Generalplan schien unfehlbar, unveränderlich, allgegenwärtig; und dank dieser Qualitäten konnte er ohne große Mühe als etwas verstanden werden, das göttlichen Ursprungs war: eine sichtbare Manifestation der göttlichen Macht, des göttlichen Willens, der göttlichen Kunst. Und so nahm die Geometrie im Judaismus und Islam heilige Proportionen an, wurde mit dem Charakter eines transzendenten und immanenten Geheimnisses ausgestattet.

Gegen Ende des ersten vorchristlichen Jahrhunderts entwickelte der römische Architekt Vitruvius einige Grundprämissen für künftige Baumeister. Zum Beispiel empfahl er, Baumeister in Genossenschaften oder »collegia« zu organisieren. Er forderte: »Die Altäre müssen nach Osten gerichtet sein«[7], was bekanntlich in christlichen Kirchen der Fall ist. Vor allem aber stellte er den Architekten nicht als bloßen Handwerker dar: Der Architekt »soll ... des Zeichnens kundig ..., unterrichtet in der Rechenkunst und in vielen Geschichtswerken bewandert sein, ferner die Philosophie mit Eifer gehört haben, Kenntnis in der Tonkunst besitzen ... und sich Kenntnisse in der Sternkunde ... angeeignet haben«[8]. Für Vitruvius war der Baumeister im Grunde eine Art Magier, der die Summe des menschlichen Wissens beherrschte und in die Schöpfungsgesetze eingeweiht war. Den ersten Rang unter diesen Gesetzen habe die Geometrie, die der Architekt heranziehen müsse, um Tempel mit »ästhetisch gewählten Verhältnissen« zu bauen.[9]

Auch in dieser Hinsicht sollten Judaismus und Islam mit dem klassischen Gedankengut übereinstimmen. Denn war die Architektur nicht die höchste Anwendung und Verwirklichung der Geometrie – eine Verwirklichung, die sogar noch weiter ging als die Malerei und die Geometrie dreidimensional machte? War es nicht die Architektur, in der sich die Geometrie letztlich verkörperte?

Deshalb verzichteten Synagogen und Moscheen auf jegliche Ausschmückung und stützten sich vielmehr auf geometrische Prinzipien, auf abstrakte mathematische Beziehungen. Doch die einzig zulässige Ornamentierung war nicht abstrakt geometrisch; es handelte sich vielmehr um das Labyrinth, die Arabeske, das Schachbrettmuster, den Torbogen, die Säule und andere »reine« Verkörperungen von Geometrie, Regelmäßigkeit, Balance und Proportion.

Während der Reformation wurde das gegen die darstellende Kunst wirksame Tabu von einigen der enthaltsamsten Formen des Protestantismus übernommen. Dies galt besonders für Schottland. Aber das mittelalterliche Christentum unter der Hegemonie der katholischen Kirche kannte solche Behinderungen und Verbote nicht. Gleichwohl beeilte sich das Christentum, die Prinzipien der heiligen Geometrie für seine eigenen Versuche zur Verkörperung und Anbetung des Göttlichen zu nutzen. Von der Zeit der gotischen Kathedralen an war die heilige Geometrie in der Architektur und in der architektonischen Ausschmückung zusammen mit der darstellenden Kunst ein wesentlicher Bestandteil christlicher Kirchen.

In den gotischen Kathedralen war die Geometrie sogar der bedeutendste Faktor. Wie wir im Zusammenhang mit der Rosslyn Chapel ausgeführt haben, wurden derartige Gebäude unter der Leitung eines sogenannten »Werkmeisters« errichtet. Jeder dieser Meister entwarf eine einzigartige Geometrie, mit der alles weitere zu harmonieren hatte. Eine Untersuchung der Kathedrale von Chartres hat ergeben, daß ihr Bau im Laufe ihrer Fertigstellung von neun verschiedenen Meistern geprägt wurde.[10]

Die Meister waren im wesentlichen tüchtige Handwerker und Zeichner mit rein technischen Fertigkeiten. Doch einige von ihnen – zwei, wie man annimmt, von den neun in Chartres – waren offensichtlich auch in anderen Dingen versiert.[11] Ihre Arbeit spiegelt einen metaphysischen oder – in der Sprache der Freimaurerei – »spekulativen« Charakter wider, der einen hohen Grad von Bildung und Welterfahrenheit verrät. Diese Männer waren nicht nur Baumeister, sondern auch Denker und Philosophen. Ein aus dem Jahre 1410 datierendes Manuskript erwähnt, wie oben ausgeführt, eine »Wissenschaft«, deren Geheimnisse nach der Sintflut von Pythagoras und Hermes wiederentdeckt wurden. Aus solchen Hinweisen wird deutlich, daß gewisse Meister Zugang zum hermetischen und neuplatonischen Gedankengut hatten, bevor dieses während der Renaissance in Westeuropa in Mode kam. Doch vor der Renaissance muß ein solches Gedankengut – heterodox, wie es war, und nichtchristliche Quellen ausschöpfend – äußerst gefährlich für seine Anhänger gewesen sein, die deshalb zur Geheimhaltung gezwungen waren. Dies wiederum führte zur Entstehung einer »esoterischen« Tradition »eingeweihter« Meister innerhalb der Zünfte »operativer« Steinmetzen. Hier lagen die Keime dessen, was später »spekulative« Freimaurerei genannt werden sollte.

Für diese »esoterische« Tradition »eingeweihter« Meister spielte die Geometrie eine überragende Rolle. Sie galt, wie wir erläutert haben, als Manifestation des Göttlichen. Für solche Meister war eine Kathedrale mehr als ein »Gotteshaus«, nämlich eine Art Musikinstrument, das wie eine Harfe auf einen erhabenen, spirituellen Ton gestimmt war. Gott selbst, so meinten sie, würde in den Klängen des Instruments mitschwingen, und alle, die das Gebäude betraten, würden seine Gegenwart spüren. Aber wie stimmte man es richtig? Wie und wo legte Gott die Erfordernisse zur Umsetzung seines Plans fest? Die heilige Geometrie lieferte die allgemeinen Prinzipien, die allem zugrundeliegenden Gesetze. Aber es gab eine Stelle im Alten Testament, an der Gott, wie man glaubte, seine Anhänger sehr genau instruierte und seine eigenen Entwürfe vorlegte. Diese Stelle bezog sich auf den Bau des Salomonischen Tempels. Und so geschah es, daß der Bau des Tempels für die Steinmetzen des Mittelalters höchste Bedeutung gewann. Hier hatte Gott die praktische Anwendung der heiligen Geometrie auf dem Gebiet der Architektur gelehrt, weshalb auch Gottes wichtigster Schüler, Hiram von Tyrus, zum Vorbild erhoben wurde, dem jeder wahre Baumeister nachzueifern hatte.

Das verborgene Wissen

Bisher wurde erklärt, *warum* die Hiram-Geschichte solche Bedeutung erlangte. Jedoch bleibt die Frage, *wie* sie und ihre verschiedenen Versionen in den Kern des christlichen Europa vordrangen. Eine weitere Frage ist, wie die heilige Geometrie als Ganzes – mit ihren Bestandteilen aus pythagoräischem, vitruvischem, hermetischem, neuplatonischem, judäischem und islamischem Gedankengut – in den Westen gelangte. Um diese Fragen zu beantworten, muß man die historischen Perioden betrachten, in denen solche Lehren am wirkungsvollsten vermittelt und assimiliert werden konnten – Perioden, in denen das Christentum stärker als sonst »fremden« Einflüssen unterworfen war und sie, manchmal bewußt, manchmal durch eine unbewußte Form der Osmose, in sich aufnahm.

Die erste dieser Perioden fiel ins 7. und 8. Jahrhundert, als der Islam, beflügelt von der militanten Energie, die für einen neuen Glauben typisch ist, über den Nahen Osten hinwegstürmte, die nordafrikanischen Küstengebiete durchquerte, die Straße von Gibraltar überwand, die Iberische Halbinsel eroberte und nach Frankreich vorrückte. Die sich anschließende islamische Herrschaft in Spanien erreichte ihren Höhepunkt im 10. Jahrhundert. Es ist zwar nicht dokumentiert, aber durchaus denkbar, daß sich einige Prinzipien der heiligen Geometrie und Architektur von Spanien und Frankreich aus nach Norden verschoben. Den Heeren des Islam wurde von Karl Martell in der Schlacht von Poitiers (732) zwar Einhalt geboten, doch Soldaten können stets leichter zurückgeworfen werden als Ideen.

Im Jahre 1469 heiratete Ferdinand von Aragon seine Cousine Isabella von Kastilien. Aus dieser Verbindung ging das moderne Spanien hervor. In einem Anflug apostolischen Eifers leiteten Ferdinand und Isabella ein »Läuterungsprogramm« ein, das ihre vereinigten

Gebiete systematisch von allen »fremden« – das heißt judäischen und islamischen – Elementen befreien sollte. Dem schloß sich die Ära der Spanischen Inquisition und der Autodafés an. Zu diesem Zeitpunkt verbannte Spanien, um mit Carlos Fuentes zu sprechen, die Sinnlichkeit mit den Mauren und die Intelligenz mit den Juden; es wurde steril.[12] Aber während der fast siebeneinhalb Jahrhunderte zwischen der Schlacht von Poitiers und der Herrschaft Ferdinands und Isabellas war Spanien eine wahre Fundgrube esoterischer Lehren. Der Mallorquiner Raimundus Lullus wurde gar zum ersten bedeutenden Esoteriker der westlichen Tradition, und sein Werk sollte enormen Einfluß auf die spätere europäische Entwicklung ausüben. Ohnehin galt es als selbstverständlich, daß jemand, der eine esoterische oder mystische Ausbildung anstrebte, eine Pilgerfahrt nach Spanien machte. Wolfram von Eschenbach behauptet im *Parzival,* seine Geschichte letztlich aus spanischen Quellen geschöpft zu haben. Nicolas Flamel, wahrscheinlich der berühmteste frühe westliche Alchimist, soll einen Teil seines Wissens aus einem in Spanien erworbenen Buch bezogen haben.

Siebeneinhalb Jahrhunderte lang kam aus Spanien esoterisches Wissen in das übrige Europa. Aber der spanische Einfluß, so wichtig er auch war, sollte durch andere, dramatischere Kontakte zwischen dem Christentum und den mit ihm konkurrierenden Glaubensrichtungen in den Hintergrund gedrängt werden. Da waren zunächst die Kreuzzüge, in deren Verlauf Zehntausende von Europäern im Heiligen Land mit den Bekenntnissen vertraut wurden, zu deren Auslöschung sie angetreten waren. Während der Kreuzzüge wurde der sizilianische Hof des Hohenstauferkaisers Friedrich II. zu einem Umschlagplatz judäischen und islamischen Gedankenguts. Der Templerorden diente als weiterer – und vielleicht als wichtigster – Kanal für solche Strömungen. Die Templer waren zwar offiziell »Ritter Christi«, unterhielten in der Praxis aber freundschaftliche Beziehungen sowohl zum Islam wie zum Judaismus; sie sollen sogar ehrgeizige Pläne gehegt haben, das Christentum mit den beiden gegnerischen Glaubensrichtungen zu versöhnen.

Die Templer bedienten sich ihrer eigenen Steinmetzen, um emsig Schlösser und Ordenshäuser zu bauen. Ihre Architektur wies gewöhnlich byzantinische Züge auf, das heißt, sie reflektierte Einflüsse, die sich der römischen Kontrolle entzogen. Wie wir ausgeführt haben, wurden im israelischen Atlit zwei Gräber von templerischen Baumeistern gefunden. Dies sind wahrscheinlich die ältesten bekannten »Maurergräber« der Welt.

Der Templerorden unterhielt eigene Zünfte. Seine Angehörigen fungierten jedoch auch als Schirmherren für andere Zünfte von Steinmetzen und sonstigen Handwerkern und scheinen sich solchen Zünften oder Gilden zuweilen sogar angeschlossen zu haben.[13] Gelegentlich wurden qualifizierte Handwerker zu »Beigeordneten« des Ordens gemacht. Sie wohnten in abgeschlossenen Dörfern in der Nähe von Ordenshäusern und genossen zahlreiche Privilegien der Templer, darunter die Befreiung von Zoll und Steuern. In Europa traten die Templer zudem als selbsternannte Hüter der Verkehrswege auf; sie garantierten sicheres Geleit für Pilger, Reisende, Kaufleute – und Bauarbeiter. Bei dieser Vielfalt ihrer Aktivitäten ist es kaum verwunderlich, daß die Prinzipien der heiligen Geometrie und Architektur mit Hilfe der Templer nach Westeuropa vordrangen.

Aber die Templer können nur über einen begrenzten Zeitraum hinweg – nämlich höchstens während der zwei Jahrhunderte ihrer Existenz – zur Vermittlung solcher Prinzipien beigetragen haben. Auch darf ihre Rolle nicht übertrieben werden. Einige Amtsträger des Ordens waren vielleicht so gebildet wie die entsprechenden Vertreter der kirchlichen Hierarchie, einige mögen in die Geheimnisse der heiligen Geometrie und Architektur eingeweiht gewesen sein, doch die meisten Templer waren einfache Soldaten, so unwissend und ungebildet wie die meisten anderen Adligen ihres Zeitalters. Solche Männer könnten von ihren Vorgesetzten erfahren haben, daß die Zünfte der »operativen« Steinmetzen über eindrucksvolle technische Geheimnisse verfügten, aber sie dürften nicht gewußt haben, worin diese Geheimnisse bestanden – und sie wären schon gar nicht fähig gewesen, ihr Wesen zu verstehen. Außerdem führte die offizielle Auflösung des Ordens unzweifelhaft auch zu großen Verlusten. Vor allem in Schottland dürften flüchtige Templer, von ihren früheren Vorgesetzten abgeschnitten, nur noch leere Formen gewahrt haben. Wenn sie die Baukunst auch voll Ehrfurcht betrachteten, so verstanden sie deren ursprüngliche Bedeutung jedoch nicht mehr.

Wenn es eine Verbindung zwischen den Templern und den Zünften der »operativen« Steinmetzen in Schottland gab, dürfte sie sich ohnehin im Laufe des 15. Jahrhunderts erschöpft haben. Aber gerade zu jenem Zeitpunkt wurde aus einer anderen Richtung frische Inspiration herangetragen, welche die Anwendung der heiligen Geometrie auf die Architektur wiederaufleben ließ. Im Jahre 1453 fielen Konstantinopel und die letzten Überreste des alten Byzantinischen Reiches an die Türken. Die Folge war ein gewaltiger Zustrom von Flüchtlingen nach Westeuropa; sie brachten die Schätze byzantinischer Bibliotheken mit, die sich in den vorhergehenden tausend Jahren angesammelt hatten: Texte zur hermetischen Philosophie, zu Neuplatonismus, Gnostik, Kabbalistik, Astrologie, Alchimie, zur heiligen Geometrie sowie über all die Lehren und Traditionen, die während der ersten drei Jahrhunderte in Alexandria entstanden und unablässig ausgeweitet und modernisiert worden waren. Auch die brutale Auslöschung des Islam und des Judaismus, die Ferdinand und Isabella von Spanien im Jahre 1492 einleiteten, führte zu einem Exodus nach Osten und Norden. Diese Flüchtlinge waren im Besitz der gesamten iberischen Esoterik, die seit dem 7. und 8. Jahrhundert nach und nach ins Christentum vorgedrungen war.

Die Folgen dieser Entwicklungen waren überwältigend. Durch sie wurde die westliche Zivilisation umgewandelt. Historiker und andere Wissenschaftler sind sich einig, daß der Ideenzustrom aus Byzanz und Spanien am stärksten zu der kulturellen Erscheinung beitrug, die heute als Renaissance bekannt ist.

Die byzantinischen Schriften gelangten zunächst nach Italien, wo Männer wie Cosimo de' Medici sie sofort an sich rissen. Man gründete Akademien, um die Texte zu studieren und zu verbreiten. Übersetzungen – die frühesten und berühmtesten stammten von Marsilio Ficino – wurden in Auftrag gegeben und in Umlauf gebracht.[14] Exegesen – etwa die von Pico della Mirandola – verbreiteten sich auf ähnliche Weise. Im Laufe der nächsten hundert Jahre sollte Italien das übrige Europa mit einer Welle der Esoterik überschwemmen. Die heilige Geometrie, nun als eine Form der Magie betrachtet, wurde nicht mehr ausschließlich auf die Architektur, sondern auch – zum Beispiel in den Werken Leonardos und Botticellis – auf die Malerei angewandt. Bald sollte sie auf andere Künste übergreifen, etwa auf die Poesie, die Bildhauerei, die Musik und – vor allem – auf das Theater.

Dies minderte den Status der Architektur jedoch keineswegs. Im Gegenteil, sie gewann dadurch ein höheres Ansehen als je zuvor. Die

Verbreitung des Neuplatonismus – der synkretischen, mystischen Lehren, die sich ganz am Anfang der christlichen Ära in Alexandria herausgebildet hatten – verlieh auch dem älteren, klassischen Gedankengut Platons neue Wichtigkeit. Und bei Platon fanden Gelehrte der Renaissance ein Prinzip, das für die spätere Entstehung der Freimaurerei entscheidend sein sollte. In Platons *Timaios* stößt man auf die früheste bekannte Gleichsetzung des Schöpfers mit dem »Baumeister der Welt«. Im *Timaios* heißt der Schöpfer »tekton«, was »Handwerker« oder »Erbauer« bedeutet. »Arche-tekton« stand mithin für »Handwerksmeister« oder »Baumeister«. Nach Platon schuf der »arche-tekton« den Kosmos mit Hilfe der Geometrie.[15]

Ein großer Teil der esoterischen Schriften aus Spanien gelangte – ebenso wie die Schriften aus Konstantinopel vierzig Jahre zuvor – nach Italien, doch vieles erreichte auch Flandern und die Niederlande, die damals spanische Besitzungen waren. Hier wurde eine flämische Renaissance ausgelöst, die parallel zur italienischen verlief. Gegen Anfang des 16. Jahrhunderts vereinigten sich die in Italien und den Niederlanden entstandenen Elemente unter dem Schutz der Häuser Guise und Lothringen. Zum Beispiel war die erste französische Ausgabe des bedeutenden Werks *Corpus hermeticum*, das im Jahre 1549 erschien, Karl von Guise, Kardinal von Lothringen, gewidmet.

Die Häuser Guise und Lothringen waren bereits von esoterischen Lehren durchdrungen. Cosimo de' Medicis Interesse an byzantinischer Esoterik ging zum großen Teil auf die Förderung des gelehrten René von Anjou, Herzog von Lothringen in der Mitte des 15. Jahrhunderts, zurück, der einige Zeit in Italien verbracht und das Gedankengut der italienischen Renaissance in sein eigenes Herrschaftsgebiet gebracht hatte. Die geographische Nähe hatte zur Folge, daß ebenfalls Schriften aus Flandern nach Lothringen gelangten. Zu Beginn des 16. Jahrhunderts waren die Familien Guise und Lothringen, trotz ihres demonstrativen Katholizismus, zu unermüdlichen Förderern von Werken der europäischen Esoterik geworden. Diese Werke sollten durch die Eheschließung Marias von Guise mit Jakob V., durch die Schottische Garde und durch Familien wie die Stuarts, Setons, Hamiltons, Montgomerys und Sinclairs nach Schottland gebracht werden. Hier, wo das alte Templervermächtnis die Voraussetzungen dafür geschaffen hatte und Zünfte »operativer« Steinmetzen unter der

Schirmherrschaft der Sinclairs ihre eigenen »Geheimlehren« entwickelten, sollten sie auf fruchtbaren Boden fallen. Und hier schrieb Maria von Guise über Sir William Sinclair, daß »wir uns ... an den genannten Sir William binden, damit wir seine treue und wahre Herrin sind; seinen Rat und sein uns gezeigtes Geheimnis werden wir nicht offenbaren«[16].

Das verborgene Wissen in Frankreich und England

Die Familien Guise und Lothringen waren bekanntlich von rücksichtslosem Ehrgeiz erfüllt. Sie waren nicht nur um Haaresbreite davon entfernt, den französischen Thron zu erringen, sondern sie hatten auch das Papsttum im Auge, und sie hätten es höchstwahrscheinlich an sich gebracht, wenn ihre Glaubwürdigkeit und ihre Mittel nicht durch ihre Intrigen und ihre Schnitzer in der französischen Politik erschöpft worden wären. Um ihr Streben nach dem Stuhl Petri zu begünstigen, gaben sie sich als Bollwerk des katholischen Europa aus, als »Verteidiger des Glaubens« gegen die Reformation und den aufkommenden Protestantismus in Deutschland, der Schweiz und den Niederlanden. Zu diesem Zweck verfolgten sie eine demonstrative, oft fanatische Politik des Katholizismus. Eine Erscheinungsform ihrer Bemühungen war die berüchtigte Heilige Liga, ein Bündnis von katholischen Fürsten und Potentaten, welche sich die Ausrottung des Protestantismus auf dem Kontinent zum Ziel gesetzt hatten. Außenseitern erschien die Heilige Liga als Beweis für die Frömmigkeit der Familien Guise und Lothringen. Sie war jedoch nur ein Mittel zum politischen Zweck: der Entwurf für ein Gebilde, das letztlich das Heilige Römische Reich ersetzen sollte. Und natürlich hatte es wenig Sinn, sich die Kontrolle über das Papsttum anzueignen, wenn das Papsttum machtlos war. Deshalb beabsichtigten die Familien, das Papsttum zu stärken und seine Hegemonie über Mitteleuropa so weit wie möglich wiederherzustellen.

Zum Unglück der Familien Guise und Lothringen führten die Zeitereignisse, die ihre Pläne auf dem Kontinent förderten, in Großbritannien zum entgegengesetzten Ergebnis. England wie Schottland waren mittlerweile protestantisch geworden. Vor allem England sollte die Hauptgefahr bald in dem katholischen Spanien erblicken, dessen Herrscher, Philipp II., Maria Tudor vier Jahre vor ihrem Tod (1558) geheiratet hatte. Alles, was auch nur schwach »papistisch« anmutete, war den Engländern ein Greuel, und die Heilige Liga wurde als Bedrohung nicht nur des Protestantismus auf dem Kontinent, sondern auch auf den Britischen Inseln empfunden. Durch ihre fanatische Unterstützung der Kirche wurden Franz von Guise und seine Familie in den Augen der Engländer zu Ungeheuern, deren Bedrohlichkeit nur von der des spanischen Monarchen übertroffen wurde.

Das esoterische Gedankengut wurde in England enthusiastisch aufgenommen. Dichter wie Sidney und Spenser verarbeiteten es zum Beispiel in ihren Werken *Arcadia* und *Fünf Gesänge der Feenkönigin;* auch Christopher Marlowe und Francis Bacon widmeten sich dieser Philosophie. Doch da sie mit den katholischen Häusern des Kontinents in Verbindung gebracht wurde, konnte man sich nicht öffentlich oder explizit mit ihr beschäftigen. Deshalb wurde sie oft in Form von Allegorien behandelt. Ihre Existenz beschränkte sich weitgehend auf kleine Cliquen von Gelehrten, aristokratische Zirkel und »Geheimgesellschaften«[17]. Diese Organisationen waren oft militant »antipapistisch« und wandten sich gegen die offenkundigen politischen und dynastischen Bestrebungen der Familien Guise und Lothringen auf dem Kontinent. Aber gleichzeitig waren sie von den esoterischen Schriften beeinflußt worden, die mit Hilfe der Familien Guise und Lothringen nach Schottland gelangt waren und dort so fruchtbaren Boden gefunden hatten.

Die Karriere des schottischen Philosophen Alexander Dickson ist beispielhaft dafür, welche verschlungenen Wege solches Gedankengut inmitten der komplizierten politischen Gegenströmungen jener Zeit nahm.[18] Dickson wurde 1558 geboren, absolvierte die Universität St. Andrews im Jahre 1577 und verbrachte die nächsten sechs Jahre in Paris. Nach seiner Rückkehr veröffentlichte er ein Buch, das dem Günstling Königin Elisabeths, Robert Dudly, Earl of Leicester, gewidmet war. Das Buch stützte sich auf die frühen Werke des prominenten italienischen Philosophen Giordano Bruno, dessen Herausforderung Roms ihn im Jahre 1600 auf den Scheiterhaufen brachte und der Dickson vor seinem Tod als seinen Nachfolger bezeichnete.[19] Trotz seines engen Kontaktes zu Bruno, der von Rom als gefährlicher Ketzer betrachtet wurde, und trotz seines Umgangs mit Kreisen, die

Elisabeths Thron nahestanden, bekannte sich Dickson 1583 in Paris lautstark zu Maria Stuart und verkehrte mit Personen, die der Heiligen Liga angehörten. Seine Freundschaft zu Sidney schien aufrichtig genug, aber er arbeitete als Spion und versorgte den französischen Botschafter mit englischen Geheimdokumenten, auch solchen, die Sidney entworfen hatte. Gegen 1590 hielt sich Dickson in Flandern auf, um für katholische Fürsten Spionageaufträge zu erledigen. Gegen 1596 soll er mit James Beaton, dem schottischen Botschafter in Frankreich, und Karl von Guise, Herzog von Mayenne, dem damaligen Oberhaupt der Heiligen Liga, zusammengearbeitet haben. Zu dieser Gruppe gehörte auch Lord George Seton, dessen Sohn Robert im Jahre 1600 zum Earl of Winton ernannt wurde und der Margaret Montgomery heiratete – eine Verbindung, die über einen Seitenzweig der Familie zu der Grafenwürde von Eglinton führen sollte. Beaton, der frühere Erzbischof von Glasgow, hatte mindestens seit 1560 mit den Familien Guise und Lothringen konspiriert. Im Jahre 1582, während Dickson noch in Paris war, schmiedeten Beaton und Heinrich, Earl of Guise, Pläne, England mit einer von Spanien und dem Papst gestellten Armee zu überfallen. Am Abend vor ihrer Hinrichtung im Jahre 1587 ernannte Maria Stuart Beaton und Heinrich von Guise zu ihren Testamentsvollstreckern.

Alexander Dicksons Haltung veranschaulicht, wie sich esoterische Ansichten und politische Bindungen miteinander verstrickt hatten. Verglichen mit Dr. John Dee, dem englischen »Erzmagier« jener Zeit, war er jedoch eine unbedeutende Gestalt. Aber auch Dee mußte sich einen unsicheren Weg zwischen gegnerischen Fraktionen, katholischen und protestantischen Interessen, dem Streben nach esoterischem Wissen und den dringenden Forderungen des Staates bahnen. Er kam nicht so ungeschoren davon wie Dickson. Obwohl seine Loyalität zum Protestantismus, im Gegensatz zu der Dicksons, nie in Frage stand, geriet er wiederholt in Verdacht, wurde einmal inhaftiert und ständig belästigt.

1527 in Wales geboren, war Dee einer der brillantesten Männer seiner Epoche, die Verkörperung des sogenannten »Renaissance-Menschen«. Er wirkte als Arzt, Philosoph, Astrologe, Alchimist, Kabbalist, Mathematiker, Diplomat und Spion. Man nimmt weithin an, daß er Shakespeare den Prototyp für die Gestalt des Prospero in *Der Sturm* lieferte. Sein Einfluß war enorm, nicht nur zu Lebzeiten. Dee verknüpfte die verschiedenen Stränge der Esoterik und schuf damit die Grundlage für spätere Entwicklungen. Durch Dee und seine Arbeit sollte England im 17. Jahrhundert zu einem bedeutenden Zentrum für esoterische Studien werden. Und es war Dee, der den Boden für die Entstehung der Freimaurerei bereitete.

Als junger Mann zwischen zwanzig und dreißig Jahren dozierte Dee bereits an Universitäten auf dem europäischen Kontinent – zum Beispiel in Löwen und Paris – über die Prinzipien der Geometrie. Während der kritischen Periode, in welcher die Häuser Guise und Lothringen ihre Verschwörungen ausheckten, bewegte er sich ungehindert auf dem Kontinent und mehrte überall seinen Ruf. Im Jahre 1585/86 war er in Prag, das unter dem liberalen, pazifistischen und angeblich exzentrischen Kaiser Rudolf II. zum neuen Zentrum für esoterische Studien geworden war. Ihm wurde die Protektion des Kaisers zuteil, und er kehrte mit Material zurück, das es England ermöglichte, Prag auf esoterischem Gebiet abzulösen. Unter seinen bedeutendsten späteren Schülern waren Inigo Jones und Robert Fludd, der als junger Mann den damaligen Herzog von Guise und dessen Bruder in Mathematik und Geometrie unterrichtete.

Dee half, die vitruvischen Prinzipien von Architektur und Geometrie zu verbreiten. Zudem veröffentlichte er 1570, also fünfzehn Jahre vor seiner Reise nach Prag, ein Vorwort zu einer englischen Euklid-Übersetzung. Darin pries er »die Oberhoheit der Architektur unter den mathematischen Wissenschaften«[20]. Er nannte Christus »unseren Himmlischen Baumeister«[21]. Wie Vitruvius stellte er den Architekten als eine Art Magier dar: »Ich denke, daß niemand sich rechtmäßig von einem Moment zum anderen als Architekt betrachten kann. Aber nur jene, die von Kindesjahren an die Grade des Wissens emporsteigen und zur Meisterung vieler Sprachen und Künste ausgebildet werden, haben das hehre Tabernakel der Architektur gewonnen.«[22]

In einer Passage, welche für die spätere Freimaurerei entscheidende Bedeutung hatte, berief er sich auf Platon: »Und der Name der *Architektur* ist von der Fürstlichkeit, mit der diese Wissenschaft alle anderen Künste überragt. Und Platon bekräftigt, daß der *Architekt* der *Meister* über alle ist, die eine Arbeit machen.«[23]

Während das esoterische Gedankengut zu Dees Lebzeiten in England vorwiegend im verborgenen blieb, blühte es in Schottland. Aber wegen Maria von Guise und Maria Stuart war den Engländern alles Schottische suspekt. Deshalb konnten Dee und andere englische Vertreter der esoterischen Schule die wichtige Brücke zu Entwicklungen in Schottland noch nicht schlagen.

Gegen Anfang des 17. Jahrhunderts hatte sich die Situation jedoch drastisch geändert. Im Jahre 1588 war die Armada Philipps II. vernichtet worden, und Spanien wurde immer weniger als Gefahr für die englische Sicherheit empfunden. Die Möglichkeit, daß die Familien Guise und Lothringen auf den Britischen Inseln Fuß fassen könnten, war mit der Hinrichtung Maria Stuarts beseitigt worden. Und die ein Jahr später stattfindende Ermordung des jungen Herzogs von Guise und seines Bruders hatte die Familie so geschwächt, daß sie ihre dynastischen und politischen Ambitionen zurückstellte. Um 1600 hatte sie sich im Grunde verausgabt, und auch die Heilige Liga zerbröckelte. Außerdem wurde das esoterische Gedankengut nicht mehr ausschließlich mit den Häusern Guise und Lothringen oder mit katholischen Interessen in Verbindung gebracht. Einer der einflußreichsten neuen Förderer der Esoterik war, wie wir gehört haben, Kaiser Rudolf II., der erklärte, weder Katholik noch Protestant, sondern Christ zu sein. Er verfolgte die Protestanten nicht, entfremdete sich immer stärker vom Papsttum und lehnte auf dem Totenbett die Sterbesakramente der Kirche ab.

Ab 1600 gewann das esoterische Gedankengut in protestantischen Fürstentümern zunehmend an Einfluß. In den Niederlanden, in der Pfalz sowie in den Königreichen Württemberg und Böhmen sollte es bald als Propagandainstrument gegen Rom benutzt werden. Befreit von dem Makel der Bindung an die Familien Guise und Lothringen, konnte es auch in England gefahrlos in den Vordergrund treten. Im Jahre 1603, als die Familien Guise und Lothringen bereits nicht mehr fähig waren, die Situation für sich zu nutzen, wurde Jakob VI. von Schottland – ein Stuart-Monarch, der mit den Häusern Guise und Lothringen verwandt war – als Jakob I. von England gekrönt. Durch die Vereinigung Englands und Schottlands unter einem einzigen Souverän begannen schottische Adelsfamilien, eine Rolle in der englischen Politik zu spielen. Zwei von ihnen – die Hamiltons und die Montgomerys – überquerten die Irische See, um mit der Kolonisierung von Ulster zu beginnen. Durch diese Familien drang ein Teil der alten Aura des Templerordens und der Schottischen Garde nach

England und Irland. Und man darf nicht vergessen, daß der neue König Schirmherr und möglicherweise Mitglied der Zünfte »operativer« Steinmetzen war. Er brachte von Norden her ihre Traditionen und das esoterische Erbe seiner Vorfahren aus den Häusern Guise und Lothringen mit. All diese Elemente sollten sich zusammen mit der Arbeit John Dees und seiner Schüler zu der philosophischen oder »spekulativen« Freimaurerei entwickeln. Sie alle waren nun nicht nur achtbar und legitim geworden, sondern hatten auch eine enge Beziehung zum Thron. Das alte Templerschwert und die Kelle des Baumeisters wurden zu Attributen des Stuart-Wappens.

Ein weiterer Einfluß wurde wirksam, bevor sich die Freimaurerei in ihrer modernen Form herauskristallisierte. Auf dem Kontinent, besonders in Deutschland, wurde die esoterische Lehre nun von protestantischen Fürsten gefördert und als Propagandainstrument gegen das Bollwerk des Papsttums und des Heiligen Römischen Reiches eingesetzt. Mittlerweile nannte sie sich »Rosenkreuzertum«, und Frances Yates bezeichnet diese Phase als »rosenkreuzerische Aufklärung«[24]. Anonyme Schriften erschienen, in denen ein »Unsichtbares Kollegium« gerühmt wurde; dabei handelte es sich um eine geheime Gemeinschaft, die angeblich auf einen mythischen Gründer, Christian Rosenkreutz, zurückging. In diesen Pamphleten wurden der neue Kaiser des Heiligen Römischen Reiches und der Papst heftig angegriffen; gleichzeitig pries man die Bandbreite der esoterischen Lehre und verkündete den baldigen Anbruch eines neuen Goldenen Zeitalters, in dem alle gesellschaftlichen und politischen Institutionen neu geschaffen würden. Eine Epoche utopischer Harmonie – frei von der weltlichen wie spirituellen Tyrannei der Vergangenheit – werde anbrechen.

Der Hauptvertreter der rosenkreuzerischen Lehre in England war John Dees Schüler Robert Fludd; er gehörte, ebenso wie Francis Bacon, zu der Gruppe von Gelehrten, die König Jakob beauftragt hatte, eine englische Bibelübersetzung anzufertigen. Fludd unterstützte die rosenkreuzerischen Ideen, doch er war keineswegs ihr Urheber; auch wird nicht angenommen, daß er irgend etwas mit der Abfassung der anonymen »Rosenkreuzermanifeste« zu tun hatte. Heute vermutet man, daß diese Manifeste – wenigstens teilweise, wenn nicht zur Gänze – von einem Württemberger Schriftsteller namens Johann Valentin Andreä geschrieben wurden.[25] Und sie sollen hauptsächlich von dem Heidelberger Hof Friedrichs, des Kurfürsten von der Pfalz, ausgegangen sein.

Im Jahre 1613 heiratete Friedrich die Tochter Jakobs I. von England, Elisabeth Stuart. Vier Jahre später boten die Adligen des Königreichs Böhmen Friedrich die Krone ihres Landes an, und seine Annahme löste den Dreißigjährigen Krieg aus, den bittersten und kostspieligsten Konflikt, der vor dem 20. Jahrhundert auf europäischem Boden ausgefochten wurde. In den ersten Jahren der Kämpfe wurde der größte Teil Deutschlands von katholischen Armeen überrannt, und der deutsche Protestantismus war von der Vernichtung bedroht. Tausende – unter ihnen die Philosophen, Wissenschaftler und Esoteriker, welche die »rosenkreuzerische Aufklärung« verkörperten – flohen nach Flandern und in die Niederlande und von dort aus ins sichere England. Zur Erleichterung ihrer Flucht gründeten Johann Valentin Andreä und seine Gefährten in Deutschland die sogenannten »Christlichen Vereinigungen«[26]. Diese Vereinigungen, die eine Art Logensystem darstellten, sollten die rosenkreuzerische Lehre bewahren, indem sie ihre Vertreter zu »Zellen« organisierten und ins Ausland schmuggelten. Infolgedessen erschienen von den zwanziger Jahren des 17. Jahrhunderts an in England deutsche Flüchtlinge, die sowohl die rosenkreuzerischen Ideen als auch die Organisationsstruktur der Christlichen Vereinigungen mitbrachten.

Zur Zeit Jakobs I. hatten die Zünfte »operativer« Steinmetzen bekanntlich schon ein Logensystem etabliert und begonnen, Schottland damit zu überziehen. Gegen Ende des Dreißigjährigen Krieges war das System nach England vorgedrungen. Es scheint, was seinen allgemeinen Aufbau betrifft, mit Andreäs Christlichen Vereinigungen übereingestimmt zu haben, und es war sehr aufnahmebereit für den Zustrom rosenkreuzerischer Gedanken. Damit fanden deutsche Flüchtlinge eine geistige Heimat im englischen Steinmetzzentrum, und ihre rosenkreuzerischen Ideen waren das noch fehlende Element für die Entstehung der modernen »spekulativen« Freimaurerei.

In den folgenden Jahren schritt die Entwicklung an zwei Fronten fort. Das Logensystem konsolidierte sich und weitete sich aus, so daß die Freimaurerei zu einer etablierten und anerkannten Einrichtung wurde. Gleichzeitig schlossen sich einige ihrer aktivsten Vertreter zu einem englischen »Unsichtbaren Kollegium« der Rosenkreuzer zusammen: einem Verbund von Wissenschaftlern, Philosophen und Esoterikern als Avantgarde fortschrittlicher Ideen.[27] Während des Englischen Bürgerkrieges und Cromwells Protektorat blieb das »Unsichtbare Kollegium« – dem nun solche Größen wie Robert Boyle und John Locke angehörten – in der Tat unsichtbar. Doch im Jahre 1660, mit der Restauration der Monarchie, wurde das »Unsichtbare Kollegium« unter der Patronage der Stuarts zur Royal Society. Im Laufe der nächsten achtundzwanzig Jahre sollten sich Rosenkreuzertum, Freimaurerei und Royal Society nicht nur überschneiden, sondern fast identisch sein.

Vorhergehende Seite: Kilneuair Church, Loch Awe, Argyll. Die Ruinen stammen aus dem 13. Jahrhundert; im Vordergrund ein Grabstein mit Templerkreuz.

Linke Seite: Kilmartin Church, Argyll. Im Vordergrund eines der anonymen Kriegergräber, die nur mit einem Schwert gekennzeichnet sind. Allein an dieser Stätte gibt es etwa achtzig derartige Gräber.

Links: Grabstein in Kilmartin mit einem Schwert; aus dem 14. Jahrhundert.

Unten: Kilmartin. Weitere Beispiele für den Grabsteinstil des 14. und 15. Jahrhunderts, wie er nur beim Templerorden bekannt war.

Rechts: Das Steinkreuz im typischen Templerstil ist heute in der Kapelle von Kilmory, Loch Sween, Argyll, aufgestellt. Das Datum seiner Entstehung konnte bislang nicht genau bestimmt werden.

Unten: Aus dem 13. Jahrhundert stammende Ruine der Kapelle von Kilmory, Loch Sween, Argyll; im Hintergrund die Insel Jura. Hier endete in den frühen Jahren von Robert Bruce der einzig sichere Seeweg nach Schottland.

Rechte Seite: Undatierter Grabstein, Kilmory. Über dem Kopf des dargestellten Kriegers befindet sich ein freimaurerisches Winkelmaß. In das gemeißelte Muster unter ihm ist ein Templerkreuz eingearbeitet.

Rechts: Templerkreuz in Garway, Herefordshire, nahe der walisischen Grenze. Ursprünglich stand es auf einem Sockel außerhalb der Kirche.

Unten: Turm, Kirche und Ordenshaus der Templer in Garway. Das Anwesen ging im frühen 14. Jahrhundert an den Johanniterorden über.

Rechte Seite oben: Anonymer Templergrabstein mit der Abbil dung eines Schwertes, gefunden bei Garway. Beim Wiederaufbau de Kirche im frühen 14. Jahrhundert wurde er als Türsturz verwendet.

Rechte Seite unten: Kapitell mit dem »Grünen Mann«, dem keltischen Vegetations und Fruchtbarkeitsgot in der Kirche von Garway.

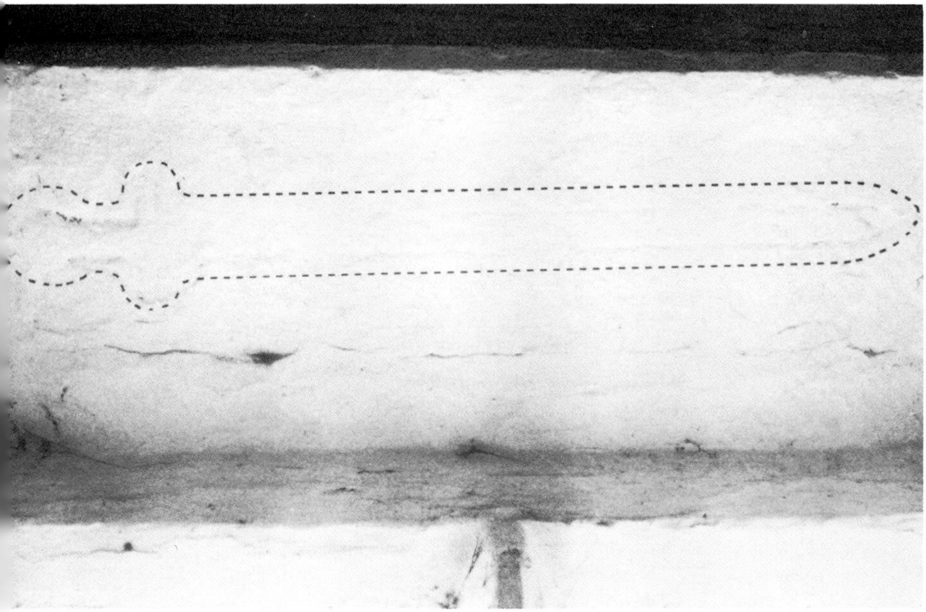

Rechts: Fundament der ursprünglich kreisförmigen Templerkirche in Garway; sie wurde vom Johanniterorden zerstört, der an ihrer Stelle ein herkömmliches, rechteckiges Gebäude errichtete.

Unten: Temple Church, Bristol, mit dem Fundament einer kreisförmigen Templerkirche, die im 14. Jahrhundert vom Johanniterorden zerstört und anschließend im herkömmlichen Stil wieder errichtet wurde. (Foto: Temple Local History Group)

Rechte Seite: Ruine von Rosslyn Castle bei Edinburgh, Wohnsitz der Saint-Clairs (heute Sinclairs) seit dem 12. Jahrhundert. Das Schloß wurde im Jahr 1650 von General Mon zerstört.

Ganz oben: Das Haupt des ermordeten Lehrlings in Rosslyn Chapel. Die Legende berichtet von einem Meister, der aus Neid auf das Geschick des jungen Steinmetzes beim Bau einer Steinsäule jenen mit einem Schlag tötete. Die Geschichte enthält zahlreiche Parallelitäten zu der Freimaurerlegende vom Tod Hiram Abiffs, des Tempelbaumeisters.

Unten: Rosslyn Chapel, die ursprünglich als Marienkapelle einer viel größeren Kathedrale vorgesehen war. Das Fundament der Kapelle wurde im Jahre 1446 gelegt, die Bauarbeiten dauerten insgesamt vierzig Jahre. In den Kellergewölben wurden die Leichen aller Barone von Rosslyn beigesetzt, die man, wie es heißt, nicht in Särgen, sondern in ihrer Rüstung zur letzten Ruhe bettete.

Rechte Seite: Die Leh lingssäule, Rosslyn Chapel, eine von drei Säulen auf einem Sockel im Osten der Kapelle. Der Legende zufolge führte der Ba dieser Säule zur Erm dung des Lehrlings.

Linke Seite oben und unten: Rosslyn hapel. Darstellungen s »Grünen Mannes«, es keltischen Vegetaions- und Fruchtbaritsgottes, die überall im Kirchenraum zu finden sind.

Links, unten links und unten rechts: Rosslyn Chapel. Drei Beispiele aus einer Serie symbolischer Figuren im Ostteil der Kapelle. Die obere Aufnahme zeigt einen Engel, der auf seine Brust und auf seine rechte Wade weist. Diese Gesten tauchen später im Freimaurerritual wieder auf.

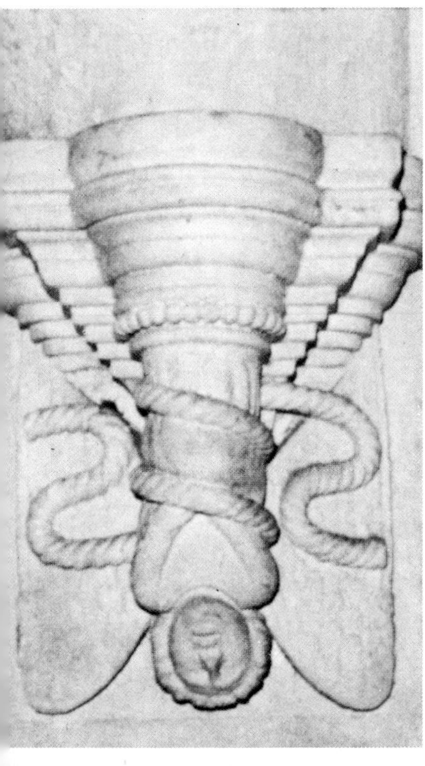

Christus als Baumeister.
Aus der *Bible moralisée*, Mitte des 13. Jahrhunderts.
(Foto: Bodleian Library, Oxford)

Der Schöpfer als Baumeister des Universums,
dargestellt in der *Holkham Bible*, frühes 14. Jahrhundert.
(Foto: British Library, London)

nke Seite: Grabstein
nes templerischen
eimaurers in Atlit,
rael. Das Grab muß
r 1291 angelegt wor-
n sein, dem Jahr, in
m der Orden die
stung aufgab.

Ganz oben: Ruine der Tempelkirche bei Edinburgh; der Ort, früher als Balantrodoch bekannt, diente als Hauptquartier des Templerordens in Schottland.

Unten links: Grabmal in der Tempelkirche aus dem 17. Jahrhundert mit Zirkel und Winkelmaß der Freimaurer.

Unten rechts: Grabmal aus dem 17. Jahrhundert in der Tempelkirche mit Totenschädel und gekreuzten Knochen; links und rechts Darstellung freimaurerischer Gerätschaften.

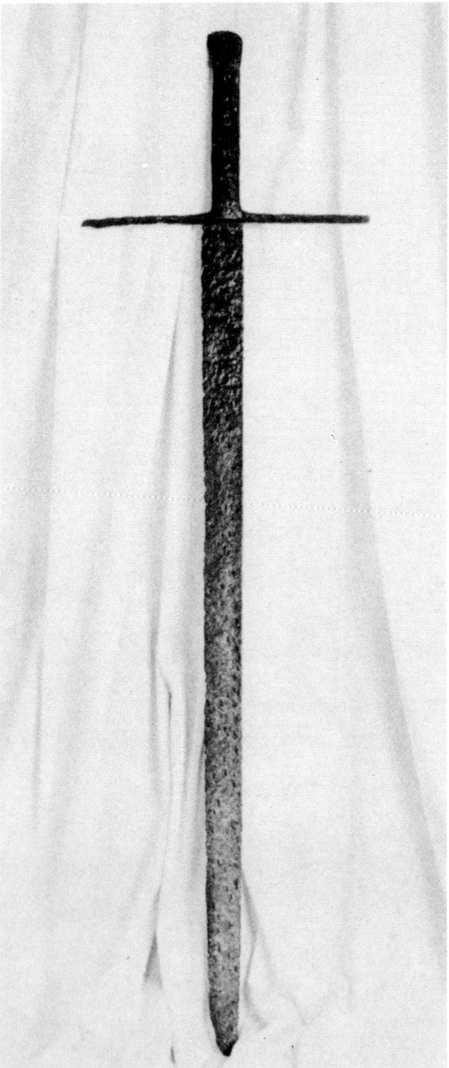

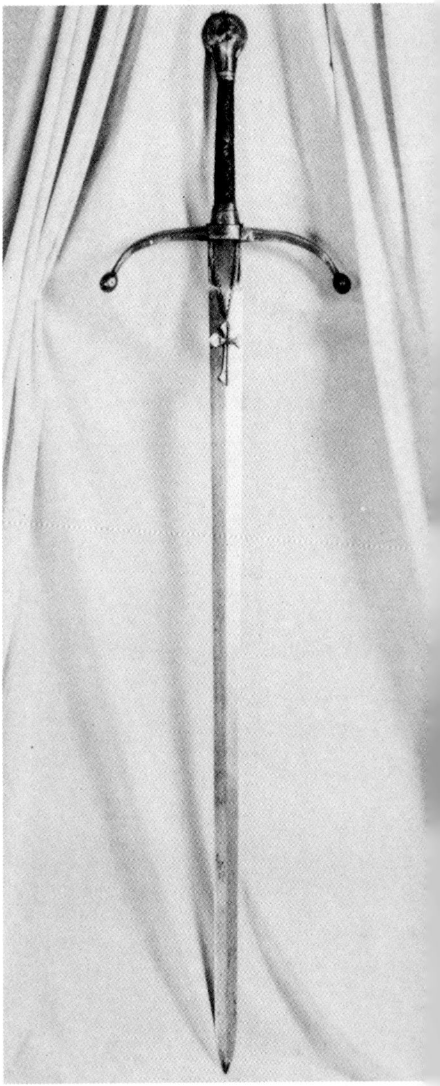

Oben: Die abgebildeten Schwerter (links Waffe aus der zweiten Hälfte des 15. Jahrhunderts, wahrscheinlich deutschen Ursprungs; rechts Klinge aus der Mitte des 17. Jahrhunderts, Griff aus dem 19. Jahrhundert), zur Zeit in einer Privatsammlung (Stella Templum Scotorum), sind seit langem im Besitz schottisch-jakobitischer Templer. Eines wurde vom Earl of Kilmarnock und anderen benutzt, um Baron von Hund 1743 in den jakobitischen Orden des Tempels aufzunehmen. (Fotos: Jack MacDonald, Visual Impact Portobello)

Rechte Seite: Zeremonienschwert von Alexander Deuchar, dem Meister der schottischen Templer *(M tia Templi Scotia)* v 1810 bis 1835. Deucl legte eine umfangreic Sammlung von Do menten über das fr Templertum und Freimaurerei an. (Fc Jack MacDonald, Vis Impact Portobe

Freimaurerische Sternjuwelen der Tempelritter aus England, um 1830. Ein Kandidat mußte bereits ein in den Royal Arch erhobener Meister und Christ sein, um aufgenommen zu werden. Dieser Brauch stand im Gegensatz zur religiösen Freiheit der »handwerklichen« Freimaurerei, wie sie von der United Grand Lodge of England verteidigt wurde. (Foto: Museum of the United Grand Lodge of England)

Freimaurerischer Schurz der Tempelritter.
Aus England, um 1800. (Foto: Museum of the
United Grand Lodge of England)

Rechts: Von Benjamin Franklin als Meister der französischen Loge »Neuf Sœurs« in Paris, 1779–1781, getragene Schärpe. (Foto: Grand Lodge of Free and Accepted Masons of Pennsylvania)

Oben: Freimaurerschurz von George Washington.
Dieser Schurz, der von Madame de Lafayette im Jahre 1784 bestickt worden war, wurde Washington von General de Lafayette überreicht.
(Foto: Grand Lodge of Free and Accepted Masons of Pennsylvania)

Folgende Seite: Plan der Stadt Washington aus dem Jahre 1792 mit Veränderungen, die Washington und Jefferson einfügten. Das Weiße Haus und das Kapitol sind durch Achtecke besonders hervorgehoben.
(Foto: British Library, London)

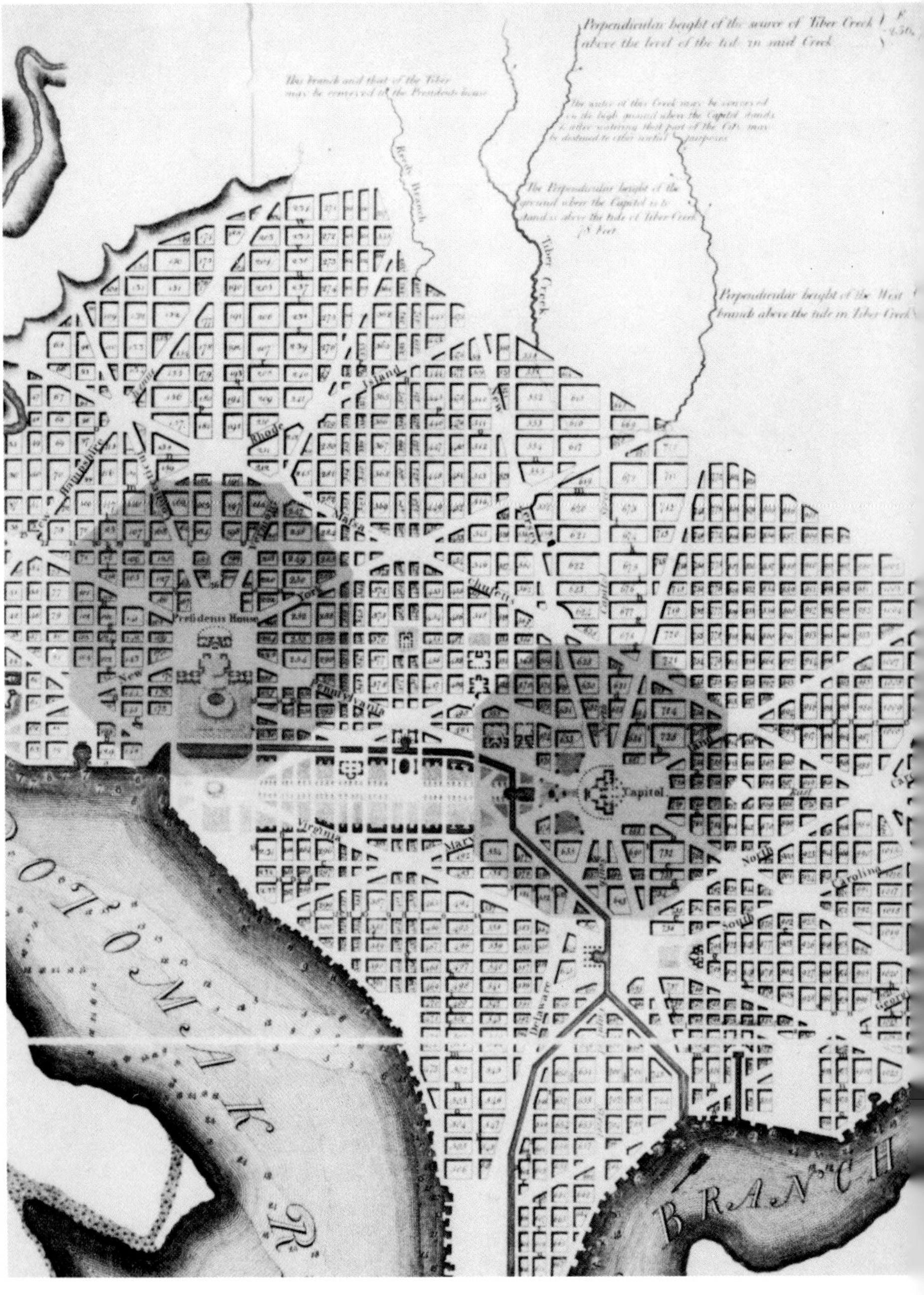
Tiber Creek
Presidents House
Capitol
Pennsylvania
Virginia
Rhode
Island
Delaware
North
South
Carolina
BRANCH

3 DIE URSPRÜNGE DER FREIMAUREREI

3.1 DIE ERSTEN FREIMAURER

In ihrer gegenwärtigen Form datiert die Freimaurerei aus dem 17. Jahrhundert. Sie ist eine Synthese aus den vielfältigen Ideen und Erkenntnissen, die durch die Erschütterungen in der Religion, Philosophie, Wissenschaft, Kultur, Gesellschaft und Politik des Westens hervorgebracht wurden. Die Freimaurerei diente als eine Art Bindemittel, das die unterschiedlichen Elemente und Bestandteile einer zerrissenen Welt, einer zersplitternden Weltanschauung auf eine Weise zusammenhielt, wie es die katholische Kirche nicht mehr vermochte.

Auch die Freimaurerei selbst sucht ihre Ursprünge im allgemeinen in dieser Epoche. Deshalb haben freimaurerische Schriftsteller und Historiker die Ereignisse des 17. Jahrhunderts erschöpfend untersucht, um die allmähliche Ausbreitung des Logensystems nachzuzeichnen und den Prozeß zu dokumentieren, durch den neue Riten von alten hervorgebracht und verschiedene außergewöhnliche Persönlichkeiten zu der Bewegung hingezogen wurden. Wir werden uns notwendigerweise, wenn auch nur kurz, mit demselben Material beschäftigen müssen. Wir beabsichtigen jedoch nicht, das zu wiederholen, was man mühelos in den umfangreichen Geschichtsbüchern der Freimaurerei nachlesen kann und was für Nichtmitglieder irrelevant sein mag. Vielmehr wollen wir versuchen, einen Überblick über die wesentlichen Merkmale der Freimaurerei zu geben, die letztlich eine Wandlung der englischen Gesellschaft bewirkte.

In den Jahren vor dem Englischen Bürgerkrieg und Cromwells Protektorat verknüpfte sich die Freimaurerei bekanntlich eng mit dem Rosenkreuzertum. Wir haben bereits aus einem Gedicht zitiert, das Henry Adamson aus Perth im Jahre 1638 verfaßte. Wenn man literarische Maßstäbe anlegt, könnte Adamson eine frühe Inkarnation William McGonagalls, des anerkannten Meisters poetischer Unbedarftheit, gewesen sein. Seltsamerweise handelt auch Adamsons

Gedicht (wie das berühmteste Werk McGonagalls) von dem Zusammenbruch einer Brücke über den Tay. An dieser Stelle ist ein längeres Zitat angebracht:

»Zu dieser Zeit sahen wir vom Tay die Brück',
Oh, welch ein herrlich war das Anblick.
Eine Brück' so stattlich mit elf großen Bögen,
Den Süden und Norden sie vereint und beiden
Zugang sie gewährt, die Brück' aus Quadersteinen...

... und in dem Jahre dreiundsiebenzig
Zum erstenmal die Brücke neiget sich
Durch Bruch von dreien Bögen bei der Stadt,
Doch ward erneuert. Dann entzweiten sich
Fünf Bögen in dem Jahre zweiundachtzig.

Deshalb ich fasse Mut und hoff' zu sehn
Den Bau 'ner Brücke, mag die Zeit vergehn,
Die stattlich, fester gar und schöner noch
Und über alle Maßen groß und hoch:
Dies *Gallus* mir versichert hat,
Und mein *Genie* es weiß, denn in der Tat:
Was wir voraussehn, ist nicht übertrieben,
Sind Rosenkreuzes Brüder wir hinnieden;
Wir haben Maurerwort und Zweit' Gesicht,
Was künftig wird, zu sehn, ist unsre Pflicht;
Zu zeigen, welch Mysterium wir meinen,
CAROLUS REX – so fügt's sich, will uns scheinen...«[1]

Adamson und andere selbsternannte »Brüder des Rosenkreuzes« zögerten im Jahre 1638 also nicht, »Maurerwort und Zweit' Gesicht« für sich zu beanspruchen, und kein Freimaurer scheint je daran Anstoß genommen zu haben. Am Rande sei erwähnt, welcher Status Karl I. in dem Gedicht zugemessen wird.

Während der Dreißigjährige Krieg den Kontinent erschütterte, während ein katholischer Sieg den dortigen Protestantismus zu vernichten drohte, erschienen Britannien im allgemeinen und die Stuart-Monarchie im besonderen zunehmend als sichere Zufluchtsstätte. Friedrich, Kurfürst von der Pfalz, und seine Frau Elisabeth, die Tochter Jakobs I., wurden aus ihrer Heidelberger Residenz vertrieben und fanden Unterschlupf im Haag. Hier gründeten sie einen neuen rosenkreuzerischen Exilhof, zu dem deutsche Flüchtlinge strömten, um nach England weitergeleitet zu werden, wo der Vater – und dann der Bruder – ihrer Beschützerin ungefährdet zu herrschen schien.

Dann brach ein Bürgerkrieg in England aus, das Parlament wandte sich gegen die Monarchie, ein König wurde hingerichtet, und Cromwells grimmiges Protektorat entstand. Der Konflikt in England war zwar nicht so entsetzlich wie der Dreißigjährige Krieg auf dem Kontinent, doch er war traumatisch genug. Zwar blieb England von der Bedrohung einer neuerlichen katholischen Hegemonie verschont, aber es wurde einer anderen Art religiöser Kontrolle unterworfen, die unzweifelhaft noch intoleranter, kompromißloser und strikter war. In Werken wie *Das verlorene Paradies* konnte Milton sich verhüllten Neuplatonismus leisten (obwohl selbst er wiederholt mit dem Regime zusammenstieß), aber die Freimaurerei mit ihren heterodoxen religiösen, philosophischen und wissenschaftlichen Interessen hielt sich während des Protektorats wohlweislich im Hintergrund. Und das »Unsichtbare Kollegium« blieb unsichtbar.

Spätere Freimaurer betonen ständig, daß ihre Vorgänger von jeher auf politische Bindungen verzichtet hätten. Wir würden dagegenhalten, daß diese Einstellung späteren Datums ist, denn die Freimaurerei des 17. und weitgehend auch des 18. Jahrhunderts war politisch durchaus engagiert. Schließlich wurzelte sie in Familien und Zünften, die den Stuarts und der Stuart-Monarchie seit langem verpflichtet waren; und sie hatte sich unter Jakob I. – einem schottischen König, der selbst Freimaurer war – von Schottland nach England ausgebreitet. In den alten »Sinclair-Urkunden« wird die Patronage der Krone ausdrücklich hervorgehoben. Und ein Manuskript aus der Mitte des 17. Jahrhunderts enthält die Auflage an die Freimaurer, »daß Ihr dem König ohne Verrat oder Falschheit treu seid und daß Ihr von keinem Verrat oder keiner Falschheit erfahren werdet, ohne sie zu bereinigen oder dem König davon Mitteilung zu machen«[2]. Durch diese Verfügung waren die Freimaurer zur Loyalität der Monarchie gegenüber verpflichtet.

Das Fehlen lautstarker Sympathieerklärungen für die Stuarts

während der ersten drei Viertel des 17. Jahrhunderts ist schwerlich als Beweis für die politische Apathie, Gleichgültigkeit oder Neutralität der Freimaurer zu interpretieren. Vor dem Bürgerkrieg waren solche Erklärungen überflüssig: Der Anspruch der Stuarts auf den englischen Thron schien ungefährdet, und die Treue zu ihrer Dynastie war so selbstverständlich, daß man keine ausdrücklichen Deklarationen benötigte. Andererseits wäre jedes formelle Treuebekenntnis zu den Stuarts während des Protektorats äußerst gefährlich gewesen. Einzelpersonen konnten zwar ihre Loyalität zur Monarchie bekunden, solange sie die Autorität des Parlaments oder des Regimes nicht in Frage stellten, aber man darf kaum annehmen, daß Cromwell einem halbgeheimen Logensystem gestattet hätte, möglicherweise gegen ihn gerichtete politische Ansichten zu verbreiten. Die Freimaurerei wurde ohnehin bereits argwöhnisch betrachtet, weil sich ihre lockere, tolerante und eklektische Haltung stark vom nüchternen Puritanismus der Regierung abhob. Eine Sympathieerklärung für die Stuarts wäre institutionellem Selbstmord gleichgekommen, und einzelne Freimaurer hätten mit der Aufmerksamkeit der berüchtigten »Hexenriecher« rechnen müssen. Folglich verhielt sich die Freimaurerei während des Protektorats bewußt zurückhaltend. Hinter dem Schweigen blieben die früheren Bindungen erhalten, und es ist gewiß kein Zufall, daß die Freimaurerei im Jahre 1660, mit der Restauration der Stuarts und der Thronbesteigung Karls II., besonders hervortrat.

Obwohl die Freimaurer der Stuart-Monarchie treu blieben, schreckten sie nicht davor zurück, gegen Mißbräuche der Stuarts zu protestieren – wenn nötig, mit Waffengewalt. Im Jahre 1629 hatte Karl I. das Parlament aufgelöst. Aufgebracht über die Folgen der autokratischen Handlung des Königs, setzten die führenden Adligen, Geistlichen und Bürger Schottlands im Jahre 1638 den sogenannten »National Covenant« auf. Darin tadelte man die willkürliche Herrschaft des Monarchen und bekräftigte die legislativen Rechte des Parlaments. Die Unterzeichner gelobten, einander zu verteidigen, und begannen, eine Armee auszuheben. Eine besondere Rolle unter den »Covenanters« spielte der Earl of Rothes. Eine Eintragung vom 13. Oktober 1637 in seinem Tagebuch enthält den ersten bekannten Hinweis auf »das Maurerwort«[3].

Im August 1639 trat ein von den Covenanters kontrolliertes Parlament in Edinburgh zusammen. Empört über diese Herausforderung, mobilisierte Karl seine Armee und schickte sich an, gegen Schottland zu marschieren. Doch die schottische Armee, geführt von dem Earl of Montrose, kam ihm zuvor, marschierte nach Süden, besiegte eine englische Truppe und besetzte Newcastle im August 1640. Man schloß einen Waffenstillstand, doch die Schotten blieben bis Juni 1641, als der Friedensvertrag offiziell unterzeichnet wurde, in der Stadt.[4]

Vor dem Hintergrund der Ereignisse von 1641 fand etwas statt, was die Freimaurer selbst als einen Markstein ihrer Geschichte betrachten: das erste dokumentierte Aufnahmeritual auf englischem Boden. Am 20. Mai 1641 wurde Sir Robert Moray – »der Sehr Ehrenwerte Mr. Robert Moray, Generalquartiermeister der Armee von Schottland« – in oder bei Newcastle in die alte Mary's Chapel Lodge von Edinburgh aufgenommen.[5]

Dies bedeutet natürlich, daß die Loge und irgendein Logensystem bereits existierten und vollauf wirksam waren. General Alexander Hamilton, der Morays Aufnahme beiwohnte, war selbst im Vorjahr aufgenommen worden.[6] Nichtsdestoweniger wird Moray von späteren Kommentatoren häufig als »der erste richtige Freimaurer« bezeichnet. Wie auch immer, er war bedeutend genug, um die Aufmerksamkeit der Gelehrten zu erregen und die Freimaurerei immer stärker ins Rampenlicht rücken zu lassen.

Moray wurde zu Beginn des 17. Jahrhunderts als Sohn einer angesehenen Familie in Perthshire geboren und starb im Jahre 1673. Als junger Mann leistete er in Frankreich Militärdienst bei einer schottischen Einheit – vermutlich bei der damals neugegründeten Schottischen Garde – und stieg bis zum Rang eines Oberstleutnants auf. Im Jahre 1643 wurde er von Karl I. zum Ritter geschlagen; er kehrte nach Frankreich zurück, setzte seine militärische Karriere fort und wurde 1645 zum Oberst befördert. Im selben Jahr wurde er zum geheimen Bevollmächtigten ernannt, um einen Vertrag zwischen Frankreich und Schottland auszuhandeln, durch den der im Jahre 1642 abgesetzte Karl wieder auf den Thron gebracht werden sollte. Im Jahre 1646 war er an einem weiteren Plan beteiligt, der die Rettung des Königs aus parlamentarischem Gewahrsam bezweckte. Um 1647 heiratete er Sophia, die Tochter von David Lindsay, dem Lord Balcarres. Wie die Sinclairs, Setons und Montgomerys gehörten die Lindsays seit langem zu den schottischen Adelsfamilien, die eine esoterische Tradition pflegten. Lord Balcarres selbst war, wie man wußte, Hermetiker und praktizierender Alchimist. Seine Frau war die Tochter Alexander Setons aus dem Familienzweig Seton-Montgomery, der eine Schlüsselrolle in der späteren Freimaurerei spielen sollte. In diesen Kreis trat Moray durch seine Eheschließung ein – wobei allerdings anzumerken ist, daß seine Aufnahme in die Freimaurerei schon rund sechs Jahre früher erfolgt war.

Nach der Hinrichtung Karls I. kehrte Moray später wieder zu seiner militärischen und diplomatischen Karriere in Frankreich zurück. Er war ein enger Vertrauter des künftigen Karl II. und hatte unter dem exilierten »Monarchen im Wartestand« mehrere offizielle Ämter inne. Im Jahre 1654 waren Moray und sein Schwager Alexander Lindsay, der den Titel Lord Balcarres geerbt hatte, zusammen mit Karl in Paris. Dann, zwischen 1657 und 1660, hielt er sich im Exil in Maastricht auf, wo er sich hauptsächlich, wie er schrieb, »mit chemischen Arbeiten« beschäftigte.

Kurz nach der Restauration wurde Morays Bruder, Sir William Moray von Dreghorn, unter dem neueingesetzten König Werkmeister, das heißt Meister der »operativen« Steinmetzen. Moray selbst kehrte nach London zurück und übernahm eine Reihe richterlicher Ämter, allerdings ohne je eine Verhandlung zu führen. Im Jahre 1661 wurde er Schatzkanzler von Schottland und im Jahre 1663 Stellvertretender Minister des Landes. Im Laufe der nächsten sieben Jahre wurde Schottland praktisch allein von ihm, dem König und dem Herzog von Lauderdale regiert; gleichzeitig unterhielt Moray enge Beziehungen zu dem schottischen Zweig der Familie Hamilton. Er blieb bis zu seinem Tode einer der wichtigsten Berater des Königs. »Karl hatte großes Vertrauen zu ihm, und seine Ratschläge zielten stets auf Umsicht und Mäßigung.«[7] Der König besuchte ihn oft privat in seinem Labor in Whitehall und beschrieb ihn als »Oberhaupt seiner eigenen Kirche«[8]. Laut dem *Dictionary of National Biography* »wurden die Uneigennützigkeit und Würde seiner Ziele allgemein anerkannt. Ihm ging jeder Ehrgeiz ab, und er sagte sogar, daß er ›keine Neigung zu öffentlichen Ämtern habe.‹«[9]

Morays Zeitgenossen zufolge war er »ein berühmter Chemiker, ein großer Gönner der Rosenkreuzer und ein hervorragender Mathematiker«[10]. In dieser Eigenschaft sollte er der Nachwelt sein bleibendstes Erbe hinterlassen. Denn Moray war nicht nur einer der Gründer der Royal Society, sondern auch ihr lenkender Geist und, wie Huygens meinte, ihre »Seele«[11]. Mit Frances Yates' Worten: »Moray tat mehr als irgendein anderer, um die Gründung der Royal Society voranzutreiben und Charles II. zu überreden, sie durch seine Schirmherrschaft zu stützen.«[12]

Da so wenige Dokumente über die Freimaurerei des 17. Jahrhunderts erhalten sind, kann man nur von ihren prominenten Vertretern auf ihre Interessen, ihre Tätigkeit und ihre Orientierung schließen. Moray liefert einige Anhaltspunkte. Er war offenbar typisch für die Freimaurerei des 17. Jahrhunderts. Danach kann sie als Verschmelzung von Traditionen charakterisiert werden, die durch die Schottische Garde und adlige schottische Familien wie die Lindsays und Setons vertreten wurden. Hinzu kamen die Chemie oder Alchimie und das Rosenkreuzertum, die vom Kontinent auf die Britischen Inseln vordrangen, sowie das Spektrum wissenschaftlicher und philosophischer Interessen, die im »Unsichtbaren Kollegium« und danach in der Royal Society vorherrschten.

Man könnte natürlich einwenden, daß Moray eine Ausnahme und kein typischer Vertreter der Freimaurerei gewesen sei. Aber die damaligen Annalen der Freimaurerei verzeichnen eine andere wahrhaft herausragende Persönlichkeit, welche genau die gleiche Bandbreite von Interessen und Einflüssen erkennen läßt wie Moray. Diese Persönlichkeit, heute wohl in erster Linie wegen des nach ihr benannten Museums bekannt, war Elias Ashmole.

Ashmole wurde im Jahre 1617 in Lichfield geboren. Während des Bürgerkrieges war er auf royalistischer Seite aktiv; im Jahre 1644 zog er sich in seine Heimatstadt zurück, wo der abgesetzte Karl I. ihn zum Chef der Steuerbehörde ernannt hatte. Seine offiziellen Pflichten führten ihn häufig nach Oxford. Hier geriet er unter den Einfluß von Hauptmann (später Sir) George Wharton, der in ihm eine lebenslange Leidenschaft für die Alchimie und die Astrologie entfachte. Gegen 1646 bewegte sich Ashmole in den astrologischen Kreisen Londons, doch er unterhielt enge Kontakte zum »Unsichtbaren Kollegium«, das sich ab 1648 in Oxford traf. Damals gehörten ihm Robert Boyle, Christopher Wren und Dr. John Wilkins an (ein weiteres Gründungsmitglied der Royal Society).[13]

In Ashmoles Besitz befanden sich wenigstens fünf Originalmanuskripte John Dees, und im Jahre 1650 gab er eines von ihnen, eine Abhandlung über Alchimie, unter dem anagrammatischen Pseudonym James Hasolle heraus. Andere hermetische und alchimistische Werke, die sowohl Boyle als auch später Newton beeinflußten, schlossen sich an, während Ashmole selbst häufig in rosenkreuzerischen Kreisen verkehrte. Im Jahre 1656 erschien die englische Übersetzung eines wichtigen deutschen rosenkreuzerischen Textes mit der Widmung: »Für ... den einzigen Philosophen der heutigen Zeit: ... Elias Ashmole.«[14]

Karl II. war sehr stark an Alchimie interessiert, und Ashmoles Arbeit auf dem Gebiet hatte ihn beeindruckt. Gleich nach seiner Wiedereinsetzung berief der König Ashmole auf den Posten des Wappenherolds. Ashmoles Ansehen bei Hofe nahm ständig zu, und ihm wurden zahlreiche andere Ämter übertragen. Bald folgten auch internationale Auszeichnungen. Seit 1655 hatte er an seinem Hauptwerk, einer Geschichte des Hosenbandordens (die auch jede andere Rittereinrichtung im Westen berücksichtigte), gearbeitet. Dieses Werk, das immer noch als führend auf diesem Gebiet gilt, wurde im Jahre 1672 veröffentlicht und nicht nur in England, sondern auch im Ausland mit gewaltigem Beifall begrüßt. Im Jahre 1677 schenkte Ashmole der Universität Oxford eine umfangreiche Antiquitätensammlung, die er von einem Freund geerbt und seinerseits ergänzt hatte. Hochgeachtet starb Ashmole im Jahre 1692.

Ashmole wurde, wie er in seinem Tagebuch notiert, 1646, fünf Jahre nach Moray, in den Freimaurerbund aufgenommen.[15] Sechsunddreißig Jahre später ist in Ashmoles Tagebuch ein weiteres Logentreffen verzeichnet, diesmal in der Londoner Masons' Hall. Unter den Anwesenden finden wir eine Reihe prominenter Vertreter der Finanzwelt.[16] Ashmoles Tagebuch liefert mithin mehrere Anhaltspunkte: für seine eigene Bindung an die Freimaurerei über sechsunddreißig Jahre hinweg, für die Verbreitung der Freimaurerei in ganz England und für das Format der Männer, die ihr in den achtziger Jahren des 17. Jahrhunderts angehörten.

Frances Yates unterstreicht: »Die beiden Menschen, von denen zuerst erwähnt wird, daß sie Freimaurer waren ..., waren beide Gründungsmitglieder der Royal Society.«[17] Wie Moray war Ashmole in der Tat einer der Gründer der Royal Society. Und wie der erstere war er während des Bürgerkrieges und unter Cromwells Protektorat ein leidenschaftlicher Royalist, der die Restauration der Stuart-Monarchie anstrebte. Ashmole zeigte ein viel offenkundigeres Interesse an Rittertum und Ritterorden als Moray. In seiner Geschichte des Hosenbandordens widmet er sich auch den Templern. Er war der erste Autor, der sich seit der Unterdrückung des Ordens positiv über ihn äußerte. Ashmole bietet uns Aufschluß über die Einstellung, welche die Freimaurer und Rosenkreuzer des 17. Jahrhunderts den Templern gegenüber gehabt haben müssen. Mehr noch, mit Ashmole beginnt die »Rehabilitierung« der Templer – jedenfalls, was die allgemeine Öffentlichkeit betrifft. Aber Ashmole stand mit seiner Meinung nicht allein.

Im Jahre 1533 veröffentlichte der deutsche Magier, Philosoph und Alchimist Heinrich Cornelius Agrippa von Nettesheim sein berühmtes Werk *De occulta philosophia*. Diese Arbeit ist einer der Marksteine der esoterischen Literatur, und sie festigte seinen Ruf als größter Magier seines Zeitalters (in höherem Grade als Faust war Agrippa der Prototyp für die Hauptfigur in Marlowes Theaterstück und in Goethes dramatischem Gedicht). Agrippa erwähnt die Templer beiläufig in seiner lateinischen Originalausgabe. Seine Kommentare spiegeln das wider, was die vorherrschende Ansicht der damaligen Zeit über »die abscheuliche Ketzerei der Templer« war.[18]

Im Jahre 1651 kam die erste englische Übersetzung von Agrippas Werk heraus. Sie enthielt ein kurzes Lobgedicht von dem Alchimisten und Naturphilosophen Thomas Vaughan (einem Freund und Schüler Morays) und wurde in einem Buchladen im Kirchhof der St. Paul's Cathedral verkauft. Agrippas Hinweis auf die Templer umfaßte im Originaltext nur wenige Worte. Trotzdem war der anonyme englische Übersetzer hinreichend gekränkt oder bestürzt, um die Bemerkung zu ändern. In der englischen Ausgabe ist deshalb nicht von der »abscheulichen Ketzerei der Templer«, sondern »alter Kirchenmänner« die Rede.[19] Mithin war die »Rehabilitierung« der Templer 1651, zwei Jahre nach dem Tod Karls I., bereits im Gange. Es gab in England Interessengruppen, verkörpert durch den Übersetzer von Agrippas Werk und wohl auch durch seine voraussichtlichen Leser, die keine Verunglimpfung der Templer dulden wollten – nicht einmal eine beiläufige Schmähung durch eine so erhabene Gestalt wie den Erzmagier von Nettesheim.

Die Restauration der Stuarts und die Freimaurerei

Während Moray der lenkende Geist und die »Seele« der Royal Society war, muß Dr. John Wilkins als ihre treibende Kraft und ihr Organisationsgenie angesehen werden. Wilkins hatte enge Kontakte zu dem rosenkreuzerischen Hof Friedrichs, des Kurfürsten von der Pfalz, und Elisabeth Stuarts. Später diente er ihrem Sohn, der zur Ausbildung nach England geschickt wurde, als Hausgeistlicher. Schließlich wurde Wilkins Bischof von Chester, und im Jahre 1648 publizierte er sein bedeutendstes Werk, *Mathematicall Magick,* das sich stark auf die Arbeiten Robert Fludds und John Dees stützte (beide wurden im Vorwort hoch gelobt). Im selben Jahr begann Wilkins, die Sitzungen in Oxford einzuberufen, von denen die Royal Society ihre Ursprünge herleitet. In Oxford lernte Ashmole, wie wir gehört haben, die Gruppe kennen.

Die Treffen in Oxford dauerten elf Jahre lang an, bis sie 1659 nach London verlegt wurden. Nach der Restauration im Jahre 1660 bat Moray den Monarchen um königliche Förderung. So kam es 1661 zur Gründung der Royal Society; der König war offizieller Schirmherr und gleichzeitig Mitglied der Gesellschaft. Moray fungierte als ihr erster Präsident. Unter den anderen Gründungsmitgliedern waren Ashmole, Wilkins, Boyle, Wren, der Tagebuchautor John Evelyn und zwei sehr bedeutende, aus Deutschland geflüchtete Rosenkreuzer: Samuel Hartlib und Theodor Haak. Im Jahre 1672 trat Isaac Newton der Organisation bei; er wurde 1703 zum Präsidenten gewählt und hatte dieses Amt bis zu seinem Tode im Jahre 1727 inne.

Während Newtons Präsidentschaft und unmittelbar im Anschluß daran war die Überschneidung zwischen der Royal Society und der Freimaurerei besonders ausgeprägt. Damals zählte die Royal Society den berühmten Chevalier Ramsay, der in unserer Geschichte bald eine wesentliche Rolle spielen wird, zu ihren Mitgliedern. Auch James Hamilton, Lord Paisley und Siebter Earl of Abercorn – er war Mitautor der gefeierten *Treatise on Harmony* und Großmeister der englischen Freimaurer – sowie vor allem John Desaguliers, ein enger Freund Newtons, gehörten dazu. Desaguliers wurde im Jahre 1714 Mitglied und später Kustos der Gesellschaft; im Jahre 1719 stieg er zum dritten Großmeister der englischen Großloge auf und blieb im Laufe der nächsten zwanzig Jahre eine der überragenden Gestalten der englischen Freimaurerei. 1731 nahm er Franz, den Herzog von Lothringen und späteren Gatten von Kaiserin Maria Theresia, in die Loge auf; 1737 leitete er die Initiation Friedrichs, des Prinzen von Wales, dem er als Hofgeistlicher diente.[20]

Aber die Royal Society war in den Jahren nach der Restauration nur einer von mehreren Kanälen für die Freimaurerei. Die freimaurerischen Aktivitäten umfaßten Wissenschaft, allgemeine Philosophie, Mathematik und Geometrie, hermetische Lehre, Neuplatonismus und Rosenkreuzertum. Die gleichen Interessen beherrschen das Werk einiger der einflußreichsten literarischen Gestalten jener Epoche, etwa der Zwillingsbrüder Thomas und Henry Vaughan oder der sogenannten »Platoniker von Cambridge«, Henry More und Ralph Cudworth. Es gibt keine Belege dafür, daß diese Autoren von Logen aufgenommen worden wären, aber sie hätten die Orientierung der Freimaurerei nicht präziser beschreiben können. Zu Henry Mores Zirkel gehörte auch der angesehene Arzt, Wissenschaftler und Alchimist van Helmont. Und Thomas Vaughan, als Alchimist und Naturphilosoph bekannt, wurde zum Schüler und persönlichen Freund Sir Robert Morays.

Während des Bürgerkrieges hatten Vaughan und sein Bruder auf royalistischer Seite gekämpft. Thomas Vaughan hatte zur Zeit von Cromwells Protektorat unter dem Pseudonym Eugenius Philalethes eine Reihe esoterischer und hermetischer europäischer Werke übersetzt, darunter die berühmten »Rosenkreuzer-Traktate«. Vaughans enge Beziehung zu Moray läßt vermuten, daß er, auch wenn er selbst kein Freimaurer war, mit den Grundzügen der freimaurerischen Ideen vertraut gewesen ist. Sein Bruder Henry, der sich als beredterer Schriftsteller erwies, teilte seine Interessen und faßte in seiner Dichtung die Strömungen und Einflüsse der Freimaurerei des 17. Jahrhunderts zusammen.

Während More und die Brüder Vaughan ein bleibendes literarisches Vermächtnis hinterließen, ist das eindrucksvollste Monument der Freimaurerei des 17. Jahrhunderts noch heute in der Londoner Architektur zu finden. Im Jahre 1666 legte das Große Feuer achtzig Prozent der Stadt, darunter siebenundachtzig Kirchen, in Schutt und Asche, wodurch praktisch ein völliger Wiederaufbau Londons nötig wurde. Dies führte zu gewaltigen Bemühungen der »operativen« Steinmetzzünfte. Die »operative« Maurerei trat jäh ins Rampenlicht, und ihre Kunst fand in Gebäuden wie St. Paul's Cathedral, St. James's, Piccadilly und der Royal Exchange majestätischen Ausdruck. Während die neue Stadt vor den Augen der Bevölkerung Gestalt annahm, wurde ihren Architekten und Bauleuten ein bis dahin beispielloses Ansehen zuteil, und vieles davon färbte auch auf die Anhänger der »spekulativen« Freimaurerei ab, die nicht zögerten, die Verwandtschaft mit ihren »operativen« Brüdern zu betonen. In diesem Rahmen spielte Sir Christopher Wren die bedeutendste Rolle. Wren war ein ständiger Besucher des »Unsichtbaren Kollegiums«, das in Oxford zusammenkam, und er wurde später zu einem Gründungsmitglied der Royal Society. Es heißt, er sei im Jahre 1685 Großmeister der Freimaurerei in England geworden.[21] Dadurch, daß Wren nicht nur ein Denker, sondern auch ein praktizierender Architekt war, bildete er das vielleicht entscheidende Bindeglied zwischen der »spekulativen« Freimaurerei und den »operativen« Zünften.

Unmittelbar nach der Restauration übte die Freimaurerei auf die Philosophie und Religion, auf die Künste und Wissenschaften und – am deutlichsten – auf die Architektur einen entscheidenden Einfluß aus. Man könnte sogar sagen, daß sie durch ihre zunehmende Verbreitung und ihren immer öffentlicher werdenden Charakter viel dazu beitrug, die Wunden des Bürgerkrieges zu heilen.

Trotzdem fehlte es ihr natürlich nicht an Kritikern. Zum Beispiel druckte *Poor Robin's Intelligence*, ein kurzlebiges satirisches Blatt, im Jahre 1676 folgende fingierte Anzeige: »Hiermit wird bekanntgegeben, daß die Moderne Grünband-Kabale, die Alte Bruderschaft des Rosenkreuzes, die Hermetischen Adepti und die Gesellschaft Akzeptierter Maurer alle beabsichtigen, am nächsten 31. November gemeinsam im ›Flying Bull‹ in der Windmill Crown Street zu dinieren.«[22]

Aber humoristische Pamphlete dieser Art konnten der Freimaurerei kaum Schaden zufügen. Ihre Wirkung war vielleicht mit der heutiger Klatschspalten zu vergleichen, die das öffentliche Interesse wecken und den Ruf derjenigen, die sie verunglimpfen, eher heben. Dies galt gleichermaßen für die Arbeit von Dr. Robert Plot, dem Kustos des Ashmolean-Museums in Oxford, der im Jahre 1686 seine *Natural History of Staffordshire* veröffentlichte. Plot beabsichtigte, die Freimaurerei zu verhöhnen, wenn nicht gar zu verurteilen. Statt dessen lieferte er ihr genau die Art Werbung, die ihrer Anziehungskraft förderlich war. Gleichzeitig hinterließ er der Nachwelt nicht nur wertvolles Quellenmaterial, sondern auch ein Zeugnis dafür, wie einflußreich die Institution geworden war:

»Diesen füge man die *Grafschaft* betreffenden *Bräuche* zu, von denen einer, nämlich die Aufnahme von Männern in die *Gesellschaft von Freimaurern,* im *Moorland* der *Grafschaft* begehrter zu sein scheint als anderswo, wiewohl ich den *Brauch* mehr oder weniger über die ganze *Nation* ausgebreitet finde, denn hier entdeckte ich Personen von allerhöchster Qualität, die sich nicht scheuten, zu dieser *Gemeinschaft* zu gehören. Und sie brauchten sich auch nicht zu scheuen, wäre die Gesellschaft von jenem *Alter* und jener *Ehre,* die in einer großen *Pergamentrolle,* welche die *Geschichte* und *Regeln* des Handwerks der Maurerei enthält, beansprucht werden. Welche nicht nur von *heiliger Schrift,* sondern auch von *profaner Darstellung* abgeleitet wird, vornehmlich, daß sie von dem *heiligen Amphibalus* nach *England* gebracht und zuerst dem *heiligen Alban* übergeben worden sei, der den *Lohn* der *Maurerei* festlegte und zum Zahlmeister und Verwalter der *königlichen* Arbeiter gemacht wurde und ihnen *Lohn* und *Gebräuche* gab, wie der *heilige Amphibalus* es ihn gelehrt hatte. Welches danach von König *Athelstan* bestätigt wurde, dessen jüngster Sohn *Edwin* die Maurerei sehr liebte, den *Lohn* auf sich nahm und die *Gebräuche* erlernte und von seinem Vater für sie einen *Freibrief* erlangte. Woraufhin er sie hieß, sich in *York* zu versammeln und all die alten *Bücher* ihres *Handwerks* mitzubringen, und daraus verfügten sie solche *Löhne* und *Gebräuche*, wie sie es damals für angemessen hielten; welche *Löhne* in der genannten *Schrift-* oder *Pergamentrolle* teilweise erklärt sind: Und so wurde das *Handwerk* der *Maurerei* in *England* begründet und bestätigt. Auch wird dort erklärt, daß diese *Löhne* und *Gebräuche* hernach von König *Heinrich VI.* und seinem *Rat* geprüft und gebilligt worden seien, sowohl was *Meister* als auch *Gesellen* dieses sehr ehrenwerten *Handwerks* anging.«[23]

Im weiteren beschreibt Dr. Plot ausführlich, was er über freimaurerische Rituale, Logentreffen und Aufnahmeverfahren sowie über die Integrität weiß, mit der »operative« Steinmetzen ihre Arbeit ausführen. Ganz am Ende seiner Darstellung, in einem Teil eines ungeheuer verwickelten Satzes, geht er zum Angriff über: »Aber sie haben einige andere [Praktiken] (auf die sie gewissermaßen *eingeschworen* sind), die keiner kennt außer ihnen selbst und die, wie ich Grund zu vermuten habe, vielleicht sogar schlimmer sind als diese *Geschichte* des *Handwerks* selbst; und nichts, dem ich je begegnet bin, ist übler oder widerspruchsvoller.«

Es ist ein lahmer Angriff. Die meisten von Plots Lesern ignorierten seine Schlußattacke (oder drangen überhaupt nicht zu ihr vor) und erwärmten sich statt dessen für alles Vorhergegangene: die alte und illustre Ahnentafel, welche die Freimaurerei für sich beanspruchte, die Mitgliedschaft von »Männern von allerhöchster Qualität«, die Vorzüge der Mitgliedschaft, die gegenseitige Unterstützung, die wohltätige Arbeit, das Ansehen von Bauhandwerk und Architektur. Nach alldem mußte der Tadel am Ende wie bloße Gereiztheit und möglicherweise wie Ärger über die eigene Ablehnung durch die Freimaurer wirken.

Die Freimaurerei erlebte, wie wir ausgeführt haben, zwischen 1660 und 1688 eine Art Goldenes Zeitalter. Sie hatte sich bereits – vielleicht sogar wirksamer als die Anglikanische Kirche – als eine große einigende Kraft in der englischen Gesellschaft etabliert und begonnen, ein »demokratisches« Forum zu schaffen, wo »König und Bürger«, Aristokraten und Handwerker, Intellektuelle und Arbeiter zusammenkommen und im Sanktuarium der Loge miteinander sprechen konnten. Aber diese Situation sollte nicht andauern. Innerhalb eines Vierteljahrhunderts erlitt die Freimaurerei die gleichen traumatischen Spaltungen wie die englische Gesellschaft selbst.

3.2 VICOMTE DUNDEE

Um 1661 konvertierte Jakob, Herzog von York, der jüngere Bruder Karls II., zum Katholizismus. Er tat es ohne großes Aufsehen, so daß keine heftigen Einwände laut wurden. Aber im Jahre 1685 starb Karl II., und sein Bruder bestieg als Jakob II. den Thron. Der neue Monarch begann sofort, um Anhänger für seine Religion zu werben. Den Jesuiten wurden Vergünstigungen gewährt, und hohen Amtsträgern wurde Geld geboten, wenn sie konvertierten. Katholische Kandidaten rückten in die zivilen, richterlichen und militärischen Behörden nach. Zudem konnte Jakob als Oberhaupt der Kirche von England prokatholische Bischöfe ernennen oder bischöfliche Stühle unbesetzt lassen.

Jakob hatte zwei Töchter, Maria und Anna, die beide protestantisch erzogen worden waren. Man nahm allgemein an, daß eine von ihnen seine Nachfolge antreten und England wieder einen protestantischen Souverän haben würde. Deshalb wurde Jakobs Katholizismus als Übergangserscheinung geduldet – abstoßend, doch immerhin besser als die traumatischen Umwälzungen, die sich vierzig Jahre zuvor ereignet hatten.

Doch im Jahre 1688 bekam Jakob einen Sohn, der nach dem Erbfolgerecht Vorrang vor seinen Schwestern hatte. Damit war England mit der Aussicht auf eine katholische Dynastie konfrontiert. Außerdem hatte Ludwig XIV. von Frankreich drei Jahre zuvor das Edikt von Nantes aufgehoben, durch das den Protestanten Religionsfreiheit garantiert worden war. Nachdem man die französischen Protestanten fast ein Jahrhundert lang in Frieden gelassen hatte, waren sie nun plötzlich wieder Verfolgungen und Deportationen ausgesetzt. Die englischen Protestanten, die ein ähnliches Schicksal fürchteten, sahen sich zum Widerstand getrieben.

Die Spannung zwischen dem Parlament und dem König verstärkte sich. Dann forderte Jakob, daß die anglikanischen Geistlichen eine Toleranzerklärung gegenüber Katholiken und anderen Dissidenten verlasen. Sieben Bischöfe weigerten sich. Sie wurden wegen Ungehorsams einem königlichen Erlaß gegenüber vor Gericht gestellt, doch freigesprochen, was eine offensichtliche Mißachtung der königlichen Autorität war. Am selben Tag bot das Parlament Jakobs gegen die katholische Kirche eingestellter Tochter Maria und ihrem Gatten Wilhelm, Prinz von Oranien, den Thron an. Der holländische Prinz nahm das Angebot an und landete am 5. November 1688 in Torbay, um neuer König von England zu werden.

Die Befürchtungen, daß ein weiterer heftiger Bürgerkrieg auf englischem Boden ausbrechen könne, erwiesen sich zum Glück als unbegründet. Jakob entschied sich, nicht zu kämpfen, und ging am 23. November nach Frankreich ins Exil. Doch im März 1689 landete er mit französischen Soldaten und militärischen Beratern in Irland. Hier berief er sein eigenes Parlament ein und stellte aus seinen irischen katholischen Untertanen eine Armee auf, die von Richard Talbot, Earl of Tyrconnell, befehligt wurde.

Es folgten sporadische Kämpfe. Am 19. April wurde Londonderry von Jakobs katholischen Truppen belagert, hielt sich jedoch bis zu seiner Entsetzung am 30. Juli. Erst ein Jahr später trafen die Heere Wilhelms und Jakobs in offener Feldschlacht aufeinander. Am 1. Juli 1690 wurde Jakob an der Boyne vernichtend geschlagen und ging ins ständige Exil nach Frankreich. Seine Anhänger setzten den Konflikt ein weiteres Jahr lang fort, bis sie am 12. Juli 1691 in der Schlacht von Aughrim erneut besiegt wurden. Die zersplitterten katholischen Streitkräfte zogen sich nach Limerick zurück, wo sie belagert wurden und am 3. Oktober schließlich kapitulierten. So endete die englische »Glorreiche Revolution« und mit ihr die Herrschaft des Hauses Stuart. Während der Ereignisse, die ihn den Thron kosteten, hatte Jakob, wie es ein Historiker formulierte, »politische Unfähigkeit von fast heroischem Ausmaß bewiesen«[1].

Die »Revolution« von 1688 war recht zivilisiert verlaufen. Strenggenommen handelte es sich gar nicht um eine »Revolution«, sondern um einen Staatsstreich, und zwar um einen unblutigen, zumindest soweit England betroffen war. Trotzdem spaltete sie die britische Gesellschaft nicht weniger heftig, als es der Bürgerkrieg ein Jahrhundert zuvor getan hatte. Zum zweitenmal in weniger als fünfzig Jahren war ein Stuart-Monarch abgesetzt worden, und viele in England waren der Meinung, daß das Haus Stuart ungeachtet einzelner Vergehen eine Legitimität, eine heimische Ahnentafel, einen »britischen Charakter« besitze, der dem holländischen Haus Oranien (das noch ein Vierteljahrhundert zuvor der Erzfeind Britanniens gewesen war) fehle. In Schottland überwog die Treue zu dem alten Herrscherhaus letztlich alle religiösen Bindungen, und in Irland hatte Jakob sich durch seinen Übertritt zum Katholizismus bei der Bevölkerung besonders beliebt gemacht. Die in der englischen Gesellschaft entstandenen Risse zogen sich auch quer durch die adligen schottischen Familien, die im Rahmen unserer Darstellung eine so wichtige Rolle spielen. Zum Beispiel kämpften bei der Belagerung von Londonderry Angehörige der Familie Hamilton auf beiden Seiten. Lord James Sinclair blieb »der Krone treu«, gleichgültig, von wem sie getragen wurde, während sein Bruder im Gefängnis saß und sein Sohn, ein Offizier der Schottischen Garde, in der Schlacht an der Boyne fiel.

In Schottland wurde die Sache der Stuarts hauptsächlich von John Grahame von Claverhouse verfochten, den Jakob II. im Jahre 1688 zum Ersten Vicomte Dundee ernannt hatte. Wie viele andere adlige schottische Häuser konnten die Grahames von Claverhouse eine Blutsverwandtschaft mit den Stuarts und folglich die Abstammung von Bruce für sich beanspruchen, denn im Jahre 1413 hatte Sir William Grahame die Schwester Jakobs I., die Urenkelin von Marjorie Bruce und Walter dem Stewart, geheiratet. Später hatte ein Familienangehöriger die Schwester von Kardinal Beaton geehelicht, dem Erzverschwörer für die Interessen der Häuser Guise und Lothringen. Doch im allgemeinen war die Familiengeschichte recht obskur – »ein Verzeichnis von unbedeutenden Menschen, ausgestattet mit einer gewissen Tüchtigkeit«[2].

John Grahame von Claverhouse, Vicomte Dundee, wurde im Jahre 1648 geboren. Er war ein gebildeter Mann und hatte die Universität St. Andrews im Jahre 1661 als Magister der freien Künste abgeschlossen. Danach sollte er sowohl Karl II. als auch Jakob II. dienen. Zwischen 1672 und 1674 ging er als Freiwilliger nach Frankreich, wo er dem Herzog von Monmouth und John Churchill, dem späteren Herzog von Marlborough, unterstand. Im Jahre 1683 war er am Hofe Karls und zwei Jahre später am Hofe Jakobs in England. 1684 bedachte der letztere ihn mit dem Anwesen Dudhope Castle, und er heiratete Lady Jean Cochrane, die Tochter von Lord

William Cochrane, einem prominenten Freimaurer. Im Jahre 1686 wurde er zum Generalmajor der Kavallerie befördert. Zu seinen engsten Freunden gehörte Colin Lindsay, Dritter Earl of Balcarres, der Enkel des Alchimisten.

Im April 1689, gerade als katholische Heere Londonderry belagerten, pflanzte Claverhouse, der in Schottland Streitkräfte für die Stuarts aufgestellt hatte, die Standarte König Jakobs in Dundee auf. Am 27. Juli trafen seine Truppen am Paß von Killiecrankie, rund fünfzig Kilometer von Perth, auf die Soldaten von Wilhelms Anhänger, Generalmajor Hugh Mackay. Es kam zunächst zu langwierigen Manövern, aber als die Schlacht endlich begann, dauerte sie nur ungefähr drei Minuten. Mackays Soldaten konnten nur eine einzige Salve abfeuern, bevor sie von Claverhouse' Ansturm überwältigt wurden. Genau in dem Moment, als sich die feindliche Front auflöste, stürzte Claverhouse, der an der Spitze seiner siegreichen Männer galoppierte, vom Pferd. Ein Schuß hatte ihn ins links Auge getroffen. – Die Szene erinnerte auf seltsame Weise an den Lanzenstoß, mit dem Gabriel de Montgomery mehr als ein Jahrhundert zuvor Heinrich II. von Frankreich getötet hatte. Mit dem Tode von Claverhouse war die Sache der Stuarts in Schottland ihres Führers beraubt worden. Das Heer zog unschlüssig weiter nach Dunkeld, wo es geschlagen wurde. Im Mai des folgenden Jahres setzte eine zweite Niederlage bei Cromdale dem organisierten Widerstand in Schottland ein Ende – jedenfalls eine Generation lang.

Einem Historiker zufolge »gibt es eine hartnäckige Überlieferung, daß Dundee bei Killiecrankie einem Verrat zum Opfer gefallen sei«[3]. Tatsächlich deutet einiges darauf hin, daß Claverhouse nicht »in der Schlacht« starb, sondern im Auftrag König Wilhelms im Kampfgetümmel von zwei Männern ermordet wurde, die seinen Stab unterwandert hatten. Dies allein wäre nicht besonders ungewöhnlich gewesen. Im Gegenteil, es hätte mehr oder weniger den damaligen Bräuchen entsprochen, einen gefährlichen Feind umbringen zu lassen. Für uns ist nicht wesentlich, ob Claverhouse im Kampf oder durch Mörderhand starb, sondern für uns ist die Mitteilung entscheidend, an der Leiche sei ein Templerkreuz gefunden worden.

Meister der schottischen Templer?

Der esoterische Historiker A. E. Waite schreibt: »Es heißt, daß ... Dom Calmet drei wichtigen Erklärungen durch seine Autorität Nachdruck verliehen habe: 1. daß John Claverhouse, Vicomte Dundee, Großmeister des ORDENS DER TEMPLER in Schottland gewesen sei; 2. daß er, als er am 27. Juli 1689 bei Killiecrankie fiel, das Großkreuz des Ordens getragen habe; 3. daß dieses Kreuz von seinem Bruder an Calmet weitergegeben worden sei. Wenn diese Geschichte stimmt, haben wir es unmittelbar mit einem Überleben oder einer Wiederherstellung der Templer zu tun ... Wir wissen, daß es überall an Beweisen für die Fortführung des alten Templerordens im Zusammenhang mit der Freimaurerei fehlt und daß die entsprechenden Legenden alle Spuren von Fälschungen aufweisen ... Aber wenn ein Großkreuz des Tempels tatsächlich und nachweisbar am Körper von Vicomte Dundee gefunden wurde, ist gewiß, daß der ORDEN DES TEMPELS bis zum Jahre 1689 überlebt hat oder wiederbelebt worden ist.«[4]

Waite brachte diese Worte im Jahre 1921 zu Papier, bevor ein großer Teil der von uns geschilderten Indizien zugänglich war. Zum Beispiel wußte Waite nicht, daß die Templertraditionen möglicherweise von der Schottischen Garde gehütet wurden. Auch war er nicht über das komplizierte Netz von Familienbeziehungen unterrichtet, durch das die Traditionen bewahrt worden sein könnten. Trotzdem stimmt der Tenor seiner Aussage. Wenn Claverhouse wirklich ein Templerkreuz trug, das aus der Zeit vor 1307 stammte, so wäre dies ein eindrucksvoller Beweis dafür, daß der Orden 1689 in Schottland immer noch wirkte oder neu gegründet worden war. Leider gibt Waite keine Quelle für seine Darstellung an. Nach ihr muß man an anderer Stelle suchen.

Im Jahre 1920 war folgender Hinweis in der Zeitschrift der Gesellschaft Quator Coronati, der bedeutendsten freimaurerischen Forschungsloge im Vereinigten Königreich, erschienen: »Im Jahre 1689 ... verlor Lord Dundee als Führer der schottischen Stuart-Partei sein Leben in der Schlacht von Killiecrankie. Laut Aussage des Abbé Calmet soll er der Großmeister des Templerordens in Schottland gewesen sein.«[5] Schon im Jahre 1872 hatte John Yarker, der die Freimaurerei erforschte, geschrieben, »daß Lord Mar 1715 Großmeister der schottischen Templer war, in der Nachfolge von Vicomte

Dundee, der 1689 bei Killiecrankie getötet wurde, wobei er das Kreuz des Ordens trug, wie uns Dom Calmet mitteilt«[6].

Die gleiche Geschichte war bereits 1843 in einer Broschüre veröffentlicht worden, deren Autor anonym ist, aber es könnte sich um den schottischen Dichter und Gelehrten W.E. Aytoun gehandelt haben: »Wir entnehmen der Aussage des Abbé Calmet, daß er von David Grahame, Titular-Vicomte von Dundee, das Großkreuz des Ordens empfangen hat, welches dessen tapferer und unglücklicher Bruder in der Schlacht von Killiecrankie trug. ›Il étoit‹, sagt der Abbé, ›Grand Maître de l'ordre des Templiers en Ecosse.‹«[7]

Damit stehen wir vor drei wichtigen Fragen: Wer war Lord Mar, laut Yarker der Nachfolger von Claverhouse als Großmeister der schottischen Templer? Wer war Abbé Calmet, der offenbar entscheidende Gewährsmann der Geschichte? Wer war Claverhouse' schwer faßbarer Bruder David, der das Kreuz angeblich von dem toten Vicomte an den französischen Abbé weitergab?

John Erskine, Earl of Mar, war ein bekannter Jakobitenführer. Er erhielt den Grafentitel 1689, im Jahr von Killiecrankie. Anfänglich kämpfte er gegen die Sache der Stuarts und arbeitete noch 1705 als Minister Schottlands für die Krone. Im Laufe der nächsten zehn Jahre wechselte er so häufig das Lager, daß man ihm den Spitznamen »Bobbing John« (Hüpfender John) verlieh. Doch im Jahre 1715 hatte er sich endgültig für die exilierten Stuarts entschieden und spielte eine wichtige Rolle in der für sie angezettelten Rebellion. Nach der Unterdrückung des Aufstands verlor er seine Güter und ging mit Jakob II. ins römische Exil. Im Jahre 1721 wurde er zum »Jakobitischen Minister am französischen Hof« ernannt, das heißt zum Botschafter der Stuarts in Frankreich. In Paris schloß er Freundschaft mit Chevalier Ramsay, einem der Hauptpropagandisten der Freimaurerei im 18. Jahrhundert.

Dom Augustin Calmet war einer der berühmtesten und angesehensten Gelehrten und Historiker seiner Zeit; er war vor allem für seine vielseitige Beherrschung von Fremdsprachen bekannt. 1672 geboren, wurde er im Jahre 1688 Benediktinermönch. Im Jahre 1704 hatte er einen wichtigen Posten in der Abtei von Munster am französischen Rheinufer inne. 1718 wurde er Abt von St. Léopold in Nancy und 1728 Abt von Senones, wo er im Jahre 1757 starb. Er hinterließ ein umfangreiches Werk, darunter Kommentare zu allen Büchern des Alten und Neuen Testaments, eine gewaltige Geschichte der Bibel, eine Geschichte der Kirche in Lothringen, eine Einführung zu der hochgeachteten *Histoire ecclesiastique* Kardinal Fleurys und – als ausgefallene Abweichung von so erhabenen Unternehmungen – einen Standardtext über Vampire. Aus Calmets veröffentlichten Briefen geht hervor, daß er zwischen Mai 1706 und Juli 1715 in Paris wohnte und sich vorwiegend in Kreisen jakobitischer Exilanten bewegte.[8]

David Grahame, der jüngere Bruder von Claverhouse, ist entschieden schwerer aufzuspüren. Man weiß, daß er bei Killiecrankie kämpfte und die Schlacht überlebte, um dann drei Monate später gefangengenommen zu werden. Aber im Jahre 1690 gelang ihm die Flucht, und er tauchte in Frankreich auf, wo Jakob II. ihm den früher von seinem Bruder getragenen Titel gewährte. Als Vicomte Dundee steht er in einem Regimentsverzeichnis der Schottischen Brigade, die im Juni 1692 unter den Generalmajoren Buchan und Canon in Dünkirchen diente. Unter den anderen Offizieren in diesem Verzeichnis befinden sich Sir Alexander M'Lane, der Vater von Sir Hector Maclean; John Fleming, Sechster Earl of Wigtoun; James Galloway, Dritter Baron Dunkeld; und James Seton, Vierter Earl of Dunfermline. Der letztere hatte Claverhouse besonders nahegestanden, dessen Kavallerie bei Killiecrankie befehligt und zu der Gruppe gehört, welche die Leiche des Oberbefehlshabers heimlich vom Schlachtfeld entfernte und möglicherweise bestattete.

David Grahame erscheint in einem weiteren französischen Heeresverzeichnis von 1693. Der letzte bekannte Hinweis auf ihn findet sich in einem antijakobitischen Pamphlet, das 1696 in London veröffentlicht wurde. Dieser Schrift zufolge hatten Grahame und andere prominente Exilanten hohe Posten in der französischen Armee erhalten. Danach verschwindet David Grahame einfach von der Bildfläche. »Dies ist seltsam«, bemerkt ein Historiker, »denn als Dritter Vicomte Dundee muß er eine einflußreiche Person gewesen sein.«[9]

Wir nahmen mit dem Historischen Dienst der französischen Armee Verbindung auf und erhielten eine Mitteilung von General Robert Bassac, der keinen David Grahame entdecken konnte. Allerdings fand er »einen gewissen Vicomte Graham von Dundee als Offizier im Regiment D'Oilvy [das heißt Ogilvie, Earl of Airlie] im Jahre 1747. Dieses Regiment war von David, Comte d'Airley, aus den Resten des bei Culloden besiegten Korps gebildet worden. Vielleicht war er ein Sohn oder Neffe.«[10]

Die 1692 in Dünkirchen stationierte Schottische Brigade könnte einen zusätzlichen Anhaltspunkt für David Grahames Schicksal liefern. Im Mai jenes Jahres »baten die schottischen Offiziere König Jakob untertänigst, sie zu einer Kompanie von Privatwächtern zu machen, und wählten unter sich Offiziere zu ihrer eigenen Befehligung; denn sie waren der Meinung, daß König Jakobs Restauration durch den Verlust der französischen Flotte um einige Zeit verzögert werden würde und daß sie dem König von Frankreich zur Last fielen, wenn sie bei vollem Sold und ohne jede Pflicht in Garnisonen lägen«[11].

Die Einheit wurde der Bitte gemäß umgebildet. Ihr Offiziersverzeichnis enthielt zwei Ramsays, zwei Sinclairs, zwei Montgomerys und einen Hamilton. Sie wurde anfangs in den Süden Frankreichs, dann, im Jahre 1693, ins Elsaß, unweit der Abtei Munster, verlegt. Im Jahre 1697 kämpfte sie wiederum in der Nähe dieser Abtei, in der Dom Calmet 1704 das Amt eines »sous-prieur« übernommen hatte. Es gab also zwei Möglichkeiten für Calmet, mit Grahame in Verbindung zu treten. Die erste bot sich im Elsaß zwischen 1693 und 1706, die zweite in Paris nach dem Mai des Jahres 1706, als Calmet dort in jakobitischen Kreisen verkehrte.

Vor diesem Hintergrund lohnt es sich, einen neuen Blick auf die Geschichte zu werfen. Hier noch einmal eine Zusammenfassung:

1. John Claverhouse, Vicomte Dundee, war Großmeister irgendeiner templerischen oder neutemplerischen Organisation in Schottland, die wenigstens bis 1689 überlebt hatte.
2. Nach dem Tod von Claverhouse bei Killiecrankie folgte ihm der Earl of Mar als Großmeister.
3. Als Claverhouse' Leiche vom Schlachtfeld bei Killiecrankie geborgen wurde, fand man bei ihm ein ursprüngliches – das heißt vor 1307 entstandenes – Teil der templerischen Insignien, das als »Großkreuz des Ordens« bezeichnet wird.
4. Dieses Großkreuz ging in die Hände seines Bruders David über und wurde dann dem Abbé Calmet anvertraut.

Wenn die hier skizzierte Darstellung zutrifft, handelt es sich um den wichtigsten Beleg für ein Überleben der Templer in Schottland seit dem späten 16. Jahrhundert, als der geheimnisvolle David Seton den Orden angeblich um sich sammelte, nachdem dessen Ländereien auf gesetzwidrige Weise von Sir James Sandilands verkauft worden waren.

Allerdings wirft diese Darstellung gewisse Fragen auf: Wenn die schottischen Templer die Sache der Stuarts unterstützten, weshalb war dann der Nachfolger von Claverhouse als Großmeister ausgerechnet der Earl of Mar, der sich damals für das englische Parlament einzusetzen schien und erst 1715 zu einem entschiedenen Jakobiten wurde? Und warum wurde das Großkreuz der Templer nicht an den nächsten Großmeister, wer immer er war, weitergegeben, sondern an einen französischen Priester und Gelehrten? Um diese Fragen zu beantworten, muß man Hypothesen und Spekulation heranziehen. Doch wenn die Geschichte von Claverhouse' Templerkreuz eine reine Erfindung wäre, würde sie höchstwahrscheinlich keine derartigen Widersprüche enthalten.

Insgesamt gesehen bleibt die Geschichte plausibel. Dom Calmet hätte durch ihre Erfindung nichts gewinnen können, und zudem wird er allgemein als ein überaus zuverlässiger Zeuge betrachtet. Wenn Claverhouse wirklich ein Kreuz oder ein anderes Stück der ursprünglichen Templerinsignien besaß, wäre es wahrscheinlich an seinen Bruder übergegangen, und dieser hatte reichlich Gelegenheit, es dem französischen Priester anzuvertrauen. Es wäre nicht ungewöhnlich gewesen, wenn sich ein Bestandteil der ursprünglichen Templertracht erhalten hätte. Wir selbst haben andere Habseligkeiten der Templer, die sorgfältig in Schottland verwahrt werden, in der Hand gehabt, etwa eine Ordenssatzung aus dem Jahre 1156. Die Existenz solcher Gegenstände zeigt auf beredte Weise, wieviel der historischen Forschung entgeht.

Zudem gibt es ein wichtiges Indiz, das die Geschichte von Claverhouse' Templerkreuz bestätigt. Bekanntlich blieb das Templererbe in Schottland innerhalb des Johanniterordens bis 1564 unversehrt erhalten, als Sir James Sandilands, der ernannte Verwalter des Erbes, es zu seinem eigenen weltlichen Besitz machte. Im 15. Jahrhundert hatte Claverhouse' Vorfahr Robert Grahame die Tochter des Konnetabels von Dundee geheiratet. Durch diese Ehe wurde er zum Schwager von John Sandilands, Sir James' Großvater. Die Familien Grahame und Sandilands waren nun miteinander verbunden, und ein Gegenstand, der von der letzteren verwahrt wurde, kann leicht in den Besitz der ersteren geraten sein.

3.3 DIE ENTWICKLUNG DER GROSSLOGE

Es ist schwer, genau zu sagen, wieviel die Freimaurerei dem alten Vermächtnis und den Traditionen der Templer verdankte, während sie sich in Schottland entwickelte. Zu Beginn des 18. Jahrhunderts war jede einst denkbare Verbindung seit langem verlorengegangen, und eine neue Beziehung war noch nicht geknüpft worden. Die Freimaurerei hatte noch nicht öffentlich versucht, sich vom Templerorden herzuleiten. Und obwohl Claverhouse und sein Bruder höchstwahrscheinlich Freimaurer waren, sind uns keine bestätigenden Dokumente überliefert. Wenn tatsächlich ein Templerkreuz von Claverhouse an seinen Bruder und von diesem an den Abbé Calmet überging, dann wäre dies vielleicht ein Hinweis darauf, daß sich der Templerorden in irgendeiner Form erhalten hatte, aber dadurch wäre kein direkter Zusammenhang zur Freimaurerei hergestellt. Als sich die geheimnisvolle Einflußsphäre der Templer wieder ausbreitete, geschah dies hauptsächlich in Frankreich. In England hingegen hatte inzwischen die Freimaurerei an Boden gewonnen.

Unter Wilhelm und Maria erhielt der Protestantismus die Oberhoheit in England zurück. Durch ein Gesetz, das bis zum heutigen Tag gültig ist, wurden alle Katholiken – sowie jeder, der mit einem Mitglied der katholischen Kirche verheiratet war – von der Thronfolge ausgeschlossen. Damit wurde eine Wiederholung der Umstände, die der Revolution von 1688 vorausgegangen waren, unmöglich gemacht.

Wilhelm von Oranien starb 1702 (acht Jahre nach seiner Gattin). Ihm folgte Königin Anna, seine Schwägerin, die jüngere Tochter Jakobs II. Ihr Nachfolger wurde im Jahre 1714 Georg I., der Enkel von Elisabeth Stuart und Friedrich, dem Kurfürsten von der Pfalz. Als Georg im Jahre 1727 starb, ging die Krone an seinen Sohn Georg II. über, der bis 1760 herrschte.

Sechzig Jahre lang nach Wilhelms Thronbesteigung (1688) klammerten sich die exilierten Stuarts hartnäckig an ihren Traum, das verlorengegangene Königreich wiederzugewinnen. Der abgesetzte Jakob II. starb im Jahre 1701; ihm folgte sein Sohn Jakob III., der sogenannte »Alte Prätendent«. Sein Nachfolger wiederum war sein Sohn Karl Eduard (»Bonnie Prince Charlie«), der »Junge Prätendent«. Unter diesen drei exilierten Monarchen sollten die jakobitischen Kreise auf dem Kontinent Brutstätten der Verschwörung und der politischen Intrige bleiben. Und sie waren durchaus nicht untätig. Im Jahre 1708 planten die Stuarts, unterstützt von französischen Truppen und der französischen Marine, eine Invasion in Schottland. England, dessen Soldaten vorwiegend im Spanischen Erbfolgekrieg engagiert waren, hatte dieser Bedrohung kaum etwas entgegenzusetzen, und die Invasion wäre, hätten sich nicht Pech, jakobitisches Zögern und französische Apathie vereinigt, wahrscheinlich erfolgreich gewesen.

Letztlich scheiterte das Projekt, doch sieben Jahre später, im Jahre 1715, erhob sich Schottland zu einer umfassenden Revolte unter dem Earl of Mar, der, wie wir gehört haben, angeblich Claverhouse' Nachfolger als Großmeister der neueren Templer wurde. An der Rebellion war auch Lord George Seton, Earl of Winton, beteiligt, der dadurch seinen Titel verlor (die Grafenwürde verfiel für immer) und zum Tode verurteilt wurde. Doch er entkam im Jahre 1716 aus dem Tower von London und schloß sich den exilierten »Prätendenten« der Stuarts in Frankreich an. Er setzte sich bis zum Ende seines Lebens aktiv für die jakobitische Sache ein und wurde 1736 Meister einer bedeutenden jakobitischen Freimaurerloge in Rom.[1] Der Aufstand wurde niedergeschlagen, doch nur unter erheblichen Opfern, und die exilierten Stuarts sollten noch dreißig Jahre lang eine Bedrohung darstellen. Erst nach dem Einmarsch und den umfangreichen militärischen Operationen von 1745/46 verblaßte diese Bedrohung.

Die Revolution von 1688 hatte zu einer Reihe moderner, äußerst notwendiger Reformen, darunter nicht zuletzt einer Bill of Rights, geführt. Gleichzeitig war die britische Gesellschaft jedoch zutiefst gespalten worden. Und es war keineswegs so, daß die Anhänger der Stuarts massenweise geflüchtet wären und das Land ihren Rivalen überlassen hätten. Im Gegenteil, die Interessen der Stuarts waren in der englischen Politik weiterhin ein wichtiger Faktor. Nicht alle Stuart-Anhänger waren bereit, Gewalt gutzuheißen oder dem Parlament zu trotzen. Viele dienten als gewissenhafte Beamte unter Wilhelm und Maria, unter Anna und den Hannoveranern. Dies galt zum Beispiel für Sir Isaac Newton. Aber während Wilhelm und Maria sowie Anna recht populäre Monarchen waren, konnte dies von den Hannoveranern nicht behauptet werden. Es gab zahlreiche Bürger in England, die öffentlich und unerschrocken, ohne allerdings direkt Verrat zu begehen, gegen die verhaßten deutschen Souveräne Stellung bezogen und für eine Rückkehr der Stuarts eintraten, die sie als rechtmäßige Dynastie des Landes ansahen.

Unter diesen Stuart-Sympathisanten entstand und reifte die moderne Tory-Partei. Die Tories des frühen 18. Jahrhunderts waren aus der alten »Kavaliersschicht« der 1670er Jahre (also der Vorbürgerkriegszeit) hervorgegangen. Die meisten gehörten der anglikanischen Hochkirche an, waren Landbesitzer und versuchten, die Macht in Händen der Gentry zu konzentrieren. Fast alle stellten die Krone über das Parlament und bestanden auf dem erblichen Thronfolgerecht der Stuarts.

Ihre Gegner, die den Spitznamen »Whigs« (ein altes schottisches Schimpfwort für Pferdedieb) trugen, waren ebenfalls in den 1670ern hervorgetreten. Sie gehörten vorwiegend den gerade gefestigten kaufmännischen und anderen bürgerlichen Schichten an und waren im Handel, in der Industrie, im Finanz- und Bankwesen sowie in der Armee aktiv. Die Whigs förderten die religiöse Vielfalt und zählten viele Dissidenten und Freidenker zu ihren Mitgliedern. Sie stellten die Macht des Parlaments über die der Krone. Und sie »gaben ... den Geldinteressen den Vorzug vor den Landbesitzerinteressen«, wie Swift sagte.[2] Durch ihre stillschweigende oder ausdrückliche Unterstützung der »puritanischen Werkgerechtigkeit« repräsentierten sie die sich herausbildende Mittelschicht, deren Führer zuerst in der kommerziellen, dann in der industriellen Revolution den Lauf der britischen Geschichte bestimmen und das Geld zum höchsten Maß machen sollten. Sie hatten nicht viel für die Hannoveraner übrig, waren jedoch bereit, die deutschen Herrscher als Preis für ihren eigenen wachsenden Erfolg zu dulden.

Die Risse in der britischen Gesellschaft sollten sich in der Freimaurerei widerspiegeln. Den vorhandenen Unterlagen zufolge setzte die Freimaurerei nach der Revolution von 1688 ihren Weg offenbar unverändert fort. Logen trafen sich nicht nur wie früher, sondern sie breiteten sich sogar aus. Wahrscheinlich sympathisierten viele ältere Logen – oder die ranghöheren Mitglieder der neueren Logen – mit den Stuarts, aber nichts deutet darauf hin, daß die Freimaurerei zu diesem Zeitpunkt als Instrument jakobitischer Spionage, Verschwörung oder Propaganda diente. Die meisten Logen in England scheinen sich – so weit wie möglich – aus der Politik herausgehalten zu haben. Doch während immer mehr Whigs führende Stellungen im Gesellschafts- und Geschäftsleben des Landes einnahmen, drangen sie zwangsläufig auch in das Logensystem vor und drückten der Freimaurerei ihren prohannoveranischen Stempel auf.

Die Freimaurerei war von Beginn an bekanntlich eng mit den Stuarts verbunden gewesen. Während des 17. Jahrhunderts hatten Freimaurer nicht nur die Pflicht, »dem König treu zu sein«, sondern sie waren auch gehalten, Verschwörungen aufzuspüren und zu denunzieren, was sie praktisch zu einem Teil des Verwaltungsapparats der Stuarts werden ließ. Solche Bindungen waren tief verwurzelt. Deshalb ist es kein Wunder, daß die meisten Freimaurer weiterhin loyal zum Hause Stuart standen, ihm ins Exil folgten und vom Ausland her dessen Interessen in England förderten. Während des ersten Drittels des 18. Jahrhunderts war es möglich, daß Freimaurer entweder den Whigs oder den Tories, den Hannoveranern oder den Jakobiten angehörten, aber die Tories in England und die Jakobiten im Ausland bestimmten die Tradition und das Vermächtnis der Bewegung. Sie repräsentierten die Hauptströmung, während alle anderen nur einen sekundären Einfluß hatten.

In England waren prominente Freimaurer wie der Herzog von Wharton oft auch erklärte Jakobiten. Im Ausland waren die meisten Jakobitenführer – zum Beispiel General James Keith, der Earl of Winton (Alexander Seton) und die Earls of Derwentwater (zuerst James Radclyffe, dann sein jüngerer Bruder Charles) – nicht nur Freimaurer, sondern auch entscheidend an der Verbreitung des freimaurerischen Gedankenguts in Europa beteiligt. Nach der Unterdrückung der Rebellion von 1745 wurden einige berühmte Freimaurer wegen ihres Einsatzes für die jakobitische Sache zum Tode verurteilt, darunter Derwentwater, ein früherer Großmeister der französischen Freimaurerei, und die Earls of Kilmarnock und Cromarty, die einst Großmeister der schottischen Freimaurerei gewesen waren. Nur die letzteren entgingen der Hinrichtung im Tower.

Ein Historiker schreibt: »Es ist keine Frage, daß die Jakobiten einen wesentlichen Einfluß auf die Entwicklung der Freimaurerei hatten – und zwar in einem solchen Maße, daß spätere Zeugen die Freimaurerei als eine gigantische jakobitische Verschwörung bezeichneten.«[3]

Wir meinen, daß die Jakobiten nicht bloß »einen wesentlichen Einfluß auf die Entwicklung der Freimaurerei« hatten, sondern, wenigstens anfänglich, sogar ihre bedeutendsten Hüter und Propagandisten waren. Und als die Großloge, die später zur Hauptquelle der englischen Freimaurerei werden sollte, im Jahre 1717 gegründet wurde, handelte es sich weitgehend um einen Versuch der Whigs oder Hannoveraner, das jakobitische Monopol zu brechen.

Die Zentralisierung der englischen Freimaurerei

Die Großloge von England wurde am 24. Juni 1717 gegründet, also am Johannestag, der den Templern früher heilig war. Zunächst gab es vier Londoner Logen, die sich im Zuge eines offenkundigen Zentralisierungsversuchs entschieden, zu einer einzigen Organisation zu verschmelzen und eine Großloge als regierende Körperschaft zu wählen. Sie zogen rasch weitere Logen an, und bis 1723 hatte sich ihre Zahl auf zweiundfünfzig erhöht.[4]

Die übliche Erklärung für das Entstehen der Großloge ist überraschend oberflächlich – oder unaufrichtig. Einem Autor zufolge »bildete sie sich zu dem rein gesellschaftlichen Zweck heraus, den Mitgliedern einiger Londoner Logen Gelegenheit zu Zusammenkünften zu geben«[5]. Man erfährt, daß damals ein allgemeiner Enthusiasmus für Clubs und Gesellschaften geherrscht habe und daß die Verbreitung und Ausweitung der englischen Freimaurerei als Folge dieses Enthusiasmus angesehen werden müsse. Doch es gab keine vergleichbare Zentralisierungsbewegung unter den verschiedenen Speise- und Trinkclubs oder unter den aufkommenden antiquarischen, bibliographischen und wissenschaftlichen Gesellschaften jener Zeit. Nur bei der Freimaurerei wurde der Nachdruck nicht auf Ausbreitung, sondern auf Zentralisierung gelegt. Zum Beispiel scheinen von den zweiundfünfzig Logen, welche die Großloge im Jahre 1723 ausmachten, nicht weniger als sechsundzwanzig *vor* der Gründung der

Großloge im Jahre 1717 existiert zu haben. Mit anderen Worten, sie gingen nicht durch ihre Ausbreitung, sondern durch ihre Bereitschaft zur Zentralisierung in die Geschichtsschreibung ein.

Der freimaurerische Historiker J.R. Clarke schrieb 1967: »Meiner Meinung nach gab es im Jahre 1707 einen weit ernsteren Grund für die Kooperation: sie wurde durch den politischen Zustand des Landes notwendig.«[6] Clarke verweist auf die überschwenglichen pro-hannoveranischen Demonstrationen beim Gründungstreffen der Loge: das Ausbringen loyaler Trinksprüche auf König Georg, das Singen loyaler Lieder. Und er kommt mit Recht zu dem Schluß, eine so übertriebene Zurschaustellung des Patriotismus habe beweisen sollen, daß Freimaurer und Jakobiten nicht identisch seien – was kaum erforderlich gewesen wäre, wenn es nicht Grund zu solchem Argwohn gegeben hätte.

Heutige Historiker neigen zu der Annahme, daß der schottische Aufstand von 1715 und die Gründung der Großloge im Jahre 1717 zwei völlig getrennte Ereignisse gewesen seien – schließlich hätten ganze zwei Jahre dazwischen gelegen. In Wirklichkeit war der Aufstand von 1715 erst mit der Hinrichtung der Lords Kenmuir und James Derwentwater im Februar 1716 endgültig niedergeschlagen, und die Pläne zur Bildung der Großloge wurden lange vorher geschmiedet, nämlich im Sommer oder Herbst 1716.[7] Folglich waren der schottische Aufstand und die Gründung der Großloge nicht durch zwei Jahre, sondern nur durch sechs bis acht Monate voneinander getrennt. Und es gibt unzweifelhaft eine ursächliche Verbindung zwischen beiden Ereignissen. Es hat den Anschein, als habe das pro-hannoveranische Establishment, neidisch auf das Kommunikationsnetz, das seinen jakobitischen Rivalen durch die Freimaurerei geboten wurde, bewußt danach gestrebt, ein Parallelsystem aufzubauen, gleichsam im Geist der freien Marktwirtschaft des frühgeorgianischen England. Auch war die Großloge nicht darüber erhaben, bei ihren Rivalen Anleihen zu machen, um ihre Anziehungskraft zu erhöhen. Dies zeigt sich an der umstrittenen und komplizierten Frage der freimaurerischen »Grade«, die man auch als Initiationsstadien bezeichnen könnte. Die heutige Freimaurerei teilt sich in drei »symbolische« Grade und eine Reihe »fakultativer Hochgrade«. Die drei »symbolischen« Grade – Lehrling, Geselle und Meister – fallen unter die Zuständigkeit der Vereinigten Großloge von England. Die »Hochgrade« dagegen unterstehen anderen freimaurerischen Körperschaften, etwa dem Obersten Rat des Alten und Angenommenen Schottischen Ritus oder dem Großkapitel das Royal Arch (Königliches Gewölbe).

Die meisten englischen Freimaurer arbeiten heute die drei von der Großloge angebotenen Grade durch und treffen dann ihre Wahl unter den verschiedenen »Hochgraden« – etwa wie ein Student, der die eine Universität abgeschlossen hat und an eine andere geht, um sich dort einem neuen Fach zu widmen. Dies war allerdings in der ersten Hälfte des 18. Jahrhunderts nicht gestattet. Englische Freimaurer, die ihre Loyalität zur Krone nicht anfechten lassen wollten, mußten sich auf die von der Großloge angebotenen Grade beschränken. Die »Hochgrade«, die als fast ausschließlich jakobitische Domäne galten, standen ihnen nicht offen; und die freimaurerischen Behörden, die solche »Hochgrade« anboten, wurden im besten Fall als verdächtig, im schlimmsten als verräterisch angesehen.

Es gibt immer noch heftige Auseinandersetzungen über dieses Thema, doch im allgemeinen wird anerkannt, daß die »Hochgrade« nicht nur aus der jakobitischen Freimaurerei hervorgingen, sondern von Anfang an einer ihrer Bestandteile waren. Mit anderen Worten, sie wurden anscheinend nicht später erfunden, sondern stammten aus einem »umfangreichen Schatz aus Legende, Tradition und Symbolik«, dem die Großloge im Jahre 1717 nur einen gewissen Teil entnahm.[8] Ein freimaurerischer Historiker schrieb dazu: »Unsere jakobitischen Brüder wählten andere Teile desselben Schatzes und wandelten sie auf eine Weise um, die um der für sie heiligen Sache willen gerechtfertigt schien ... Die Sache ... besteht nicht mehr, aber viele der Grade haben sich, befreit von allen politischen Assoziationen, erhalten.«[9]

Die »Hochgrade« umfaßten offenbar Aspekte von Ritual, Tradition und Geschichte, die der Großloge einfach nicht bekannt oder zugänglich waren – oder die sich in politischer Hinsicht als zu explosiv für die Großloge erwiesen und deshalb abgelehnt werden mußten. Nach 1745 jedoch, als die Stuarts keine Bedrohung mehr darstellten und die Hannoveraner fest auf dem Thron saßen, begann die Großloge – wenn auch widerwillig – die »Hochgrade« anzuerkennen. Mehr noch, manche Aspekte der »Hochgrade«, die nun alle kontroversen Elemente verloren hatten, wurden schließlich in das eigene

System der Großloge eingegliedert. So entstand letztlich, nach dem Zusammenschluß mit einer parallelen und rivalisierenden Großloge, im Jahre 1813 die Vereinigte Großloge.[10]

Die Geschichte der englischen Freimaurerei wird heute vorwiegend von Gelehrten geschrieben, die unter den Auspizien der Vereinigten Großloge arbeiten. Sie stellen die jakobitische Freimaurerei und die Verbreitung der »Hochgrade« als schismatisch und ketzerisch dar: als Abweichungen von der Hauptströmung, die sie selbst ihrer Meinung nach repräsentieren. Aber in Wirklichkeit ist dies wahrscheinlich genau das Gegenteil von dem, was sich abspielte, denn die jakobitische Freimaurerei bildete die ursprüngliche Hauptströmung, während die Großloge die Abweichung verkörperte – die allerdings durch historische Umstände und Wechselfälle ihrerseits zur Hauptströmung wurde. Dies erinnert an die Ursprünge des Christentums und an den Prozeß, in dessen Verlauf das paulinische Gedankengut, zunächst eine schismatische oder ketzerische Abweichung von der Lehre Jesu, die letztere verdrängte und zur neuen Orthodoxie wurde, während man das Nazarener Gedankengut nun als Form der Ketzerei bezeichnete.

Wie die paulinische Lehre stellte die Großloge anfangs eine Abweichung von der Hauptströmung dar. Wie die paulinische Lehre verdrängte sie die Hauptströmung und nahm deren Platz ein. Aber im Gegensatz zum paulinischen Gedankengut hatte die Großloge nicht immer leichtes Spiel, denn sie erweckte weiterhin den Argwohn der weltlichen Obrigkeit. Ein freimaurerischer Historiker bemerkte: »Wer damals Mitglied der Bruderschaft der Freimaurer war, stand automatisch im Verdacht, auch Jakobit zu sein.«[11]

Der Einfluss der englischen Freimaurerei

Der Herzog von Wharton, Großmeister der Großloge im Jahre 1722, trug wenig dazu bei, das öffentliche und amtliche Vertrauen zu stärken. Er gebärdete sich als lautstarker Jakobit und war drei Jahre zuvor Mitbegründer des berühmten (oder berüchtigten) Hell Fire Club gewesen, der sich zunächst in der Greyhound Tavern unweit von St. James's traf. Bei diesem Unternehmen verbündete er sich mit einem Mann, der sich ebenfalls bald in der Freimaurerei hervortun sollte:

George Lee, Earl of Lichfield, dessen Vater im Kampf für die Stuarts an der Boyne gefallen und dessen Mutter, Charlotte Fitzroy, eine uneheliche Tochter Karls II. war. Lee hatte also Stuart-Blut in den Adern und war ein Cousin von James und Charles Radclyffe, die einander als Earls of Derwentwater nachfolgten (beide waren uneheliche Enkel Karls II.). Wie sich versteht, spielte auch Lee eine aktive Rolle unter den Jakobiten. Im Jahre 1716 hatten seine Verbindungen dafür gesorgt, daß Charles Radclyffe und dreizehn andere aus dem Gefängnis Newgate entkommen konnten, wo man sie wegen ihrer Beteiligung an der Rebellion von 1715 eingekerkert hatte. James Radclyffe war bereits hingerichtet worden.

Die Obrigkeit griff nun natürlich scharf durch. Im Jahre 1721 wurde ein Edikt gegen »gewisse skandalöse Clubs oder Gesellschaften« erlassen. Man schloß den Hell Fire Club in aller Stille, wenn auch nur vorübergehend. Die Großloge war sich des Mißtrauens, das sie auf sich zog, bewußt und sah sich genötigt, der Regierung ihre »Harmlosigkeit« zu versichern. Im Jahre 1722 »machte eine ausgewählte Gruppe der Gesellschaft von Freimaurern ... dem Lord Vicomte Townsend [dem Schwager von Premierminister Robert Walpole] ihre Aufwartung ..., um Seiner Lordschaft zu bedeuten, daß sie durch ihre Satzungen verpflichtet seien, laut jährlichem Brauch nun im Mittsommer eine Generalversammlung abzuhalten; und sie hofften, daß die Verwaltung keinen Anstoß an jener Zusammenkunft nehmen werde, da sie alle der Regierung und der Person Seiner Majestät höchst liebevoll verbunden seien. Seine Lordschaft nahm diese Mitteilung auf sehr freundliche Weise auf und erklärte ihnen, daß sie seiner Meinung nach keine Beschwernis von seiten der Regierung zu fürchten hätten, solange sie sich mit nichts Gefährlicherem beschäftigten als mit den alten Geheimnissen der Gesellschaft; diese müßten sehr harmloser Natur sein, denn wiewohl die Menschheit so gern Zwietracht säe, habe niemand die Geheimnisse je verraten.«[12]

Und doch war es diese Zusammenkunft von 1722, bei der es Wharton gelang, sich – unter Vorwürfen von Regelwidrigkeit – zum Großmeister wählen zu lassen. Später bezichtigte man ihn des Versuchs, »die Freimaurerei für die Jakobiten mit Beschlag zu belegen«[13]. Im Jahr darauf folgte ihm der prohannoveranische Earl of Dalkeith, und Wharton verließ abrupt, »ohne jedes Zeremoniell«, den Saal.[14] Wenn es je Protokolle über die Amtszeit Whartons oder seiner Vorgänger gegeben hat, so sind sie verschwunden. Offiziell beginnen die Protokolle der Großloge am 25. November 1723, unter der Großmeisterschaft von Dalkeith.

Im September 1722 wurde eine ehrgeizige, doch unausgegorene jakobitische Verschwörung aufgedeckt. Die Jakobiten hatten geplant, in London einen Aufstand anzuzetteln, den Tower zu besetzen und ihn zu halten, bis die Rebellen durch eine Invasionsstreitmacht aus Frankreich verstärkt werden könnten. Unter den Verschwörern war Dr. John Arbuthnot, ein bekannter Freimaurer und früherer Leibarzt von Königin Anna. Zu Arbuthnots engsten Freunden gehörten mehrere andere berühmte Freimaurer – auch Pope und Swift –, die zwar nichts mit dem Plan zu tun hatten, aber durch ihre Nähe zu ihm ebenfalls an Ansehen einbüßten. Die Verschwörung machte viel von der Glaubwürdigkeit zunichte, welche die Großloge zu Beginn des Jahres erlangt hatte, und ließ neue Zusicherungen unerläßlich werden.

Im Jahre 1723 erschienen die berühmten *Constitutions* von James Anderson, die den Zweck zu haben schienen, jeden Verdacht subversiver politischer Tätigkeit ein für allemal zu widerlegen. Anderson, ein Geistlicher der Schottischen Kirche in St. James's und Kaplan des eisern prohannoveranischen Earls of Buchan, war Mitglied der ungeheuer einflußreichen Horn Lodge, der auch solche Säulen des Establishments wie der Herzog von Queensborough, der Herzog von Richmond, Lord Paisley und – gegen 1725 – Newtons Mitarbeiter John Desaguliers angehörten.[15] Diese Verbindungen sorgten dafür, daß Anderson über jeden Verdacht erhaben war. Zudem hatte er im Jahre 1712 einige gehässige, antikatholische Predigten drucken lassen, in denen er Königin Anna pries und Gott beschwor, »die eitlen Hoffnungen unserer gemeinsamen Gegner zu enttäuschen, indem Er die protestantische, reformierte Religion bei uns fortsetzt und die protestantische Thronfolge für das Geschlecht und Haus Hannover weiterhin sichert«[16].

Später, im Jahre 1732, sollte Anderson ein weiteres prohannoveranisches Werk, *Royal Genealogies*, veröffentlichen. Unter den Subskribenten waren der Earl of Dalkeith, der Earl of Abercorn, Oberst (später General) Sir John Ligonier, Oberst John Pitt, Dr. John Arbuthnot, John Desaguliers und Sir Robert Walpole.

Andersons *Constitutions* wurden praktisch zur Bibel der englischen Freimaurerei. Hier wurden einige der mittlerweile vertrauten Grundsätze der Großloge formuliert. Der erste Artikel liefert allein durch seine Verschwommenheit bis zum heutigen Tage Anlaß zu Debatten, Interpretationen und Streitigkeiten. Früher waren Freimaurer verpflichtet gewesen, ihre Treue zu Gott und der Kirche von England zu schwören, doch Anderson schreibt, »daß es nun für zweckmäßiger gehalten wird, sie nur auf jene Religion festzulegen, mit der alle Menschen übereinstimmen, und sie ihre individuelle Meinung für sich behalten zu lassen«[17]. Im zweiten Artikel heißt es dann ausdrücklich: »Ein Maurer ... darf sich nie an Plänen und Verschwörungen gegen den Frieden und die Wohlfahrt der Nation beteiligen.«[18] Dem sechsten Artikel zufolge sind in der Loge keine Auseinandersetzungen über Religion oder Politik zu dulden.

Die *Constitutions* räumten allerdings nicht jeden Argwohn aus. Noch 1737 erschien ein langer Brief in zwei Londoner Zeitschriften, in dem die Freimaurerei als Bedrohung der englischen Gesellschaft hingestellt wurde, da sie insgeheim der Sache der Stuarts diene. Der anonyme Autor gab ominöse Hinweise auf »spezielle« Logen, die wichtige Informationen besäßen und sie den gewöhnlichen Freimaurern vorenthielten. Diese Logen, die »sogar Jakobiten, Eidesverweigerer und Papisten ... aufnehmen«, rekrutierten angeblich Gefolgsleute der Stuarts. Der Verfasser gab zu, daß viele Freimaurer die Krone loyal unterstützten, fragte dann jedoch: »Wie können wir sicher sein, daß diese Personen, die als wohlgesinnt bekannt sind, in all ihre Geheimnisse eingeweiht werden?«[19]

Mittlerweile war solche Paranoia jedoch eher zur Ausnahme als zur Regel geworden. Durch Andersons *Constitutions* wurde die Großloge zu einem geachteten, zunehmend unanfechtbaren gesellschaftlichen und kulturellen Attribut des hannoveranischen Regimes, und sie sollte schließlich sogar den Thron einbeziehen. In Schottland, Irland und auf dem Kontinent blieben andere Formen der Freimaurerei weiterhin aktiv, doch in England errang die Großloge nahezu ein Monopol, und ihre politische Loyalität wurde später nie wieder ernsthaft in Zweifel gezogen. Mehr noch, die Großloge hatte sich so sehr in die englische Gesellschaft integriert, daß ihre Terminologie bereits begann, die englische Sprache zu durchdringen. Wendungen wie »jemand wird dem dritten Grad unterzogen« und viele andere leiten sich von der Freimaurerei ab.

In den dreißiger Jahren des 18. Jahrhunderts hatte die Großloge begonnen, ein Interesse an Nordamerika zu entwickeln und dort ihr angegliederte Logen zu »autorisieren«. Zum Beispiel gründete General James Oglethorpe 1732 die Kolonie Georgia und wurde zwei Jahre später Meister der ersten Freimaurerloge von Georgia. Oglethorpes politische Bindungen waren undurchsichtig. Die meisten Angehörigen seiner Familie betätigten sich als aktive Jakobiten. Drei seiner Schwestern setzten sich besonders heftig für die Sache der Stuarts ein, ebenso wie sein älterer Bruder, der wegen umstürzlerischer Aktivitäten ins Exil geschickt wurde. Während der Rebellion von 1745 befehligte Oglethorpe britische Truppen im Feld und ließ solche Apathie erkennen, daß er vor ein Kriegsgericht gestellt wurde. Er wurde zwar freigesprochen, aber es scheint sicher, daß er die Sympathien seiner Familie teilte. Nichtsdestoweniger wurde seine Unternehmung in Georgia sowohl vom Hause Hannover als auch von der Großloge gebilligt. Die Großloge autorisierte nicht nur die von Oglethorpe gegründete Loge, sondern »empfahl« ihren englischen Mitgliedern »nachdrücklich«, »eine großzügige Sammlung« für ihren Ableger in Georgia durchzuführen.[20]

Somit war die englische Freimaurerei unter der Schirmherrschaft der Großloge zu einem Bollwerk des gesellschaftlichen und kulturellen Establishments geworden. Zu ihren besonders bekannten Mitgliedern zählten Desaguliers, Pope, Swift, Hogarth und Boswell sowie Franz Stephan von Lothringen, der künftige Gatte Maria Theresias. Die Großloge hatte, wie bereits erwähnt, als Abweichung von der Hauptströmung begonnen und war dann – jedenfalls in England – selbst zur Hauptströmung geworden. In mancher Hinsicht mag die Freimaurerei der Großloge »weniger vollständig« – das heißt weniger von alten Geheimnissen und ursprünglichen Traditionen durchdrungen – gewesen sein als die der Jakobiten, und trotzdem (oder vielleicht gerade deshalb) erfüllte die Freimaurerei der Großloge eine gesellschaftliche und kulturelle Funktion, der ihre Rivalen nicht gewachsen waren.

Die Großloge beeinflußte die gesamte englische Gesellschaft und pflanzte dem englischen Gedankengut ihre Werte ein. Die englische Freimaurerei, die auf einer universellen Bruderschaft über nationale Grenzen hinweg beharrte, sollte auch eine tiefe Wirkung auf die großen Reformer des 18. Jahrhunderts ausüben: zum Beispiel auf David Hume, Voltaire, Diderot, Montesquieu und Rousseau in Frankreich sowie auf deren Schüler in den künftigen Vereinigten Staaten. Der Großloge und dem von ihr geförderten allgemeinen philosophischen Klima kann vieles von dem zugeschrieben werden, was die englische Geschichte jener Epoche auszeichnet. Unter der Ägide der Großloge wurde das gesamte Kastensystem in England flexibler als irgendwo sonst auf dem Kontinent. »Aufwärtsmobilität«, um den Jargon der Soziologen zu benutzen, wurde zunehmend erleichtert.

Die scharfe Kritik an religiösen und politischen Vorurteilen förderte nicht nur Toleranz, sondern auch den egalitären Geist, der ausländische Besucher so beeindruckte. Voltaire zum Beispiel, der später selbst Freimaurer wurde, war so begeistert von der englischen Gesellschaft, daß er sie als das Vorbild rühmte, dem die ganze europäische Zivilisation nacheifern solle. Der Antisemitismus wurde in England stärker diskreditiert als in jedem anderen europäischen Staat; Juden konnten den Freimaurern beitreten und Zugang zu dem ihnen bis dahin verwehrten gesellschaftlichen, politischen und öffentlichen Leben gewinnen. Der aufkommenden Mittelschicht wurde eine Bewegungsfreiheit eingeräumt, die nicht ihresgleichen hatte, so daß Britannien an die Spitze des kommerziellen und industriellen Fortschrittes vorrückte. Durch wohltätige Arbeiten, darunter die häufig betonte Fürsorge für Witwen und Waisen, wurde ein neues Ideal staatsbürgerlicher Verantwortung verbreitet, das vielen späteren Wohlfahrtsprogrammen den Weg bahnte. Man könnte sogar behaupten, daß die Solidarität der Loge und ihre Rückbesinnung auf die mittelalterlichen Zünfte viele Züge der späteren Gewerkschaftsbewegung vorwegnahm. Und schließlich hatte das Wahlverfahren für Meister und Großmeister im englischen Denken eine gesunde Trennung von Mensch und Amt aufkommen lassen, die bald in Amerika Früchte tragen sollte.

So war die englische Freimaurerei eine Art Bindemittel, das die Gesellschaft des 18. Jahrhunderts zusammenhielt. Unter anderem trug sie zu einer gemäßigteren Atmosphäre als auf dem Kontinent bei, wo die bestehenden gesellschaftlichen Konflikte zuerst in der Französischen Revolution und dann in den Unruhen von 1832 und 1848 kulminieren sollten. Diese Atmosphäre griff auch auf die britischen Kolonien in Nordamerika über und wirkte sich entscheidend auf die Gründung der Vereinigten Staaten aus. Die von der Großloge propagierte Form der Freimaurerei sollte also ihre eigenen Ursprünge in den Schatten stellen. Dadurch wurde sie zu einem der bedeutendsten und einflußreichsten Phänomene des Jahrhunderts – einem Phänomen, dessen Rolle von orthodoxen Historikern allzuoft übersehen wird.

3.4 DIE FREIMAURERISCH-JAKOBITISCHE SACHE

Während die Großloge blühte, wurden projakobitische Logen in England zunehmend in den Untergrund getrieben. Einige wehrten sich, besonders im Nordosten, in der Gegend von Newcastle und in Derwentwater, wo die Radclyffes ihren Familienbesitz hatten.[1] Aber die vorherrschende Atmosphäre bot ihnen kaum eine Möglichkeit, sich auszuweiten oder sich zu entwickeln. Das gleiche galt für Schottland, wo vieles von dem Material, was die Freimaurerei zwischen 1689 und 1745 betraf, im Tumult der Ereignisse – vielleicht durch bewußte Nachhilfe – verlorenging. Doch in Irland sah es anders aus.

Schon 1688 war die Freimaurerei in Irland wohlbekannt. In jenem Jahr gewann ein Dubliner Redner die Aufmerksamkeit seines Publikums dadurch, daß er von einem Mann sprach, der »auf neue Art zum Freimaurer gemacht wurde« – woraus gefolgert werden kann, daß es eine »alte« Art gab.[2] Im selben Jahr kam es zu einem gelinden Skandal, als man ein berüchtigtes Individuum namens Ridley, bekannt als antikatholischer Spitzel, tot auffand. Es hieß, seine Leiche habe ein »Maurerzeichen« aufgewiesen – wobei allerdings ungeklärt bleibt, was dieses »Zeichen« war, wie man es der Leiche zugefügt und ob es überhaupt etwas mit dem Tode Ridleys zu tun hatte.[3]

Die Unterlagen über die frühe Geschichte der Großloge von Irland sind bruchstückhaft, da alle Protokollbücher vor 1780 und überhaupt alle Aufzeichnungen vor 1760 verlorengingen.

Die verfügbaren Informationen leiten sich aus äußeren Quellen her, das heißt aus Zeitungsberichten und Briefen. Offenbar wurde die Irische Großloge um 1723 oder 1724 – also sechs oder sieben Jahre später als ihre englische Rivalin – gegründet. Der erste Großmeister war der Herzog von Montague, welcher der Großloge von England im Jahre 1721 vorgesessen hatte. Montague war ein Patenkind Georgs I.

und unbeirrbar prohannoveranisch. Infolge der tiefgehenden und umfassenden Stuart-Anhängerschaft in Irland machte er sich bei vielen unbeliebt, und die Irische Großloge wurde von inneren Zwistigkeiten geplagt. Zwischen 1725 und 1731 weist ihre Geschichte eine Lücke auf, und spätere Kommentatoren meinen, daß es sich damals um eine hoffnungslose Spaltung zwischen Anhängern des Hauses Hannover und Jakobiten gehandelt haben müsse.

Im März 1731 scheint es unter der Großmeisterschaft des Earl of Ross zu einer gewissen Konsolidierung gekommen zu sein. Einen Monat später wurde Ross von James, Lord Kingston, abgelöst. Auch er hatte der Großloge von England im Jahre 1728 vorgesessen, doch nach 1730, als die Englische Großloge gewisse Änderungen ratifizierte, »beschränkte er seinen Eifer auf die irische Freimaurerei«[4]. Kingston sollte die Ausrichtung der Irischen Großloge verkörpern. Er hatte eine jakobitische Vergangenheit und stammte aus einer jakobitischen Familie. Sein Vater hatte als Höfling unter Jakob II. gedient und war dem König nach dessen Sturz ins Exil gefolgt; er war 1693 nach Irland zurückgekehrt, um zunächst begnadigt, später jedoch verhaftet und wegen Rekrutierung militärischen Personals für die Sache der Stuarts angeklagt zu werden. Im Jahre 1722 waren gegen Kingston ähnliche Vorwürfe erhoben worden.[5]

Die Irische Großloge sollte also weiterhin Aspekte der Freimaurerei vertreten, welche die Großloge von England verwarf oder ablehnte. Und es war die Freimaurerei der Irischen Großloge, deren Einfluß die zahlreichen britischen Regimenter ausgesetzt waren, die Irland durchquerten oder dort in Garnison lagen. Als sich das Netz der Regiments-Feldlogen innerhalb der britischen Armee auszubreiten begann, waren die meisten von ihnen von der Irischen Großloge autorisiert worden. Dies war von immenser Bedeutung, was jedoch erst ein Vierteljahrhundert später offenkundig werden sollte.

Mittlerweile war die urspüngliche Freimaurerei zusammen mit den exilierten Stuarts auf den Kontinent gedrängt worden. Unmittelbar vor 1745 sollten sich überaus folgenreiche Entwicklungen in Frankreich abspielen. Und ebenfalls in Frankreich sollte sich die jakobitische Freimaurerei mit dem alten Erbe der Templer vereinigen (oder vielleicht wiedervereinigen).

Die frühesten Logen

Die Freimaurerei scheint mit Truppenteilen der besiegten jakobitischen Armee zwischen 1688 und 1691 nach Frankreich gekommen zu sein. Nach einer aus dem 18. Jahrhundert stammenden Darstellung datiert die erste Loge in Frankreich vom 25. März 1688; sie wurde von dem Infanterieregiment Royal Irish gegründet, das Karl II. im Jahre 1661 aufgestellt hatte. Dieses Regiment hatte ihn bei seiner Wiedereinsetzung nach England begleitet und war dann wieder zusammen mit Jakob II. ins Exil gegangen. Später, im 18. Jahrhundert, wurde diese (nach ihrem Befehlshaber benannte) Einheit als »Regiment d'Infanterie Walsh« bekannt.[6] Die Walshes waren eine prominente Familie exilierter irischer Schiffseigner. Ein Familienmitglied, Kapitän James Walsh, stellte das Schiff zur Verfügung, das Jakob II. nach Frankreich in Sicherheit brachte. Danach gründeten Walsh und seine Verwandten eine große Reederei in Saint-Malo, die sich darauf spezialisierte, der französischen Marine Kriegsschiffe zu liefern. Gleichzeitig blieben sie der jakobitischen Sache inbrünstig ergeben. Zwei Generationen später sollte Walshs Enkel, Anthony Vincent Walsh, zusammen mit Dominic O'Heguerty, einem weiteren einflußreichen Kaufmann und Reeder, die Schiffe bereitstellen, mit denen Karl Eduard Stuart seine Invasion nach England einleitete. Für diesen Dienst wurde Anthony Walsh von den exilierten Stuarts zum Grafen ernannt, und auch die französische Regierung erkannte seinen Titel offiziell an.

In Frankreich bewegten sich die irischen Militärs, die für die Verlagerung der Freimaurerei verantwortlich waren, in denselben Kreisen wie die aus Schottland geflüchteten Stuart-Anhänger – etwa David Grahame, der Bruder von John Claverhouse, Vicomte Dundee, bei dem man nach der Schlacht von Killiecrankie angeblich ein Templerkreuz fand. Nachdem die Freimaurerei eine Zeitlang den Kontakt mit der Templertradition verloren hatte, wurde diese Verbindung während des ersten Viertels des 18. Jahrhunderts in Frankreich wiederaufgenommen. Und Frankreich lieferte einen fruchtbaren Boden sowohl für die Freimaurerei als auch für die geheimnisvolle Aura der Templer.

Es war ein Franzose, nämlich René Descartes, der zu Anfang des 17. Jahrhunderts als erster all das verkörperte, was zur vorherrschenden Geisteshaltung des 18. Jahrhunderts werden sollte. Doch in Frankreich hatte sich der gemeinsame Druck von Kirche und Staat als zu heftig erwiesen, und der Impetus des kartesianischen Gedankenguts war nach England umgeleitet worden, wo es sich in Männern wie Locke, Boyle, Hume und Newton sowie in Einrichtungen wie der Royal Society und der Freimaurerei selbst manifestierte. Deshalb blickten progressive französische Denker wie Montesquieu und Voltaire nach England, wenn sie neue Ideen suchten. Sie und ihre Landsleute waren besonders empfänglich für die Freimaurerei.

Obwohl die Freimaurerei bereits im Jahre 1688 nach Frankreich gelangte, sollten rund fünfunddreißig Jahre verstreichen, bevor die erste urkundlich belegte Loge gegründet wurde. Laut den meisten Quellen entstand sie im Jahre 1725, laut einer anderen, die zuverlässiger sein könnte, im Jahre 1726.[7] Ihr Hauptgründer war Charles Radclyffe, Earl of Derwentwater, dessen älterer Bruder James wegen seiner Beteiligung am Aufstand von 1715 hingerichtet worden war. Zu den Mitgründern gehörten Sir James Hector MacLean, das Oberhaupt des Clans MacLean; Dominic O'Heguerty, der oben erwähnte vermögende Kaufmann; sowie ein weniger bekannter Mann, angeblich ein Gastwirt, dessen Name auf den erhaltenen Dokumenten als »Hure« oder »Hurc« erscheint. Ein Autor meinte überzeugend, daß dies eine Entstellung des Namens »Hurry« sein könnte.[8] Ein Sir John Hurry war im Jahre 1650 in Edinburgh wegen seiner Loyalität den Stuarts gegenüber enthauptet worden. Seine Familie war militant jakobitisch geblieben und von Karl II. geadelt worden. Und es könnte durchaus eines seiner exilierten Enkelkinder gewesen sein, das zusammen mit Radclyffe, MacLean und O'Heguerty die erste französische Loge gründete.

Seit 1729 breiteten sich in Frankreich spezifisch jakobitische Freimaurerlogen aus. Um nicht von der »Konkurrenz« ausgestochen zu werden, begann die Großloge von England im selben Jahr, parallel dazu ihre eigenen beigeordneten Logen in Frankreich zu errichten. Das jakobitische System erlangte zwar niemals ein Monopol, doch es gewann allmählich die Oberhand. Aus ihm ging schließlich im Jahre 1773 die bedeutendste Freimaurerkörperschaft in Frankreich hervor: der Grand Orient.

Eine der prominentesten jakobitischen Logen in Frankreich war die Loge de Bussy. Die Straße, in der sie lag, die Rue de Bussy (heute

Rue de Buci), führte unmittelbar auf den Platz vor St. Germain des Prés. Die andere Straße, die in den Platz einmündete, war die Rue de Boucheries, wo sich die von Radclyffe gegründete Loge befand. Mit anderen Worten, die beiden Logen waren nur Meter voneinander entfernt, und die Gegend war praktisch eine jakobitische Enklave. Die französischen Jakobiten sollten ihre Netze bald weiter auswerfen. Zum Beispiel nahm die Loge de Bussy im September 1735 Lord Chewton auf, den Sohn des Earl of Waldegrave, des britischen Botschafters in Frankreich (seinerseits seit 1723 Mitglied der »Horn«-Loge), sowie den Comte de St. Florentin, den Außenminister Ludwigs XV.[9] Unter den Anwesenden waren Desaguliers, Montesquieu und Radclyffes Cousin, der Herzog von Richmond.[10] Im Laufe desselben Jahres gründete der Herzog von Richmond eine eigene Loge in seinem Château Aubigny-sur-Nère.

Obwohl Radclyffe die erste verzeichnete Loge in Frankreich mitbegründet hatte, war er kein Großmeister. Laut den ältesten erhaltenen Dokumenten war der erste, im Jahre 1728 ernannte Großmeister kein anderer als der frühere Großmeister der Großloge von England, der Herzog von Wharton.[11] Der Herzog, der sich immer kämpferischer für die Jakobiten einsetzte, war nach seiner Ablösung in der Großloge nach Wien übergewechselt, wo er hoffte, die Habsburger zu einer Invasion Englands zugunsten der Stuarts überreden zu können. Seine späteren Reisen führten ihn nach Rom und nach Madrid, wo er die erste Loge Spaniens gründete.[12] Während seines Aufenthalts in Paris scheint er eine Zeitlang bei der Familie Walsh gewohnt zu haben. Nachdem er nach Spanien zurückgekehrt war, löste ihn Radclyffes Kollege Sir James Hector MacLean als Großmeister der französischen Freimaurerei ab. Im Jahre 1736 rückte Radclyffe, die bisherige Graue Eminenz, in den Vordergrund und übernahm das Amt des Großmeisters von MacLean.[13]

Radclyffe war eine der zwei zentralen Persönlichkeiten, die eine Verbreitung der Freimaurerei in ganz Frankreich bewirkten. Die andere war ein eklektischer, unsteter Mann namens Andrew Michael Ramsay. Ramsay wurde in den achtziger Jahren des 17. Jahrhunderts in Schottland geboren. In jüngeren Jahren schloß er sich einer quasirosenkreuzerischen Gesellschaft, den »Engelbrüdern«, an und studierte bei einem engen Freund Isaac Newtons.[14] Später wurde er mit anderen Freunden Newtons, darunter John Desaguliers, in Verbindung gebracht. Zudem war er mit David Hume befreundet, und beide übten einen wechselseitigen Einfluß aufeinander aus.

Um 1710 hielt Ramsay sich in Cambrai auf, wo er bei dem Mann studierte, den er als seinen Mentor betrachtete: dem liberalen Mystiker und katholischen Philosophen François Fénelon. Nach Fénelons Tod im Jahre 1715 ging Ramsay nach Paris. Hier wurde er zu einem Vertrauten des französischen Regenten Philippe von Orléans, der ihn in den neuritterlichen Orden des heiligen Lazarus aufnahm[15]; danach war Ramsay als »Chevalier« bekannt. Man weiß nicht, wann genau er mit Radclyffe Bekanntschaft schloß, aber um 1720 setzte er sich bereits für die jakobitische Sache ein und diente eine Zeitlang als Erzieher des jungen Karl Eduard Stuart.

Trotz seiner Beziehungen zu den Jakobiten kehrte Ramsay 1729 nach England zurück, wo er, ungeachtet seiner fehlenden Qualifikationen, in die Royal Society aufgenommen wurde. Außerdem wurde er Mitglied einer weiteren angesehenen Vereinigung, des modischen »Gentlemen's Club of Spalding«, zu dem auch der Herzog von Montague, der Earl of Abercorn, der Earl of Dalkeith, Desaguliers, Pope, Newton und Franz von Lothringen zählten. Ab 1730 hielt sich Ramsay wieder in Frankreich auf, wo er in zunehmendem Maße für die Freimaurerei tätig wurde und immer enger mit Charles Radclyffe zusammenarbeitete.

Am 26. Dezember 1736 – dem Tag, an dem Radclyffe das Großmeisteramt der französischen Freimaurerei übernahm – hielt Ramsay eine Rede, die zu einem der wichtigsten Marksteine der freimaurerischen Geschichte und zu einer Quelle endloser Auseinandersetzungen werden sollte.[16] Diese Rede, welche er der allgemeinen Öffentlichkeit am 20. März 1737 in leicht abgewandelter Form präsentierte, wurde als Ramsays »Festrede« bekannt[17]; sie war deutlich politisch motiviert. Frankreich wurde von dem damals siebenundzwanzigjährigen Ludwig XV. beherrscht. Doch in Wirklichkeit wurde das Land – wie ein Jahrhundert zuvor von Richelieu – von dem Hauptberater des Königs, Kardinal André Hercule de Fleury, regiert. Fleury, des Krieges überdrüssig, legte Wert auf einen anhaltenden Frieden mit England. Deshalb lehnte er die leidenschaftliche, antihannoveranische Verschwörung ab, die nun für die jakobitische Freimaurerei in Frankreich kennzeichnend war. Aber die Stuarts hofften ihrerseits, Fleury von seinem Entspannungswunsch abzubringen und ihren Traum, den englischen Thron wiederzuerringen, mit Hilfe Frankreichs, welches traditionsgemäß das schottische Königshaus unterstützte, aufrechtzuerhalten.

Ramsays »Festrede« hatte zumindest teilweise den Zweck, Fleurys Antipathie gegen die Freimaurerei zu mildern und diese letztlich dem königlichen Schutz unterstellen zu lassen. Wenn es gelänge, Ludwig XV. zum Beitritt zu bewegen, würde die Freimaurerei eine geeinte französisch-schottische Front bilden und man könnte an eine weitere Invasion in England und an einen neuerlichen Versuch denken, die Stuarts wieder auf den Thron zu bringen. Diese Ziele veranlaßten Ramsay, mehr als je zuvor von der Einstellung der jakobitischen Freimaurerei des frühen 18. Jahrhunderts zu enthüllen – und gleichzeitig mehr als je zuvor von ihrer angeblichen Geschichte preiszugeben.

In einer Erklärung, die er fast wörtlich von Fénelon entliehen hatte, sagte Ramsay: »Die Welt ist eine große Republik, in der jede Nation eine Familie und jeder Einwohner eines ihrer Kinder ist.«[18] Diese Worte machten wenig Eindruck auf Fleury, einen Nationalisten und Monarchisten, der ohnehin nicht viel von Fénelon hielt. Aber sie sollten nicht nur in Frankreich und anderen europäischen Ländern, sondern auch in den amerikanischen Kolonien enormen Einfluß auf spätere politische Denker ausüben. Ramsay fuhr fort: »Die Interessen der Bruderschaft sollen zu jenen der gesamten menschlichen Rasse werden.«[19] Er verurteilte die Großloge sowie andere nichtjakobitische Formen der Freimaurerei als »ketzerisch, abtrünnig und republikanisch«.

Ramsay betonte, daß die Ursprünge der Freimaurerei in den Mysterienschulen und Sekten der antiken Welt lägen: »Das Wort Freimaurer darf deshalb nicht in einem buchstäblichen, groben und materiellen Sinne betrachtet werden, als seien unsere Gründer einfache Steinmetzen oder bloß neugierige Genies gewesen, welche die Künste zu vervollkommnen suchten. Sie waren nicht nur geschickte Architekten, die danach strebten, ihre Talente und Güter der Errichtung materieller Tempel zu weihen, sondern auch religiöse und Kriegerfürsten, die beabsichtigten, aufzuklären, moralisch zu erbauen und die lebenden Tempel des Allerhöchsten zu schützen.«[20]

Doch obwohl sich die Freimaurerei von den Mysterienschulen der Antike herleite, sei sie, wie Ramsay behauptete, von inbrünstig christlichem Glauben erfüllt. Im damaligen katholischen Frankreich wäre es natürlich unklug gewesen, die Templer namentlich zu erwähnen. Aber Ramsay betonte, daß die Freimaurerei ihre Anfänge im Heiligen Land, unter »den Kreuzfahrern« habe: »Zur Zeit der Kreuzzüge in Palästina schlossen sich viele Fürsten, Herrscher und Bürger zusammen und gelobten, den Tempel der Christen im Heiligen Land wiederherzustellen und ihre Architektur zu seiner ersten Errichtung zurückzubringen. Sie einigten sich auf mehrere alte Zeichen und symbolische Wörter aus dem Quell der Religion, um einander unter den Heiden und Sarazenen zu erkennen. Diese Zeichen und Wörter wurden nur denen mitgeteilt, die feierlich und manchmal sogar am Fuße des Altars versprachen, sie niemals zu enthüllen. Dieses heilige Versprechen war mithin kein abscheulicher Schwur, wie man es genannt hat, sondern ein ehrbares Gelübde, um Christen aller Nationalitäten zu einer einzigen Brüderschaft zu vereinigen. Einige Zeit danach schloß unser Orden ein enges Bündnis mit den Rittern des heiligen Johannes zu Jerusalem. Von jenem Zeitpunkt an nannten unsere Logen sich Johannislogen.«[21]

Man braucht kaum zu erwähnen, daß die Johanniter – von denen es im frühen 18. Jahrhundert ohnehin nur noch wenige gab – eine derartige Verbindung nie einräumten. Allerdings ist nicht ausgeschlossen, daß die Templer zu einem solchen Zugeständnis bereit gewesen wären, wenn sie noch als beglaubigte öffentliche Einrichtung existiert hätten.

Ramsay kehrte bei seinem Überblick über die angebliche Geschichte der Freimaurerei rasch aus dem Heiligen Land nach Schottland und dem keltischen Königreich unmittelbar vor Bruce zurück: »Zur Zeit der letzten Kreuzzüge waren viele Logen bereits in Deutschland, Italien, Spanien und Frankreich eingerichtet. James, Lord Steward von Schottland, war Großmeister einer MCCLXXXVI in Kilwinning, im Westen Schottlands, gegründeten Loge, also kurz nach dem Tode Alexanders III., des Königs von Schottland, und ein Jahr vor der Thronbesteigung John Baliols. Dieser Herrscher nahm die Earls of Gloucester und Ulster – der eine Engländer, der andere Ire – als Freimaurer in seine Loge auf.«[22]

Und schließlich erklärte Ramsay mit einem unmißverständlichen Hinweis auf die Schottische Garde, daß die Freimaurerei »ihren Glanz unter jenen Schotten bewahrt hat, denen die Herrscher von

Frankreich über viele Jahrhunderte hinweg den Schutz ihrer königlichen Person anvertrauten«[23].

Wir werden noch auf die Folgerungen und die Bedeutung von Ramsays »Festrede« eingehen. Im Moment genügt die Anmerkung, daß der Versuch, Kardinal Fleurys Sympathie und Unterstützung zu gewinnen, den gegenteiligen Effekt hatte. 1735, zwei Jahre zuvor, war die Polizei in Holland gegen die Freimaurerei eingeschritten; 1736 hatte sie das gleiche in Schweden getan. Nun befahl Fleury der französischen Polizei innerhalb von ein paar Tagen nach Ramsays zweiter »Festrede«, diesem Beispiel zu folgen. Man ordnete sofortige Ermittlungen gegen die Freimaurerei an. Vier Monate später, am 1. August 1737, lag der Polizeibericht vor. Die Freimaurerei wurde der »Unzüchtigkeit« für unschuldig befunden, doch »infolge der Gleichgültigkeit des Ordens hinsichtlich der Religionen« für potentiell gefährlich erklärt.[24] Am 2. August verbot man die Freimaurerei in Frankreich und verhaftete den Großsekretär.

In einer Reihe von Polizeirazzien wurden zahlreiche Dokumente und Mitgliedsverzeichnisse konfisziert. Fleury und seine Berater dürften schockiert gewesen sein, als sie erfuhren, wie ungewöhnlich viele hochrangige Adlige und Kirchenvertreter bereits Freimaurer waren. Zum Beispiel erwies sich der Kaplan der Garde du Corps, der Leibwache des Königs, als Mitglied der jakobitischen Großloge Bussi-Aumont, wie die alte Loge de Bussy jetzt genannt wurde. Das gleiche galt für den Quartiermeister der Garde. Mehr noch, praktisch alle Angehörigen der Loge waren Offiziere, Beamte oder Vertraute des Hofes.[25]

Rom war ohnehin bereits besorgt, und es gibt kaum einen Zweifel, daß Fleury Druck auf die geistliche Hierarchie ausübte. Noch bevor die Ermittlung in Frankreich abgeschlossen war, schritt Papst Klemens XII. ein. Am 24. April 1738 wurde allen Katholiken durch eine päpstliche Bulle, »In eminenti apostolatus specula«, unter Androhung der Exkommunikation verboten, Freimaurer zu werden. Zwei Jahre später unterlag die Logenmitgliedschaft im Kirchenstaat sogar der Todesstrafe.

Einem maßgeblichen Autor zufolge könnte der erste Effekt von Klemens' Bulle gewesen sein, daß Radclyffes Absetzung als Großmeister der französischen Freimaurerei erzwungen wurde.[26] Innerhalb eines Jahres wurde er von einem französischen Aristokraten, dem

Herzog von Antin, abgelöst. Nachfolger des Herzogs wurde im Jahre 1743 der Comte de Clermont, ein Angehöriger der Königsfamilie. Die päpstliche Bulle trug also kaum dazu bei, französische Katholiken vom Eintritt in die Freimaurerei abzuhalten. Im Gegenteil, nach der Bekanntmachung der Bulle waren einige der berühmtesten Namen Frankreichs unter den Freimaurern zu finden. Selbst der König scheint ernsthaft mit dem Gedanken gespielt zu haben, sich einer Loge anzuschließen.[27] Dem Papst war also nichts anderes gelungen, als die Jakobiten um ihre Vormachtstellung in der französischen Freimaurerei zu bringen. Von der Zeit der päpstlichen Bulle an spielten die Jakobiten eine immer weniger einflußreiche Rolle für die Entwicklung der französischen Freimaurerei. Schließlich sollte der Grand Orient, wie erwähnt, zur Haupteinrichtung des französischen Freimaurertums werden.

In gewissen Kreisen muß die Haltung der Kirche Verwirrung gestiftet haben – und noch stiften. Die meisten Jakobitenführer waren entweder geborene Katholiken gewesen oder zum Katholizismus übergetreten. Weshalb also schritt der Papst gegen sie ein, zumal dies bedeutete, daß die Freimaurerei zunehmend unter den antikatholischen Einfluß der Englischen Großloge geriet?

Im Rückblick ist die Antwort auf diese Frage viel einsichtiger, als sie es damals wahrscheinlich für viele Menschen – Katholiken, Freimaurer oder beides – war. Entscheidend ist, daß Rom nicht völlig grundlos fürchtete, die Freimaurerei könne als internationale Vereinigung eine philosophische, theologische und moralische Alternative zur Kirche bieten.

Vor der Reformation Luthers hatte die Kirche, wenn auch mit begrenztem Erfolg, eine Art internationales Forum geboten. Potentaten und Fürsten, deren Staaten miteinander Krieg führen mochten, waren weiterhin nominell katholisch und agierten unter dem Schutzdach der Kirche; wenn ihre Völker sündigten, dann jedenfalls innerhalb des Rahmens und der Definition, die von Rom geliefert wurden. Solange das Schutzdach der Kirche unversehrt war, blieb die Kommunikation zwischen den kriegführenden Parteien gewahrt und Rom konnte, zumindest theoretisch, als Vermittler auftreten. Nach der Reformation war die Kirche natürlich nicht mehr fähig, diese Funktion zu erfüllen, da sie ihre Autorität in den protestantischen

Staaten Nordeuropas eingebüßt hatte. Aber sie verfügte immer noch über erheblichen Einfluß in Italien, Süddeutschland, Frankreich, Spanien, Österreich und den Gebieten des Heiligen Römischen Reiches.

Die Freimaurerei drohte zu einem internationalen Forum der Art zu werden, wie Rom es vor der Reformation gewesen war: einer Stätte des Dialogs, einem Kommunikationssystem, einem Entwurf für eine europäische Einheit, die über die Einflußsphäre der Kirche hinausgehen und sie irrelevant machen konnte. Im Grunde drohte die Freimaurerei so etwas wie der Völkerbund oder die Vereinten Nationen der damaligen Zeit zu werden. Es ist angebracht, Ramsays Erklärung in seiner »Festrede« zu wiederholen: »Die Welt ist eine große Republik, in der jede Nation eine Familie und jeder Einwohner eines ihrer Kinder ist.«

Die Freimaurerei hatte vielleicht nicht mehr Erfolg bei der Förderung der Einheit als die Kirche, aber sie hätte schwerlich weniger Erfolg haben können. Ein paar Jahre nach Klemens' Bulle lagen zum Beispiel Österreich und Preußen im Krieg. Sowohl Friedrich der Große als auch Kaiser Franz waren Freimaurer. Durch dieses gemeinsame Band bot die Loge eine Möglichkeit zum Dialog und zumindest eine Aussicht, daß Frieden geschlossen wurde. In dem – vergeblichen und vielleicht sogar kontraproduktiven – Bemühen, solche Entwicklungen zu verhindern, war Rom gegen die Freimaurerei eingeschritten. Die Jakobiten und die jakobitische Freimaurerei auf dem Kontinent waren die zufälligen Opfer viel weiterreichenderer Erwägungen. Und der Verlust ihrer Vorrangstellung kam Rom letzten Endes wahrscheinlich teurer zu stehen, als wenn es ihren Status nicht berührt hätte.

Wie wir gehört haben, erwies sich die päpstliche Bulle, die Katholiken den Zugang zur Freimaurerei verwehren sollte, als überaus untauglich. Gerade in der römischen Einflußsphäre sollte sich die Freimaurerei während des nächsten halben Jahrhunderts am wirksamsten ausbreiten und einige ihrer wilderen, exotischeren und extravaganteren Erscheinungsformen annehmen. Sie wurde enthusiastischer von katholischen Herrschern – zum Beispiel von Kaiser Franz – gefördert als von allen anderen. Und sie übte die stärkste Wirkung in Bastionen der römischen Autorität wie Italien und Spanien aus. Dadurch, daß Rom die Freimaurerei verurteilte, machte es sie zu einer Zuflucht und einem Sammelplatz für seine eigenen Gegner.

In England entfernte sich die Großloge immer mehr von Religion und Politik. Sie pflegte einen Geist der Mäßigung, Toleranz und Flexibilität und arbeitete oft eng mit der Anglikanischen Kirche zusammen, deren Geistliche nicht selten auch Freimaurer waren und keinen Loyalitätskonflikt empfanden. Im katholischen Europa dagegen wurde die Freimaurerei zu einer Ausdrucksform für militant kirchenfeindliche, gegen das Establishment gerichtete und schließlich revolutionäre Gefühle und Aktivitäten. Gewiß, viele Logen blieben Bollwerke des Konservatismus, wenn nicht gar der Reaktion. Aber eine viel größere Zahl spielte eine entscheidende Rolle in radikalen Bewegungen. Zum Beispiel waren in Frankreich prominente Freimaurer wie der Marquis de Lafayette, Philippe Égalité, Danton und Sieyès, die im Einklang mit ihren freimaurerischen Idealen handelten, maßgeblich an den Ereignissen von 1789 und der gesamten folgenden Entwicklung beteiligt. In Bayern, Spanien und Österreich konzentrierte sich der Widerstand gegen autoritäre Regime innerhalb der Freimaurerei, und sie war an der Spitze der Bewegungen vertreten, die ihren Höhepunkt in den Revolutionen von 1848 fanden. Die gesamte Kampagne, die zur Einigung Italiens führte, und die Ideen der Revolutionäre des späten 18. Jahrhunderts von Mazzini bis hin zu Garibaldi könnten als im Kern freimaurerisch beschrieben werden. Und aus den Reihen der europäischen Freimaurerei des 19. Jahrhunderts ging eine Gestalt hervor, die den finsteren Schatten des Terrorismus nicht nur über ihr eigenes Zeitalter, sondern auch über unsere Epoche werfen sollte: Michail Bakunin.

3.5 FREIMAURER UND TEMPLER

Trotz päpstlicher Verfügungen ging die jakobitische Freimaurerei ihren eigenen Weg, wobei sie weiterhin beharrlich an der Sache der Stuarts und dem Traum einer Stuart-Restauration festhielt. Offener als je zuvor begannen die Jakobiten, die Freimaurerei und das sich ausweitende Netz der Logen auf dem Kontinent zu nutzen, zuerst zur Rekrutierung und dann, nach ihrer Niederlage, zur Unterstützung der in Not geratenen Brüder im Exil. Zum Beispiel traf im Jahre 1746 ein englischer Jakobit in Frankreich mit Briefen ein, die alle Freimaurer aufforderten, ihm zu helfen.[1]

Aber während die Jakobiten die Freimaurerei für ihre politischen Zwecke nutzten, brachten sie diese doch auch zugleich mit Elementen ihrer eigenen Herkunft und ihres eigenen Vermächtnisses in Einklang – mit Elementen, die von der Großloge »ausgesiebt« worden waren. Von Fénelon beeinflußt, stattete Ramsay die jakobitische Freimaurerei wieder mit einer mystischen Aura aus. Darüber hinaus spannte er in seiner »Festrede« von neuem einen Bogen zum Rittertum, indem er die Rolle der Kreuzfahrer betonte. Später sollte er das Bemühen, die Stuarts zurück auf den Thron zu bringen, selbst als »Kreuzzug« bezeichnen.[2] In dem damaligen Briefwechsel zwischen den Logen war häufig die Rede von »eingeführten Neuerungen ..., die darauf abzielten, die Bruderschaft von einem ›Ordre de Société‹ in einen ›Ordre de Chevalerie‹ umzuwandeln«[3]. In Pamphleten und sogar in Polizeiberichten bezog man sich auf »die neuen Ritter« und »diesen Ritterorden«[4].

Während sich die Großloge zu einem gesellschaftlichen »Bindemittel« entwickelte, strebte die jakobitische Freimaurerei etwas sichtlich Dramatischeres, Romantischeres, Grandioseres an: eine neue Generation mystischer Ritter und Krieger, die den erhabenen Auftrag hatte, ein Königreich zurückzugewinnen und eine heilige Dynastie wieder auf den Thron zu bringen. Die Parallelen zu den

Templern lagen auf der Hand, und es war nur eine Frage der Zeit, wann man die Tempelritter ausdrücklich als Vorläufer der Freimaurerei bezeichnen würde.

Es bleibt unklar, wann genau die Verbindungen zwischen Freimaurerei und Templern zuerst heraufbeschworen wurden. Höchstwahrscheinlich geschah dies bereits 1689, als David Claverhouse angeblich mit dem Templerkreuz, das von der Leiche seines Bruders geborgen worden war, in Frankreich eintraf und es an den Abbé Calmet weitergab. Aber während hierüber nur spekuliert werden kann, steht fest, daß das Templervermächtnis in den dreißiger Jahren des 18. Jahrhunderts unter der Führung von Radclyffe und Ramsay deutlich propagiert wurde. Im Jahre 1738, kurz nach Ramsays »Festrede«, veröffentlichte der Marquis d'Argens einen Artikel über die Freimaurerei. Darin erwähnt er jakobitische Logen, die eine spezifische Templerherkunft für sich beanspruchten.[5] Im Laufe des folgenden Jahrzehnts standen die Templer – jedenfalls für die Freimaurerei außerhalb der Großloge – zunehmend im Mittelpunkt des Interesses. Zum Beispiel soll der sogenannte »Rache«- oder »Kadosch«-Grad im Jahre 1743 in Lyon eingeführt worden sein – gemeint war die Rache für den Tod des letzten Großmeisters der Templer, Jacques de Molay.[6] Wir haben bereits darauf hingewiesen, wie machtvoll dieses Motiv für die Freimaurerei werden sollte.

Der Mann, der die Hauptverantwortung für die Verbreitung des Templervermächtnisses innerhalb der Freimaurerei trug, war ein deutscher Adliger namens Karl Gotthelf von Hund. Er war einer Loge in Frankfurt beigetreten und bewegte sich als weltläufiger Mann in internationalen Freimaurerkreisen. Zwischen Dezember 1742 und September 1743 hielt er sich in Paris auf. Zu Beginn der fünfziger Jahre begann er, für eine vorgeblich »neue« Form der Freimaurerei zu werben, die sich direkt von den Templern herleitete. Hund rechtfertigte sich mit der Erklärung, daß er während seines neunmonatigen Aufenthaltes in Paris an die »Templer-Freimaurerei« herangeführt worden sei (er traf sechs Monate vor Ramsays und drei Jahre vor Radclyffes Tod ein). Ein »unbekannter Oberer«, den er nur als »eques a penna rubra« (»Ritter von der roten Feder«) bezeichnete, habe ihn in »Hochgrade« eingeweiht und ihn zum »Chevalier Templier« ernannt. Diese Zeremonie sei in Gegenwart von Lord Clifford (wahrscheinlich war der junge Lord Clifford von Chudleigh, ein angeheirateter Verwandter Radclyffes, gemeint) und des Earl of Kilmarnock vollzogen worden. Kurz nach seiner Aufnahme in den Orden habe man ihn Karl Eduard Stuart persönlich vorgestellt, der einer der »unbekannten Oberen«, wenn nicht gar der geheime Großmeister der gesamten Freimaurerei sei.[7]

Die Form der Freimaurerei, in die man Hund eingeführt hatte, sollte später unter dem Namen »Strikte Observanz« bekannt werden. Der Name leitete sich von dem geforderten Eid her, mit dem man den mysteriösen »unbekannten Oberen« unerschütterlichen und bedingungslosen Gehorsam schwur. Die Strikte Observanz wurde als direkte Nachfolge der Tempelritter begriffen. Mitglieder der Strikten Observanz erhoben den Anspruch, selbst »Tempelritter« zu sein.

Zu seiner Verlegenheit konnte Hund seine Behauptungen nicht durch weiteres Beweismaterial erhärten. Daraufhin taten viele seiner Zeitgenossen ihn als Scharlatan ab und warfen ihm vor, die Schilderung seiner Aufnahme, seines Treffens mit den »unbekannten Oberen« und mit Karl Eduard Stuart sowie seinen Auftrag zur Verbreitung der Strikten Observanz erfunden zu haben. Diesen Vorwürfen konnte Hund nur mit der kläglichen Erwiderung begegnen, daß er von seinen »unbekannten Oberen« im Stich gelassen worden sei. Sie hätten ihm versprochen, von neuem mit ihm Kontakt aufzunehmen und ihm weitere Anweisungen zu erteilen, doch sie seien wortbrüchig geworden. Bis an sein Lebensende beteuerte er seine Integrität und behauptete, von seinen ursprünglichen Förderern verraten worden zu sein.

Im historischen Rückblick wird deutlich, daß Hund weniger das Opfer eines bewußten Verrats als gewisser unkontrollierbarer Umstände war. Er war im Jahre 1742 in den Kreis der Freimaurer aufgenommen worden, als die Jakobiten noch sehr angesehen waren, als die Stuarts Prestige und Einfluß auf dem Kontinent genossen und es eine reale Aussicht zu geben schien, Karl Eduards Restauration durchzusetzen. Dies alles sollte sich innerhalb von drei Jahren ändern.

Am 2. August 1745 landete »Bonnie Prince Charlie« ohne die ursprünglich von den Franzosen zugesagte Unterstützung in Schottland. Man hielt Kriegsrat und beschloß mit einer Stimme Mehrheit, nach Süden vorzurücken. Die jakobitischen Streitkräfte machten sich zu einem Marsch auf, der sie, wie sie meinten, nach London führen würde. Sie trafen in Manchester ein und erreichten Derby am 4. Dezember. Aber nur wenige Freiwillige schlossen sich ihnen an (nur hundertfünfzig in Manchester), und die spontanen Erhebungen, mit denen sie gerechnet hatten, fanden nicht statt. Nach zwei Tagen in Derby wurde ihnen schmerzlich klar, daß sie keine Alternative zum Rückzug hatten. Verfolgt von hannoveranischen Truppen, wichen die Jakobiten zurück, und ihre Lage verschlechterte sich in den folgenden vier Monaten ständig. Am 16. April 1746 wurden sie schließlich von der Armee des Herzogs von Cumberland bei Culloden in die Enge getrieben und in weniger als dreißig Minuten nahezu völlig vernichtet. Karl Eduard Stuart floh wieder ins Exil und verbrachte den Rest seines Lebens in politischem Dunkel. Von den prominenten Jakobiten, welche die Schlacht überlebten, wurden viele deportiert, verbannt oder ins freiwillige Exil getrieben. Einige – darunter der Earl of Kilmarnock und Charles Radclyffe, den man in einem französischen Schiff vor der Dogger-Bank gefangennahm – wurden hingerichtet. Der jakobitische Traum, die Stuarts wieder auf den britischen Thron zu bringen, war für immer ausgeträumt.

Deshalb ist es nicht verwunderlich, daß Hunds »unbekannte Obere«, die sämtlich prominente Jakobiten waren, nie wieder Kontakt mit ihm aufnahmen. Die meisten von ihnen waren tot, im Gefängnis, im Exil oder in Verstecken untergetaucht. Es gab niemanden von hohem Ansehen, der ihm hätte helfen können, seine Behauptungen zu untermauern, und ihm blieb nichts anderes übrig, als die Freimaurerei der Strikten Observanz aus eigener Kraft zu propagieren. Jedenfalls scheint er kein Scharlatan gewesen zu sein, der die Darstellung seiner Aufnahme in die »Templer-Freimaurerei« erfunden hatte. Im Gegenteil, unlängst sind einige Unterlagen aufgetaucht, die für ihn sprechen.

Die Identität von Hunds verborgenem Meister

Ein Teil von Hunds Beweismaterial für die Ahnentafel der Strikten Observanz besteht aus einem Großmeisterverzeichnis der ursprünglichen Tempelritter seit ihrer Gründung im Jahre 1118.[8] Bis vor kurzem hat es zahlreiche Verzeichnisse dieser Art gegeben, die sämtlich voneinander abwichen und in wissenschaftlicher Hinsicht fragwürdig waren. Erst im Jahre 1982 gelang es uns selbst, eine Liste der frühen Großmeister (bis zum Verlust Jerusalems) vorzulegen, die nun als verbindlich betrachtet werden kann.[9] Diese Liste entstand mit Hilfe von Informationen und Dokumenten, die zu Hunds Zeit nicht verfügbar oder zugänglich waren, so daß er auf keinen Fall dieselben Quellen wie wir benutzt haben kann. Nichtsdestoweniger legte er ein angeblich von seinen »unbekannten Oberen« empfangenes Verzeichnis vor, das, abgesehen von der Schreibung eines einzigen Familiennamens, genau mit unserem Verzeichnis übereinstimmte. Hunds Liste kann also nur von »Insidern« stammen, die sich auf damals einzigartige Weise in der Geschichte der Templer auskannten.

Ein zweites, besonders wichtiges Indiz betrifft die Identität des »Ritters von der roten Feder«, der Hund, wie dieser behauptete, im Jahre 1742 zum »Tempelritter« ernannt hat. Bis jetzt ist die Identität dieser Person ein Rätsel geblieben, und in manchen Kreisen hat man sie als reines Hirngespinst betrachtet. Hund selbst hielt den »Ritter von der roten Feder«, wie wir hörten, zuerst für Karl Eduard Stuart. Andere Kommentatoren sprechen von dem Earl of Kilmarnock, dem damaligen Großmeister der jakobitischen Freimaurerei in Frankreich. Sie übersehen dabei jedoch Hunds Bemerkung, Kilmarnock sei zur selben Zeit wie der Unbekannte in dem Raum gewesen. Wir selbst haben in einer früheren Arbeit die Vermutung geäußert, daß der »Ritter von der roten Feder« Radclyffe gewesen sein könnte, den Hund *nicht* unter den Anwesenden genannt hat. Doch heute ist es möglich, mit fast völliger Sicherheit zu ermitteln, wer der »Ritter von der roten Feder« wirklich war.

1987 erhielten wir Zugang zu den Papieren einer Gruppe namens »Stella Templum«, die seit mehr als zweihundert Jahren ein Archiv mit jakobitisch-templerischen Dokumenten verwaltet.[10] Darin fanden wir einen Brief vom 30. Juli 1846 – also neunzehn Tage vor dem hundertsten Jahrestag der Hinrichtung des Earl of Kilmarnock im Tower von London. Die Unterschrift auf dem Brief scheint von einem gewissen »H. Whyte« zu stammen, und darunter sieht man ein Wachssiegel in Form eines Templerkreuzes. Der Empfänger wird einfach »William« genannt. Im Text ist von Ordensgegenständen und anscheinend auch von dem Schwert die Rede, mit dem Hund geweiht wurde: »Überzeuge Dich, daß Dir nun die Klinge und andere Gegenstände anvertraut sind. Der Graf war nicht in der Lage, sie an sich zu nehmen. Mr. Grills und ich meinen, daß sie in Deiner Obhut am besten aufgehoben sind. Der arme alte Kilmarnock – Gott segne ihn – erhielt die Klinge von Alexander Seton/dem Ritter von der roten Feder. Ich weiß nicht, was nun geschehen wird. Mit Gottes Hilfe werden Gardner und Du noch hundert Jahre weiterleben. Denke an K. am 18. des nächsten Monats.«[11]

Wenn man diesem Brief glauben kann – und es gibt nicht den geringsten Grund, seine Echtheit zu bezweifeln –, wußte der Schreiber, daß der »Ritter von der roten Feder« ein gewisser Alexander Seton war. Alexander Seton war allgemein als Alexander Montgomery, Zehnter Earl of Eglinton, bekannt. Im Jahre 1600 war Robert Seton zum Ersten Earl of Winton ernannt worden. Er hatte Lady Margaret Montgomery geheiratet, die Tochter und Erbin von Hugh Montgomery, dem Dritten Earl of Eglinton; dieser Titel war an den jüngeren ihrer Söhne übergegangen, dessen Nachkommen sich den Familiennamen Montgomery zulegten. Alexander Seton war also in Wirklichkeit Alexander Montgomery, der sich auf dem Kontinent besonders aktiv für die jakobitische Freimaurerei einsetzte. Als Chevalier Ramsay im Jahre 1743 starb, wurde seine Sterbeurkunde von Alexander Montgomery (Earl of Eglinton), Charles Radclyffe (Earl of Derwentwater), Michael de Ramsay (dem Cousin des Chevaliers), Alexander Home und George de Leslie unterzeichnet.[12]

Weshalb sollte es nicht Radclyffe, Ramsay, Kilmarnock oder Karl Eduard Stuart gewesen sein, sondern Alexander Montgomery (Seton), der Baron von Hund zum »Tempelritter« schlug? Zweifellos, weil er von der Familie abstammte, um deren Angehörigen, den mysteriösen David Seton, sich die ursprünglichen Überlebenden der Templer in Schottland gesammelt hatten, als ihre Erbgüter im Jahre 1564 illegal von Sir James Sandilands veräußert worden waren. Und wenn die Information zutrifft, die wir von einem jetzigen Familienmitglied erhalten haben, so gibt es bei den Montgomerys bis zum heutigen Tage einen »Tempelorden«.

Nach der Rebellion von 1745 wurde die jakobitische Freimaurerei mit ihrer eindeutigen politischen Orientierung und ihrer Treue zum Geschlecht der Stuarts im Grunde überflüssig. Trotzdem erhielten sich einige Erscheinungsformen, die von ihrem politischen Inhalt befreit und durch die Mäßigung der Großloge von England gemildert worden waren. Zum Teil überlebten sie infolge der sogenannten »Hochgrade«, die von Einrichtungen wie der Irischen Großloge angeboten wurden. Vor allem jedoch blieben sie innerhalb der von Hund propagierten Strikten Observanz bestehen, deren höchster Grad derjenige eines »Tempelritters« war. Die Strikte Observanz sollte sich über ganz Europa verbreiten. Noch bedeutsamer war jedoch, daß sie bei den Kolonisten der späteren Vereinigten Staaten – viele von ihnen waren jakobitische Flüchtlinge oder Deportierte – auf fruchtbaren Boden fiel.

4 FREIMAUREREI UND AMERIKANISCHE UNABHÄNGIGKEIT

4.1 DIE ERSTEN AMERIKANISCHEN FREIMAURER

Vielleicht überrascht es nicht, daß es mehr Mythen, Legenden und Gerüchte über die Ursprünge der Freimaurerei in Amerika gibt als nüchterne Tatsachen oder zuverlässige Informationen. Einigen Überlieferungen zufolge gelangte eine Form der Freimaurerei oder »Ur-Freimaurerei« bereits mit der Siedlung Jamestown im Jahre 1607 in die Neue Welt und etablierte sich in Virginia, wo sie sich für eine Idealgesellschaft der Art einsetzte, wie sie Francis Bacon zwanzig Jahre später in Werken wie *Nova Atlantis* umriß. Diese Möglichkeit kann nicht völlig außer acht gelassen werden. Die rosenkreuzerischen Denker des frühen 17. Jahrhunderts waren fasziniert von den Möglichkeiten, die Amerika für die Umsetzung ihrer idealisierten Gesellschaftsentwürfe bot. Das gleiche galt für die Mitglieder des »Unsichtbaren Kollegiums«, das später in Form der Royal Society in den Vordergrund trat. Es wäre höchst erstaunlich, wenn nicht wenigstens ein Teil ihrer Ideen den Atlantik überquert hätte.

Maßgeblichen Unterlagen zufolge war der erste Freimaurer, der sich in den amerikanischen Kolonien niederließ, ein gewisser John Skene. Er war 1670 als Maurer einer Aberdeener Loge verzeichnet und emigrierte 1682 nach Nordamerika.[1] Dort siedelte er sich in New Jersey an, dessen stellvertretender Gouverneur er später wurde. Aber die Freimaurerei, die er mitbrachte, traf in New Jersey auf ein Vakuum. Es gab keine Brüder, mit denen Skene hätte umgehen, keinen freimaurerischen Rahmen, in den er sich hätte einfügen können. Und nichts deutet darauf hin, daß er selbst entsprechende Bedingungen geschaffen hätte.

Skene war Freimaurer geworden, bevor er nach Amerika auswanderte. Der erste in Amerika ansässige Siedler, der Freimaurer wurde, war Jonathan Belcher, der England im Jahre 1704 besuchte und dort in eine Loge eintrat.[2] Belcher kehrte ein Jahr später in die Kolonien zurück, wurde mit der Zeit zu einem wohlhabenden Kaufmann und schließlich, im Jahre 1730, Gouverneur von Massachusetts und New Hampshire. Unterdessen begann die Freimaurerei, in den Kolonien Fuß zu fassen, und Belchers Sohn trat besonders emsig für ihre Verbreitung ein.

Es muß viele ähnliche Fälle wie die Skenes und Belchers gegeben haben – also von Männern, die bereits Freimaurer waren, als sie in die Kolonien emigrierten, oder die sich in den Kolonien angesiedelt hatten und dann bei Besuchen in England Logen beitraten. Es gibt sogar Unterlagen dafür, daß ein Schiff namens »Freemason« im Jahre 1719 für den amerikanischen Küstenhandel eingesetzt wurde.[3] Aber es existiert keine einzige Urkunde, die vor den späten zwanziger Jahren des 18. Jahrhunderts auf eine in Amerika ansässige Loge hinweist.

Am 8. Dezember 1730 druckte Benjamin Franklin in seiner Zeitung *Pennsylvania Gazette* die erste dokumentierte Nachricht über die Freimaurerei in Nordamerika. Franklins Artikel, eine allgemeine Darstellung der Freimaurerei, begann mit der Erklärung, daß »es mehrere, in dieser Provinz errichtete Logen von FREIMAURERN gibt«[4].

Franklin selbst wurde im Februar 1731 Freimaurer[5] und im Jahre 1734 Provinzial-Großmeister von Pennsylvania. Im selben Jahr sorgte er für den Abdruck des ersten freimaurerischen Buches in Amerika, einer Ausgabe von Andersons *Constitutions*. Mittlerweile war die erste verzeichnete amerikanische Loge in Philadelphia gegründet worden. Ihre frühesten erhaltenen Dokumente, die als ihr »zweites« Protokollbuch gekennzeichnet sind, stammen von 1731, so daß das erste Buch, falls es eines gegeben hat, zumindest das Vorjahr umfassen muß.[6]

Viele der frühesten Logen in Amerika – darunter höchstwahrscheinlich einige, deren Aufzeichnungen nicht überliefert sind und über die wir deshalb nichts in Erfahrung bringen können – waren »irregulär«, um die Sprache der Freimaurerei zu benutzen. Um »regulär« oder »regularisiert« zu werden, benötigte eine Loge die »Autorisierung«, das heißt einen Stiftsbrief von einer höheren verwaltenden Körperschaft, nämlich einer Großloge oder einer Mutterloge. Zum Beispiel stellte die Großloge von England Stiftsbriefe für ihre neuen Ableger in den amerikanischen Kolonien aus. Aber auch andere Körperschaften konnten Stiftsbriefe ausstellen, etwa die Großloge von Irland; sie bot die sogenannten »Hochgrade« und andere für die jakobitische Freimaurerei kennzeichnende Merkmale an. Nach 1745 hatte sie ihre spezifisch politische, auf die Restauration der Stuarts ausgerichtete Orientierung verloren, doch ihren einzigartig ritterlichen Charakter behalten.

Die erste offiziell autorisierte Loge in Amerika ist die St. John's Lodge von Boston, die im Jahre 1733 gegründet wurde und ihren Stiftsbrief von der Großloge von England erhielt.[7] Im selben Jahr sammelte die Großloge, wie oben erwähnt, bereits Geld für die Freimaurer in Oglethorpes Kolonie Georgia, obwohl es keine Unterlagen gibt, die zu diesem Zeitpunkt schon auf eine autorisierte oder nichtautorisierte Loge hindeuten. Unterdessen war 1733 in Massachusetts schon eine Provinzial-Großloge unter Großmeister Henry Price eingerichtet worden. Stellvertretender Großmeister war Andrew Belcher, der Sohn des im Jahre 1704 in England in eine Loge aufgenommenen Jonathan Belcher.[8] Zwischen 1733 und 1737 autorisierte die Großloge von England Provinzial-Großlogen in Massachusetts, New York, Pennsylvania und South Carolina. In Georgia, New Hampshire und anderen künftigen Staaten bestanden eine oder mehr lokale Logen, doch keine Provinzial-Großloge. Aus Virginia haben sich keine Dokumente erhalten, aber es soll dort Logen gegeben haben, die nicht von der Großloge von England, sondern von der halbjakobitischen Großloge von York autorisiert worden waren.

Militärlogen

Während sich die Freimaurerei – fast ausschließlich unter den Auspizien der Großloge von England – in den Kolonien ausbreitete, kam es zu einer weiteren Entwicklung, die viel weitreichendere Folgen für die amerikanische Geschichte haben sollte. Seit 1732 hatte sich die Freimaurerei auch in der britischen Armee in Gestalt von Regimentslogen ausgebreitet. Diese Logen waren mobil; sie beförderten ihre Ordenstrachten und anderes Zubehör in Truhen, welche auch die Regimentsfahne, das Silberzeug und sonstige rein militärische Utensilien enthielten. Häufig saß der befehlshabende Oberst der Loge als erster Meister vor, um dann von anderen Offizieren abgelöst zu werden.

Die Regimentslogen sollten tiefgehende Wirkungen auf die Armee als Ganzes ausüben. Sie boten, wie wir sehen werden, einen Kommunikationskanal für die Behebung von Mißständen. Und genau wie zivile Logen Männer von unterschiedlicher Herkunft und aus unterschiedlichen Gesellschaftsschichten zusammenbrachten, so vereinten die Feldlogen Offiziere und Soldaten, Subalternoffiziere und höherrangige Kommandeure. Dadurch entstand eine Atmosphäre, in der dynamische junge Soldaten, wie zum Beispiel James Wolfe, ungeachtet ihrer sozialen Stellung Karriere machen konnten.

Die erste Loge der britischen Armee entstand 1732 im 1. Infanterieregiment (später Royal Scots).[9] Gegen 1734 gab es fünf derartige Regimentslogen, um 1755 bereits neunundzwanzig. Unter den Regimentern, die eigene Feldlogen besaßen, waren diejenigen, die man später als Royal Northumberland Fusiliers, Royal Scots Fusiliers, Royal Inniskilling Fusiliers, Gloucestershire Regiment, Dorset Regiment, Border Regiment und Duke of Wellington's (West Riding) kannte. Von besonderer Bedeutung ist die Tatsache, daß diese Logen *nicht* von der Großloge von England autorisiert waren. Vielmehr hatten sie den Stiftsbrief von der Irischen Großloge empfangen, welche die für die jakobitische Freimaurerei typischen »Hochgrade« anbot. Außerdem waren diese Logen vor 1745 autorisiert worden, also bevor man begann, die »Hochgrade« von ihrer jakobitischen Orientierung zu befreien.

Gleichzeitig hatte die Freimaurerei sich natürlich auch in den oberen Rängen der militärischen Führung und Verwaltung etabliert, und ihr gehörten einige der prominentesten Persönlichkeiten jener Zeit an. Zum Beispiel war der Herzog von Cumberland, der jüngere Sohn Georgs II., Freimaurer, ebenso wie anscheinend auch General Sir John Ligonier, der wichtigste britische Militärbefehlshaber der 1740er. Während des Jakobitenaufstandes von 1745 kommandierte Ligonier die britische Armee in den Midlands. Ein Jahr später wurde er auf den Kontinent versetzt, wo er während des Österreichischen Erbfolgekrieges eine Schlüsselrolle spielte. Ligoniers Beziehung zu den Freimaurern ist noch nicht endgültig geklärt, doch er erscheint bereits 1732 – zusammen mit so prominenten Freimaurern wie Desaguliers, dem Earl of Abercorn und dem Earl of Dalkeith (sie alle waren frühere Großmeister der Großloge) – auf der Subskribentenliste für James Andersons Arbeit.

Zu Ligoniers Untergebenen gehörte der Mann, der sich als der vielleicht bedeutendste britische Befehlshaber seiner Zeit hervortun sollte: der künftige Lord Jeffrey Amherst, der im folgenden häufig im Vordergrund stehen wird. Amherst erhielt sein Offizierspatent im 1. Gardeinfanterieregiment (heute Grenadier Guards) unter Ligonier, dessen Adjutant er wurde. Bevor er sich in Amerika profilierte, diente er während des Österreichischen Erbfolgekrieges mit Ligonier auf dem Kontinent. Im Jahre 1756 wurde er Oberstleutnant des 15. Infanterieregiments (später East Yorkshire Regiment), wo die zwei Jahre zuvor gegründete Feldloge unter seinem Schutz weiterarbeitete.[10] Später wurde er Oberst des 3. (Buffs oder East Kent Regiment) und des 60. Infanterieregiments (damals als Royal Americans, danach als King's Royal Rifle Corps und nun als Royal Greenjackets bekannt). In beiden Einheiten wurden unter seiner Förderung Feldlogen geschaffen.[11]

Amhersts Gönner, der ihm das Offizierspatent bezahlte, war Lionel Sackville, Erster Herzog von Dorset, ein Freund der Familie und Mitarbeiter des Herzogs von Wharton, mit dem zusammen er im Jahre 1741 Ritter des Hosenbandordens wurde. Sackville hatte zwei Söhne.

Der ältere, Charles, Earl of Middlesex, gründete 1733 eine Freimaurerloge in Florenz.[12] Zusammen mit Sir Francis Dashwood war er zudem Mitbegründer der »Dilettanti Society«, der viele Freimaurer angehörten. Um 1751 waren Dashwood und er unter einer Gruppe prominenter Freimaurer am Hof Friedrichs, des Prinzen von Wales, der selbst einer Loge beigetreten war.[13]

Sackvilles jüngster Sohn George setzte sich genauso aktiv für freimaurerische Belange ein. Im Jahre 1746 war er Oberst des 20. Infanterieregiments (später Lancashire Fusiliers) und wandte der Regimentsloge, der er sogar als offizieller Meister diente, besondere Aufmerksamkeit zu.[14] Einer seiner beiden Vorsteher war Oberstleutnant Edward Cornwallis (der Zwillingsbruder des späteren Erzbischofs von Canterbury), der im Jahre 1750 zum Gouverneur von Neuschottland ernannt wurde und dort die erste Loge gründete. Zu Cornwallis' Untergebenen gehörte der junge Hauptmann James Wolfe, der sich bereits unter dem Herzog von Cumberland und dann unter Sir John Ligonier auf dem Kontinent wegen seiner Brillanz und Kühnheit einen Namen gemacht hatte. Später sollte Wolfe, in enger

Zusammenarbeit mit Amherst, eine entscheidende Rolle für den Verlauf der nordamerikanischen Geschichte spielen.

George Sackville war im Jahre 1751 Großmeister der Irischen Großloge geworden.[15] Acht Jahre darauf, während des Siebenjährigen Krieges, wurde er wegen Feigheit in der Schlacht von Minden von einem Kriegsgericht abgeurteilt und aus dem Militärdienst entlassen. Seine Freundschaft mit Georg III. erlaubte ihm jedoch, seinen Status in Regierungskreisen zu wahren. Im Jahre 1775 war er (mittlerweile trug er den Titel Lord Germain) Kolonialminister. Diese Funktion übte er während des gesamten Amerikanischen Unabhängigkeitskrieges aus.

Der Krieg gegen Franzosen und Indianer

Bald sollten die Ereignisse dafür sorgen, daß die amerikanische Freimaurerei und die Logen der britischen Armee zusammengeführt wurden. Offiziere wie Soldaten der regulären britischen Truppen arbeiteten eng mit den Kolonisten zusammen, bildeten diese militärisch aus und übermittelten dabei auch andere Dinge, nicht zuletzt die (früher jakobitische) »Hochgrad«-Freimaurerei. Und dieses System war ideal für die Vermittlung des geistigen Kontaktes und des Bruderschaftgefühls, die sich gemeinhin zwischen Waffengefährten entwickeln.

Natürlich hatte es schon zuvor militärische Operationen in Amerika gegeben, bei denen britische und französische Interessen seit Beginn des 18. Jahrhunderts aufeinandergeprallt waren. Während des Spanischen Erbfolgekrieges (1701-1714) wurde ein gemeinsamer französisch-spanischer Angriff in Charleston in South Carolina erfolgreich abgewehrt. Auch an der kanadischen Grenze kam es zu Scharmützeln zwischen britischen und französischen Kolonisten, in deren Verlauf das französische Territorium namens Acadia erobert und in Neuschottland umbenannt wurde. Ein Vierteljahrhundert später, während des Österreichischen Erbfolgekrieges (1740–1748), gab es wiederum militärische Auseinandersetzungen in Amerika. Im Jahre 1745 eroberten Kolonisten aus Neuengland die französische Festung Louisbourg auf Cape Breton Island, die den Zugang zum Saint Lawrence bewachte. Aber die Operationen in Nordamerika waren auch diesmal Randerscheinungen, gemessen an dem, was in Europa stattfand. An ihnen waren nur untergeordnete Offiziere mit sehr wenig regulären Truppen beteiligt, so daß im Grunde nur von Geplänkeln gesprochen werden konnte.

Doch im Jahre 1756 brach der Siebenjährige Krieg in Europa aus. Und diesmal griffen ausgedehnte Militär- und Marineoperationen viel weiter um sich – nicht nur bis Amerika, sondern sogar bis nach Indien. Britische Truppen sollten wiederum auf dem Kontinent tätig werden, doch in relativ bescheidener Zahl, verglichen mit den Streitkräften Frankreichs, Österreichs und Preußens. Der Hauptkriegsschauplatz der britischen Armee war Nordamerika. An den Flüssen und in den Wäldern der Neuen Welt sollte es in einem Maße, wie man es noch ein halbes Jahrhundert zuvor für unvorstellbar gehalten hätte, zu Auseinandersetzungen zwischen beträchtlichen, intensiv ausgebildeten europäischen Armeen kommen.

Zwischen 1745 und 1753 war die englische Bevölkerung Nordamerikas kräftig angewachsen, und nicht nur durch verbannte oder geflohene Jakobiten. Schon 1754 schlug Benjamin Franklin einen Plan für die Vereinigung aller Kolonien vor, der von der britischen Regierung abgelehnt wurde. Aber obwohl die politische Zentralisierung verwehrt blieb, entwickelten sich Organisation, Verkehr und Handel rapide, so daß die Ausweitung nach Westen immer drängender wurde. Als Kolonisten aus Virginia ins Ohio-Tal von West-Pennsylvania zogen, bedrohten sie jedoch die Verbindung zwischen dem französischen Territorium in Kanada (am Saint Lawrence) und dem am Mississippi; und als eine Abteilung der Kolonialmiliz unter dem jungen George Washington in die Gegend entsandt wurde, um eine Festung zu bauen, brachen ungehemmte Kämpfe aus.

Die ersten vier Kriegsjahre waren von schweren militärischen Katastrophen gekennzeichnet. Im April 1755 wurde eine britische Kolonne, bestehend aus regulären Truppen sowie aus Kolonialmiliz, unter General Edward Braddock von französischen Soldaten und ihren indianischen Verbündeten bei Fort Duquesne überfallen. Die Kolonne wurde praktisch aufgerieben, Braddock erlitt tödliche Verletzungen, und Washington, sein Adjutant, entkam nur mit letzter Mühe. Eine Reihe zusätzlicher Rückschläge schloß sich an. Eine britische Festung nach der anderen im nördlichen Teil des heutigen Staates New York ging verloren, und ein massiver Generalangriff

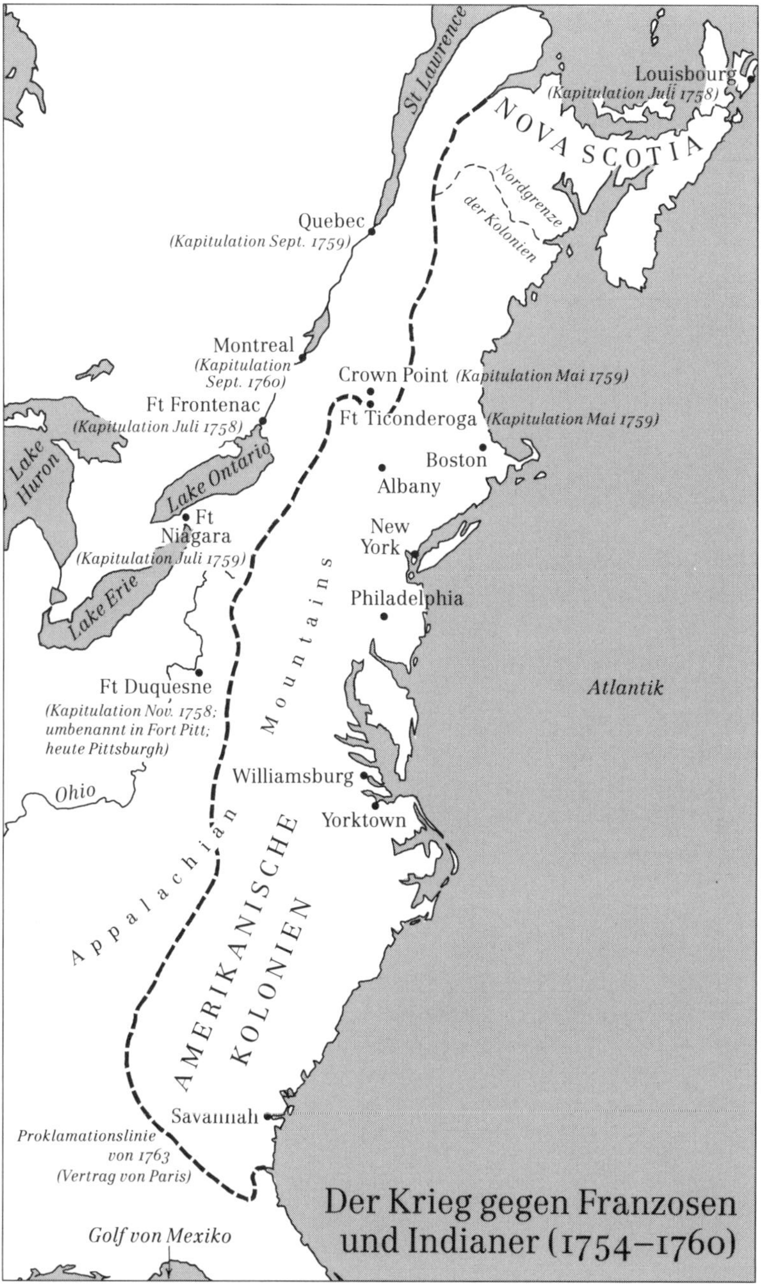
St Lawrence
Louisbourg
(Kapitulation Juli 1758)
NOVA SCOTIA
Nordgrenze
der Kolonien
Quebec
(Kapitulation Sept. 1759)
Montreal
(Kapitulation
Sept. 1760)
Crown Point (Kapitulation Mai 1759)
Ft Frontenac
(Kapitulation Juli 1758)
Ft Ticonderoga (Kapitulation Mai 1759)
Lake Huron
Lake Ontario
Boston
Albany
Ft
Niagara
(Kapitulation Juli 1759)
New
York
Lake Erie
Philadelphia
Ft Duquesne
(Kapitulation Nov. 1758;
umbenannt in Fort Pitt;
heute Pittsburgh)
Atlantik
Appalachian Mountains
Ohio
Williamsburg
Yorktown
AMERIKANISCHE
KOLONIEN
Savannah
Proklamationslinie
von 1763
(Vertrag von Paris)
Golf von Mexiko
Der Krieg gegen Franzosen
und Indianer (1754–1760)

europäischen Stils, mit dem Ford Ticonderoga wiedererobert werden sollte, wurde unter entsetzlichen Verlusten zurückgeschlagen. Unter den Opfern waren der Befehlshaber, General James Abercrombie, und Lord George Howe, einer der zu größten Hoffnungen Anlaß gebenden jüngeren Offiziere der britischen Armee. Vor seinem Tod war Howe einer der führenden Neuerer der unorthodoxen Kriegführung gewesen, welche die Operationen in Nordamerika charakterisieren sollte. Zusammen mit Amherst und Wolfe trug er entscheidend dazu bei, daß sich die Armee von den starren Manövern der europäischen Schlachtfelder auf die flexiblere, modernere Taktik umstellte, die von der amerikanischen Wildnis mit ihren Flüssen und Wäldern gefordert wurde.

Ein bekannter Militärhistoriker schreibt: »[Howe] warf jeden Drill und alle Vorurteile des Kasernenhofs ab, schloß sich den Irregulären auf ihren Spähtrupps an ... und übernahm die Kleidung seiner rauhen Gefährten und wurde einer von ihnen. Nachdem er sich auf diese Weise selbst ausgebildet hatte, begann er, die gelernten Lektionen umzusetzen ... Er ließ Offiziere wie Soldaten ... jede nutzlose Ausrüstung abwerfen; er schnitt die Schöße ihrer Mäntel und das Haar auf ihren Köpfen ab, bräunte die Läufe ihrer Musketen, kleidete ihre Beine in Gamaschen, um sie vor Dorngebüsch zu schützen, füllte die Hohlräume in ihren Rucksäcken mit dreißig Pfund Maismehl, um sie wochenlang unabhängig zu machen.«[16]

Howes Tod bei Ticonderoga brachte die britische Armee um einen ihrer erfindungsreichsten, phantasievollsten und kühnsten Männer, der die Anlage zu einem großartigen Befehlshaber hatte. Doch Ticonderoga sollte sich als letzter ernsthafter Rückschlag für die Briten erweisen. In England war William Pitt, der spätere Earl of Chatham, »Minister für den Süden« geworden und hatte eine radikale Umgestaltung sowohl des Heeres wie der Royal Navy eingeleitet. Altmodische, dogmatische Offiziere wurden entlassen, degradiert oder bei der Beförderung übergangen, und man betraute zahlreiche jüngere, dynamischere, flexiblere Männer mit Befehlspositionen. In Nordamerika waren die wichtigsten unter ihnen James Wolfe, damals einunddreißig Jahre alt, sowie der zehn Jahre ältere Amherst, der auf Empfehlung seines ehemaligen Vorgesetzten Sir John Ligonier zum Generalmajor und Oberbefehlshaber ernannt wurde. Zu Wolfes und Amhersts bekanntesten Untergebenen gehörten Thomas

Desaguliers, der Sohn des angesehenen Freimaurers, und William Howe, der jüngere Bruder von George und später eine zentrale Gestalt im Amerikanischen Unabhängigkeitskrieg.[17]

In der Position des Oberbefehlshabers hatte Amherst bessere Aussichten als George Howe, neue Techniken und Taktiken in der Armee einzuführen. Er übernahm Howes Ideen und sorgte für eine Reihe zusätzlicher Neuerungen: für dunkelgrüne Kleidung, Gewehr- oder Scharfschützenregimenter, Rangereinheiten für Spähtrupps und Guerillaoperationen, leichte Infanterie. Ein leichtes Infanterieregiment, das speziell für Spähtrupps und Nahkampfgefechte vorgesehen war, trug dunkelbraune, randlose Uniformröcke ohne Litzen und jegliche Verzierung. Manche Abteilungen bekamen sogar Indianerkleidung.

Verschiedene Kolonialoffiziere lernten ihr Geschäft bei Amherst – Offiziere, die später während des Amerikanischen Unabhängigkeitskrieges bekannt werden sollten. Männer wie Charles Lee, Israel Putnam, Ethan Allen, Benedict Arnold und Philip John Schuyler eigneten sich unter Amherst sowohl die Disziplin des Berufssoldaten als auch die spezifisch auf die nordamerikanische Kriegführung abgestimmte Taktik an. Washington hatte mittlerweile sein Offizierspatent zurückgegeben, doch auch er kannte Amherst und wurde nachdrücklich von ihm beeinflußt.

Im Juli 1758 wurde Louisbourg – das man zu Beginn des Österreichischen Erbfolgekrieges eingenommen und dann verloren hatte – von Amherst und seinen begabten jungen Offizieren zurückerobert. Dreieinhalb Monate später eroberte eine weitere britische Truppe Fort Duquesne, machte es dem Erdboden gleich und baute es als Fort Pitt (an der Stätte des heutigen Pittsburgh) wieder auf. Im Laufe des folgenden Jahres rückte Amherst durch den Norden des Staates New York vor und eroberte eine Festung nach der anderen, darunter Ticonderoga. Im September 1759 vollbrachte Wolfe, der zusammen mit William Howe die Vorhut führte, eine der waghalsigsten Leistungen der Militärgeschichte, indem er mit zehntausend Soldaten den Saint Lawrence hinauffuhr und dann die senkrechten Klippen der Abraham-Höhen außerhalb der Zitadelle von Quebec emporkletterte. In der sich anschließenden Schlacht fielen Wolfe und der französische Befehlshaber, der Marquis de Montcalm, aber nun hatte sich das Blatt gewendet. Es kam noch ein weiteres Jahr lang zu vereinzelten

Kämpfen, doch im September 1760 kapitulierte Montreal, das von Amherst und William Howe belagert wurde, und Frankreich trat seine nordamerikanischen Kolonien an Großbritannien ab.

Der Zustrom britischer Soldaten nach Nordamerika verstärkte auch das Wirken der Freimaurerei – besonders der »Hochgrad«-Freimaurerei, die von der Irischen Großloge autorisiert wurde. Von den neunzehn Linienregimentern unter Amhersts Kommando besaßen nicht weniger als dreizehn praktizierende Feldlogen.[18] Oberstleutnant John Young – er befehligte ein Bataillon des 60. Infanterieregiments, eines der Regimenter unter Amhersts persönlicher Führung, bei Louisbourg und Quebec – war bereits 1736 von Sir William St. Clair von Rosslyn zum Stellvertretenden Großmeister der Großloge von Schottland ernannt worden.[19] Im Jahre 1757 hatte er es zum Provinzial-Großmeister aller schottischen Logen in Amerika und in Westindien gebracht. 1761 wurde Young im 60. Infanterieregiment von Oberstleutnant (später Generalmajor) Augustine Prevost abgelöst. Im selben Jahr stieg Prevost zum Großmeister aller Logen in der britischen Armee auf, die von einer anderen freimaurerischen Körperschaft, dem Alten und Angenommenen Schottischen Ritus, autorisiert worden waren.[20]

Im Jahre 1756 wurde Oberst Richard Gridley bevollmächtigt, »alle Freien und Angenommenen Maurer für die Expedition gegen Crown Point [das darauf von Amherst eingenommen wurde] zu sammeln und sie zu einer oder mehr Logen zusammenzuschließen«[21]. Als Louisbourg im Jahre 1758 fiel, gründete Gridley dort eine weitere Loge. Im November 1759, zwei Monate nach Wolfes Eroberung von Quebec, hielten die sechs Feldlogen der Truppen, welche die Zitadelle besetzt hatten, eine Zusammenkunft ab. Man beschloß, da »es so viele Logen in der Garnison Quebec gibt«, eine Großloge zu bilden und einen Großmeister zu wählen.[22] Daraufhin wählte man Leutnant John Guinet aus dem 47. Infanterieregiment (später Lancashire Regiment) zum Großmeister der Provinz Quebec. Ein Jahr später folgte ihm Oberst Simon Fraser, der Kommandeur des 78. Infanterieregiments (Fraser Highlanders).[23] Fraser war der Sohn von Lord Lovat, der als prominenter Jakobit eine entscheidende Rolle bei der Rebellion von 1745 gespielt und den zweifelhaften Ruhm erworben hatte, als letzte Person auf dem Tower Hill hingerichtet worden zu sein. Im Jahre 1761 löste Thomas Span aus dem 47. Infanterieregiment Simon Fraser als Provinzial-Großmeister von Quebec ab. Sein Nachfolger war Hauptmann Milborne West aus demselben Regiment, und der letztere wurde 1764 Provinzial-Großmeister von ganz Kanada.

Einer der interessantesten Aspekte von alledem ist in dem relativ niedrigen Rang, der durchschnittlichen Herkunft und der allgemeinen Unbekanntheit der Männer zu suchen, die so hohe Posten einnahmen. Die meisten waren keine Aristokraten, traten in der Öffentlichkeit nie in den Vordergrund und machten nicht einmal in der Armee eine überragende Karriere. Im Grunde waren sie »gewöhnliche Soldaten«. An der Ernennung von Männern wie Leutnant Guinet und Hauptmann West läßt sich ablesen, wie die Regimentslogen funktionierten, wie sie die gesamte militärische Befehlshierarchie umfaßten und weshalb sie so populär waren. Ein Subalternoffizier wie Leutnant Guinet hatte täglichen Umgang mit gemeinen Soldaten, die ihn im Rahmen der Loge wie ihresgleichen behandeln konnten. Gleichzeitig saß er als Provinzial-Großmeister von Quebec Offizieren vor, die in der militärischen Hierarchie weit über ihm standen. Die Feldlogen schufen also eine soziale Durchlässigkeit, die unter den damaligen Umständen ein außergewöhnliches und wahrscheinlich einzigartiges gesellschaftliches Phänomen war.

Die Freimaurerei, die in Amhersts Armee vorherrschend war, wurde natürlich auch an die Kolonialoffiziere und -einheiten weitergegeben. Amerikanische Befehlshaber und andere Militärs machten sich jede Gelegenheit zunutze, nicht nur Waffengefährten, sondern auch freimaurerische Kameraden zu werden. Dadurch entstanden brüderliche Bande zwischen den regulären britischen Truppen und ihren kolonialen Mitkämpfern. Logen breiteten sich aus, und freimaurerische Ränge und Titel wurden wie Orden oder wie Beförderungen vergeben. Männer wie Israel Putnam, Benedict Arnold, Joseph Frye, Hugh Mercer, John Nixon, David Wooster und, nicht zuletzt, Washington selbst verdienten sich nicht nur militärische Sporen, sondern sie wurden auch – wenn sie nicht bereits Mitglieder waren – in Logen aufgenommen.[24] Und selbst jene, die nicht zu praktizierenden Freimaurern wurden, waren stets dem Einfluß der Freimaurerei ausgesetzt. Auf diese Weise sollte die Freimaurerei die gesamte Verwaltung, Gesellschaft und Kultur der Kolonien durchziehen.

Aber es handelte sich nicht nur um die Freimaurerei als solche – nicht nur um ihre Riten, Rituale, Traditionen und Vorzüge –, sondern auch um eine Atmosphäre, eine Mentalität, eine Struktur von Haltungen und Werten, welche von der Freimaurerei besonders wirkungsvoll vermittelt wurden. Die Freimaurerei jener Zeit war die Quelle für einen phantasievollen und schöpferischen Idealismus, bei dessen Verbreitung sie auf einzigartige Weise mitwirken konnte. Die meisten Kolonisten lasen natürlich nicht Locke, Hume, Voltaire, Diderot oder Rousseau – so wenig wie die meisten britischen Soldaten. Aber mit Hilfe der Logen wurden die Gedanken dieser Philosophen allgemein zugänglich. Hauptsächlich durch die Logen erfuhren »gewöhnliche« Kolonisten von dem erhabenen Prinzip der »Menschenrechte«. Durch die Logen erfuhren sie von der Idee, daß die Gesellschaft zu vervollkommnen sei. Und die Neue Welt schien eine Art Tabula rasa, eine Art Labor zu bieten, in dem gesellschaftliche Experimente möglich waren und die von der Freimaurerei vertretenen Prinzipien in die Praxis umgesetzt werden konnten.

4.2 DIE ENTSTEHUNG DER FREIMAURERISCHEN FÜHRERSCHAFT

Eine der Schlüsselfragen hinsichtlich des Amerikanischen Unabhängigkeitskrieges lautet, wie und weshalb Großbritannien es schaffen konnte, den Krieg zu verlieren. Denn er wurde weniger von den amerikanischen Kolonisten »gewonnen« als von Großbritannien »verloren«. Ganz unabhängig von den Anstrengungen der Kolonisten lag es in den Händen Großbritanniens, sich in dem Konflikt durchzusetzen oder in ihm zu unterliegen; und da es sich nicht aktiv dafür entschied, den Krieg zu gewinnen, verlor es ihn mehr oder weniger durch Passivität.

Bei den meisten Konflikten – zum Beispiel beim Spanischen Erbfolgekrieg, beim Siebenjährigen Krieg, bei den Kriegen der napoleonischen Ära, beim Amerikanischen Bürgerkrieg, beim Deutsch-französischen Krieg, bei den beiden Weltkriegen unseres eigenen Jahrhunderts – können Sieg oder Niederlage des einen oder anderen Teilnehmers durch militärische Faktoren erklärt werden. Bei den meisten derartigen Konflikten kann der Historiker auf einen oder mehrere spezifische Punkte verweisen: auf gewisse taktische oder strategische Entscheidungen, gewisse Feldzüge, gewisse Schlachten, gewisse logistische Überlegungen oder einfach auf den Prozeß der Abnutzung. Jeder dieser Punkte kann, für sich genommen oder im Verein mit anderen, zur Niederlage eines der Kriegsteilnehmer geführt oder zumindest die Fortsetzung des Kampfes für einen von ihnen unmöglich gemacht haben. Doch im Amerikanischen Unabhängigkeitskrieg gibt es keine derartigen Faktoren, auf die der Historiker überzeugend verweisen könnte. Selbst die beiden Schlachten – Saratoga und Yorktown –, die gewöhnlich als »entscheidend« betrachtet werden, waren höchstens »entscheidend«, was die amerikanische Moral betraf. Keine von beiden beeinträchtigte auch nur die britische Fähigkeit, die Kämpfe fortzusetzen. In keine von beiden war mehr als ein Bruchteil der in Nordamerika stationierten britischen Truppen verwickelt. Der Krieg sollte nach Saratoga noch vier Jahre dauern, und in diesem Zeitraum wurde die britische Niederlage durch eine Reihe von Siegen ausgeglichen. Und als Cornwallis in Yorktown kapitulierte, war die Mehrzahl der britischen Truppen in Nordamerika immer noch unversehrt sowie strategisch und zahlenmäßig im Vorteil. Es gab im Amerikanischen Unabhängigkeitskrieg keinen überzeugenden Sieg, der mit Waterloo, keinen unvermeidlichen »Wendepunkt«, der mit Gettysburg vergleichbar gewesen wäre. Fast hat es den Anschein, als seien alle des Krieges überdrüssig geworden und hätten gelangweilt beschlossen, die Kämpfe zu beenden und heimzukehren.

In amerikanischen Geschichtsbüchern werden gewisse Standarderklärungen immer wieder als militärische Gründe für die britische Niederlage angeführt, denn sie dienen natürlich als Zeugnisse für den amerikanischen Kampfesmut. Zum Beispiel wird häufig angedeutet, daß das gesamte koloniale Nordamerika unter Waffen gestanden habe und gleichsam als feindseliger Kontinent gegen Großbritannien angetreten sei – eine Situation, die an den Einmarsch Napoleons oder Hitlers in Rußland erinnert, wo sich das ganze Volk zusammengeschlossen hatte, um den Angreifer zurückzuschlagen. Noch häufiger heißt es, daß die britische Armee in der Wildnis Nordamerikas nicht in ihrem Element gewesen sei; man habe sie nicht für die Guerillamethoden ausgebildet, die von den Kolonisten angewandt und vom Terrain diktiert worden waren. Oft ist auch zu hören, die britischen Befehlshaber seien inkompetent, unfähig, träge und korrupt gewesen und deshalb mühelos ausmanövriert worden. Es lohnt sich, einen Blick auf jede einzelne dieser Behauptungen zu werfen.

In Wirklichkeit hatte die britische Armee es nicht mit einem Kontinent oder einem Volk zu tun, die sich leidenschaftlich gegen sie vereinigt hätten. Von den siebenunddreißig Zeitungen der Kolonien waren im Jahre 1775 dreiundzwanzig für die Rebellion, sieben zeigten sich loyal gegenüber Großbritannien, und weitere sieben waren neutral oder unentschieden. Wenn dies die Haltung der Bevölkerung widerspiegelte, waren ganze achtunddreißig Prozent nicht bereit, die Unabhängigkeit zu unterstützen. Tatsächlich blieb eine erhebliche Zahl von Kolonisten dem »Vaterland« verhaftet. Sie leisteten freiwillige Spionagedienste, lieferten den britischen Truppen freiwillig Informationen, Unterkunft und Nachschub. Viele von ihnen griffen sogar zu den Waffen und kämpften an der Seite regulärer britischer Einheiten gegen ihre kolonialen Nachbarn. Im Laufe des Krieges gab es nicht weniger als vierzehn »Loyalisten«-Regimenter, die der britischen Armee angegliedert waren.

Auch das Argument, daß die britische Armee für die in Nordamerika vorherrschende Kriegführung ungeeignet und unausgebildet gewesen sei, ist unhaltbar. Während der meisten Feldzüge fanden im Gegensatz zu herkömmlichen Vorstellungen kaum irreguläre Kämpfe statt. Es handelte sich vorwiegend um sorgfältig geplante Schlachten und Belagerungen von genau der Art, wie sie in Europa ausgefochten wurden – also um Auseinandersetzungen, in denen sich die britische Armee und die ihr angehörenden hessischen Söldner stets hervortaten. Doch sogar in Fällen irregulärer Kriegführung waren die britischen Truppen nicht im Nachteil. Wie wir hörten, hatten Amherst, Wolfe und ihre Untergebenen erst zwanzig Jahre zuvor ebendiese Kriegführung angewandt, um den Franzosen Nordamerika abzuringen. Mehr noch, die britische Armee hatte als erste eine Kampfart entwickelt, die den Wäldern und Flüssen angemessen war, da man erkannt hatte, daß die Techniken und Formationen des europäischen Schlachtfeldes hier fehl am Platze waren. Hessische Truppen waren vielleicht auf eine solche Technik nicht eingestellt, doch britische Einheiten wie das 60. Infanterieregiment – Amhersts altes Schützenregiment – konnten die Kolonisten mit deren eigenen Waffen schlagen, denn schließlich waren die meisten Militärführer der Kolonisten bei *britischen* Befehlshabern in die Lehre gegangen.

Es bleibt der Vorwurf der Inkompetenz und Unfähigkeit an die Adresse der britischen Befehlshaber. Was einen von ihnen betrifft, nämlich Sir John Burgoyne, so ist der Vorwurf wahrscheinlich gerechtfertigt, nicht jedoch, was die drei Hauptbefehlshaber – Sir William Howe, Sir Henry Clinton und Lord Charles Cornwallis – angeht. Howe, Clinton und Cornwallis waren nicht weniger kompetent als ihre amerikanischen Gegner. Alle drei hatten mehr Siege als Niederlagen gegen die Kolonisten zu verzeichnen, und zwar umfassendere, nachdrücklichere Siege. Zumal Howe hatte zwanzig Jahre zuvor in dem Krieg gegen die Franzosen eine zentrale Rolle gespielt und die irreguläre Taktik von seinem bei Ticonderoga gefallenen Bruder erlernt; er hatte in Louisbourg und Montreal unter Amherst gedient und Wolfes Truppen bei Quebec die Abraham-Höhen hinaufgeführt. Zwischen 1772 und 1774 sorgte er dafür, daß leichte Infanteriekompanien in die Linienregimenter eingegliedert wurden. Clinton war in Neufundland geboren worden, dort und in New York aufgewachsen und hatte in der New Yorker Miliz gedient, bevor er sich der Garde anschloß und an Gefechten auf dem Kontinent teilnahm, wo man seinen Aufstieg in der Militärhierarchie als »kometenhaft« beschrieb. Cornwallis zeichnete sich ebenfalls während des Siebenjährigen Krieges aus. Später sollte er während der Kämpfe in Mysore eine Reihe von Siegen erringen, die Großbritannien die Kontrolle über Südindien verschafften; gleichzeitig agierte er als Mentor des jungen Sir Arthur Wellesley, des künftigen Herzogs von Wellington. Während des Aufstandes von 1798 in Irland erwies sich Cornwallis nicht nur als geschickter Stratege, sondern auch als kluger und humaner Mann, der den Übereifer und die Brutalität seiner Untergebenen ständig zügeln mußte. Kurz gesagt, dies waren keine unfähigen oder inkompetenten Befehlshaber.

Doch obgleich das britische Oberkommando während des Amerikanischen Unabhängigkeitskrieges weder inkompetent noch unfähig war, so zeigte es sich – in einem Maße, das von Historikern nie zufriedenstellend erklärt wurde – doch seltsam saumselig, planlos, apathisch, gar träge. Man ließ gleichgültig Gelegenheiten außer acht, die von viel weniger tüchtigen Männern sofort am Schopfe gepackt worden wären. Operationen wurden geradezu schlafwandlerisch durchgeführt. Man ließ einfach nicht die für einen Sieg erforderliche Rücksichtslosigkeit erkennen – die gleiche Rücksichtslosigkeit, welche dieselben Befehlshaber im Kampf gegen andere Feinde an den Tag legten.

In Wirklichkeit verlor Großbritannien den Krieg in Nordamerika überhaupt nicht aus militärischen, sondern aus ganz anderen Gründen. Es war ein höchst unpopulärer Krieg (etwa wie der Vietnamkrieg, den die Vereinigten Staaten zwei Jahrhunderte später beginnen sollten). Er war unpopulär bei der britischen Öffentlichkeit, beim größten Teil der britischen Regierung, bei fast allen direkt betroffenen britischen Soldaten, Offizieren und Befehlshabern. Clinton und Cornwallis kämpften unter Zwang und mit größtem Widerwillen. Howe war sogar noch abweisender und äußerte wiederholt seinen Zorn, seine Unzufriedenheit und Frustration über die ihm aufgebürdete Aufgabe. Sein Bruder, Admiral Howe, war der gleichen Meinung. Er erklärte, die Kolonisten seien »das am stärksten unterdrückte und gepeinigte Volk der Erde«[1].

Amherst war noch militanter. Bei Ausbruch der Feindseligkeiten war er neunundfünfzig Jahre alt – fünfzehn Jahre älter als Washington, zwölf Jahre älter als Howe, doch immer noch überaus fähig, militärische Operationen zu leiten. Nach seinen Erfolgen im Siebenjährigen Krieg war er Gouverneur von Virginia geworden und hatte seine Fertigkeiten in irregulärer Kriegführung während des von Häuptling Pontiac geführten Indianeraufstandes weiterentwickelt. Als der Amerikanische Unabhängigkeitskrieg begann, war er Oberbefehlshaber der britischen Armee und ärgerte sich über die Bürokratie und die Langeweile seines »Schreibtischpostens«. Wenn Amherst in Nordamerika das Kommando übernommen und (zusammen mit Howe, seinem alten Untergebenen) einen so energischen Feldzug geführt hätte wie zwanzig Jahre zuvor gegen die Franzosen, so wären die Dinge unzweifelhaft anders ausgegangen. Aber Amherst zeigte den gleichen Widerwillen wie diejenigen, die so ungern ins Feld zogen; und sein hoher Rang gestattete ihm den Luxus einer Weigerung. Das erste Angebot erging im Jahre 1776, und Amherst schlug es aus. Im Januar 1778 wurde er gar nicht erst gefragt, sondern König Georg III. ernannte ihn zum Oberbefehlshaber in Amerika und forderte ihn auf, die dortige Kriegführung zu übernehmen. Amherst drohte, sein Offizierspatent zurückzugeben, und verweigerte den direkten Befehl des Königs. Versuche von Regierungsmitgliedern, ihn umzustimmen, erwiesen sich als fruchtlos.

Amherst, Howe, die meisten anderen britischen Befehlshaber sowie die Mehrheit der britischen Öffentlichkeit betrachteten den Amerikanischen Unabhängigkeitskrieg als eine Art Bürgerkrieg. Sie sahen sich zu ihrer Verlegenheit Feinden gegenüber, die ihnen als englische Landsleute erschienen – und mit denen sie häufig nicht nur durch Sprache, gemeinsames Erbe, Bräuche und Anschauungen, sondern in vielen Fällen sogar durch Familienbeziehungen verbunden waren. Aber das war noch nicht alles. Wie erwähnt, war die Freimaurerei im Großbritannien des 18. Jahrhunderts ein die gesamte Gesellschaft, vor allem aber die gebildeten Klassen durchziehendes Geflecht: Die höheren Berufsstände, die Beamten und Verwalter, die Erzieher, die Männer, welche die öffentliche Meinung formten und bestimmten, gehörten ihr an. Gleichzeitig schuf sie ein allgemeines psychologisches und kulturelles Klima, eine Atmosphäre, die für die Mentalität des Zeitalters maßgeblich war.

Dies galt besonders für das Militär, wo die Feldlogen eine zusammenhängende Struktur bildeten, welche die Männer an ihre Einheiten, ihre Kommandeure und aneinander band. Und es galt sogar noch mehr für die »gemeinen Soldaten«, denen die Klassen- und Familienbeziehungen der Offiziersschicht fehlten. Während des Amerikanischen Unabhängigkeitskrieges waren die meisten Offiziere und Soldaten auf beiden Seiten entweder praktizierende Freimaurer oder zutiefst von den Anschauungen und Werten der Freimaurerei beeinflußt. Allein die Dominanz der Feldlogen sorgte dafür, daß selbst Nichtfreimaurer ständig den Idealen der Bruderschaft ausgesetzt waren. Es ließ sich kaum übersehen, daß viele dieser Ideale von den Zielen der Kolonisten verkörpert wurden. Die Prinzipien, in deren Namen die Kolonisten die Unabhängigkeit erklärten und dann für sie kämpften, waren – vielleicht zufällig, aber unverkennbar – freimaurerischer Art. Deshalb fühlten sich das britische Oberkommando genauso wie das »Fußvolk« in einen Krieg nicht nur mit englischen Mitbürgern, sondern auch mit Freimaurerbrüdern verwickelt. Unter solchen Umständen war es oft schwierig, rücksichtslos vorzugehen. Dies soll natürlich nicht heißen, daß die britischen Befehlshaber sich des Verrats schuldig gemacht hätten. Schließlich waren sie Berufssoldaten und – wenn auch widerwillig – bereit, ihre Pflicht zu tun. Aber sie gaben sich alle Mühe, ihre Pflicht so eng wie möglich auszulegen und keinen Schritt zuviel zu tun.

Der Einfluss der Feldlogen

Leider liegen keine Mitgliederverzeichnisse oder andere Dokumente vor, mit deren Hilfe sich definitiv feststellen ließe, welche Angehörigen des britischen Oberkommandos praktizierende Freimaurer waren. In der Regel wurden Militärs zunächst in Feldlogen aufgenommen, und Feldlogen waren notorisch nachlässig bei der Herstellung von Aufzeichnungen und bei deren Übersendung an die zuständige Großloge. Nachdem eine Feldloge ihre Stiftungsurkunde erhalten hatte, verlor sie gewöhnlich den Kontakt zu der sie fördernden Körperschaft. Dies galt besonders für Logen, die von der Irischen Großloge autorisiert worden waren. Diese hatte schon mit ihren eigenen Aufzeichnungen genug Mühe, und sie war es, welche die meisten der ersten Feldlogen autorisierte. Manchmal autorisierten Feldlogen auch andere Feldlogen, ohne daß die ursprüngliche Großloge unterrichtet wurde. Und da Regimenter aufgelöst oder zusammengelegt wurden, verlagerten sich Feldlogen von einem Ort an den anderen, wandelten sich um und erhielten manchmal neue Stiftungsurkunden von anderen fördernden Körperschaften. Selbst außerhalb der militärischen Organisation waren die Belege oft erschreckend bruchstückhaft. Zum Beispiel ist bekannt, daß alle drei Brüder Georgs III. Freimaurer waren; einer von ihnen, der Herzog von Cumberland, wurde schließlich Großmeister der Englischen Großloge. Doch es gibt nur Dokumente über die Aufnahme von Henry, dem Herzog von Gloucester, am 16. Februar 1766.[2] Nichts deutet darauf hin, wann, wo oder von wem der Herzog von York, der damals bereits Freimaurer war, aufgenommen wurde (ein Historiker kommentiert müde, er sei »im Ausland eingeführt« worden).[3] Wenn die Angaben im Falle eines königlichen Prinzen so ziellos und vage sind, dann dürfte es im Fall von Militärbefehlshabern noch schlechter aussehen.

Es kann auch nicht festgestellt werden, ob Howe, Cornwallis und Clinton tatsächlich praktizierende Freimaurer waren. Immerhin gibt es zahlreiche Hinweise, die diesen Schluß zulassen. Von den vier Regimentern, in denen Howe diente, bevor er General wurde, hatten drei Feldlogen, und als Oberst hätte er ihre Aktivitäten dulden oder ihnen sogar vorsitzen müssen. Zudem diente Howe unter Amherst und Wolfe in einer Armee, in der die Freimaurerei weit verbreitet war. Seine Erklärungen und Ansichten während des Amerikanischen Unabhängigkeitskrieges stimmen genau mit denen bekannter Freimaurer überein. Und von den einunddreißig Linienregimentern, die in Amerika seinem Befehl unterstanden, besaßen neunundzwanzig Feldlogen.[4] Selbst wenn Howe kein Freimaurer war, hätte er einiges vom Einfluß der Freimaurerei aufnehmen müssen.

Das gleiche läßt sich über Cornwallis sagen, der besonders engen Kontakt zu Howe hatte. Cornwallis diente in zwei Regimentern, bevor er General wurde, in einem als Oberst. Beide besaßen Feldlogen. Cornwallis' Onkel Edward, ein späterer Generalleutnant, war, wie ausgeführt, Gouverneur von Neuschottland geworden und hatte dort im Jahre 1750 eine Loge gegründet. Überhaupt war die gesamte Familie Cornwallis während des 18. und 19. Jahrhunderts eine der prominentesten der englischen Freimaurerei.

Was Clinton betrifft, so ist das Material wenig eindeutig. Bevor er General wurde, diente er nicht in Linienregimentern, sondern bei der Garde, die erst später Feldlogen hatte. Andererseits war er während des Siebenjährigen Krieges Adjutant von Ferdinand, dem Herzog von Braunschweig, einem der aktivsten und einflußreichsten Freimaurer der Epoche. Ferdinand war 1740 in Berlin aufgenommen worden. Im Jahre 1770 wurde er unter der Oberhoheit der Englischen Großloge Provinzial-Großmeister für das Herzogtum Braunschweig. Ein Jahr darauf schloß er sich der Strikten Observanz an. Im Jahre 1776 gründete er zusammen mit Prinz Karl von Hessen eine angesehene Loge in Hamburg. Im Jahre 1782 berief er den Konvent zu Wilhelmsbad ein, einen entscheidenden Kongreß für die gesamte europäische Freimaurerei. Als Ferdinands Adjutant wäre Clinton fraglos dem Einfluß der Freimaurerei und ihrer Ideale ausgesetzt gewesen. Zudem ist eine Urkunde über ein »Johannistag«-Fest überliefert, das von dem Meister und den Brüdern der Loge Nr. 210 am 25. Juni 1781 gefeiert wurde, während die britische Armee New York besetzt hielt. Dieser Urkunde zufolge wurden Trinksprüche ausgebracht auf

> »den König und die Bauhütte,
> die Königin ... mit den Frauen der Maurer,
> Sir Henry Clinton und alle loyalen Maurer,
> Admiral Arbuthnot ... und alle gepeinigten Maurer,
> Generale Knyphausen und Reidesel ... und zu Besuch weilende Brüder,
> Lord Cornwallis und Lord Rawdon mit der Alten Bruderschaft«[5].

Die Freimaurerei war also innerhalb der britischen Armee wie innerhalb der aufständischen Kolonien weit verbreitet. An dieser Stelle muß jedoch betont werden, daß das im folgenden vorgelegte Material *keine* Indizien für eine organisierte »Freimaurerverschwörung« liefert. Die meisten Historiker des Amerikanischen Unabhängigkeitskrieges gehörten zwei Lagern an, was die Freimaurerei angeht. Manche unbedeutendere Autoren versuchen, den Krieg ausschließlich als ein »freimaurerisches Ereignis« darzustellen – als eine Bewegung, die von Freimaurerbünden nach einem ausgeklügelten Generalplan manipuliert und inszeniert worden sei. Solche Autoren führen häufig lange Listen von Freimaurern an – was kaum mehr beweist, als daß es lange Listen von Freimaurern gibt. Andererseits vermeiden es die meisten konventionellen Historiker, den freimaurerischen Aspekt der Auseinandersetzung überhaupt zu behandeln. Philosophen wie Hume, Locke, Adam Smith und die französischen *philosophes* werden zwar regelmäßig genannt, doch man schenkt dem freimaurerischen Milieu, das diesen Denkern den Weg bereitete und ihre Ideen populär machte, keine Beachtung.

Es gab tatsächlich keine freimaurerische Verschwörung. Von den sechsundfünfzig Unterzeichnern der Unabhängigkeitserklärung können nur neun mit Sicherheit als Freimaurer identifiziert werden (zehn weitere gehörten möglicherweise zu ihnen). Unter den vierundsiebzig Generalen der Kontinentalarmee waren, wenn man den Dokumenten trauen darf, dreiunddreißig Freimaurer.[6] Zugegeben, die bekannten Freimaurer waren in der Regel prominenter und hatten stärkeren Einfluß auf den Gang der Ereignisse als ihre nichtfreimaurerischen Kameraden. Aber nicht einmal sie arbeiteten vereint auf einen vorgefaßten Generalplan hin. Dies wäre auch unmöglich gewesen, denn die Bewegung, die ihren Höhepunkt in der amerikanischen Unabhängigkeit fand, war im Grunde eine ständige Übung in Improvisationsmaßnahmen und spontaner »Schadenskontrolle«. In diesem Prozeß war die Freimaurerei im großen und ganzen eher ein dämpfender und mäßigender Faktor. Zum Beispiel agitierte eine Reihe von Radikalen bereits im Jahre 1775 für einen vollständigen Bruch mit Großbritannien. Doch als Freimaurer gab General Joseph Warren, der spätere Befehlshaber der Kolonialtruppen bei Bunker Hill, Erklärungen heraus, die jene der heutigen Ulster Unionists vorwegnahmen: Er widersetze sich dem Parlament, doch er bleibe der Krone gegenüber loyal. Washington vertrat genau die gleiche Position, und noch im Dezember 1777, ein Jahr *nach* der Unabhängigkeitserklärung, war Franklin bereit, alle Gedanken an Unabhängigkeit aufzugeben, falls die Mißstände, die den Krieg ausgelöst hatten, behoben werden würden.[7] Deshalb sind die Hinweise auf »Freimaurerverschwörungen« genauso absurd wie der Versuch, die Freimaurerei ganz unberücksichtigt zu lassen.

Letztlich sollte das von der Freimaurerei verbreitete Gedankengut entscheidender und umfassender auf den Verlauf der Ereignisse einwirken als die Freimaurerei selbst. Die Republik, die aus dem Krieg hervorging, war im wörtlichen Sinne keine »Freimaurerrepublik«, das heißt kein von Freimaurern für Freimaurer im Einklang mit Freimaurеridealen geschaffenes Staatswesen. Aber sie verkörperte jene Ideale, wurde zutiefst von ihnen beeinflußt und verdankte ihnen mehr, als im allgemeinen eingeräumt wird. Ein freimaurerischer Historiker schrieb: »Die Freimaurerei hat größeren Einfluß auf die Gründung und Entwicklung dieser [der amerikanischen] Regierung ausgeübt als jede andere Einzelinstitution. Weder Allgemeinhistoriker noch die Mitglieder der Bruderschaft haben seit den Tagen der ersten Verfassungskonvente begriffen, wieviel die Vereinigten Staaten von Amerika der Freimaurerei verdanken und welch wichtige Rolle diese bei der Geburt der Nation und bei der Schaffung der Marksteine jener Zivilisation spielte.«[8]

4.3 DER WIDERSTAND GEGEN GROSSBRITANNIEN

Die »orthodoxe« oder »offizielle« Form der englischen Freimaurerei, wie sie von der Großloge vertreten wurde, bot höchstens die ersten drei »symbolischen« Grade an. Die sogenannten »Hochgrade« waren, soweit sich feststellen läßt, zunächst auf die ältere jakobitische Freimaurerei beschränkt. Nach der Erhebung von 1745 starb die »Hochgrad«-Freimaurerei nicht aus, sondern sie verlor nur ihre spezifisch jakobitische Orientierung. Ohne ihre Beziehung zu den Stuarts wurde sie von der Großloge nicht mehr als subversiv betrachtet, und die Großloge begann, wenn auch widerwillig, den »Hochgraden« offizielle Anerkennung zuteil werden zu lassen. Bald wurde es auch für staatstreue Engländer akzeptabel, durch ein Spezialstudium auf »Hochgrade« wie Mark, Royal Arch oder Royal Ark Mariner hinzuarbeiten. Dies taten sie unter vielfachen Auspizien, etwa denen der Großloge von Irland, der Großloge von Schottland und der von Baron von Hund geschaffenen Strikten Observanz.

Vor dem Siebenjährigen Krieg war die Freimaurerei in Nordamerika zumeist orthodox prohannoveranisch und von der Großloge autorisiert. Doch während des Siebenjährigen Krieges wurde die »Hochgrad«-Freimaurerei über die Feldlogen in großem Umfang in die amerikanischen Kolonien gebracht, wo sie rasch heimisch wurde. Boston – der Boden, auf dem die amerikanische Revolution wachsen sollte – ist beispielhaft für diesen Prozeß und die dabei manchmal entstandenen Spannungen.

Die Bostoner St. Andrew's Lodge

Die Freimaurerei hatte 1733 in Massachusetts ihren Ursprung genommen, als Henry Price, autorisiert von der Großloge von England, Großmeister der Provinzial-Großloge, der St. John's Grand Lodge, wurde. Sein Stellvertreter war bekanntlich Andrew Belcher, der Sohn des Provinzgouverneurs. Um 1750 gab es zwei weitere in Boston ansässige Logen. Beide sowie ihre Mutterloge, die St. John's Grand Lodge, kamen in einer Schenke namens »Bunch of Grapes« zusammen; hier trafen sich auch von der Großloge autorisierte britische Feldlogen. Im weiteren sollte die St. John's Grand Lodge mehr als vierzig Logen unter ihrer Schirmherrschaft autorisieren. Unterdessen hatte die Großloge von England im Jahre 1743 den distinguierten Bostoner Kaufmann Thomas Oxnard zum Provinzial-Großmeister von Nordamerika ernannt.[1] Damit war Boston die Freimaurerhauptstadt der britischen überseeischen Kolonie.

Aber im Jahre 1752 arbeitete eine »irreguläre« Loge ohne offizielle Autorisierung in einer anderen Schenke, dem »Green Dragon« (1764 umbenannt in »Freemasons' Hall«). Als sich die empörten Mitglieder der St. John's Lodge beschwerten, beantragte die »irreguläre« Loge in aller Form eine eigene Stiftungsurkunde, nicht jedoch bei der Großloge von England, sondern bei der Großloge von Schottland, die »Hochgrade« anbot. Der Stiftsbrief wurde erst 1756 erteilt, als britische Truppen und ihre Feldlogen, autorisiert sowohl von der Irischen wie von der Schottischen Großloge, in Amerika einzutreffen begannen. Die »irreguläre« Loge wurde jetzt unter dem Namen St. Andrew's Lodge autorisiert.[2] Doch kurz darauf erteilte sie eigenen neuen Logen Zulassungen und beanspruchte für sich selbst den Status einer Provinzial-Großloge, und zwar unter der Oberhoheit der Großloge von Schottland. Mithin gab es zwei rivalisierende Provinzial-Großlogen in Boston: die St. John's Lodge unter der Ägide der Großloge von England und die St. Andrew's Lodge unter der Ägide der Großloge von Schottland.

Die Lage spitzte sich zu, die Gemüter gerieten in Wallung. Die St. John's Lodge betrachtete die St. Andrew's Lodge voll Mißtrauen und »verabschiedete« wiederholt »Resolutionen gegen sie«. Diese Resolutionen hatten jedoch keine Wirkung; die St. John's Lodge schmollte weiterhin und verbot ihren Mitgliedern, die Konkurrenzloge zu besuchen. Einige der hervorragendsten Bostoner Bürger vergeudeten daraufhin viel Zeit, Energie und Leidenschaft, um ihre Zwistigkeiten auszutragen. Doch die St. Andrew's Lodge ignorierte die gegen sie gerichtete scharfe Kritik, kam weiterhin zusammen und gewann neue Mitglieder (die sie manchmal tatsächlich bei der St. John's

Lodge abwarb). Und am 28. August 1769 verlieh die St. Andrew's Lodge als erste der Welt einen neuen Freimaurergrad: den eines Tempelritters.[3] Woher genau dieser Grad stammte, bleibt unklar. Es gibt keine definitiven Belege, doch man glaubt, daß er vom 29. Infanterieregiment (später das 1. Bataillon des Worcestershire Regiments), dessen Feldloge zehn Jahre zuvor von der Großloge von Irland autorisiert worden war, nach Boston gebracht wurde. Wie auch immer, die von den Jakobiten beanspruchte und von Hund propagierte Templerherkunft begann nun, Anhänger jenseits ihrer speziellen Riten zu finden. Von Boston aus sollte der freimaurerische Tempelrittergrad dann nach England und Schottland zurückgelangen.

Aber die Verleihung des ersten bekannten Tempelrittergrades war nicht die einzige Würde, durch welche die St. Andrew's Lodge sich auszeichnete. Um 1773 stand sie an der vordersten Front der nun rasch eskalierenden Ereignisse. Ihr Großmeister war damals Joseph Warren, den die Großloge von Schottland zum Großmeister von ganz Nordamerika ernannt hatte. Zu den anderen Mitgliedern der Loge gehörten John Hancock und Paul Revere.[4]

In den Jahren vor 1773 war die Spannung zwischen Großbritannien und seinen amerikanischen Kolonien zunehmend bedrohlicher geworden. Großbritannien, das nach dem Siebenjährigen Krieg praktisch bankrott war, hatte versucht, seine Schatzkammer auf Kosten der Kolonien aufzufüllen, und eine Reihe immer schärferer Steuermaßnahmen verhängt. Jede dieser Maßnahmen hatte natürlich neuen Widerstand und zornige Opposition in den Kolonien ausgelöst. Im Jahre 1769 hatte das Unterhaus von Virginia auf Betreiben Patrick Henrys und Richard Henry Lees (beide waren angeblich Freimaurer) die britische Regierung formell verurteilt und war von dem Provinzgouverneur aufgelöst worden. Im Jahre 1770 war es zu dem berüchtigten »Bostoner Massaker« gekommen, als ein britischer Wachtposten und seine Kollegen, umringt von einer feindseligen Menge, eine Salve abgaben und fünf Menschen töteten. Im Jahre 1771 mußte ein Aufstand in North Carolina von Truppen niedergeschlagen werden, und man richtete dreizehn Rebellen wegen Verrats hin. 1772 hatten zwei prominente Freimaurer, John Brown und Abraham Whipple, ein Zollschiff vor Rhode Island überfallen und verbrannt.[5] Die Situation erreichte ihren Höhepunkt mit dem »Tea Act«, der verabschiedet wurde, um die East India Company vor dem

Bankrott zu retten. Durch dieses Gesetz wurde die East India Company bevollmächtigt, einen großen Teil ihres gewaltigen Teeüberschusses zollfrei in den Kolonien abzusetzen. Dadurch konnte sie sowohl legitime Teehändler als auch koloniale Schmuggler unterbieten und den Teehandel monopolisieren.

Am 27. November 1773 traf die »Dartmouth«, das erste der drei Handelsschiffe der East India Company, mit einer ungeheuren Teeladung in Boston ein. Am 29. und 30. November fanden Massenproteste statt, und die Ladung der »Dartmouth« konnte nicht gelöscht werden. Das Schiff lag mehr als zwei Wochen lang im Hafen fest. Dann, in der Nacht des 16. Dezember, verkleidete sich eine Gruppe von Kolonisten (die Schätzungen liegen zwischen sechzig und zweihundert) als Mohawk-Indianer, enterte das Schiff und warf seine gesamte Fracht – 342 Teekisten, die etwa zehntausend Pfund wert waren – in den Hafen von Boston. Dies war die berühmte »Boston Tea Party«, die den Beginn des Amerikanischen Unabhängigkeitskrieges markierte.

Zur Zeit der »Tea Party« kam die St. Andrew's Lodge regelmäßig in dem sogenannten »Long Room« der Freemasons' Hall zusammen. Die Loge teilte diesen Raum und einen großen Teil ihrer Mitgliedschaft mit einer Reihe rasch sich herausbildender politisch orientierter Geheimgesellschaften und quasi-freimaurerischer, geheimer Bruderschaften, die sich den Widerstand gegen die britische Steuergesetzgebung zum Ziel gesetzt hatten. Unter den Organisationen, die sich im »Long Room« trafen, waren der »Long Room Club« (zu dem auch Joseph Warren, der Großmeister der St. Andrew's Lodge gehörte), das »Committee of Correspondence« (dem Warren und Paul Revere angehörten und das die örtliche Opposition mit dem Widerstand in anderen amerikanischen Städten wie Philadelphia und New York abstimmte) und der »North End Caucus« (darunter sehr viele Freimaurer, zum Beispiel Warren).[6] Eine noch militantere Organisation waren die »Sons of Liberty« mit ihrem inneren Kern, den sogenannten »Loyal Nine«, die Gewalt befürworteten und seit 1765 Aufruhr, Demonstrationen und andere Formen des zivilen Ungehorsams angezettelt hatten. Eine herausragende Stellung unter den »Sons of Liberty« hatte Samuel Adams, der nicht als Freimaurer bekannt war. Die »Sons of Liberty« versammelten sich nicht im »Long Room« der Freemasons' Hall, doch ihre Mitgliedschaft überschnitt sich mit jener der St. Andrew's Lodge (zum Beispiel war Paul Revere besonders aktiv bei den »Sons of Liberty«). Wenigstens drei Angehörige der »Loyal Nine« waren gleichzeitig Freimaurer der St. Andrew's Lodge.[7]

Die Versammlungsprotokolle der St. Andrew's Lodge unmittelbar vor der »Boston Tea Party« sind aufschlußreich. Zum Beispiel kam die Loge am 30. November 1773, dem zweiten Tag der Massenproteste gegen das Einlaufen der »Dartmouth«, zusammen, doch nur sieben Mitglieder waren anwesend. Dem Protokollbuch zufolge wurde »der Antrag gestellt und unterstützt, daß die Loge sich wegen der geringen Zahl der anwesenden Brüder auf den nächsten Donnerstagabend vertagen möge. N.B. Empfänger des Tees nahmen die Zeit der Brüder in Anspruch.«[8]

An dem vereinbarten Donnerstag, dem 2. Dezember, nahmen fünfzehn Mitglieder und ein Besucher an der Versammlung der Loge teil, und man wählte Amtsträger für das folgende Jahr. Eine Woche später, am 9. Dezember, dem für das regelmäßige monatliche Treffen geplanten Datum, waren vierzehn Mitglieder und zehn Besucher anwesend, doch die offiziellen Angelegenheiten wurden auf den 16. Dezember verschoben. Dies war die Nacht der »Boston Tea Party«. Nur fünf Mitglieder erschienen in der Loge. Unter ihrem Namen steht im Protokollbuch: »Loge (aufgrund der geringen Zahl anwesender Mitglieder) bis morgen abend geschlossen.«[9]

Manchen späteren Behauptungen und Legenden zum Trotz scheint die »Tea Party« nicht in der St. Andrew's Lodge geplant worden zu sein. Vielmehr wurde sie vermutlich von Samuel Adams und den »Sons of Liberty« geplant. Aber es steht außer Frage, daß wenigstens zwölf Logenmitglieder an der »Tea Party« beteiligt waren. Damit nicht genug, zwölf weitere Teilnehmer wurden danach Mitglieder der St. Andrew's Lodge.[10]

Zudem hätte die »Tea Party« nicht ohne die aktive Kooperation von zwei Abteilungen der Kolonialmiliz stattfinden können, welche die Fracht der »Dartmouth« bewachen sollten. Edward Proctor, der Hauptmann der ersten Abteilung, war seit 1763 Angehöriger der St. Andrew's Lodge gewesen.[11] Drei seiner Männer – Stephen Bruce, Thomas Knox und Paul Revere – waren ebenfalls Mitglieder der Loge, und drei weitere gehörten den »Loyal Nine« an. In der zweiten Milizabteilung gab es drei Freimaurer der St. Andrew's Lodge. Insgesamt waren neunzehn Freimaurer unter den achtundvierzig Soldaten der beiden Milizabteilungen an der Vernichtung der Fracht beteiligt. Von diesen neunzehn gehörten sechs, darunter der Abteilungskommandeur, der St. Andrew's Lodge und drei weitere den »Loyal Nine« an.[12]

Die Kontinentalarmee

Am Tag nach der »Tea Party« ritt Paul Revere nach New York, wo man die Nachricht veröffentlichte und schadenfroh an die anderen Kolonien weiterleitete. Als sie drei Monate später London erreichte, kam es zu einer überstürzten und unangemessen drastischen Reaktion. Ein Gesetz (die Boston Port Bill) wurde verabschiedet, das den gesamten Handel mit Boston einem Embargo unterwarf und praktisch zur Schließung des Hafens führte. Die Stadt – und in der Konsequenz ganz Massachusetts – wurde der Zivilverwaltung entzogen und damit im Grunde unter Kriegsrecht gestellt. Man ernannte General Thomas Gage zum Gouverneur von Massachusetts. Ein Jahr später, 1775, erhielt Gage erhebliche Verstärkung durch reguläre britische Truppen unter dem Kommando von Sir William Howe.

Inzwischen wurde am 5. September 1774 der Erste Kontinentalkongreß in Philadelphia unter der Präsidentschaft von Peyton Randolph, einem bekannten Anwalt und Provinzial-Großmeister von Virginia, einberufen.[13] Zu den Bostoner Delegierten gehörten Samuel Adams von den »Sons of Liberty« sowie Paul Revere. Aber im Gegensatz zu späteren Überlieferungen herrschte keine Einmütigkeit über die Ziele des Kongresses. Zu diesem Zeitpunkt wünschten oder erwogen nur wenige Repräsentanten die Unabhängigkeit von Großbritannien. Die vom Kongreß verabschiedeten Maßnahmen waren im wesentlichen wirtschaftlicher, nicht politischer Natur, zeichneten sich allerdings kaum durch eine überlegene Strategie aus. Zum Beispiel gründete man die »Kontinentalvereinigung«, um den gesamten Handel mit Großbritannien und der übrigen Welt zu beenden oder einzuschränken und die Kolonialwirtschaft abzuschirmen und autonom zu machen. Dieser Plan war schwerlich in die Praxis umzusetzen, doch es war abzusehen, daß seine Formulierung das britische Parlament in Aufregung geraten lassen würde.

Aber wenn das Parlament, das dreitausendfünfhundert Meilen entfernt war und wenig Verständnis oder Interesse für die reale Situation hatte, auch in Aufregung geriet, so reagierte es doch zweifellos auf falsche Art und mit falschen Maßnahmen. Die Situation verschärfte sich weiter, und als der Provinzkongreß von Massachusetts im Februar 1775 zusammentrat, gab er Pläne für einen bewaffneten Widerstand bekannt. Das Parlament erklärte Massachusetts daraufhin zu einem aufständischen Staat. Danach wurde die Rhetorik immer hitziger, und Patrick Henry sagte vor dem Provinzausschuß von Virginia seinen berühmten Satz: »Gebt mir die Freiheit oder gebt mir den Tod.«[14]

Aber die Krise hatte die Grenzen der Rhetorik – und sogar die Grenzen ziviler oder wirtschaftlicher Aktionen – bereits überschritten. Am 18. April 1775 entsandte man siebenhundert britische Soldaten, um ein Waffenlager der Miliz in Concord, außerhalb Bostons, zu besetzen. Paul Revere unternahm seinen berühmten Ritt, um vor dem Anmarsch der Soldaten zu warnen, woraufhin ihnen bei Lexington siebenundsiebzig bewaffnete Kolonisten gegenübertraten. Ein Scharmützel folgte – »der Schuß wurde auf der ganzen Welt gehört« –, bei dem acht Kolonisten fielen und zehn Personen Verletzungen davontrugen. Auf dem Rückweg nach Boston wurde die britische Kolonne, welche die beschlagnahmten Waffen bei sich hatte, von schätzungsweise viertausend kolonialen Scharfschützen bedrängt und hatte 273 Tote und Verwundete zu beklagen. Die Kolonisten verloren neunzig Mann.

Am 22. April trat der Dritte Provinzkongreß von Massachusetts unter der Präsidentschaft von Joseph Warren zusammen, dem Großmeister der Großloge von Schottland für Nordamerika. Warren veranlaßte die Mobilisierung von dreißigtausend Mann. Gleichzeitig schrieb er in seiner »Ansprache an Großbritannien«: »Die Feindseligkeiten sind schließlich in dieser Kolonie von den Soldaten unter dem Befehl von General Gage aufgenommen worden… Dies, Brüder, sind die Zeichen ministerieller Rachsucht gegen diese Kolonie, weil sie es zusammen mit ihren Schwesterkolonien abgelehnt hat, sich der Sklaverei zu unterwerfen. Aber dadurch sind wir noch nicht von unserem königlichen Souverän getrennt worden. Wir bekennen uns als seine loyalen und pflichtbewußten Untertanen … Nichtsdestoweniger werden wir uns der Verfolgung und Tyrannei seiner grausamen Regierung nicht folgsam beugen.«[15]

Die meisten Nichtfreimaurer unter den aufsässigen Kolonisten –

Männer wie John und Samuel Adams – forderten bereits radikalere Maßnahmen. Doch Warren hatte den Standpunkt der meisten Freimaurer ausgedrückt, als er seine Loyalität zur Krone, wenn auch nicht zum Parlament bekundete. Und dieser Standpunkt setzte sich durch, als der Zweite Kontinentalkongreß am 10. Mai 1775 zusammentrat (zuerst unter der Präsidentschaft von Peyton Randolph, dann, nach seinem Tode, unter John Hancock von der St. Andrew's Lodge) und die Aushebung einer richtiggehenden Armee autorisierte. George Washington, ein prominenter Freimaurer unter Randolphs Großmeisterschaft von Virginia, wurde zum Oberbefehlshaber ernannt. Wenigstens ein Historiker meint, daß Washington diese Ernennung seinen freimaurerischen Beziehungen zu verdanken hatte.[16] Zwar standen erfahrenere Militärs zur Verfügung, doch auch sie waren praktisch alle Freimaurer. Überhaupt wurde das Oberkommando der Kontinentalarmee in den frühen Kriegstagen von Freimaurern beherrscht. Es lohnt sich, sich einigen ihrer Biographien kurz zu widmen.

Unter denen, die anstelle Washingtons zum Oberbefehlshaber hätten ernannt werden können, war General Richard Montgomery. Er stammte aus der Nähe von Dublin. Während des Krieges gegen Franzosen und Indianer diente er als regulärer Offizier in der britischen Armee unter Amherst. Bei der Belagerung von Louisbourg gehörte er zum 17. Infanterieregiment (später Leicestershire Regiment), das einen Teil von Wolfes Brigade ausmachte. Nach dem Krieg ließ Montgomery sich in den Kolonien nieder und heiratete die Tochter Robert R. Livingstons; dieser wurde 1784 Großmeister der New Yorker Provinzial-Großloge und nahm Washington im Jahre 1789 den Amtseid als erster Präsident der Vereinigten Staaten ab. Man vermutet, daß Montgomery während des Louisbourg-Feldzugs in eine Feldloge des 17. Infanterieregiments aufgenommen wurde. Sein Status als Freimaurer war seinen Zeitgenossen durchaus bekannt. »Auf Warren, Montgomery und Wooster!« lautete ein freimaurerischer Trinkspruch, mit dem drei hervorragende, zu den ersten Opfern des Krieges gehörende Logenbrüder geehrt wurden.[17]

General David Wooster war während des Krieges gegen die Franzosen und Indianer Oberst und dann Brigadegeneral gewesen. Er diente unter Amherst bei Louisbourg, und man nimmt an, daß er sich dort zusammen mit Lord Blayney, einem späteren Großmeister der

Englischen Großloge, einer Feldloge anschloß. Bereits 1750 organisierte Wooster die Hiram Lodge No. 1 in New Haven und wurde ihr erster Meister.[18]

General Hugh Mercer hatte als Arztgehilfe in der aufständischen Jakobitenarmee Karl Eduard Stuarts gedient. Nach der Schlacht von Culloden floh er nach Philadelphia, wo er zehn Jahre später unter Braddock diente und bei Fort Duquesne verwundet wurde. Im Jahr darauf gehörte er dem stark freimaurerisch beeinflußten 60. Infanterieregiment an. Als Fort Duquesne unter dem Namen Fort Pitt wieder errichtet wurde, übernahm Mercer das Kommando im Range eines Obersten. Als langjähriger Freimaurer war er Mitglied derselben Loge in Fredericksburg wie Washington.[19]

General Arthur St. Clair, geboren in Caithness, war ein Nachfahr Sir William Sinclairs, des Erbauers von Rosslyn Chapel. Wie Montgomery trat St. Clair in die britische Armee ein, diente 1756/57 im 60. Infanterieregiment und dann in Wolfes Brigade unter Amherst bei Louisbourg. Ein Jahr später war er mit Wolfe in Quebec. 1762 gab er sein Offizierspatent zurück und ließ sich in den Kolonien nieder. Er war unzweifelhaft Freimaurer, doch es existieren keine Einzelheiten über seine Aufnahme oder seine Logenzugehörigkeit.[20]

General Horatio Gates hatte ebenfalls als aktiver Offizier in der britischen Armee gedient und unter Amherst bei Louisbourg gekämpft. Er war einer von Washingtons engsten persönlichen Freunden und heiratete die Tochter des Provinzial-Großmeisters von Neuschottland. Seine genauen freimaurerischen Beziehungen sind nicht überliefert, aber man weiß, daß er ein ständiger Besucher der Provinzial-Großloge von Massachusetts war.[21]

General Israel Putnam hatte unter Lord George Howe gedient und war Zeuge von Howes Tod bei dem katastrophalen Frontalangriff auf Fort Ticonderoga. Später diente Putnam unter Amherst. Er war seit 1758 Freimaurer gewesen, als er sich in Crown Point, kurz nach Amhersts Einnahme der Festung, einer Feldloge anschloß.[22]

General John Stark war zusammen mit Lord George Howe in der irregulären Guerillaeinheit »Rogers' Rangers« gewesen. Später unterstand er Howe bei Ticonderoga, darauf Amherst. Er mag damals Freimaurer geworden sein, doch es gibt keinen schlüssigen Hinweis auf seine Mitgliedschaft vor 1778.[23]

Die Liste ließe sich mühelos fortsetzen. General John Nixon diente unter Lord George Howe bei Ticonderoga, dann, ebenso wie General Joseph Frye, unter Amherst bei Louisbourg. General William Maxwell unterstand George Howe bei Ticonderoga und dann, ebenso wie General Elias Dayton, Wolfe bei Quebec. Alle waren Freimaurer.

Einer derjenigen, die tiefsten Groll über Washingtons Ernennung empfanden – was ihn schließlich zum Verrat veranlaßte –, war Benedict Arnold. Auch er hatte unter Amherst gedient und wurde vermutlich damals Freimaurer. Im Jahre 1765 trat er David Woosters Hiram Lodge No. 1 in New Haven bei.[24] Arnolds Freund, Oberst Ethan Allen, hatte unter George Howe bei Ticonderoga und dann unter Amherst gedient. Im Juli 1777 empfing er den ersten oder Lehrlingsgrad von einer Loge in Vermont, scheint jedoch nicht weiter aufgestiegen zu sein.[25]

4.4 DER UNABHÄNGIGKEITSKRIEG

Am selben Tag, da der Zweite Kontinentalkongreß zusammentrat, führte Ethan Allen zusammen mit Benedict Arnold, seinem damaligen Leutnant, einen Überraschungsangriff auf Ticonderoga durch, die Festung, die eine Generation zuvor so heftig umkämpft gewesen war. Man erbeutete Waffen- und Munitionslager, darunter Artilleriegeschütze. Fünf Wochen später kamen die Kolonisten, die heimlich nachts arbeiteten, den britischen Plänen zur Befestigung Bostons zuvor, indem sie eigene Feuerstellungen auf den die Stadt überblickenden Anhöhen Breed's Hill und Bunker Hill errichteten. Ihr offizieller Befehlshaber war Brigadegeneral Artemus Ward, ein weiterer Veteran des Krieges gegen die Franzosen und Indianer, doch ihr Spiritus rector war Joseph Warren von der St. Andrew's Lodge.

General Thomas Gage sollte später für die nun folgenden Ereignisse verantwortlich gemacht werden, doch die wirkliche Schuld lag bei Sir William Howe, der den Befehl im Felde führte. Howe besaß die Autorität, den Schlachtplan umzustoßen, sobald der wahre Charakter der Situation deutlich wurde, oder sich an den Plan zu halten und die unvermeidlichen Folgen zu tragen. Für einen erfahrenen Mitkämpfer von Amherst und Wolfe benahm Howe sich sehr seltsam.

Trotz der drückenden Hitze befahl Howe seinen Soldaten, in geschlossenen Reihen und mit voller Ausrüstung, die mehr als hundert Pfund pro Mann wog, direkt ins Feuer der Kolonisten vorzurücken und die Stellungen mit dem Bajonett im Sturm zu nehmen. Das Feuer der Kolonisten, abgegeben in disziplinierten Salven, die man während des Krieges gegen die Franzosen und Indianer von der britischen Armee erlernt hatte, war vernichtend, und Howes Soldaten benötigten vier Anläufe, um die Stellungen einzunehmen. Als sie es geschafft hatten – inzwischen waren von den rund 2500 eingesetzten Männern mehr als zweihundert getötet und fast achthundert verwundet worden –, hatten sie wenig Neigung, sanft mit dem Gegner umzugehen. Warren starb durch ein britisches Bajonett, und alle seine Kameraden, die nicht flüchteten, wurden getötet. Die Verluste der Kolonisten betrugen mehr als vierhundert Mann.

Bunker Hill ist deshalb wichtig, weil es sich um die erste direkte Konfrontation zwischen Kolonisten und regulären britischen Truppen handelte. Zudem war es die erste umfassende Schlacht des Krieges, nicht vergleichbar mit den Scharmützeln in Lexington und Concord. Aber Bunker Hill gewann auch durch Howes merkwürdiges Benehmen und seine Operationsweise an Bedeutung. Man muß im Gedächtnis behalten, daß Howe unter seinem älteren Bruder George, unter Amherst und Wolfe unkonventionelle Taktiken erlernt hatte. Während seiner gesamten militärischen Karriere, sowohl vor als auch nach Bunker Hill, vermied er opferträchtige Frontalangriffe auf eine befestigte Stellung – also die Art von Angriffen, bei denen sein älterer Bruder 1758 bei Ticonderoga gefallen war. Bei Bunker Hill hatte er eine Reihe von Alternativen. Er hätte die Kolonisten mit Artilleriefeuer aus ihren Stellungen vertreiben oder ihnen jede Verbindung abschneiden können, bis sie sich infolge von Hunger, Durst und Munitionsmangel hätten ergeben müssen. Er hätte seine Grenadierkompanien und seine leichte Infanterie so phantasievoll einsetzen können, wie er es zwanzig Jahre zuvor bei Amherst und Wolfe beobachtet hatte – und wie er sie in späteren Schlachten des Krieges einsetzen sollte. Da Howe während des Krieges gegen die Franzosen und Indianer an der Seite von Kolonialtruppen gekämpft hatte, wußte er zudem besser als jeder damalige britische Offizier in Boston, wie gut sie die ursprünglich der britischen Armee eigene Technik des Abfeuerns von Salven beherrschten.

Es schien fast, als habe Howe, der wiederholt seinen Widerwillen, gegen die Kolonisten zu kämpfen, bekundet hatte, durch seine Aktion bei Bunker Hill ein Signal an seine Vorgesetzten in London senden wollen: »Ihr wollt, daß ich kämpfe? Nun gut, ich werde kämpfen. Aber dies ist der Preis, den es euch kosten wird. Dies ist der Schlamassel, den ihr anrichtet. Wollt ihr einen solchen Irrsinn wirklich fortsetzen?«

Wenn dies die Lektion war, die Howe der Londoner Regierung erteilen wollte, so blieb sie unwirksam. Gewiß, er mochte zunächst geglaubt haben, daß er sich durchgesetzt hatte, denn die Verluste bei Bunker Hill wurden nicht ihm, sondern Gage zur Last gelegt, und die

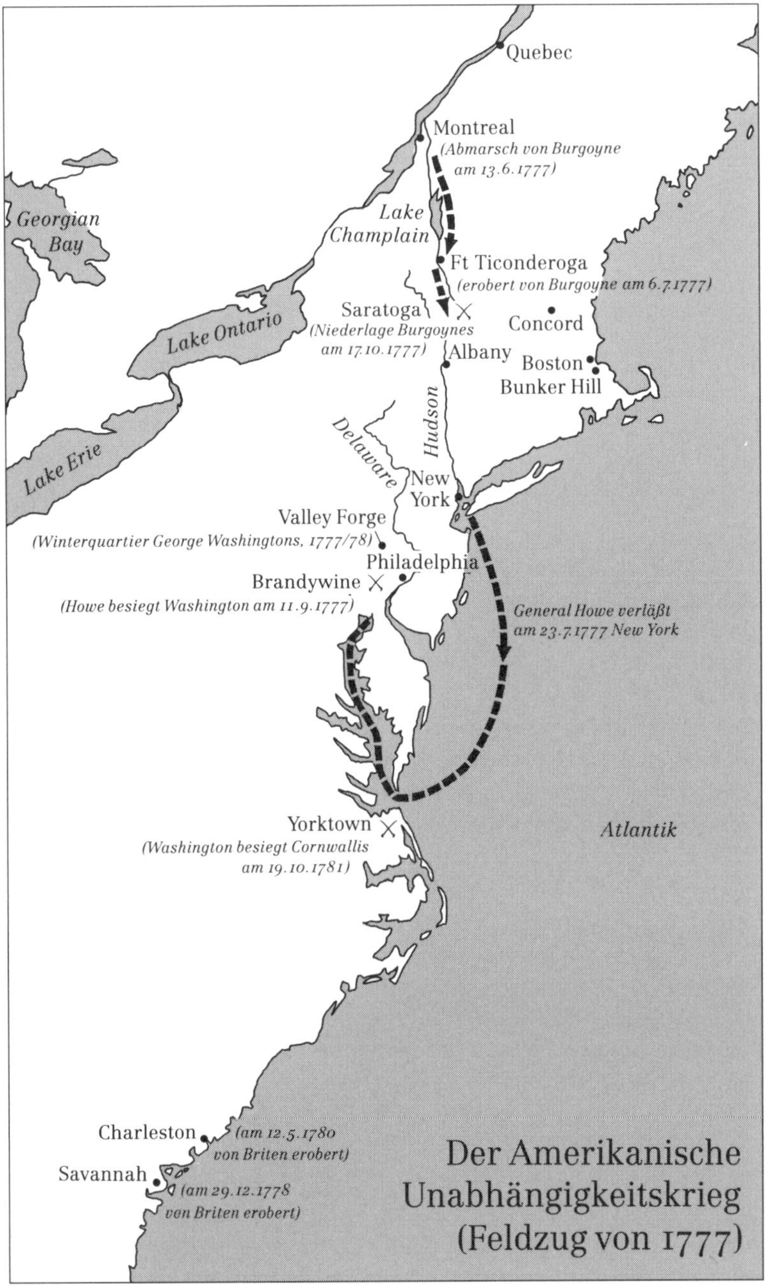

Der Amerikanische Unabhängigkeitskrieg (Feldzug von 1777)

britische Armee räumte Boston. Doch dann fand Howe sich selbst in der Position wieder, die ihm am wenigsten behagte: Er löste Gage ab, hatte die Verantwortung des Oberbefehlshabers zu übernehmen und war gezwungen, die Operationen gegen die Kolonisten fortzusetzen. Er sollte nie wieder Soldatenleben vergeuden wie bei Bunker Hill, sondern er gab sich in den anschließenden Gefechten stets Mühe, nicht nur seine eigenen Männer, sondern auch die Kolonisten zu schonen. Aber sein Verhalten war auch danach nicht weniger undurchsichtig.

Das britische Spionagenetz

Trotz der Opfer bei Bunker Hill – oder vielleicht ihretwegen – waren die Kolonisten, weitgehend von den Freimaurern unter ihnen geleitet, immer noch bemüht, einen vollständigen Bruch mit Großbritannien zu vermeiden. Am 5. Juli verabschiedete der Kontinentalkongreß die sogenannte »Ölzweigpetition« an Georg III., in der um eine friedliche Beilegung der Konflikte nachgesucht wurde. Einen Tag darauf folgte eine weitere Resolution, in der man erklärte, daß die Kolonien nicht die Unabhängigkeit anstrebten, sich jedoch »der Versklavung nicht beugen« würden. Aber am 23. August wurde die »Ölzweigpetition« schroff zurückgewiesen, und der König erklärte, die nordamerikanischen Kolonien Großbritanniens befänden sich in offener Rebellion. Damit hatten die Ereignisse eine eigene Dynamik bekommen und eskalierten über die Grenzen dessen hinaus, was alle Hauptparteien erwartet oder gewünscht hatten.

Am 9. November wurde ein Sonderausschuß – das »Committee of Congress for Secret Correspondence« – einberufen, um ein System von Kontakten unter »unseren Freunden im Ausland« herzustellen. Der Ausschuß bestand aus Robert Morris, John Jay, Benjamin Harrison, John Dickinson und Benjamin Franklin.[1] Er sollte sich in großem Rahmen freimaurerischer Kanäle bedienen und zur Schaffung eines ausgeklügelten Spionagenetzes führen. Gleichzeitig – und rein zufällig – überschnitt es sich mit einem britischen Spionagenetz, das sich ebenfalls freimaurerischer Kanäle bediente. Beide Systeme hatten ihren Sitz in Paris, das zum Zentrum eines gewaltigen Geflechts von Spionage, Intrigen und wechselnden Loyalitäten werden sollte.

Franklin war bekanntlich seit langem Freimaurer, nämlich seit fast einem halben Jahrhundert (seit 1731). 1734 und wiederum 1749 war er Großmeister von Pennsylvania gewesen. Im Jahre 1756 war er von der Royal Society aufgenommen worden, die damals immer noch stark in Richtung Freimaurerei tendierte. Zwischen 1757 und 1762 sowie zwischen 1764 und 1775 hatte er sehr viel Zeit im Ausland, das heißt in England und Frankreich, verbracht. 1776, als der Konflikt in den Kolonien in einen ungezügelten Unabhängigkeitskrieg umschlug, wurde Franklin amerikanischer Botschafter in Frankreich und sollte diese Funktion bis 1785 innehaben. 1778 trat er in Paris einer besonders bedeutenden französischen Loge, »Neuf Sœurs« (Neun Schwestern) bei, der auch so einflußreiche Persönlichkeiten wie John Paul Jones (er wurde zuerst 1770 in Schottland von einer Loge aufgenommen) und Voltaire angehörten. Ein Jahr darauf, am 21. Mai 1779, wurde Franklin Meister der »Neuf Sœurs« und 1780 wiedergewählt.[2] Im Jahre 1782 schloß er sich einer geheimnisvolleren Freimaurervereinigung an, der »Royale Loge des Commandeurs du Temple à l'Ouest de Carcassonne« (Königliche Loge der Kommandeure des Tempels westlich von Carcassonne).[3]

Von den fünfziger Jahren bis 1775 war Franklin Stellvertretender Postminister der amerikanischen Kolonien. In dieser Eigenschaft hatte er enge Freundschaft mit seinen Pendants, den gemeinsam amtierenden britischen Postministern Sir Francis Dashwood und dem Earl of Sandwich, geschlossen. Dashwoods freimaurerische Beziehungen sind unklar. Wahrscheinlich war er Mitglied der 1733 von seinem Freund Charles Sackville, Earl of Middlesex, in Florenz gegründeten Loge. Sackville und er gehörten auch zu dem Gefolge von Freimaurern um Friedrich, den Prinzen von Wales. Später sollte er so etwas wie eine private Freimaurerloge ins Leben rufen.[4]

Im Jahre 1732 war Dashwood Mitbegründer einer quasi-freimaurerischen Gesellschaft, der »Dilettanti«, gewesen. Während seiner Auslandsreisen zwischen 1739 und 1741 hatte er sich in Jakobitenkreisen bewegt; damals war er zu einem Freund und – eine Zeitlang – zu einem zuverlässigen Anhänger von Karl Eduard Stuart geworden. Dadurch kam er mit prominenten Jakobiten in England in Kontakt, etwa mit George Lee, Earl of Lichfield, der seinem Cousin Charles Radclyffe zur Flucht aus dem Gefängnis von Newgate verholfen und zusammen mit dem Herzog von Wharton, einem weiteren Jakobiten und einflußreichen Freimaurer, den »Hell Fire Club« gegründet hatte. Im Jahre 1746 schuf Dashwood zusammen mit dem Earl of Sandwich und zwei anderen den ironisch benannten »Orden des heiligen Franz«, der seitdem unter derselben Bezeichnung wie Whartons und Lichfields frühere Organisation bekannt geworden ist. Mehr noch, nun ist es Dashwood, der im allgemeinen, wiewohl irrtümlich, mit dem »Hell Fire Club« in Verbindung gebracht wird. Allerdings gaben seine »Franziskaner« sich weitgehend den gleichen neuheidnischen, orgiastischen Aktivitäten hin wie der »Hell Fire Club«.

Im Jahre 1761 wurde Dashwood Parlamentsmitglied für Weymouth und Melcombe Regis. 1762 diente er als Schatzkanzler unter dem Earl of Bute. Ein Jahr darauf wurde er Lord le Despencer und Lord Lieutenant von Buckinghamshire sowie Befehlshaber der dortigen Miliz, in der John Wilkes, ein weiterer Außenseiter und bereits notorisch bekannter Abgeordneter, zu seinen Untergebenen gehörte. Dashwood wurde im Jahre 1766 einer der beiden Postminister. Sein erster Kollege in diesem Amt war Willis Hill, Lord Hillsborough, zusammen mit dem Herzog von Wharton und dem Earl of Lichfield einer der Mitbegründer des ursprünglichen »Hell Fire Club«. Hill wurde dann von dem Earl of Sandwich abgelöst.

Sandwich war Dashwood um 1740 begegnet, und die beiden schlossen eine lebenslange Freundschaft. Es dürfte kaum überraschen, daß Sandwich zuerst Dashwoods »Dilettanti« und dann dem »Orden des heiligen Franz« beitrat. Er blieb Postminister bis 1771, als er Erster Lord der Admiralität wurde – ein Amt, das er fast den gesamten Amerikanischen Unabhängigkeitskrieg hindurch bekleidete. Dabei ließ er eine so auffallende Unfähigkeit erkennen, daß ihm sogar die vorsichtige und zurückhaltende *Encyclopaedia Britannica* bescheinigt: »Was Korruption und Unvermögen angeht, ist Sandwichs Verwaltung einzigartig in der Geschichte der britischen Flotte.«[5]

Die Sommer der Jahre 1772 bis 1774 hielt Franklin sich in Dashwoods Wohnsitz in West Wycombe auf.[6] Sie arbeiteten gemeinsam an einer Zusammenfassung des Gebetbuchs der Anglikanischen Kirche: »Das Vorwort und die Liturgie waren Dashwoods, von Franklin redigiertes Werk; der Katechismus und die Psalmen waren Franklins, von Dashwoods redigiertes Werk. Der vollendete Text wurde auf Dashwoods Kosten gedruckt.«[7]

Franklin – jener »schnupftabakfarbene kleine Mann«, wie D. H. Lawrence ihn nannte, der frömmelnde Autor von *Poor Richard's Almanac*, der Befürworter von Abstinenz, Genügsamkeit, Fleiß, Mäßigung und Reinheit, der seine Leser pedantisch ermahnte, »der Fleischeslust abzuschwören« – trat Dashwoods »Franziskanern« bei. Ein Muster an moralischer Rechtschaffenheit in der Heimat, schlug Franklin in England offenbar über die Stränge, und die Höhlen unter Dashwoods Gut in West Wycombe wurden zum Schauplatz für die Kapriolen wollüstiger Postminister.

Nach einem Brief von Sandwich an Dashwood im September 1769 zu urteilen, hatten sie nicht viel anderes zu tun: »Ich schäme mich fast, Ihnen zu schreiben, da das Postgeschäft während des ganzen Sommers so träge gewesen ist. Aber es gibt kaum Angelegenheiten, die unsere Anwesenheit erfordern, und wir haben das Glück, in allem, was eine Meinung erfordert, so vollkommen übereinzustimmen, daß es kaum einen Anlaß gibt, uns durch persönliches Erscheinen Unbequemlichkeit zu bereiten.«[8]

Doch der Schein trog. Da das Amt des Postministers Zugang zu praktisch allen Briefen und sonstigen Kommunikationen gewährte, war es traditionsgemäß auch das Amt des Spionagechefs. Dashwoods und Franklins Erfahrung als Postminister sollte beiden im Amerikanischen Unabhängigkeitskrieg zustatten kommen.

In seiner Doppelrolle als Spionagechef und Botschafter in Frankreich richtete Franklin sein Operationszentrum in Paris ein. Er wurde von Silas Deane und Arthur Lee begleitet, die ebenfalls vom »Committee of Congress for Secret Correspondence« berufen worden waren. Lees Bruder hatte seinen Sitz in London, ebenso wie Franklins Schwester, die vermutlich gleichfalls Spionagearbeit leistete. Sie war seit langem eine gute Freundin von Howes Bruder, Admiral Lord Richard Howe, dem Befehlshaber der Flottenoperationen auf dem kolonialen Kriegsschauplatz. Im Jahre 1774 hatte sie Franklin und den Admiral – vorgeblich zum Schachspiel – zusammengebracht, und die beiden diskutierten häufig über die Beschwerden der Kolonisten.[9] 1781 erschien ein Offener Brief von einem gewissen »Cicero«, der die Brüder Howe bezichtigte, einer »Fraktion« anzugehören, die sich verschworen habe, das Streben der Kolonisten nach Unabhängigkeit zu erleichtern. »Washingtons gesamtes Verhalten … zeigte ein Selbstbewußtsein, das sich nur aus unbedingter Gewißheit herleiten konnte«, wetterte »Cicero«[10]. Er warf Admiral Howe ausdrücklich vor, »geheime Intrigen mit Doktor Franklin«[11] zu spinnen. Der Admiral erwiderte in einer Zeitung, daß »Cicero« »völlig recht hat, was die Tatsachen, doch ein wenig irregeleitet ist, was seine Schlußfolgerungen betrifft«[12]. Gleichzeitig räumte er allerdings ein, daß er dem Flottenoberkommando *nichts* von seinen Begegnungen mit Franklin mitgeteilt habe – was vermuten läßt, daß es tatsächlich etwas zu verbergen gab.

Einer der wichtigsten Agenten für die Kolonisten in England war Dashwoods früherer Freund und Parlamentskollege John Wilkes. Dieser war 1769 aktiver Freimaurer geworden und übernahm 1774 das Amt des Bürgermeisters von London. In dieser Eigenschaft setzte er sich lautstark für die Sache der Kolonisten ein. Seit den späten sechziger Jahren war er zudem der geheime britische Repräsentant der in Boston ansässigen »Sons of Liberty«.[13] Den gesamten Krieg hindurch sammelte Wilkes heimlich Geld für die Kontinentalarmee und schickte es an Franklin nach Paris. Von dort wurde es entweder nach Nordamerika weitergesandt oder benutzt, um Waffen oder sonstiges Kriegsmaterial zu kaufen. Seltsamerweise geht aus einem Brief von 1777 hervor, daß man Wilkes' Tarnung aufgedeckt hatte, ohne jemals etwas gegen ihn zu unternehmen.[14]

Das britische Spionagesystem, das ebenfalls von Paris aus geleitet wurde, unterstand offiziell William Eden, Lord Auckland, einem weiteren hohen Amtsträger, dessen freimaurerischer Hintergrund den Forschern Rätsel aufgibt. Im Jahre 1770 war er Grand Steward der Großloge geworden, doch es sind keine Details über die Umstände seiner Aufnahme bekannt.[15] Aucklands Spionagesystem stützte sich weitgehend auf Schiffskapitäne, die zwischen Frankreich und Nordamerika hin und her segelten (unter ihnen auch solche, die Depeschen zwischen Franklin und dem Kongreß beförderten). Noch am 10. Dezember 1777 machte einer dieser Kapitäne, ein Mann aus Maryland namens Hynson, Auckland Meldung, daß Franklin, »wenn Großbritannien eine Neigung zum Frieden zeige, der erste wäre, der diese Unabhängigkeit aufgeben würde«[16]. Laut Franklin sei Silas Deane der gleichen Meinung. Hynson meldete, Franklin habe jedoch Zweifel an Arthur Lee, der »einen höheren Lebensstil pflegt als je zuvor und sehr viel Stolz besitzt«[17]. Lee wolle seinen Status nicht verlieren und habe nichts gegen eine Fortsetzung des Krieges.

Neben seinen seemännischen Agenten hatte Lord Auckland einen überaus wichtigen Spion in Paris: Dr. Edward Bancroft, einen berühmten Naturforscher und Chemiker. Vor dem Krieg war Bancroft eng mit Franklin befreundet gewesen, und im Jahre 1773 hatte Franklin seine Nominierung zum Mitglied der Royal Society gefördert. Ein weiterer seiner Freunde war Silas Deane. Nachdem Deane nach Paris entsandt worden war, lud er Bancroft, von dessen Spionagetätigkeit für die Briten er nichts ahnte, prompt zu sich ein. Bancroft oder seine Drahtzieher erweckten den Anschein, daß er aus England habe »fliehen« müssen, um sich Deane in Frankreich anzuschließen. Hier wurde er nicht nur Deanes, sondern auch Franklins Vertrauter.[18] Bis 1777 war er sogar Franklins Privatsekretär geworden! 1779 trat er der angesehenen Loge »Neuf Sœurs« bei, deren Meister Franklin in jenem Jahr war.[19]

Durch Bancroft wurde die britische Regierung nicht nur über die Aktivitäten der Kolonisten, sondern auch über die französischen Pläne zum Kriegseintritt auf dem laufenden gehalten. Zumindest theoretisch hätte Großbritannien also etwa die französische Mitwirkung bei dem Sieg der Kolonisten in Yorktown vereiteln können. Aber da Lord Sandwich Erster Lord der Admiralität war und Admiral Lord Richard Howe die Flotte in den nordamerikanischen Gewässern befehligte, zeigte die Royal Navy die gleiche Saumseligkeit wie das Oberkommando der Armee.

Im Rückblick ist klar, daß die von Bancroft gelieferten Nachrichten solide waren. Im Jahre 1785 belohnte das Parlament ihn durch Erteilung eines befristeten Monopols für den Import eines pflanzlichen Farbstoffes, mit dem Kattun bedruckt wurde (Bancroft selbst hatte dieses Verfahren entwickelt). Gleichwohl argwöhnte der König, der persönlich alle Geheimdienstberichte las, Bancroft sei ein Doppelagent der Kolonisten.[20] Besonders fragwürdig war eine geheime Mission, die Bancroft im Jahre 1779 nach Irland führte. Im März 1780 schrieb Lord Stormont, der britische Botschafter in Frankreich, an den König, daß eine irische Geheimdelegation, bestehend aus Katholiken und Unabhängigen, im vorigen Dezember in Paris eingetroffen sei und mit Ludwig XVI. konferiert habe. Stormont berichtete: »Sie planen, daß Irland ein unabhängiges Königreich werden soll, daß es eine Art Parlament, aber keinen König haben, daß die protestantische Religion die vorherrschende Religion sein soll ... doch daß die Katholiken vollste Toleranz genießen sollen. Die Delegationsmitglieder haben enge Kontakte zu Franklin, der, wie mein Informant meint, eine Korrespondenz mit Hilfe seiner, Franklins, Schwester führt, einer nun in London lebenden Mrs. Johnstone, die eine kleine Wohnung in Fountain Court am Strand besitzt.«[21]

Aus diesen Keimen sollte zwanzig Jahre später eine neue quasifreimaurerische Organisation entstehen, die »Society of United Irish Men« unter Führung von Männern wie Lord Edward Fitzgerald und Wolfe Tone. Ihre Aktivitäten fanden ihren Höhepunkt in den irischen Aufständen von 1798 und 1803.

Mittlerweile unterwanderten die britischen Spione unter Lord Auckland den Geheimdienst der Kolonisten, ohne jedoch Nutzen daraus zu ziehen. Sir Francis Dashwood fing als Postminister die Korrespondenz und die Kommuniqués der Kolonisten ab und gab sie an Auckland weiter. Am verblüffendsten ist, daß Dashwood und Franklin ihren persönlichen Kontakt anscheinend durch geheime Kommunikationskanäle aufrechterhielten. Zum Beispiel meldet einer von Dashwoods Agenten, ein gewisser John Norris, in einem Brief vom 3. Juni 1778: »Habe heute Information von Dr. Franklin in Paris nach Wycombe heliographiert.« Wenigstens ein Kommentator schließt daraus, Franklin sei ein britischer Agent gewesen.[22] Aber wenn dies zuträfe, wäre zweifellos irgendeine Nachricht über die Beziehungen zwischen Dashwood und Franklin in Lord Aucklands Papieren oder denen einer maßgeblichen britischen Behörde oder sogar denen des Königs aufgetaucht. Da dies nicht der Fall ist, darf man vermuten, daß die Kontakte nicht vom britischen Geheimdienst sanktioniert (oder ihm auch nur bekannt) waren. Aller Wahrscheinlichkeit nach spielten Dashwood und Franklin, die schließlich alte Freunde und Kollegen waren, ein harmloses Spiel, bei dem sie Klatsch und/oder einfache Fehlinformationen austauschten. Obwohl Dashwood den Krieg ablehnte, deutet nichts darauf hin, daß er Verrat geübt hätte. Im Gegenteil, er scheint seine Pflichten – wenn auch nur in dem erforderlichen minimalen Rahmen – erfüllt zu haben. In dieser Hinsicht hat sein Verhalten auffällige Ähnlichkeit mit dem der britischen Militär- und Flottenbefehlshaber.

Die Unabhängigkeitserklärung

In Nordamerika hatte sich die Dynamik der Ereignisse noch verstärkt. Schon bevor das »Committee of Congress for Secret Correspondence« gegründet war, hatten die Kolonisten eine ehrgeizige und irregeleitete Offensive begonnen. Eine beachtliche Streitmacht unter General Richard Montgomery versuchte, in Kanada einzumarschieren. Am 13. November 1775 gelang es ihr, Montreal zu erobern. Aber dann beging Montgomery, obwohl er unter Wolfe und Amherst gedient hatte, den Fehler, Quebec im Sturm einnehmen zu wollen. Der Angriff der Kolonisten wurde unter schweren Verlusten zurückgeschlagen, das Kontingent wurde dezimiert, und Montgomery selbst fand den Tod. Aber der britische Befehlshaber in Kanada, Sir Guy Carleton, war mit Howe befreundet und teilte dessen Vorbehalte hinsichtlich des Krieges. Er machte sich nicht einmal die Mühe, die besiegten Kolonialtruppen verfolgen zu lassen, und ließ sogar alle gefangengenommenen Feinde frei.

Zu Beginn des Jahres 1776 behielten die gemäßigteren, freimaurerisch orientierten Fraktionen im Kontinentalkongreß noch die Oberhand. Ihre Position war im Dezember nochmals deutlich gemacht worden, als der Kongreß wiederum dem Parlament trotzte, doch weiterhin seine Loyalität zur Krone beteuerte. Doch nun wandelte sich die Stimmung, und radikalere Elemente begannen sich durchzusetzen. Thomas Paines Pamphlet »Common Sense« trug viel dazu bei, die Standpunkte zu polarisieren und viele bis dahin loyale Kolonisten vom Prinzip der Unabhängigkeit vom Mutterland zu überzeugen. Am 7. Juni schlug Arthur Lees Bruder, Richard Henry Lee, offiziell vor, die Kolonien zu »freien und unabhängigen« Staaten zu machen. Mittlerweile hatte auch Franklins diplomatische Tätigkeit die ersten Früchte getragen. Ludwig XVI. von Frankreich hatte Kriegsmaterial im Werte von einer Million Livre versprochen, und Spanien, der andere maßgebliche Gegner Großbritanniens auf dem Kontinent, hatte eine vergleichbare Verpflichtung übernommen. Diese Hilfeleistungen sollten die Kolonialarmee fast zwei Jahre lang aufrechterhalten.

Am 11. Juni ernannte der Kongreß einen Ausschuß, der eine Unabhängigkeitserklärung aufsetzen sollte. Von den fünf Ausschußmitgliedern waren zwei – Franklin und Robert Livingston, Richard

Montgomerys Schwiegervater – mit Sicherheit und einer, Robert Sherman, vielleicht Freimaurer.[23] Die beiden anderen, Thomas Jefferson und John Adams, gehörten trotz späterer gegenteiliger Behauptungen keiner Loge an. Der Text der Erklärung wurde von Jefferson verfaßt und am 4. Juli 1776 vom Kongreß angenommen. Unter den neun Unterzeichnern, deren Logenzugehörigkeit nun nachzuweisen ist, und den zehn, die Freimaurer gewesen sein könnten, waren so einflußreiche Persönlichkeiten wie Washington, Franklin und natürlich der Kongreßpräsident John Hancock.[24] Zudem blieb auch die Armee fast völlig in den Händen der Freimaurer.

Wie bereits erwähnt, wandten sich die Freimaurer im Kongreß und im Militär anfangs gegen eine völlige Unabhängigkeit. Doch nachdem die Würfel einmal gefallen waren, setzten sie alles daran, ihre eigenen Ideale in den Institutionen der neuen Republik verwirklicht zu sehen. Gerade in der Verfassung ist der Einfluß der Freimaurerei am klarsten zu erkennen.

Als die Unabhängigkeitserklärung zuerst veröffentlicht wurde, muß sie wie eine weltfremde Geste und eine verzweifelte Hoffnung gewirkt haben. Die Lage der Kolonisten war damals alles andere als verheißungsvoll und sollte bald noch trostloser werden. Im März hatte Howe Boston geräumt, allerdings nur, um am 22. August in New York zu landen. In der Schlacht von Brooklyn (manchmal auch Schlacht von Long Island genannt) hatte er fünfundsechzig Tote und 255 Verwundete zu beklagen, doch seine Truppen verletzten mehr als zweitausend Gegner. Aber statt die geschlagenen Kolonisten zu verfolgen, ermöglichte er ihnen die Flucht. Bei den sich anschließenden Auseinandersetzungen zeigte er die gleiche Mattigkeit. Zum Beispiel zauderte er bei den Harlem Heights vier Wochen lang, bevor er den Angriff befahl, mit dem die Stellung der Kolonisten genommen wurde. Als Fort Washington erobert worden war, begannen hessische Soldaten, die Gefangenen mit dem Bajonett zu töten, woraufhin Howe in äußerste Wut über die deutschen Söldner geriet.

Aber auch Howes ehrenhaftes Verhalten konnte der Kontinentalarmee weitere Rückschläge nicht ersparen. Washington war gezwungen, sich aus Brooklyn nach Manhattan zurückzuziehen, nur um auch dort aus der Stellung geworfen zu werden, und am 15. September besetzte Howe New York. Weitere Gefechte nötigten Washington, über New Jersey und dann über den Delaware nach Pennsylvania zurückzuweichen. Inzwischen war die Kontinentalarmee von dreizehntausend auf dreitausend Mann geschrumpft. Allein bei Fort Lee hatte sie hundertvierzig Kanonen verloren. Doch Howe zeigte wiederum eine seltsame Zurückhaltung und zögerte so lange, bis sein bedrängter Gegner entkommen war. Interessanterweise war es Washington, der im folgenden Jahr, dem Jahr seiner schwersten Niederlagen, in die Offensive ging. Howe machte nicht ihn, sondern er machte Howe ausfindig. In all diesen Fällen reagierte Howe gleichgültig – fast wie ein Mann, der eine Fliege fortwedelt und dann wieder einschläft.

So unternahm Washington am 26. Dezember 1776 seine berühmte Überquerung des Delaware und führte einen Überraschungsangriff auf eine Abteilung von Hessen in Trenton durch. Darauf entzog er sich der britischen Hauptstreitmacht unter Cornwallis und errang am 3. Januar 1777 bei Princeton einen zweiten Sieg über ein kleineres Kontingent. Statt zurückzuschlagen, zog Howe, dessen Armee ihm an Zahl und Ausrüstung weit überlegen war, sich einfach aus New Jersey zurück und marschierte nach Pennsylvania. Am 11. September wehrte er Washingtons Angriff bei Brandywine mühelos ab; er verfolgte den Gegner jedoch nicht, sondern besetzte Philadelphia, aus dem der Kontinentalkongreß hastig geflohen war, und richtete sein Winterquartier ein. Drei Wochen später, am 4. Oktober, griff Washington von neuem an, diesmal bei Germantown. Howe warf ihn wiederum zurück und fügte ihm besonders schwere Verluste zu. Daraufhin zog sich Washington mit seiner Armee, die von Krankheit, Desertion, niedriger Moral und Nachschubmangel geplagt war, in sein eigenes Winterquartier in Valley Forge zurück. Mit dem Sportsgeist des echten Gentlemans gestattete Howe ihm, sich von den Niederlagen zu erholen und seine dezimierte Streitmacht neu zu organisieren.

Bei dieser Neuorganisation der Kontinentalarmee sollte die Freimaurerei eine besonders wichtige Rolle spielen. Verlockt von den Träumen, zu deren Entstehung die Freimaurerei beigetragen hatte, überquerten Berufssoldaten aus dem Ausland den Atlantik und schlossen sich den Kolonialisten an. Unter ihnen war zum Beispiel Baron Friedrich von Steuben, ein preußischer, von Franklin und Deane angeworbener Veteran, der Washingtons Ausbildungsoffizier wurde. Steuben, der die Disziplin und den Professionalismus der

Streitkräfte Friedrichs des Großen mit sich brachte, verwandelte die Kolonialrekruten fast ohne fremde Hilfe in eine tüchtige Kampftruppe. Unter ihnen war auch der Franzose Johann de Kalb, ein weiterer Veteran der europäischen Schlachtfelder, der zum vielleicht kompetentesten und zuverlässigsten von Washingtons untergebenen Befehlshabern werden sollte. Unter ihnen war Kasimir Pulaski, ein engagierter Pole, der bei der Belagerung von Savannah seinen Verletzungen erlag. Aus Polen kam auch Tadeusz Kosciuszko, der die raffinierten Befestigungen für West Point konstruierte und der führende Militärarchitekt und -ingenieur der Kolonisten wurde. Und schließlich war unter ihnen auch der einundzwanzigjährige Marquis de Lafayette, dessen Ansehen und Status seinen Mangel an militärischer Erfahrung ausglichen. Sein Eintreffen erhöhte die Moral schlagartig, und seine diplomatische Tätigkeit sollte sich als maßgeblich erweisen. Wahrscheinlich trug er stärker zur Einbeziehung Frankreichs in den Krieg bei als jeder andere, und dies wiederum ermöglichte den entscheidenden Sieg bei Yorktown. Mit Ausnahme von Kosciuszko, über den keine relevanten Einzelheiten überliefert sind, waren all diese Männer bekannte oder mutmaßliche Freimaurer. Vor allem Lafayette und Steuben hatten den Vorsatz, bei der Grundsteinlegung der idealen Freimaurerrepublik mitzuwirken.

Das Debakel von Saratoga

Durch die Niederlagen von Brandywine und Germantown und den demoralisierenden Winter in Valley Forge war 1777 ein besonders katastrophales Jahr für Washington. Doch im Norden seiner Operationssphäre ereignete sich das, was sich im nachhinein als folgenreichstes Gefecht des Krieges erweisen sollte. Washington war daran nicht direkt beteiligt, ebensowenig wie Howe. Aber Howe zeigte gerade dadurch wiederum die seltsame Zurückhaltung und Apathie, die während des gesamten Konflikts so kennzeichnend für ihn waren. Mehr noch, einiges läßt vermuten, daß er in diesem Fall noch andere Absichten hatte.

Wie wir gehört haben, war der Krieg äußerst unpopulär: sowohl bei den britischen Befehlshabern in Nordamerika – also den Brüdern Howe, Cornwallis und Clinton – als auch bei den Mitgliedern beider Parteien im Mutterland. Zum Beispiel lehnte Edmund Burke die Unterdrückung der Kolonien eloquent ab. Das gleiche galt für Charles Fox. William Pitt, Earl of Chatham, der zwanzig Jahre zuvor die Eroberung Nordamerikas von den Franzosen geleitet hatte, hielt im Parlament eine Reihe feuriger Reden, in denen er zur Versöhnung aufrief – und er starb, während er eine von ihnen abschloß. Pitts Sohn, der damals als Adjutant von Sir Guy Carleton in Kanada diente, hatte von seinem Vater den Befehl erhalten, sein Offizierspatent zurückzugeben, um nicht gegen die Kolonisten kämpfen zu müssen. Der Earl of Effingham nahm ebenfalls seinen Abschied. Admiral Augustus Keppel, der Sandwich als Erster Lord der Admiralität nachgefolgt war, erklärte öffentlich, er werde sich nicht auf Aktionen gegen Männer einlassen, die er als Landsleute betrachte. Soweit bekannt ist, gab George Rodney, der größte Flottenbefehlshaber seiner Zeit, keine derartige öffentliche Erklärung ab, aber offensichtlich war er der gleichen Ansicht, denn er vermied bewußt jede Aktion in amerikanischen Gewässern, bevor der Krieg entschieden war. Dann erst rückte er in die Karibik vor, um der französischen Flotte eine spektakuläre Niederlage zuzufügen. Wie erwähnt, weigerte sich Amherst, der Oberbefehlshaber der Armee und anerkannte Meister der Kriegführung in Nordamerika, auf ähnliche Weise, ins Feld zu ziehen. In Kanada teilte Sir Guy Carleton die Zurückhaltung seines Freundes Sir William Howe. Die oberen Ränge des britischen Establishments, ob sie zum Militär, zur Flotte oder zur Verwaltung gehörten, lehnten den Krieg fast einmütig ab; genauso einmütig war ihre Antipathie gegen Lord George Germain, den Hauptpropagandisten des Krieges in England. Es gab nur eine einzige nennenswerte Ausnahme, einen Mann, der sich sowohl bei Germain einschmeichelte als auch eine brutale Unterdrückung der Kolonisten befürwortete: Sir John (»Gentleman Johnny«) Burgoyne.

Burgoyne, ein Dandy und zweitrangiger Dramatiker in England, hatte vor dem Ausbruch der Feindseligkeiten im Jahre 1775 nicht in Nordamerika gedient. Als einzigem der britischen Befehlshaber war ihm Nordamerika völlig fremd. Während des Siebenjährigen Krieges war sein Stützpunkt in England gewesen, und er hatte an einer Reihe halbherziger Überfälle auf die französische Küste teilgenommen. Später hatte er ein eigenes leichtes Kavallerieregiment aufgestellt und seine Männer nach Portugal geführt, wo sie als Freiwillige gegen

Spanien kämpften. Nachdem Burgoyne die spanischen Streitkräfte 1762 bei Villa Velha vernichtend geschlagen hatte, kehrte er mit dem Ruf der Erfindungsgabe und Kühnheit nach England zurück. Er trat nie einer Freimaurerloge bei.

Zur Zeit von Bunker Hill diente Burgoyne unter Howe in Boston. Im Februar 1776 wurde er zum Stellvertreter von Sir Guy Carleton in Quebec ernannt und war während des mißlungenen Einmarsches von Richard Montgomery in Kanada im Einsatz. Burgoyne äußerte heftige Kritik an dem »Zaudern«, mit dem Carleton – wie Howe im Süden – seine Operationen gestaltete. Carleton ließ bekanntlich die Feinde frei, die bei dem Angriff auf Quebec gefangengenommen worden waren. Bei einer anderen Gelegenheit ließ er weitere hundertzehn gefangene Kolonisten, darunter einen General, frei, versah sie mit Lebensmitteln und Schuhen und gestattete ihnen heimzukehren. Mindestens einmal erteilte er bewußt Befehle, die den zurückweichenden Kolonisten die Flucht ermöglichten. Für Burgoyne war ein solches Verhalten unentschuldbar. Er verachtete alles »Ausländische« und alle »Ausländer« und war der einzige britische Befehlshaber, der die Kolonisten auf diese Weise einstufte. Voller Arroganz ihren Klagen gegenüber, hatte er nicht die geringsten Bedenken, die Kolonisten so brutal zu unterdrücken, wie es die Umstände gestatteten. Seiner Meinung nach hatten sie es nicht verdient, so sanft angefaßt zu werden, wie Carleton und Howe es demonstrierten.

Im November 1776 kehrte Burgoyne nach England zurück, wo er sich wiederum bei seinem Freund und Gönner Lord George Germain einschmeichelte. Durch Germains Vermittlung wurde er auch zu einem persönlichen Vertrauten des Königs. Dies ermöglichte ihm, hinter dem Rücken seiner Vorgesetzten in Nordamerika seinen eigenen ehrgeizigen Plan anzupreisen, wie der Krieg mit einem Schlag beendet werden könne. Er selbst wollte den Plan in die Tat umsetzen und den Ruhm des Erfolgs ernten.

Der Plan erforderte die komplizierte Abstimmung zahlreicher Komponenten. Eine starke britische Kolonne unter Burgoynes Kommando sollte von Kanada aus nach Süden marschieren und über die alten Festungen in Ticonderoga und Crown Point nach Albany vorrücken. Dazu mußte er das hügelige, stark bewaldete Gelände überwinden, durch das Amherst und Wolfe sich zwanzig Jahre zuvor hindurchgekämpft hatten, das Burgoyne jedoch völlig unvertraut war.

Howe würde das unabhängige Kommando praktisch entzogen werden, und er sollte seine Truppen, die damals um Manhattan stationiert waren, nach Norden führen, um sich in Albany mit Burgoyne zusammenzuschließen: »Zwei Armeen, eine aus dem Norden in Kanada und eine aus dem Süden, sollten zu einem Treffpunkt marschieren und die Kolonien in zwei Abschnitte teilen, wonach die getrennten Gebiete für sich erobert werden könnten.«[25]

Damit wäre ganz Neuengland von den Kolonien im Süden abgeschnitten gewesen. Einem Kommentator zufolge war Burgoyne überzeugt, daß er »sich ... Ruhm, Rang, Ehre und einen Vorzugsplatz in der Geschichte sichern würde«[26].

Burgoynes Plan war unzweifelhaft ehrgeizig. Ob er in kompetenteren Händen Erfolg gehabt hätte, ist fraglich. Und selbst wenn er erfolgreich gewesen wäre, hätten die Ergebnisse nebensächlich sein können, da sich der Hauptkriegsschauplatz weit nach Süden verlagert hatte und Neuengland strategisch unbedeutend geworden war. Nichtsdestoweniger leuchtete die Idee Germain und dem König ein. Sir Guy Carleton sollte als Oberbefehlshaber in Kanada von Burgoyne abgelöst werden, was man ihm im März 1777 mitteilte. Carleton nahm sofort seinen Abschied, blieb jedoch lange genug in Quebec, um Burgoyne auszurüsten und auf den Weg zu schicken. Nach ihren früheren Streitigkeiten war Burgoyne überrascht über die Bereitschaft, mit der Carleton kooperierte. Sir Guy, schrieb Burgoyne, »hätte ... nicht mehr Eifer bei der Erfüllung und Beschleunigung meiner Ersuchen und Wünsche zeigen können«[27]. In Wirklichkeit hatte Carleton es einfach eilig, Burgoyne loszuwerden und sich selbst von der ganzen Angelegenheit zu distanzieren. Aber Carleton begriff auch, daß Burgoyne desto sicherer in den Untergang marschieren würde, je rascher er sich aufmachte. Carleton, der den Ablauf der Ereignisse voraussah, beschleunigte also nicht den Erfolg von Burgoynes Unternehmen, sondern dessen unvermeidlichen Ruin.

Burgoynes Plan hing letztlich von Howes Mitwirkung ab, der damals in der Gegend von Manhattan aktiv war. Wenn der Plan gelingen sollte, mußte Howe mit seiner Armee nach Norden marschieren und in Albany zu Burgoyne aufschließen. Burgoyne nahm an, daß Lord Germain, sein Freund und Gönner in England, die notwendigen Befehle erteilen würde, um Howes Gehorsam – bei allen persönlichen Einwänden – zu erzwingen. Da Germain in der Tat die Verantwortung für solche Befehle trug, wird ihm gewöhnlich die Schuld an den folgenden Geschehnissen zugemessen.

Unzweifelhaft handelte Germain zum Teil schuldhaft, zum Teil fahrlässig. Die allgemein akzeptierte Darstellung lautet, er habe sich gerade in Urlaub begeben wollen. Um die Kutsche nicht auf der Straße warten zu lassen, habe er Burgoynes Befehle hastig unterzeichnet, sich jedoch nicht um Howes Befehle gekümmert, die noch nicht vorschriftsmäßig abgeschrieben worden waren. Dies jedenfalls meinte der Earl of Shelburne in einem der Standardvorwürfe an Germain:

»Unter vielen Eigenheiten hatte er einen besonderen Widerwillen dagegen, von irgendeinem Vorhaben abgebracht zu werden; er hatte sich vorgenommen, zu einer bestimmten Stunde nach Kent oder Northamptonshire zu fahren und unterwegs in seinem Büro vorzusprechen, um die Depeschen, die sämtlich abgeschlossen waren, an diese beiden Generale zu unterzeichnen. Durch einen Fehler waren die an General Howe gerichteten nicht gut abgeschrieben worden, und als er darüber ungeduldig wurde, versprach man im Büro ..., sie ihm aufs Land nachzuschicken, während man die anderen an General Burgoyne absandte. Man erwartete, daß das zweite Paket expediert werden könne, bevor das Schiff mit dem ersten in See stach. Doch infolge eines Irrtums stach es ohne die übrigen Papiere in See, und der Wind hielt das Schiff auf, das man zu deren Beförderung beordert hatte. So kam es zu General Burgoynes Niederlage, der französischen Kriegserklärung und dem Verlust der dreizehn Kolonien. Es könnte unglaublich scheinen, wenn sein eigener Sekretär und die angesehensten Amtsträger diese Tatsache mir gegenüber nicht bekräftigt hätten. Der Sachverhalt wird dadurch bestätigt, daß er sich auf keine andere Weise erklären läßt.«[28]

Lord Shelburne hat nicht ganz recht. Was geschah, läßt sich durchaus auf andere Weise erklären – oder jedenfalls auf eine Weise, die Shelburnes Fassung eine weitere Dimension hinzufügt. Denn während Germain versäumt haben mochte, die erforderlichen Befehle persönlich zu unterzeichnen, leistete ein Mann namens D'Oyley, ein stellvertretender Heeresminister, die Unterschrift. Bekannt ist auch, daß Howe die Befehle am 24. Mai 1777 erhielt.[29] Obwohl sie nicht Germains persönliche Unterschrift trugen, hätte Howe theoretisch die Verpflichtung gehabt, sich nach ihnen zu richten. Zudem wußte Howe bereits, was von ihm erwartet wurde: »Wiewohl es schwierig war, Sympathie oder Achtung für Lord George zu empfinden, ist seine unverzeihliche Fahrlässigkeit, nicht sicherzustellen, daß seine Befehle Sir William in New York erreichten, nur ein Aspekt des katastrophalen Irrtums ... Der andere Aspekt war General Howes Gewißheit, daß die Amerikaner Burgoyne umzingelten, während er nach Süden marschierte.«[30]

Howes Gewißheit war so groß, daß er Burgoyne sogar eine entsprechende Nachricht schickte: »[Howe] teilte Burgoyne mit, daß die amerikanische Nordarmee durch 2500 frische Soldaten verstärkt werden würde. Howe wußte auch ..., daß der Rebellengeneral Israel Putnam mit weiteren 4000 Soldaten bei Peekskill, zwischen Clinton und New York City, stand, während Burgoyne sich in Fort Edward aufhielt.«[31]

Ein kurzer Blick auf die genaue Abfolge der Ereignisse enthüllt, wie Howe und Carleton es gemeinsam anstellten, Burgoynes Scheitern zu garantieren und Germain, dessen Fahrlässigkeit ein zusätzlicher unerwarteter Segen war, die gesamte Schuld zuzuschieben. Anfang 1777 beschloß Howe bekanntlich, New Jersey an Washington abzutreten, und marschierte auf die Kolonialhauptstadt Philadelphia zu. Er unterrichtete Germain über seine Absichten, und dieser gab am 3. März seine Zustimmung. Doch am 26. März kam es zu der oben geschilderten Panne. Germain gab offizielle Berichte heraus, denen zufolge Burgoyne nach Süden marschieren und Howe in Albany zu ihm stoßen sollte. Diese Befehle wurden mit Germains Unterschrift an Burgoyne gesandt. Laut Heeresministerium gingen sie auch, allerdings mit D'Oyleys Unterschrift, an Howe, der sie am 24. Mai erhielt.[32] Aber ganze sieben Wochen zuvor, am 2. April, hatte Howe bereits an Carleton in Kanada geschrieben, daß er Burgoyne nur wenig Hilfe werde leisten können, »da ich wahrscheinlich in Pennsylvania sein werde«[33].

Mit anderen Worten, Howe wußte bereits sieben Wochen vor dem Empfang seiner Befehle, was er tun sollte, und hatte beschlossen, den Gehorsam zu verweigern. Carleton erhielt Howes Brief, *bevor* Burgoyne am 13. Juni von Quebec aus seinen Marsch nach Süden begann. Doch Carleton versäumte es nicht nur, Burgoyne zu warnen, sondern trieb ihn sogar zur Eile an – mit einem »Eifer«, der den dankbaren Burgoyne überraschte. Damit steht fest, daß Howe und

Carleton, welche die Langsamkeit der Übermittlung und die allgemeine Verschwommenheit der Befehle nutzten, darauf abzielten, ihre Hände in Unschuld zu waschen, während sie Burgoyne erlaubten, einer sicheren Niederlage entgegenzumarschieren. Und Germain half ihnen unbewußt bei ihrer späteren Selbstentlastung, da seine Befehle weiterhin verschwommen blieben.

Am 18. Mai schrieb Germain an Howe. Seltsamerweise billigte er Howes Vorrücken nach Philadelphia – »allerdings in der Zuversicht, daß, was immer Sie vorhaben, rechtzeitig erledigt wird, damit Sie mit der Armee zusammenarbeiten können, die den Befehl erhalten hat, aus Kanada abzumarschieren«[34]. Wie konnte Germain so naiv sein zu glauben, daß Howe in der Lage sein würde, südwärts nach Pennsylvania *und* dann wieder nach Norden zu marschieren, um rechtzeitig zu Burgoyne zu stoßen. Howe selbst war nicht so naiv. Er gab nicht einmal vor, sich zu beeilen, sondern bewegte sich geradezu mit Muße. Als Germains Brief ihn am 16. August erreichte, war er auf einem Schiff in der Chesapeake Bay und immer noch unterwegs nach Philadelphia. Am selben Tag stießen die Hessen in der Vorhut von Burgoynes Truppen in Bennington mit den Kolonisten zusammen und wurden aufgerieben: »Als Howe beschloß, Burgoyne im Stich zu lassen ..., war kaum noch vorstellbar, wie er erwarten konnte, daß Burgoyne Albany erreichen würde ... Wie schwerlich bezweifelt werden kann, muß Sir William Howe – mit Germains Befehlen oder ohne sie – eine Ahnung gehabt haben, daß Burgoyne geradewegs in eine sehr ernste Situation hineinmarschierte, und trotzdem unternahm er nichts, um sicherzustellen, daß Burgoyne nicht übel zugerichtet oder sogar vernichtet werden würde.«[35]

Am 30. Juli hatte Burgoyne einen besorgten Brief an Germain gesandt und sich beschwert, daß er nichts von Howes Absichten wisse. Dies scheint sein erster Hinweis auf mögliche Gefahren gewesen zu sein. Am 20. August, vier Tage nach der Niederlage von Bennington, schickte er einen zweiten Brief ab. Unterdessen marschierte Howe bereits in Pennsylvania ein. Am 30. August schrieb Howe ohne Umschweife an Germain, daß er »nicht die geringste Absicht« habe, »Burgoyne zu helfen«[36]. Am 11. September besiegte er Washington bei Brandywine, am 27. September besetzte er Philadelphia, und eine Woche später, am 4. Oktober, schlug er Washington sogar noch überzeugender bei Germantown.

Mittlerweile versank Burgoyne immer tiefer in dem Sumpf, in den er sich selbst hineinmanövriert hatte. Am 7. Oktober, drei Tage nach Germantown, stieß seine Kolonne mit der Hauptmacht der Kolonisten unter General Horatio Gates zusammen. Unter schweren Verlusten zog Burgoyne sich in sein Lager in Saratoga zurück, nur um durch Gates' Gegenangriff auch von hier vertrieben zu werden. Endlich, am 17. Oktober, völlig umzingelt und ohne jede Hoffnung auf Verstärkung, kapitulierte Burgoyne mit fast sechstausend Mann. Fünf Tage später schrieb Howe aus seinem Winterquartier in Philadelphia an Germain und bezog sich auf seinen Brief vom 2. April: »Ich habe keinen Zweifel daran gelassen, daß die Südarmee keine direkte Hilfe würde leisten können.«[37]

Diese Abfolge der Ereignisse zeigt, daß Howe sich bereits im März entschlossen hatte, Burgoyne nicht zu unterstützen. In seinem Brief an Carleton ließ er keinen Zweifel an seiner Absicht. Und keiner der beiden unternahm irgendeinen Versuch, die fast unvermeidlichen Konsequenzen abzuwenden. Howe, der Burgoynes Expedition offensichtlich ablehnte, machte keinerlei Anstalten, bei seinen Vorgesetzten in London zu protestieren, und pochte nie auf seine Autorität als Oberbefehlshaber, um den Plan als irrig zu kennzeichnen. Und Carleton, der Burgoyne zur Eile antrieb, leistete der Niederlage Vorschub.

Ein weiterer Protagonist wurde von späteren Historikern völlig übersehen. Man darf nicht vergessen, daß Amherst damals Oberbefehlshaber des Heeres war. Er kannte sich in dem Gelände aus, durch das Burgoyne marschieren wollte, und er war mühelos in der Lage, die Gefahren und Burgoynes Inkompetenz einzuschätzen. Er war nicht etwa nur Howes früherer Kommandeur im Felde, sondern auch dessen alter Freund, und er dürfte jeder Klage von seiten Howes mitfühlend gelauscht haben. Theoretisch hätten alle Befehle durch Amhersts Hände gehen müssen, denn strenggenommen wurden sie nicht von Germain, sondern von ihm erteilt. Auf jeden Fall muß er über die Geschehnisse auf dem laufenden gewesen sein. Und doch scheint es, daß Amherst während der gesamten Ereigniskette, die in Saratoga endete, wie von der Bildfläche verschwunden war. Es gibt keine Belege darüber, daß Howe sich bei ihm beschwert hätte oder daß überhaupt Briefe zwischen ihnen ausgetauscht worden wären. Amherst gab keinen einzigen Kommentar, keine Empfehlung, keinen

Ratschlag ab. Er verzichtete darauf, irgendeinen Befehl zu erteilen. Seine »Unsichtbarkeit« macht stutzig. Wenn es wirklich eine stillschweigende Übereinkunft zwischen Howe und Carleton gab, Burgoyne scheitern zu lassen, dann muß auch Amherst beteiligt gewesen sein und die Entwicklung zumindest geduldet haben.

Feststehen dürfte, daß Howe und Carleton sich Burgoynes Scheitern *wünschten.* Doch die entscheidende Frage betrifft ihr Motiv: War es einfach persönliche Feindschaft Burgoyne gegenüber, ein gehässiger Wunsch, ihn in Verruf gebracht zu sehen? Das ist höchst unwahrscheinlich, dann Howe und Carleton hätten gewiß keine Armee geopfert, um einen persönlichen Groll zu befriedigen – zumal dieses Opfer ihre eigene Aufgabe nur erschwert hätte. Ungeachtet ihrer persönlichen Gefühle gegenüber Burgoyne hätten sie ihn nicht seinem Schicksal überlassen – es sei denn, es erschien in einem größeren Zusammenhang, vor dem Hintergrund einer allgemeinen, politischen Perspektive des Krieges als sinnvoll. Und genau dies trifft zu, wenn man Howes und Carletons Einschätzung des Krieges betrachtet. Die Historiker neigen dazu, Burgoynes Auslieferung durch Howe entweder als eine ungeheure, aus Mißverständnissen resultierende Fehlleistung oder als einen Akt von empörender und rätselhafter Nachlässigkeit zu interpretieren. Aber in Wirklichkeit entsprach ein solches Verhalten – und dies ist ein entscheidender Punkt – genau der Art und Weise, wie Howe (und Carleton und Cornwallis) seine Operationen im Laufe des Konflikts gestaltet hatte und gestalten sollte.

Burgoynes katastrophales Scheitern gab Howe auch die Gelegenheit, nach der er seit langem gesucht hatte: einen Vorwand, sein Kommando ehrenhaft aufzugeben. Dies tat er einen Monat nach der Schlacht von Saratoga. Einen Monat später folgte sein Bruder, Admiral Richard Howe, seinem Beispiel.

Nach rein militärischen Begriffen war Saratoga, wie wir ausgeführt haben, an sich nicht entscheidend. Es lähmte die britischen Kriegsbemühungen nicht; es hatte keine Bedeutung für die britische Stärke auf den Hauptkriegsschauplätzen; es beeinträchtigte die Kampffähigkeit anderer britischer Befehlshaber in keiner Weise. Im Gegenteil, Howes Streitkräfte blieben weiterhin unversehrt, und die strategische Gesamtposition war nicht schlechter als zuvor. Wenn Howe es gewünscht hätte, wäre er immer noch in der Lage gewesen, Washington zu vernichten.

Aber nach nichtmilitärischen Begriffen war Saratoga entscheidend und markierte den wahren Wendepunkt des Amerikanischen Unabhängigkeitskrieges. Erstens stärkte es die Moral der Kolonisten, als dies dringend benötigt wurde. Zweitens veranlaßte es Frankreich, die aufständischen Kolonien nicht nur als unabhängige Republik anzuerkennen, sondern sogar an ihrer Seite in den Krieg einzutreten. Dies sollte eine sehr wichtige strategische Rolle spielen: Reguläre französische Truppen trafen in Nordamerika ein, und die Royal Navy sah sich in nordamerikanischen Gewässern einer Flotte von vergleichbarer Stärke gegenüber, wodurch die britische Seeblokkade zumindest zeitweilig bedroht wurde. Die britische Befürchtung, daß es auf dem europäischen Kontinent zu militärischen Aktionen kommen könne, hielt Truppen in England fest, die sonst vielleicht in die Kolonien entsandt worden wären. Großbritannien war gezwungen, seine Kräfte an so fernen Orten wie Gibraltar, Menorca und Indien einzusetzen. Insgesamt strapazierte das französische Eingreifen die britischen Reserven – ob im militärischen, seemännischen oder wirtschaftlichen Bereich – auf eine Weise, die den Krieg zunehmend kontraproduktiv werden ließ.

Allerdings dauerte es eine Weile, bis sich diese Konsequenzen bemerkbar machten. Zunächst setzte sich der Konflikt fort, und zwar weitere vier Jahre. Am 8. Januar 1778 handelten Franklin, Silas Deane und Arthur Lee in Paris einen förmlichen Bündnisvertrag mit Frankreich aus. Aber in Nordamerika blieb die Situation der Kolonisten trostlos. Im Mai wurde Howe von Sir Henry Clinton abgelöst; Lord Cornwallis unterstand dem neuen Befehlshaber offiziell, übte jedoch häufig ein unabhängiges Kommando aus. Washingtons Armee war praktisch gelähmt. Sie sollte zwei weitere Winter durchmachen, die so streng waren wie der in Valley Forge, und nach jedem von umfassenden Rebellionen geplagt werden. Aber weder Clinton noch Cornwallis machten einen Versuch, die Lage für sich zu nutzen.

Unterdessen verlagerte sich der Brennpunkt der Aktionen nach Süden. Im Dezember 1778 eroberten britische Truppen Savannah und hielten es im Oktober des folgenden Jahres gegen einen entschlossenen Angriff der Kolonisten. Den größten Teil des Jahres 1779 hindurch spielten sich kaum Gefechte ab, doch im Mai 1780 nahm

Clinton Charlestown in South Carolina ein und fügte den Kolonisten die schlimmste Niederlage des Krieges zu. Gleichzeitig begann Benedict Arnold Geheimverhandlungen mit Clinton über die Auslieferung von West Point und dem Hudson-Becken an die Briten. Am 16. August 1780 stieß Cornwallis mit Horatio Gates, dem Sieger von Saratoga, in Camden (im südlichen New Jersey) zusammen. Die Kolonisten wurden wiederum besiegt, und Gates' Stellvertreter, Baron de Kalb, fiel in der Schlacht. Gates ergriff die Flucht und war später nicht mehr in der Lage, die Schande vergessen zu machen.

Die Kriegführung wurde immer planloser; mit Ausnahme eines weiteren britischen Sieges bei Guildford Courthouse am 15. März 1781 glitt sie in Guerillascharmützel ab. Am 7. August 1781 richtete Cornwallis, der in Virginia eingefallen war, schließlich seinen Stützpunkt in Yorktown ein und ließ sich dort festnageln. Am 30. August errang eine französische Flotte die zeitweilige Kontrolle über die Küstengewässer und ließ Truppen unter Lafayette und Baron von Steuben landen. Ungefähr drei Wochen später traf Washingtons Armee ein, und Cornwallis sah sich mit seinen sechstausend Mann von siebentausend Kolonisten und fast neuntausend Franzosen belagert. Er hielt bis zum 18. Oktober aus und kapitulierte dann, obwohl Clinton mit siebentausend Mann Verstärkung weniger als einen Wochenmarsch entfernt war. Offenkundig hatte das britische Oberkommando mittlerweile jedes Interesse an diesem Krieg verloren. Während Cornwallis' Soldaten kapitulierten, befahl ihr Kommandeur seinen Musikkorps ironisch, eine Melodie mit dem Titel »Die Welt ist auf den Kopf gestellt« zu spielen. Es war, als wolle er mit einem bedauernden Lächeln sagen: »Sei's drum!«

Wie Saratoga war auch Yorktown allein nicht von entscheidender militärischer Bedeutung. Clintons Armee war immer noch unversehrt, und im April 1782 trieb Admiral Rodney die französische Flotte in Westindien in die Enge und vernichtete sie völlig. Hätte Großbritannien den Krieg fortsetzen wollen, wäre es in der Lage gewesen, neuerliche französische Hilfeleistungen an Nordamerika zu drosseln. Aber am 27. Februar hatte das Parlament bereits weitere Aktionen gegen die Kolonisten abgelehnt, und man nahm Friedensverhandlungen auf. Sie dauerten fast ein Jahr, und während dieser Zeit wurden alle militärischen Operationen, außer gegen Überreste der französischen Flotte auf See, eingestellt. Am 4. Februar 1783 proklamierte die neue britische Regierung das formelle Ende der Feindseligkeiten. Am 3. September unterzeichnete man den Vertrag von Paris, durch den die aufständischen Kolonien als unabhängige Republik, die Vereinigten Staaten von Amerika, anerkannt wurden. Bis November wurden die letzten Kontingente der britischen Armee vom Boden der neuen Nation abgezogen, und man löste die Kontinentalarmee auf. Am 23. Dezember nahm Washington seinen Abschied als ihr Oberbefehlshaber.

4.5 ZWISCHENSPIEL

Freimaurerische Bindungen

Die Freimaurerei übte direkten wie indirekten Einfluß auf den Amerikanischen Unabhängigkeitskrieg aus. In einigen Fällen diente sie als Katalysator für politische, wenn nicht gar revolutionäre Tätigkeiten. Zum Beispiel spielte die Bostoner St. Andrew's Lodge eine wichtige Rolle bei der »Boston Tea Party« und stellte auch durch John Hancock einen Präsidenten des Kontinentalkongresses. Die Freimaurerei vermittelte der neugebildeten Kontinentalarmee ihre Standpunkte und Werte, und sie könnte auch etwas mit der Ernennung Washingtons zum Oberbefehlshaber zu tun gehabt haben. Außerdem diente sie als Bruderschaftsband zu Freiwilligen aus dem Ausland wie Steuben und Lafayette.

Auf weniger direkte, weniger meßbare Art trug sie zur Schaffung eines psychologischen Klimas bei, welches das Denken nicht nur von aktiven Logenbrüdern wie Franklin und Hancock, sondern auch von Nichtfreimaurern prägte. Ohne die Freimaurerei des 18. Jahrhunderts hätten die Prinzipien, die im Mittelpunkt des Konflikts standen – nämlich Freiheit, Gleichheit, Brüderlichkeit, Toleranz, »Menschenrechte« –, nicht die gleiche Geltung gehabt. Gewiß, solche Prinzipien waren weitgehend auf Locke, Hume, Adam Smith und die französischen Philosophen zurückzuführen, doch die meisten, wenn nicht alle dieser Denker waren entweder selbst Freimaurer, hatten Umgang mit Freimaurerkreisen oder wurden von der Freimaurerei beeinflußt.

Aber die Freimaurerei machte sich auch auf »bodenständigem« Niveau bemerkbar. Sie war nicht nur mitverantwortlich für die Ideale, die dem Amerikanischen Unabhängigkeitskrieg zugrunde lagen, für das Denken der Politiker und Staatsmänner, der hochrangigen Planer und Entscheidungsgewaltigen; sie wirkte sich nicht nur auf die Einstellung von Männern wie Howe, Carleton, Cornwallis, Washington, Lafayette und Steuben aus, sondern sie beeinflußte auch das Verhalten der »gemeinen Soldaten«, die in ihr ein einendes Band und ein Solidaritätsprinzip fanden. Dies galt besonders für die Kontinentalarmee, wo die Freimaurerei angesichts der fehlenden Regimentstraditionen die Grundlage des »Elan vital« und des »Korpsgeists« bildete. Aber auch in der britischen Armee schuf die Freimaurerei feste Bande nicht nur zwischen den einfachen Soldaten, sondern auch zwischen Soldaten und Offizieren. Zum Beispiel gehörten der Feldloge des 29. Infanterieregiments (später Worcestershire Regiment) zwei Oberleutnants, zwei Leutnants und acht gemeine Soldaten an.[1] Die Loge des 59. Infanterieregiments (später East Lancashire Regiment) umfaßte einen Oberstleutnant, einen Major, zwei Leutnants, einen Chirurgen, einen Kapellmeister, drei Feldwebel, zwei Unteroffiziere und drei Gemeine.[2]

Und der Einfluß der Freimaurerei beschränkte sich nicht auf die Angehörigen der jeweiligen Armee, sondern er wirkte auch zwischen den Gegnern. Der Amerikanische Unabhängigkeitskrieg ist reich an Anekdoten, die bezeugen, wie freimaurerische Bindungen auf alle anderen Loyalitäten einwirkten und sie gelegentlich sogar verdrängten.

Unter den engsten indianischen Kriegsverbündeten der britischen Armee waren die Mohawks, geführt von ihrem berühmten Häuptling Joseph Brant. Brants Schwester hatte vor dem Konflikt Sir William Johnson geheiratet, einen Provinzial-Großmeister von New York und Kollegen Amhersts. Bei einem Besuch in London im Jahre 1776 wurde Brant selbst von einer Loge aufgenommen. Im Laufe desselben Jahres, während des mißglücktes Vormarsches der Kolonisten nach Kanada, nahmen einige von Brants Stammesmitgliedern einen gewissen Hauptmann McKinstry gefangen, fesselten ihn an einen Baum und umgaben ihn mit Strauchwerk, das sie anzünden wollten. Als McKinstry ein »freimaurerisches Notzeichen« machte, erkannte Brant es und befahl, ihn loszubinden. Er wurde einer britischen Loge in Quebec übergeben, die für seine Repatriierung sorgte.[3]

Unter den Kriegsgefangenen, die bei Howes Eroberung von New York gemacht wurden, war ein örtlicher Freimaurer namens Joseph

Burnham. Es gelang ihm zu entkommen, und er suchte eines Nachts Zuflucht auf den Brettern, welche die Decke eines Logengebäudes bildeten. Die Bretter, die nicht angenagelt waren, gaben nach, und Burnham landete krachend unter einer Gruppe verblüffter britischer Offiziere. Man tauschte Erkennungszeichen aus, und die britischen Offiziere »leisteten einen großzügigen Beitrag für Bruder Burnham, der danach eilig und unter Geheimhaltung an die Küste von Jersey befördert wurde«[4].

Joseph Clement, ein britischer Freimaurer aus dem 8. Infanterieregiment (später Liverpool Regiment), diente bei einer Rangereinheit, als er nach einem Gefecht sah, wie ein Indianer sich anschickte, einen gefangenen Kolonisten zu skalpieren. Der Gefangene gab Clement ein Freimaurerzeichen und bat ihn um seinen Schutz. Clement schickte den Indianer fort und ließ den Gefangenen zu einem nahegelegenen Bauernhaus bringen, wo er gesund gepflegt und dann nach Hause entlassen wurde. Einige Monate später wurde Clement seinerseits im Norden des Staates New York gefangengenommen und in ein örtliches Gefängnis gesteckt. Wie sich herausstellte, war sein Bewacher der Mann, dem er das Leben gerettet hatte; in jener Nacht »kam ein Freund zu ihm und ließ ihn wissen, daß die Gefängnistür im Morgengrauen aufgeklinkt sein und daß draußen ein Pferd warten werde, damit er zur Grenze entkommen könne«[5].

Eine ähnliche Beziehung bestand auch unter den Befehlshabern. Am 16. August 1780 stieß Cornwallis, wie erwähnt, in der Schlacht von Camden mit Kolonialtruppen unter Horatio Gates und Baron de Kalb zusammen. Als die Stellung der Kolonisten zusammenbrach, floh Gates früher als seine Soldaten vom Kampfschauplatz. Kalb, der traditionell als Freimaurer gilt, erlitt tödliche Verwundungen. Er wurde von Cornwallis' Stellvertreter Francis Rawdon, Earl of Moira, gefunden, der ein Jahrzehnt später amtierender Großmeister der Großloge von England wurde. Man brachte Kalb zu Moiras Zelt, wo dieser ihn persönlich drei Tage lang pflegte. Nach Kalbs Tod ordnete Moira ein Freimaurerbegräbnis an.[6]

In beiden Armeen diente die Freimaurerei als eine Art Schiedsgericht für Vergünstigungen und die Beseitigung von Mißständen. Zum Beispiel setzte die Feldloge des 14. Dragonerregiments im Jahre 1793, also nach dem Krieg, ein Gesuch auf, in dem sie ihre Mutterloge, die Großloge von Irland, bat, »sich beim Lord Lieutenant oder beim Oberbefehlshaber« für einen gewissen J. Stoddart, den Quartiermeister des Regiments, einzusetzen. Das Gesuch wurde dem Regimentskommandeur Oberst Cradock, der ebenfalls Freimaurer war, »mit dem Wunsch dieser Großloge« überreicht, »daß er seinen freundschaftlichen und brüderlichen Einfluß gütigerweise für den genannten Bruder Stoddart geltend machen möge«[7].

Es gibt Berichte darüber, daß während des gesamten Unabhängigkeitskrieges Stiftungsurkunden und Insignien von Feldlogen durch die eine oder die andere Seite erbeutet und prompt zurückgegeben wurden. In einem Fall erbeuteten Kolonialtruppen die Insignien des 46. Infanterieregiments (später das 2. Bataillon der leichten Infanterie des Herzogs von Cornwall). Auf Anweisung George Washingtons wurden sie unter einer Parlamentärsflagge mit der Botschaft zurückgeschickt, daß er und seine Männer »nicht Krieg gegen mildtätige Einrichtungen führten«[8]. Bei anderer Gelegenheit ging der Stiftungsbrief des 17. Infanterieregiments (später Leicestershire Regiment) auf ähnliche Weise verloren; auch er wurde mit einem Begleitschreiben von General Samuel Parsons zurückgesandt. Dieses Schreiben ist auf beredte Weise kennzeichnend für den Geist, den die Freimaurerei in beiden Armeen und in allen Rängen förderte:

»Brüder, wenn der Ehrgeiz von Monarchen oder die widerstreitenden Interessen miteinander kämpfender Staaten ihre Bürger zum Krieg aufrufen, sind wir Freimaurer des Grolls bar, der zu unterschiedsloser Verwüstung anreizt, und wie immer unsere politischen Gefühle uns in der öffentlichen Auseinandersetzung antreiben mögen, so sind wir doch weiterhin Logenbrüder und sollten (ungeachtet unserer beruflichen Pflicht) unser gegenseitiges Glück fördern und unsere gegenseitige Wohlfahrt begünstigen. Empfangt daher aus den Händen eines Bruders die Verfassung der Loge ›Unity No. 18‹, die im Besitz des 17. britischen Regiments war und die Euch zurückzuschikken Euer kürzliches Mißgeschick mir ermöglicht hat. Euer Bruder und gehorsamer Diener, Samuel H. Parsons.«[9]

4.6 DIE REPUBLIK

Im November 1777, kurz nach Saratoga, hatte sich der Kontinentalkongreß zumindest generell über die Regierungsform geeinigt, welche die junge Republik übernehmen sollte. Es handelte sich um eine Föderation von Staaten, von denen jeder einzelne die geplanten Bundesartikel formell zu ratifizieren hatte. Grenzstreitigkeiten verzögerten den Prozeß, und die Bundesartikel wurden erst Anfang März 1781, sieben Monate vor der britischen Kapitulation in Yorktown, von allen dreizehn Kolonien ratifiziert. Aber weitere sechs Jahre sollten verstreichen, bevor es zu bedeutsamen Fortschritten kam.

Zwischen 1783 und 1787 ist eine Lücke zu verzeichnen, als benötigten die Kolonisten, benommen von ihrer eigenen Leistung, eine Pause, in der sie Atem schöpfen und die Situation abschätzen konnten. Die Bevölkerung der Kolonien hatte sich, wie man erfuhr, gegenüber der Vorkriegszeit um rund 211 000 Menschen verringert. Dies lag hauptsächlich daran, daß königstreue Siedler zurück nach England oder – häufiger – nach Kanada geflohen waren.

Am 25. Mai 1787 wurde endlich der Verfassungskonvent in Philadelphia eröffnet, und man begann, den Regierungsmechanismus für die neue Nation auszuarbeiten. Die erste einflußreiche Stimme, die sich vernehmen ließ, war charakteristischerweise die des Freimaurers Edmund Randolph. Der größte Teil von Randolphs Familie war der Krone treu geblieben und im Jahre 1777 nach England zurückgekehrt. Aber Randolph, der einer Loge in Williamsburg angehörte, war Washingtons Adjutant geworden. Später sollte er zum Justizminister, dann zum Gouverneur von Virginia sowie zum Großmeister der virginischen Großloge aufsteigen.[1] Während Washingtons Präsidentschaft war er der erste Justizminister und dann der erste Außenminister der Vereinigten Staaten.

Im Laufe des Verfassungskonvents nahm Washington, wiewohl

zum Vorsitzenden gewählt, nicht an den Debatten teil, und es ist wahrscheinlich, daß Randolph in gewissem Grade als sein Sprecher oder Stellvertreter agierte. Randolph schlug vor, daß der Konvent die Bundesartikel, welche die nun unabhängigen Kolonien bis dahin zusammengehalten hatten, nicht nur revidieren oder modifizieren, sondern auch eine neue Basis für die Zentralregierung schaffen solle. Der Vorschlag wurde angenommen, und man begann, den lockeren Bund früherer Provinzen zu einer einzigen Nation zusammenzuschmieden.

Natürlich hatte es bereits vorher Republiken gegeben; überhaupt stammte die republikanische Idee aus klassischen Zeiten: aus dem alten Griechenland und aus dem Rom der vorkaiserlichen Epoche. Doch den Abgeordneten des Verfassungskonvents war nur zu deutlich bewußt, daß alle früheren Republiken nicht weniger als die Monarchien von chronischen Problemen heimgesucht worden waren. Das Hauptproblem war vielleicht die Neigung republikanischer Regierungen, sich in die Hände diktatorischer Individuen oder Dynastien zu begeben, die sich dann genauso tyrannisch, wenn nicht tyrannischer als jeder Souverän oder jedes Königshaus gebärdeten. Dies hatte dafür gesorgt, daß die republikanische Idee unter den Gesellschaftsphilosophen des 18. Jahrhunderts stark in Mißkredit geraten war. Sogar die aufgeklärtesten Denker des Zeitalters hegten ernsthafte Zweifel daran, daß der Republikanismus eine lebensfähige Regierungsform sei. Hume zum Beispiel hatte ihn als eine »gefährliche Neuerung« verworfen.[2] Die absolute Monarchie sei bei aller Zweifelhaftigkeit vorzuziehen.[3] Mit solchen Problemen setzten sich die Abgeordneten des Verfassungskonvents nun auseinander. Sie einigten sich auf zwei Prinzipien, die, zusammengenommen, einen einzigartigen Fortschritt für die politischen Institutionen der Epoche darstellten.

Das erste dieser Prinzipien besagte, daß die Macht nicht einem einzelnen Menschen, sondern seinem Amt verliehen und daß dieser Mensch in regelmäßigen Abständen durch eine Wahl abgelöst werden sollte. Ein Individuum mochte eine politische oder eine Regierungsposition einnehmen und die damit verbundenen Verpflichtungen erfüllen, aber es sollte nicht untrennbar mit seinem Amt verbunden sein. Zugegeben, dies war keineswegs ein neues Prinzip, und so wünschenswert es theoretisch klingen mochte, war es doch in der Praxis häufig mißbraucht und deshalb diskreditiert worden. Besonders in Regierungsangelegenheiten war die theoretische Trennung von Person und Amt zu oft und auf zu schreckliche Art verraten worden, als daß sie etwas anderes als Zynismus hätte auslösen können. Männer wie Locke, Hume und Adam Smith ließen sich nicht einmal dazu herab, diese Form zu erwähnen. Dabei war die Freimaurerei eine der wenigen Einrichtungen des 18. Jahrhunderts, in denen dieses Prinzip tatsächlich wirksam funktionierte und eine gewisse Achtung genoß. Meister und Großmeister wurden für eine festgelegte Amtszeit von ihren Logenbrüdern – und aus deren Mitte – gewählt. Sie übten keine autokratische Macht aus, sondern konnten im Gegenteil, was auch häufig geschah, zur Rechenschaft gezogen werden. Und wenn man sie des Amtes, in das sie gewählt worden waren, für unwürdig hielt, konnten sie angeklagt oder abgesetzt werden – nicht durch eine Revolution, einen Coup oder durch andere gewalttätige Mittel, sondern durch einen etablierten Verwaltungsapparat. Zudem blieb die Würde des Amtes dadurch unbeeinträchtigt.[4]

Um die Trennung von Person und Amt zu gewährleisten, erdachte der Verfassungskonvent das zweite seiner Leitprinzipien, das einen beispiellosen Beitrag zu der politischen Geschichte der Epoche darstellte. Nach einem System der sogenannten »checks and balances« sollte die Macht gleichmäßig zwischen zwei unterschiedlichen und autonomen Regierungskörperschaften aufgeteilt werden: der Exekutive in Gestalt des Präsidenten und der Legislative in Gestalt der beiden Kongreßhäuser. Aufgrund ihrer Autonomie würde jede dieser beiden Körperschaften in der Lage sein, eine übermäßige Machtkonzentration in den Händen der anderen Körperschaft zu verhindern. Und die Trennung von Person und Amt sollte in beiden Bereichen durch regelmäßige und gesetzlich vorgeschriebene Wahlen, ähnlich denen des Logensystems, garantiert werden. Solche Wahlen waren anderenorts im 18. Jahrhundert nicht unüblich, aber sie galten nur für den legislativen Bereich der Regierung, der häufig machtlos war und die Maßnahmen der Exekutive lediglich absegnete. In der neuen amerikanischen Republik sollte das Prinzip jedoch auch auf die Exekutive, das heißt auf das Staatsoberhaupt, angewandt werden. Auch hier ist der Einfluß der Freimaurerei offenkundig.

Es steht außer Frage, daß die Freimaurerei einen Beitrag zur Struktur und Funktionsweise der neuen amerikanischen Regierung leistete. Mehr noch, diese Struktur ist auffallend geometrisch und erinnert an die kunstvollen mechanischen Modelle, die das »Unsichtbare Kollegium« und die Royal Society ein Jahrhundert zuvor konstruierten. Sie spiegelt eine Anwendung der »experimentellen Methode«, die dem »Unsichtbaren Kollegium« und der Royal Society so teuer war, sowie architektonischer Prinzipien auf die Politik wider. Aber wenn die Freimaurerei die Strukturen der amerikanischen Regierung beeinflußte, so war sie noch bedeutsamer für die allgemeine Form jener Regierung. Ein Kommentator schrieb:

»Wiewohl frei, waren wir noch nicht vereint. Die lockeren Bundesartikel lieferten keine starke nationale Regierung, keine allgemeine Währung oder ein konsequentes Rechtssystem. Männer von Weitblick erkannten, daß ein weiterer Schritt getan werden mußte, um den schwachen Bund der amerikanischen Staaten zu einer starken, geeinten Nation zu machen. Wiederum diente die Freimaurerei als Vorbild für Ideologie und Gestalt. Da das freimaurerische Föderationssystem als einziges effektives Organisationsmuster in jeder der ursprünglichen dreizehn Kolonien wirksam war, schien es nur natürlich, daß sich patriotische Logenbrüder, welche die junge Nation zu stärken beabsichtigten, der Organisationsgrundlage der Bauhütte als Modell zuwandten. Ungeachtet der anderen Kräfte, welche die Entstehung der Verfassung während des Verfassungskonvents im Jahre 1787 beeinflußten, bleibt die Tatsache bestehen, daß der Föderalismus der von der Verfassung geschaffenen Zivilregierung identisch mit dem Föderalismus der Großlogenverwaltung ist, die in *Anderson's Constitutions* von 1723 entwickelt wurde.«[5]

Diese Zeilen stammen von einem amerikanischen Freimaurer, der zwar überzogen und allzusehr vereinfacht argumentiert. Die Realität war viel komplizierter und bildete sich erst allmählich aus einer sehr heftigen Debatte heraus. Aber der Kern der Behauptung trifft zu: Die Freimaurerei lieferte in der Tat das reibungslos funktionierende Modell eines föderativen Systems – vielleicht das einzige derartige Modell jener Zeit. Dies war den Delegierten des Verfassungskonvents viel deutlicher als den Menschen der Gegenwart, in der eine Reihe von Institutionen über föderative, als mehr oder weniger selbstverständlich hingenommene Systeme verfügt. Im 18. Jahrhundert bot die Freimaurerei ein überzeugendes Beispiel dafür, daß ein föderatives System funktionieren *konnte*. Sie lieferte einen dringend benötigten Präzedenzfall, der zumindest als Prototyp für eine Regierung dienen konnte.

Der freimaurerische Einfluss auf die Verfassung

Wie bereits erwähnt, hatten die frühen Ereignisse des Amerikanischen Unabhängigkeitskrieges – etwa von der »Boston Tea Party« bis zur Unabhängigkeitserklärung – eine eigene Dynamik. Man sah sich fast täglich vollendeten Tatsachen gegenüber, auf denen man aufbauen mußte. Dies erforderte eine ständige Improvisation, an der eine Reihe von Einrichtungen – nicht nur die Freimaurerei, sondern auch Bruderschaften wie die radikalen »Sons of Liberty« – beteiligt war. Von denjenigen, die damals eine zentrale Rolle spielten, gehörte nur ein bestimmter Prozentsatz der Freimaurerei an. Die Freimaurerei übte einen mäßigenden Einfluß aus, doch sie war nur einer von mehreren Faktoren und hatte weder die Autorität noch den Spielraum, die Dinge ganz im Einklang mit ihren Idealen zu gestalten. Zum Beispiel kann die Unabhängigkeitserklärung, abgesehen von einem Teil ihrer Rhetorik und ihrer Formulierungen, nicht als Freimaurerdokument bezeichnet werden.

Hingegen gibt es gute Gründe zu behaupten, daß die Verfassung der Vereinigten Staaten ein Freimaurerdokument ist. Zu dem Zeitpunkt, da der Konvent zusammentrat, um die Verfassung zu entwerfen, hatten die freimaurerischen Einflüsse sich unzweifelhaft durchgesetzt. Andere Organisationen, etwa die »Sons of Liberty«, hatten ihren Zweck erfüllt und waren aufgelöst worden. Man hatte sogar die Kontinentalarmee demobilisiert. Damit war die Freimaurerei nicht nur die einzige Einrichtung, die »überlebt hatte«, sondern sie besaß auch den einzigen Organisationsapparat, der über die Grenzen hinweg in den nun unabhängigen Kolonien wirksam war.

In ihrer endgültigen Form war die Verfassung natürlich das Produkt vieler – nicht ausschließlich freimaurerischer – Geister. Für die Formulierung des Dokuments war Thomas Jefferson verantwortlich, und obwohl er manchmal als Freimaurer bezeichnet wird, gehörte er wahrscheinlich keiner Loge an. Aber letztlich standen fünf beherrschende Geister hinter der Verfassung: Washington, Franklin, Randolph, Jefferson und John Adams. Die ersten drei waren nicht nur aktive Freimaurer, sondern nahmen ihr Freimaurertum auch sehr ernst. Sie setzten sich inbrünstig für die freimaurerischen Ideale ein, von denen ihr ganzes Denken geprägt war. Und Adams dachte im Grunde genau wie sie, obwohl nicht bekannt ist, daß er Freimaurer war. Als er Präsident wurde, ernannte er zudem einen prominenten Freimaurer, John Marshall, zum ersten Vorsitzenden des Obersten Gerichtshofes.[6] Und es war Marshall, der den Gerichtshof später auf eine Stufe mit dem Kongreß und dem Präsidenten stellte.

In den Debatten und Diskussionen, aus denen die Verfassung hervorging, stimmte Adams mit Washington, Franklin und Randolph überein. Nur Jefferson war zunächst die Ausnahme, schloß sich jedoch im weiteren der Haltung der Freimaurer an. Die neue Republik, die mit der Verfassung entstand, entsprach ihrem Idealbild, und dieses Bild spiegelte die Prinzipien der Freimaurerei wider.

Das Freimaurertum Präsident Washingtons

Am 17. September 1787 wurde der Verfassungsentwurf von neununddreißig der zweiundvierzig anwesenden Delegierten akzeptiert und unterzeichnet. Zwischen dem 7. Dezember und dem 25. Juni des folgenden Jahres ratifizierte ihn jeder einzelne Staat. Maryland trat zehn Quadratmeilen seines Territoriums an den Kongreß ab, wie es von der Verfassung vorgesehen war, und dieses Gebiet, der Distrikt Columbia, wurde zum Standort der neuen Bundeshauptstadt.

Am 4. Februar 1789 wurden Washington zum ersten Präsidenten der Vereinigten Staaten und John Adams zu seinem Vizepräsidenten gewählt. Die Amtseinführung fand am 30. April statt, und der Eid wurde von Robert Livingston abgenommen, dem Großmeister der New Yorker Großloge und Schwiegervater des verstorbenen Generals Richard Montgomery. Staatsmarschall war ein weiterer Freimaurer, General Jacob Morton. General Morgan Lewis, ebenfalls Freimaurer, war Washingtons Geleitsmann.[7] Die für den Eid benutzte Bibel stammte aus der New Yorker St. John's Lodge No. 1. Washington war damals Meister der Alexandria Lodge No. 22 in Virginia.[8]

Dreizehn Tage vor der Amtseinsetzung des Präsidenten war Franklin gestorben, und halb Philadelphia war zu seiner Beerdigung erschienen. Fünf Tage nach der Amtseinsetzung traten die französischen Generalstände in Versailles zusammen, bildeten am 17. Juni eine Nationalversammlung und erklärten, daß sie, nicht der König, die wahren Repräsentanten des französischen Volkes seien. Am 14. Juli stürmte eine revolutionäre Menschenmenge die Pariser Bastille. Am 14. Dezember legte Alexander Hamilton Vorschläge zur Gründung einer Nationalbank vor. Jefferson war dagegen, doch Washington unterzeichnete die Vorschläge. Auf der amerikanischen Dollarnote wurde das »Große Siegel« der Vereinigten Staaten abgedruckt. Es ist unverkennbar freimaurerisch: ein alles sehendes Auge in einem Dreieck über einer dreizehnstufigen, vierseitigen Pyramide, unter der eine Schriftrolle den Beginn einer »neuen weltlichen Ordnung« – einen der langjährigen Träume der Freimaurerei – verkündet.

Am 18. Dezember 1793 wurde der Grundstein des Kapitols gelegt. Die Großloge von Maryland leitete die Zeremonie, und Washington wurde gebeten, als Meister zu fungieren. Die beigeordneten Logen unter der Autorität der Großloge von Maryland waren ebenso vertreten wie Washingtons eigene Loge aus Alexandria in Virginia. Man hielt eine große Prozession ab, an der auch eine Artilleriekompanie teilnahm. Dann kam eine Kapelle, gefolgt von Washington, der von allen Beamten und Mitgliedern der Logen in vollem freimaurerischem Ornat begleitet wurde.

Als Washington den Graben erreichte, in dem der südöstliche Grundstein lag, präsentierte man ihm einen Silberteller, auf dem das Ereignis und die Namen der anwesenden Logen festgehalten waren. Die Artilleriekompanie feuerte eine Salve ab. Dann stieg Washington in den Graben hinunter und legte den Teller auf den Stein. Um ihn herum stellte er Behälter mit Weizen, Wein und Öl, dem üblichen symbolischen Beiwerk des freimaurerischen Rituals. Alle Anwesenden stimmten ein Gebet und maurerische Gesänge an, und die Artilleriekompanie feuerte eine weitere Salve ab. Darauf traten Washington und seine Begleitung an die Ostseite des Grundsteins, wo der Präsident, auf einem traditionellen dreistufigen Podium stehend, eine Rede hielt. Weiterer Gesang und eine letzte Salve schlossen sich an.[9]

Der Hammer, die silberne Kelle, das Winkelmaß und die Setzwaage, die Washington bei der Zeremonie benutzte, werden heute von der Potomac Lodge No. 5 des Distrikts Columbia verwahrt. Der

Schurz und die Schärpe, die er trug, befinden sich im Besitz seiner eigenen Loge, Alexandria No. 22.

Später sollten das Kapitol und das Weiße Haus jeweils zu Mittelpunkten komplizierter geometrischer Pläne werden, welche den Grundriß der Hauptstadt bestimmten. Diese Pläne, ursprünglich von einem Architekten namens Pierre l'Enfant entworfen, wurden von Washington und Jefferson so abgeändert, daß spezifische achteckige Muster entstanden, die das von den freimaurerischen Templern benutzte Kreuz enthielten.

Washington starb sechs Jahre und drei Monate später, im Dezember 1799. Er wurde in seinem Wohnsitz in Mount Vernon mit freimaurerischen Ehren von der Alexandria Lodge No. 22 beigesetzt, deren Mitglieder seinen Sarg trugen.

4.7 POSTSKRIPTUM

Im Amerikanischen Unabhängigkeitskrieg hatte die Freimaurerei letztlich unpolitischen oder nur beiläufig politischen Charakter. Man fand Freimaurer unter den radikalen wie unter den konservativen Fraktionen beider Seiten. Überwiegend zeigte sich die Freimaurerei zurückhaltend und mäßigend, doch einzelne Freimaurer waren militante Revolutionäre, andere eingefleischte Reaktionäre. Diese Zersplitterung sollte sich im Laufe des 18. Jahrhunderts und bis ins 19. Jahrhundert hinein fortsetzen. Aber in der Vorstellung vieler Menschen war die Freimaurerei nun so eng mit der amerikanischen Revolution und der amerikanischen Unabhängigkeit verknüpft, daß sie ein zunehmend radikaleres Image erhielt. Dieses Image wurde natürlich von der Französischen Revolution bekräftigt.

Die Freimaurerei spielte unzweifelhaft eine bedeutende Rolle bei den Ereignissen in Frankreich. Lafayette, mittlerweile ein hochrangiger und seit langem etablierter Freimaurer, legte großen Wert darauf, die Ideale, deren Verwirklichung er in Amerika gesehen hatte, auf sein eigenes Land zu übertragen. Viele der führenden Jakobiner – zum Beispiel Danton, Sieyès und Camille Desmoulins – waren aktive Freimaurer. In ganz Frankreich lieferte die Freimaurerei militanten Verschwörern am Vorabend der Revolution ein wertvolles Nachrichten-, Rekrutierungs-, Kommunikations- und Organisationssystem. Deshalb entwickelte sie sich auch zu einer idealen Zielscheibe für jegliche Paranoia.

Im Jahre 1797 veröffentlichte ein erzkonservativer französischer Prälat, der Abbé Augustin de Barruel, die *Mémoires pour servir à l'histoire du jacobinisme,* die zu einem eigenartigen Markierungspunkt in der Geschichte des westlichen sozialen und politischen Denkens werden sollten. In Barruels Buch wurde die gesamte Französische Revolution im Grunde auf eine Freimaurerverschwörung zurückgeführt, die sich sowohl gegen die etablierte weltliche Autorität als auch gegen die Kirche gerichtet habe. Diese Arbeit sollte eine Welle der Hysterie auslösen, eine immer noch anwachsende Fülle ähnlicher Literatur hervorbringen und zu einer wahrhaften Bibel für alle Anhänger von Verschwörungstheorien werden. Von Barruels paranoidem Text leitete sich das klischeehafte Bild des 19. Jahrhunderts ab (das auch heute noch propagiert wird), daß die Freimaurerei eine gewaltige internationale Verschwörung von revolutionärem und militant antiklerikalem Charakter sei, die sich das Ziel gesetzt habe, die bestehenden Institutionen zu stürzen und eine »neue Welt« einzurichten. Infolge von Barruels Arbeit sollten im ganzen 19. Jahrhundert und bis in 20. Jahrhundert hinein vage und neurotische Ängste nicht nur auf die Freimaurerei, sondern auf alle Geheimgesellschaften projiziert werden. Durch Barruel wurde die Geheimgesellschaft zu einem Gespenst, das die öffentliche Phantasie verfolgte und drohte, die Grundlagen der zivilisierten Gesellschaft zu zerrütten. Die Freimaurerei wurde zu einem Ungeheuer hochstilisiert, wie dies, mit etwas mehr Berechtigung, dem heutigen internationalen Terrorismus widerfährt.

Es dürfte nicht überraschen, daß Barruels Arbeit gelegentlich zu einer sich selbst erfüllenden Prophezeiung wurde. Verlockt von dem Glanz und der Romantik von Barruels greller Darstellung, erfanden und verbreiteten gewisse Individuen – zum Beispiel Charles Nodier in Frankreich und der Erzverschwörer Filippo (Philippe) Buonarroti – Informationen über völlig fiktive Geheimgesellschaften. Die Behörden reagierten mit inquisitorischem Eifer, und ganz unschuldige Menschen wurden wegen angeblicher Mitgliedschaft in diesen verborgenen, nicht existenten Organisationen bedrängt und verfolgt. Zu Verteidigungszwecken schlossen sich die unglücklichen Opfer zu wirklichen Geheimgesellschaften zusammen, die dem Vorbild der fiktiven entsprachen. So wurde eine Reihe geheimer revolutionärer Organisationen – teils freimaurerischer, teils pseudofreimaurerischer Art – geboren. So brachte der Mythos wieder einmal »Geschichte« hervor.

Die Freimaurerei – oder ihre Ableger – trug ohne Zweifel zu verschiedenen revolutionären Bewegungen im Europa des 19. Jahrhunderts bei. Mazzini wie Garibaldi zum Beispiel waren aktive Freimaurer, und die Freimaurerei spielte – weitgehend durch die sogenannte *Carboneria* – eine noch bedeutendere Rolle für die Vereinigung Italiens als für die Grundsteinlegung der Vereinigten Staaten. Auch in Rußland galt die Freimaurerei als subversiv (was zuweilen zutraf). Beispielsweise schreibt Puschkin von seiner Mitgliedschaft in einer Loge in Kischinjow, deren Aktivitäten im Dekabristenaufstand von 1825 zu einem Verbot aller Logen des Landes führten. Das Verbot war selbstverständlich nicht durchzusetzen, aber es trieb eine Reihe von russischen Radikalen ins Exil, wo sie sich stark in der dortigen Freimaurerei engagierten. Dostojewski beschreibt dies in *Die Besessenen.* Das »reale« Gegenstück zu Dostojewskis Revolutionären war natürlich Bakunin.

Letztlich war die Realität jedoch komplexer und weniger leicht zu definieren. Freimaurer mochten aktiv in den europäischen revolutionären Bewegungen des 19. Jahrhunderts mitgewirkt haben, aber sie waren nicht weniger aktiv an Regimen wie in Metternichs Österreich oder im Preußen Friedrich Wilhelms III. und Friedrich Wilhelms IV. beteiligt. Hier war die Freimaurerei so eng mit dem Establishment verwachsen wie in Großbritannien, wo die Großloge weiterhin die viktorianischen Werte wie Nüchternheit, Enthaltsamkeit und Mäßigung versinnbildlichte. Selbst in Frankreich gab es ebenso viele konservative wie radikale und revolutionäre Freimaurer.

Ein Verzeichnis von europäischen Freimaurern des 19. Jahrhunderts ist allein durch seine Uneinheitlichkeit erhellend. Einerseits schließt es Gestalten wie Mazzini, Garibaldi, Bakunin, den jungen Alexander Kerenski in Rußland oder Daniel O'Connell und Henry Grattan in Irland ein. Andererseits umfaßt es auch zwei preußische Könige des 19. Jahrhunderts, drei französische Präsidenten (Doumer, Faure und Gambetta) sowie die Nemesis politischen Aufruhrs, Talleyrand. In Großbritannien gehören zu den Freimaurern des 19. Jahrhunderts Männer wie Georg IV., Wilhelm IV., Edward VI., Canning, Lord Randolph Churchill, der Marquis von Salisbury und Cecil Rhodes. Die meisten Marschälle Napoleons waren Freimaurer, doch das gleiche galt für ihre prominentesten Gegner – Nelson, Wellington und Sir John Moore in Großbritannien, Kutusow in Rußland, Blücher in Preußen sowie Scharnhorst und Gneisenau, die Gründer des preußischen Generalstabs. In der englischen Literatur waren die Freimaurer etwa durch Sir Walter Scott, Rider Haggard, Bulwer-Lytton, Conan Doyle, Trollope, Kipling und Wilde vertreten. Auf dem Kontinent stand Puschkins radikalem Freimaurertum in Rußland jenes des erzkonservativen Johann Wolfgang von Goethe in Deutschland gegenüber.

Diese Aufzählung ist notwendigerweise selektiv und keineswegs vollständig. Sie illustriert jedoch, wie unmöglich es ist, der Freimaurerei irgendeine feste politische Orientierung zuzuschreiben. Und was für Europa gilt, trifft auch anderenorts zu. Zum Beispiel bot die Freimaurerei in Lateinamerika sowie in Spanien, Italien und anderen katholischen Ländern eine Sammelstätte für jene, die den Würgegriff der Kirche bekämpften. Infolgedessen waren die meisten Männer, die für die lateinamerikanische Unabhängigkeit eintraten – etwa Bolívar, San Martín und später Juárez –, aktive Freimaurer. Aber dies galt auch für die spanischen Vizekönige, Aristokraten und Landbesitzer, denen sie ihre neuen, am Vorbild der Vereinigten Staaten ausgerichteten Republiken abrangen. In Brasilien wurden sowohl das Reich Pedros II. als auch die Republik, die es ablöste, von Freimaurern beherrscht.

Man weiß, daß neben Washington wenigstens ein Dutzend amerikanischer Präsidenten Freimaurer waren: Monroe, Andrew Jackson, Polk, Buchanan, Andrew Johnson, Garfield, Theodore Roosevelt, Taft, Harding, Franklin D. Roosevelt, Truman und Ford. Der texanische Unabhängigkeitskrieg gegen Mexiko wurde praktisch von Freimaurern wie Sam Houston gelenkt. Davy Crockett, Jim Bowie und die anderen Verteidiger des Alamo waren sämtlich Mitglieder derselben Strikten-Observanz-Loge. Während des Amerikanischen Bürgerkrieges übte die Freimaurerei auf beiden Seiten einen starken Einfluß aus, spielte jedoch eine besonders wichtige Rolle in den Institutionen – vorwiegend in der Armee – der Konföderation. In einem anderen Zusammenhang müßten auch die freimaurerischen Ursprünge des Ku-Klux-Klan behandelt werden, der zunächst keine menschenfeindliche Organisation, sondern eine karitative Einrichtung war, die Witwen und Waisen vor den Plünderungen aus dem Norden kommender »Abenteurer« schützen sollte.

In Amerika schließt sich der Kreis unserer Darstellung, denn dort ist den Tempelrittern eine überschwenglichere öffentliche Huldigung zuteil geworden als irgendwo sonst auf der Welt, nämlich in Form einer von der Freimaurerei geförderten Jugendorganisation, dem De-Molay-Orden. Er wurde im Jahre 1919 von Frank S. Land in Kansas City, Missouri, gegründet und »ist nach Jacques de Molay benannt, dem letzten Großmeister der mittelalterlichen Tempelritter, der am 18. März 1314 wegen seiner Treue und Integrität den Mitgliedern seines Ordens gegenüber auf einer Insel in der Seine, nahe der Kathedrale Notre Dame, auf dem Scheiterhaufen verbrannt wurde«[1].

Der DeMolay-Orden umfaßt etwa fünfundachtzig Kapitel in allen Teilen der Vereinigten Staaten, im Distrikt Columbia und in zwölf ausländischen Nationen. Er wird von seinem Hauptquartier in Kansas City aus von einem Internationalen Obersten Rat geleitet, der unter der Autorität der Großloge von Florida tätig ist und aus 250 »hervorragenden Freimaurern aus der ganzen Welt« besteht. Jedes örtliche Kapitel muß von einer freimaurerischen Körperschaft betreut werden, und der Leitung oder dem Beirat jedes Kapitels dürfen nur Freimaurermeister angehören. Die Mitgliedschaft des Ordens setzt sich aus Jungen zwischen vierzehn und einundzwanzig Jahren zusammen. »Der DeMolay-Orden lehrt durch die Einweihung sieben Tugenden, als da sind: Elternliebe ..., Ehrfurcht (vor heiligen Dingen), Höflichkeit, Kameradschaft, Treue, Sauberkeit (des Gedankens, des Wortes und der Tat) und Vaterlandsliebe.«[2]

Man fragt sich unwillkürlich, was den Jungen im Orden über Jacques de Molay selbst, über die Templer und die ihnen vorgeworfenen Verfehlungen beigebracht wird. Unseres Wissens bleibt dies alles in der Ordensliteratur unerwähnt. Immerhin werden die Ziele des Ordens in der Literatur erläutert: »Der DeMolay-Orden versucht, die Lehren von Heim, Kirche und Schule zu ergänzen und dadurch einen jungen Mann besser für die Pflichten der Staatsbürgerschaft zu rüsten, die sein rechtmäßiges Erbe ist. Der DeMolay-Orden ist unabänderlich dagegen, daß eine Kirche, eine Schule und der Sitz der Zivilregierung unter einem Dach untergebracht sind. Er ist der Meinung, daß diese drei Freiheiten die Ursache für die Größe unseres Landes sind, weshalb sie auf ihrer eigenen Grundlage stehen und sich unter getrennten Dächern befinden müssen.«[3]

Nach unseren Informationen hat der DeMolay-Orden keine verderblichen Ziele. Im Gegenteil, er leistet lobenswerte Arbeit und dient wahrscheinlich als mehr oder weniger vernünftiges Korrektiv für einige der Übel, denen Amerika zuneigt, man denke nur an den militanten Fundamentalismus. Aber dies alles ist recht weit von den weißbemantelten Kriegern und Mystikern entfernt, die sich vor siebenhundert Jahren anschickten, den Himmel mit ihren Schwertern zu erobern. Und vielleicht ist etwas Widersinniges an der Existenz dieser Organisation, die aus dem »mittelständischen Amerika« hervorgeht und persönliche und bürgerliche Tugenden bei der amerikanischen Jugend fördern möchte, doch nach einem mittelalterlichen französischen Ritter benannt ist, der wegen Blasphemie, Ketzerei, Sodomie, Nekromantie und verschiedener anderer Verfehlungen hingerichtet wurde, die selbst die Ewings aus Dallas und die Carringtons aus Denver beschämen würden. Man ist versucht, sich den bärtigen alten Großmeister der Templer vorzustellen, wie er auf die Organisation hinunterblickt (oder zu ihr hinaufblickt), die heute seinen Namen trägt. – Ob er wohl gerührt, geschmeichelt, belustigt oder einfach verblüfft wäre?

ANHANG 1

Feldlogen in Linienregimentern unter Generalmajor Amherst: Amerika, 1758*

Regiment	Loge
1. Infanterie	Nr. 11, Irische Großloge
15. Infanterie	Nr. 245, Irische Großloge
17. Infanterie	Nr. 136, Irische Großloge
22. Infanterie	Keine Loge (später, im Jahre 1767, Loge Nr. 132, Schottische Großloge)
27. Infanterie	Nr. 24, Irische Großloge
28. Infanterie	Nr. 35, Irische Großloge (Hauptmann Span, Großmeister November 1760, Quebec)
35. Infanterie	Nr. 205, Irische Großloge
40. Infanterie	Nr. 42, Alte Großloge
42. Infanterie	Nr. 195, Irische Großloge
43. Infanterie	Keine Loge (später, im Jahre 1769, Loge Nr. 156, Schottische Großloge)
44. Infanterie	Keine Loge (später, im Jahre 1784, Loge Nr. 467, Englische Großloge)
45. Infanterie	Keine Loge (später, im Jahre 1766, Loge. Nr. 445, Irische Großloge)
46. Infanterie	Nr. 227, Irische Großloge
47. Infanterie	Nr. 192, Irische Großloge (Leutnant Guinet, Großmeister im Jahre 1759, Quebec)
48. Infanterie	Nr. 218, Irische Großloge
55. Infanterie	1. Schottische Militärloge; keine Nummer verzeichnet
58. Infanterie	Keine Loge (später, im Jahre 1769, Loge Nr. 466, Irische Großloge)
60. Infanterie	Keine Loge (später, im Jahre 1764, Loge Nr. 448, Englische Großloge)
Fraser Highlanders (später 78. Infanterie)	Logennummer unbekannt, doch im Juli 1760 Ernennung von Oberst Fraser zum Großmeister von Quebec

* Quellen: Gould, *The History of Freemasonry*, Bd. VI, S. 400–403; Milborne, »The Lodge in the 78th Regiment«, S. 23f.; Fortescue, *A History of the British Army*, Bd. II, S. 296, 300, 316, Anm. 2, 323, 325, 361.

ANHANG 2

Feldlogen in amerikanischen Regimentern, 1775–1777 (ohne Kanada)*

Befehlshaber war Sir William Howe, zu dessen Stab Brigadegeneral Augustine Prevost gehörte. Dieser leitete seit etwa 1761 den Alten und Angenommenen Schottischen Ritus für die britische Armee.

Regiment		Befehlshaber	Loge
16.	Dragoner	Oberst John Burgoyne	Keine
17.	Dragoner	Oberst John Preston	Nr. 478, Großloge von Irland
4.	Infanterie	Oberst S. Hodgson	Nr. 147, Großloge von Schottland
5.	Infanterie	Oberst Earl Percy	Nr. 86, Großloge von Irland
7.	Infanterie	Oberst R. Prescott	Nr. 231, Großloge von Irland
10.	Infanterie	Oberst E. Sandford	Nr. 299, Großloge von Irland Nr. 378, Großloge von Irland
15.	Infanterie	Oberst Earl of Cavan	Nr. 245, Großloge von Irland
16.	Infanterie	Oberst J. Gisborne	Nr. 293, Großloge von Irland
17.	Infanterie	Oberst R. Monckton	Nr. 136, Großloge von Irland
22.	Infanterie	Oberst T. Gage	Nr. 251, Großloge von Irland
23.	Infanterie	Oberst Sir W. Howe	Nr. 137, Großloge von Schottland
26.	Infanterie	Oberst Lord Gordon	Nr. 309, Großloge von Irland
27.	Infanterie	Oberst E. Massey	Nr. 205, Großloge von Irland
28.	Infanterie	Oberst C. Grey	Nr. 35, Großloge von Irland
33.	Infanterie	Oberst Earl Cornwallis	Nr. 90, Alte Großloge
35.	Infanterie	Oberst H.F. Campbell	Keine
37.	Infanterie	Oberst Sir E. Coote	Nr. 52, Alte Großloge
38.	Infanterie	Oberst R. Pigot	Nr. 441, Großloge von Irland
40.	Infanterie	Oberst R. Hamilton	Nr. 42, Alte Großloge
42.	Infanterie	Oberst Lord J. Murray	Nr. 195, Großloge von Irland
43.	Infanterie	Oberst G. Cary	Nr. 156, Großloge von Schottland
44.	Infanterie	Oberst J. Abercrombie	Nr. 14, Provinzial-Großloge von Quebec**
45.	Infanterie	Oberst W. Haviland	Nr. 445, Großloge von Irland
46.	Infanterie	Oberst J. Vaughan	Nr. 227, Großloge von Irland
49.	Infanterie	Oberst A. Maitland	Nr. 354, Großloge von Irland
52.	Infanterie	Oberst J. Clavering	Nr. 370, Großloge von Irland Nr. 226, Großloge von England
54.	Infanterie	Oberst M. Frederick	Keine

55.	Infanterie	Oberst J. Grant	Nr. 7, Großloge von New York
57.	Infanterie	Oberst Sir J. Irwin	Nr. 41, Alte Großloge
60.	Infanterie (3. Bat.)	Oberst Dalling	Keine
60.	Infanterie (4. Bat.)	Oberst A. Prevost	Keine bekannt, doch vielleicht eine des Alten und Angenommenen Schottischen Ritus***
63.	Infanterie	Oberst F. Grant	Nr. 512, Großloge von Irland
64.	Infanterie	Oberst J. Pomeroy	Nr. 106, Großloge von Schottland
71.	Infanterie	Oberst S. Fraser	Nr. 92, Großloge von Schottland

* Quellen: *A List of the General and Staff Officers and of the Officers in the Several Regiments Serving in North America*, New York 1778; Gould, *The History of Freemasonry*, Bd. VI, S. 400–403; Milborne, »British Military Lodges in the American War of Independence«. In: *Transactions of the American Lodge of Research*, Bd. X, Nr. 1, S. 22–85.

** 44. Infanterie: Loge 1760 in Quebec gegründet und 1784 als Nr. 18 wieder eingerichtet. Ihr Status in den Jahren 1775–1777 ist ungewiß.

*** 60. Infanterie, 1. Bataillon: Loge Nr. 448, Großloge von England.

ANMERKUNGEN

Einführung

1 Brief vom 2. November 1978
2 Stuart, *Sculptured Stones of Scotland;* Drummond, *Sculptured Monuments in Iona and the West Highlands;* Steer und Bannerman, *Late Medieval Monumental Sculpture in the West Highlands; The Royal Commission on the Ancient and Historical Monuments of Scotland: Argyll 1971–1984* (in Arbeit)
3 Nachdem der Templerorden aufgelöst und seine Besitzungen an die Johanniter übertragen worden waren, hatte man die kreisförmige Templerkirche in Garway abgerissen und die Gräber des Ordens bewußt verunstaltet und entweiht. (In Bristol hatten die Johanniter die kreisförmige Kirche der Templer ebenso zerstört und wie in Garway eine konventionelle, rechteckige Kapelle gebaut.) Eine mit dem anonymen, geraden Schwert verzierte Platte war jedoch ausgegraben und in den Fensterrahmen der neuen Kapelle eingefügt worden. Dort war sie dem gewöhnlichen Schicksal von Templergrabsteinen – der Entstellung durch die Zeit, durch Menschenhand oder beides – entgangen.
4 Ronen und Olami, *Atlit Map.* Das am besten erhaltene Grab der freimaurerischen Templer ist heute im Rockefeller Museum in Jerusalem zu besichtigen.

1.1 Bruce und sein Kampf um die Macht

1 Duncan, *Scotland. The Making of the Kingdom,* S. 111
2 Platts, *Scottish Hazard,* S. 139–143
3 Die lateinische Inschrift lautete: »Ni fallat vatum Scoti hunc quocunque locatum/Invenient lapidem, regnare tenentur ibidem.« (Wenn die Propheten sich nicht irren, wird das Königreich der Schotten andauern, wo immer sie diesen Stein niedergelegt finden.) Siehe Dart, *Westmonasterium,* III, Kap. 1, S. 12
4 Edward wurde von den Schotten allerdings selbst der Nekromantie bezichtigt: »Es hieß, er nähre wohl im stillen / 'nen Geist, der stetig ihm zu Willen / Und jeder Frage Antwort finde.« Siehe Barbour, *The Bruce,* S. 113
5 Barrow, *Robert the Bruce,* S. 184
6 ebd., S. 208, zitiert nach *The Chronicle of Walter of Guisborough,* S. 367
7 Barbour, a.a.O., S. 66: »Und doch gibt's manche, die da sagen, / Es hätt' sich anders zugetragen. / Doch wie es auch geschehen war, / Er starb dadurch, das ist mir klar.«
8 Barrow, a.a.O., S. 210, Anm. 3
9 Mackay, *Robert Bruce,* S. 93
10 ebd., S. 102
11 Barrow, a.a.O., S. 229
12 14. Januar 1310, Berwick. Siehe *Calendar of Documents Relating to Scotland.* Bd. III, S. 190
13 Barrow, a.a.O., S. 293
14 Barbour, a.a.O., S. 269

15 MacDonald, *The History of Argyll,* S. 141
16 Barrow, a.a.O., S. 428, zitiert nach einem 1688 gedruckten Exemplar
17 Barbour, a.a.O., S. 468
18 Siehe den Bericht von Henry Jardine in *Transactions of the Society of Antiquaries of Scotland,* Bd. II (1822), S. 442f.

1.2 Kriegermönche: die Tempelritter

1 Anscheinend bestand der Orden bereits im Jahre 1114, als der Bischof von Chartres in einem Schreiben an Hugo, den Grafen von der Champagne, vor dessen Abreise ins Heilige Land die »militia Christi« erwähnte, deren Mitgliedschaft das Keuschheitsgelübde voraussetzte. Hugo wurde im Jahre 1124, nach der offiziellen Gründung des Ordens, als Mitglied aufgeführt. Siehe Lincoln, Baigent, Leigh, *Der Heilige Gral und seine Erben,* S. 68–73
2 Seward, *The Monks of War,* S. 37
3 *The Anglo-Saxon Chronicle,* AD 1128 (S. 202)
4 Siehe Melville, *La vie des templiers,* S. 93–96
5 Knowles und Hadcock, *Medieval Religious Houses. England and Wales,* S. 292–297. Dies ist das Standardverzeichnis zu diesem Thema. Allerdings ist es unvollständig; zum Beispiel wird Bristol darin nicht erwähnt. Auch die genannten Einkünfte sind irreführend, da die Autoren den Wert zugrunde legten, den der heilige Johannes im Jahre 1338 angab. Mittlerweile hatten viele Besitztümer aber erheblich an Wert eingebüßt.
6 *Close Rolls of Henry III,* Bd. I, S. 368 (1230) und S. 477 (1231)
7 Knowles und Hadcock, a.a.O. Die Templer besaßen in Yorkshire mindestens elf Ordenshäuser und zwei weitere Herrensitze. Ihnen allen waren wiederum zusätzliche Güter angegliedert. Zum Beispiel besaß der Temple Newsom Grundstücke in der Nähe von vier Städten und nannte mindestens sechs Kirchen sein eigen. Siehe auch Martin, »The Templars in Yorkshire«.
8 Gwynn und Hadcock, *Medieval Religious Houses. Ireland,* S. 327–331. Dies ist das Standardverzeichnis der Besitztümer in Irland, aber auch dieses Verzeichnis kann nicht als vollständig betrachtet werden.
9 Easson, *Medieval Religious Houses. Scotland,* S. 131f. Dieses Standardverzeichnis ist ebenfalls nicht vollständig.
10 Ferris, »The Financial Relations of the Knights Templars to the English Crown«, S. 15f.
11 ebd., S. 16, Anm. 1, zitiert nach Rymer, *Foedera,* Bd. I, S. 514. Dies bezieht sich auf die Rückzahlung eines Kredits im Jahre 1274, der Edward I. im Heiligen Land gewährt wurde.
12 ebd., S. 10
13 Addison, *The History of the Knights Templars,* S. 112
14 Seward, a.a.O., S. 213

1.3 Verhaftungen und Folter

1 Mazières, »La venue et le séjour de templiers du Rousillon«, S. 235, 245
2 Es handelte sich um Hugues de Châlons, Pierre de Modies und Falco de Milly, die alle miteinander verwandt waren. Hugues de Châlons und wahrscheinlich Pierre de Modies waren Neffen des Pariser Tempelschutzmeisters Hugues de Pairaud. Siehe Barber, *The Trial of the Templars,* S. 66, 266, Anm. 8
3 Barber, a.a.O., S. 101, zitiert nach Finke, *Papsttum und Untergang des Templerordens,* Bd. II, S. 330. In seiner Aussage erklärte der Präzeptor der Templer, Hugues de Châlons sei mit dem gesamten »Schatz« Hugues

de Pairauds geflohen.
4 Lincoln, Baigent, Leigh, *Der Heilige Gral und seine Erben,* S. 56ff. – Wir haben in diesem Kapitel mehrere Passagen aus unserer früheren Arbeit übernommen.
5 Addison, *The History of the Knights Templars,* S. 206
6 ebd.
7 *Calendar of Close Rolls 1307–1313,* 20. Dezember 1307, S. 14
8 ebd., S. 179, 181
9 ebd., S. 189
10 ebd., S. 206
11 ebd., S. 295
12 Addison, a.a.O., S. 263; siehe auch Barber, a.a.O., S. 200
13 Lincoln, Baigent, Leigh, a.a.O., S. 55f.
14 Oursel, *Le procès des templiers,* S. 28
15 Barber, a.a.O., S. 202
16 ebd.
17 Zum Beispiel gab es ein Hospital für alte und gebrechliche Templer im Ordenshaus von Denney in Cambridgeshire. Im Jahre 1308 wurden dort zehn oder mehr Ritter verhaftet.
18 Addison, a.a.O., S. 274
19 Dies ist, in kurzen Züge, unsere Argumentation: Da sich die Verhaftungen in Frankreich im Gegensatz zu England plötzlich vollzogen, setzen wir voraus, daß der relative Anteil von inhaftierten Templern der verschiedenen Ränge das allgemein im Orden herrschende Verhältnis widerspiegelt. Von denen, die in den französischen Berichten genannt wurden, waren 11 Prozent Ritter, 29 Prozent Lehnsmänner und 12 Prozent Kapläne. Das Verhältnis von drei Lehnsmännern pro Ritter entspricht genau dem, was in mittelalterlichen Armeen üblich war. In England hatten die aktiven Templer jedoch genug Zeit zur Flucht, und während wie in Frankreich 12 Prozent der Verhafteten Kapläne waren, erwies sich der Anteil der Ritter und Lehnsmänner als weit geringer. Daß viele tatsächlich geflohen waren, ist nachzuweisen: Es gab in England mindestens vierundsiebzig große Besitzungen und Ordenshäuser der Templer, doch nur vierzehn Präzeptoren, darunter lediglich ein Ritter, wurden gefangengenommen. Kein Präzeptor des großen Rekrutierungszentrums in Faxfleet am Humber wurde festgesetzt; das gleiche gilt für Willoughton in Lincolnshire, einen der größten englischen Stützpunkte, sowie für Wetherby, Temple Bruer oder Foulbridge, um nur einige zu nennen. In all diesen Niederlassungen dürften wenigstens zwei, wahrscheinlich aber bis zu einem Dutzend Ordensbrüder gewohnt haben. Unsere Schätzung, daß nach den Verhaftungen in England maximal dreiundneunzig militärisch aktive Templer in Freiheit waren, muß also als äußerst zurückhaltend angesehen werden.
Das Waterton-Manuskript verzeichnet für das Jahr 1338 wenigstens fünfundfünfzig und möglicherweise sechzig Ritter und Lehnsmänner des Johanniterordens in England, der, wie wir bedenken müssen, kleiner war als der Templerorden. Die Zahl der Templer kann also schwerlich niedriger gewesen sein, womit wir die in der Literatur gängigen Schätzungen von zehn bis zwanzig militärisch aktiven Templern in England bezweifeln dürfen.

1.4 Das Verschwinden der Templerflotte

1 Wood, »The Templars in Ireland«, S. 348
2 Bain, *Calendar of Documents Relating to Scotland,* S. 103
3 Wilkins, *Concilia magnae britanniae,* Bd. II: Aussage von Walter de Clifton, S. 380f., und von William de Middleton, S. 381
4 Seward, *The Monks of War,* S. 50
5 Addison, *The History of the Knights Templars,* S. 213

6 Aitken, »The Knights Templars in Scotland«, S. 34
7 Seward, a.a.O., S. 205
8 Haye, *The Persecution of the Knights Templars,* S. 114
9 Bothwell-Gosse, *The Knights Templars,* S. 105
10 Der beste Überblick über das Werk Hunds und sein System der »Strikten Observanz« findet sich bei Le Forestier, *Die templerische und okkultistische Freimaurerei,* Bd. I, S. 127–222; zur »Mull«-Legende siehe S. 160f. Von Hunds Verzeichnis der Templergroßmeister ist enthalten in Thory, *Acta latomorum,* Bd. I, S. 282f.
11 Die Geschichte der »Larmenius-Charta« sowie eine Transkription und Übersetzung enthält Crowe, »The ›Charta Transmissionis‹ of Larmenius«. Die sogenannten Statuten von 1705 wurden in Brüssel (1840) vom Convent-Général de Versailles unter dem Titel *Statuts des chevaliers de l'ordre du temple* gedruckt.
12 Crowe, a.a.O., S. 189

1.5 Das keltische Schottland und die Gralssagen

1 Lincoln, Baigent, Leigh, *Der Heilige Gral und seine Erben,* S. 256–285
2 ebd., S. 265
3 Oursel, *Le procès des templiers,* S. 208. In dem ursprünglichen Bericht der Inquisition hieß es, daß mit der Aufschrift der »Kopf einer der elftausend Jungfrauen« gemeint sei. Dies läßt vermuten, daß mit »m« das sehr ähnliche astrologische Zeichen für das Sternbild Jungfrau gemeint war.
4 Barber, *The Trial of the Templars,* S. 249
5 Siehe Roach in seiner Ausgabe von Chrétien de Troyes, *Le conte de graal,* S. 306, und Ritchie, *Chrétien de Troyes and Scotland,* S. 18
6 Ritchie, a.a.O., S. 10
7 ebd., S. 23
8 Duncan, *Scotland. The Making of the Kingdom,* S. 141
9 Platts, *Scottish Hazard,* S. 127–177

2.1 Das Vermächtnis der Templer in Schottland

1 Addison, *The History of the Knights Templars,* S. 285f.
2 Cowan, Mackay und Macquarrie, *The Knights of St. John of Jerusalem in Scotland,* S. 47f.
3 Larking, *The Knights Hospitallers in England,* S. 201
4 Robertson, *An Index drawn up about the year 1629,* S. 11, Nr. 36
5 ebd., S. XXVI
6 ebd., S. XXX
7 Maidment, *Abstract of the Charters and Other Papers,* führt drei ehemals templerische Baronssitze und 540 andere Güter an. Zwei Jahrhunderte lang wurde das in sich abgeschlossene Vermögen der »Terrae templariae« vom Orden des heiligen Johannes – oder dem gemeinsamen Orden des heiligen Johannes und des Tempels – gepflegt und verwaltet. Man verpachtete Grundstücke, und ein ernannter offizieller Vertreter war als Aufseher und Pachteinnehmer tätig. Er trug gewöhnlich den Titel »Tempelverwahrer«. Anscheinend hatte jede schottische Region ihren eigenen »Tempelverwahrer«, der dem Prior des heiligen Johannes in Torphichen Rechenschaft schuldig war. Zum Beispiel erscheint ein gewisser Alexander Spens im Jahre 1490 als »Tempelverwahrer« für Fife. Andere »Verwahrer der Tempelländer« werden für Lennox, Angus und Gowrie, Berwick und Ayr genannt. Siehe Cowan, Mackay und Macquarrie, a.a.O., S. LXVIII
8 Siehe zum Beispiel Maidment, *Templaria,* »Charter granted by King James IV of Scotland«. Die gebräuchliche Wendung ist »Fratribus Hospi-

talis Hierosolimitani Militibus Templi Solomonis ...« Interessanterweise *bekräftigte* Jakob IV. in dieser Urkunde, die auf das Jahr 1488 datiert ist, alle alten Rechte und Privilegien nicht nur des Johanniterordens, sondern auch der Templer. Damit wird bewiesen, daß die Templer sogar noch im 15. Jahrhundert eine gewisse juristische Existenz besaßen.

9 Scottish Record Office, RH6/114 und 115. Das letztere ist wiedergegeben in: Cowan, Mackay und Macquarrie, a.a.O., S. 51–53

10 Maidment, *Abstract of the Charters,* S. 8f. Die sechs Baronien, die laut Verzeichnis vom Orden des heiligen Johannes verwaltet wurden, waren Torphichen, Thankerton, Denny, Auldlisten, Ballintrado (Balantrodoch) und Maryculter. In Torphichen war das einzige Ordenshaus, das die Johanniter vor der Auflösung des Templerordens in Schottland unterhielten, und man weiß, daß die drei letzteren einst den Templern gehörten. Deshalb bietet sich die Vermutung an, daß auch die beiden übrigen ein Teil des Templervermögens in Schottland waren.

11 Maidment, *A Rental of all the annual rents and Temple lands*

12 Seton, *A History of the Family of Seton,* Bd. II, S. 751

13 Cowan, Mackay und Macquarrie, a.a.O., S. LIV und S. 184f. Der mutmaßliche Verwandte, John James Sandilands, geriet schließlich in eine ausweglose Lage: Im Jahre 1564, als man ihm bereits sein Habit aberkannt und ihn aus dem Orden ausgestoßen hatte, stahl er zusammen mit zwei Komplizen einen Abendmahlskelch, ein Reliquiar, ein Kruzifix und andere Gegenstände aus einer Kirche. Er gestand unter der Folter und wurde anscheinend im selben Jahr hingerichtet. Siehe ebd., S. 190

14 Maidment, *Templaria,* »Information for John Lord Torphichen«, S. 3

15 ebd., S. 5

16 Cowan, Mackay und Macquarrie, die jedes bekannte schottische Mitglied des Johanniterordens anführen, erwähnen David Seton nicht. Auch in den Archiven des Klosters Ratisbon gibt es keinen Hinweis auf seine Existenz (siehe Dilworth, *The Scots in Franconia).* Das gleiche gilt für die von J. Mizzi veröffentlichten Malteserarchive. Die Forschung scheint jedoch darin übereinzustimmen, daß das Gedicht für echt zu halten ist. Niemand hat es als Fälschung oder Hirngespinst bezeichnet, und Dr. Macquarrie teilte uns in einem Brief (vom 14. Februar 1988) mit, daß das Gedicht und die Erwähnung David Setons ihn seit einiger Zeit faszinierten. Die Geschichte habe vielleicht einen gewissen Wahrheitsgehalt, aber er sei nicht in der Lage gewesen, sie weiterzuverfolgen, und begrüße weitere Informationen.

17 Seton, a.a.O., Bd. II, S. 751

18 Porter, *A History of the Knights of Malta,* Bd. II, S. 303f.

19 ebd.

20 *Statutes of the religious and military Order of the Temple,* S. XV. Bei Nachforschungen in den Archiven der National Library of Scotland, der Universitätsbibliotheken von Aberdeen, St. Andrews und Edinburgh sowie des British Library Manuscripts Department ist bisher kein Exemplar dieses Gedichts gefunden worden.

2.2 Die Schottische Garde

1 Forbes-Leith, *The Scots Men-at-Arms and Life-Guards in France,* Bd. I, S. 35–46

2 Daniel, *Histoire de la milice françoise,* Bd. II, S. 170

3 Forbes-Leith, a.a.O., Bd. II, S. 156

4 ebd., Bd. II, S. 52. Die Zahl dreizehn war in vielen Ritterorden – der Hosenbandorden ist heute das wohl bekannteste Beispiel – und in vielen

religiösen Vereinigungen sehr bedeutsam. Die fünfundzwanzig Mann der Königlichen Leibwache machen zusammen mit ihrem Befehlshaber zwei Gruppen von jeweils dreizehn Soldaten aus. Die siebenundsiebzig Mann der Königlichen Garde bilden zusammen mit ihrem Befehlshaber sechs dreizehnköpfige Gruppen. Wenn man den Oberbefehlshaber, den Hauptmann der Garde, mitrechnet, kommt man auf eine Gesamtzahl von 105 Mann. Dieses Arrangement wurde bis 1568 beibehalten; danach gab es geringfügige Variationen.

5 ebd., Bd. II, S. 27. Die französische Krone wandte pro Jahr für die gesamte Garde 25 691 *livres* auf – eine enorme Summe. Siehe ebd., Bd. II, S. 30

6 Persönliche Mitteilung, 2. Dezember 1987

7 Forbes-Leith, a.a.O., Bd. I, S. 101f.

8 Laver, *Nostradamus,* S. 45–48. Siehe auch Cimber, *Archives curieuses de l'histoire de France,* 1. Serie, Bd. 3, S. 295. Am 5. Februar 1556 traf aus Rom eine Depesche mit einem von Luca Gaurico erstellten Horoskop des Königs ein; es war zuvor (1552) in einem Buch Gauricos erschienen, wurde jedoch erst nach dem Unfall ernstgenommen.

9 Im Jahre 1555 veröffentlichte Nostradamus die ersten drei seiner »Jahrhunderte« und einen Teil des vierten. Der Vierzeiler, der sich angeblich auf den Tod Heinrichs II. bezieht, ist in *Jahrhundert* 1:35. Hutin (*Les prophéties des Nostradamus,* S. 124) zitiert die seltene Ausgabe von 1558, an deren Wortlaut wir uns halten.

10 Lincoln, Baigent, Leigh, *Der Heilige Gral und seine Erben,* S. 138, 418, Anm. 6

11 Forbes-Leith, a.a.O., Bd. II, S. 189

2.3 Rosslyn

1 Philo-Roskelynsis, *An Account of the Chapel of Roslin,* S, 28

2 Siehe dazu Michael Bradleys kürzliche Untersuchung *Holy Grail Across the Atlantic.* Mit demselben Thema beschäftigen sich Major, *The Voyages of the Venetian Brothers Zeno to the Northern Seas in the Fourteenth Century,* und Pohl, *Prince Henry Sinclair.*

3 Sinclairs Gewährsmann, ein Fischer, erklärte, daß er rund sechsundzwanzig Jahre zuvor auf einer Insel in der »Neuen Welt« gestrandet sei. Im Laufe vieljähriger Gefangenschaft habe man ihn nach Süden gebracht, wo eine große Zivilisation existierte: »Sie werden zivilisierter nach Südwesten zu, wo das Klima milder ist, und sie haben Städte und Tempel für ihre Götzen, in denen sie Menschen opfern und dann essen. In jener Gegend haben sie Kenntnis von Gold und Silber.« (Major, a.a.O., S. 14) Sinclair beabsichtigte, diesen Fischer auf der geplanten Atlantikreise mitzunehmen. Leider starb der Mann, kurz bevor man in See stach.

4 Hay, *Genealogie of the Sainteclaires of Rosslyn,* S. 27

5 ebd.

6 Waite, *A New Encyclopaedia of Freemasonry,* Bd. II, S. 28. Siehe auch ebd., Bd. I

7 Hay, a.a.O., S. 27

8 ebd., S. 157f. Diese Urkunde ist auf ca. 1600–1601 datiert worden. Siehe auch Thory, *Acta latomorum,* Bd. II, S. 15–17

9 *The Manuscripts of his Grace the Duke of Portland,* Bd. II, S. 56. Der Brief ist unsigniert und undatiert, doch Rylands (»The Mason Word. The Earls of Roslin and Freemasonry«) schließt auf 1678 als Entstehungsjahr.

10 Pick und Knight. *The Pocket History of Freemasonry,* S. 178f.

11 ebd., S. 179. Zu einer Biographie

Schaws und anderer Steinmetzmeister der Krone siehe MacBean, »The Master Masons to the Crown of Scotland«. Siehe auch Stevenson, *The Origins of Freemasonry,* S. 26–51

12 Hay, a.a.O., S. 157f.

13 Hay, ebd., S. 159–163; Thory, a.a.O., Bd. II, S. 18–22

14 Lyon, *History of the Lodge at Edinburgh,* S. 98

15 MacRitchie, *Scottish Gypsies under the Stuarts,* S. 56

16 ebd., S. 63

17 Hay, a.a.O., S. 135f.

18 MacRitchie, a.a.O., S. 57f.

19 Adamson, *The Muses Threnodie,* S. 32

20 MacRitchie, a.a.O., S. 57

21 Barker Cryer, *Drama and Craft.* Dies war der Text der »Prestonian Lecture« von 1974; er wurde im selben Jahr privat gedruckt.

22 ebd., S. 26, 33

23 ebd., S. 35–37

24 Wahrscheinlich war die Nachstellung des Mordes an Johannes dem Täufer einer der Faktoren, die zur Entstehung des späteren Dramas um Hiram Abiff beitrugen. Siehe ebd., S. 32

2.4 Freimaurerei: die Geometrie der Heiligkeit

1 Alle Bibelzitate stammen aus: *Die Bibel oder die ganze Heilige Schrift des Alten und Neuen Testaments.* Nach der deutschen Übersetzung D. Martin Luthers.

2 *Das Hohelied Salomos,* 4, 8

3 Die Rituale, Paßwörter, Handgriffe, Zeichen und andere Aspekte der Freimaurerpraxis werden zum Beispiel aufgeführt in: Carlile, *Manual of Freemasonry;* Hannah, *Darkness Visible;* Dewar, *The Unlocked Secret.* Carliles Buch diente offenbar als Hauptquelle für die beiden späteren Arbeiten.

4 Das »Cooke Manuscript«. Siehe Gould. *The History of Freemasonry,* Bd. I, S. 84

5 Das »Grand Lodge Manuscript No. 1« ist reproduziert in Sadler, *Masonic Facts & Fictions,* S. 199–208. In dem Manuskript wird der Architekt als Sohn Hirams, des Königs von Tyrus, bezeichnet. Er trägt den Namen *Aynone,* was für eine Fehlübersetzung des hebräischen *Adonai* gehalten wird. Dies zeigt, daß von Adoniram die Rede ist, mit dem Hiram Abiff häufig verwechselt wurde.

6 Die Geschichte der Ermordung Hirams (der von Nerval Adoniram genannt wird) trägt in der deutschen Ausgabe den Titel »Makbenach« (709–721).

7 Vitruvius, *Zehn Bücher über Architektur,* Viertes Buch, Kap. IX, S. 202

8 ebd., Erstes Buch, Kap. I: 3, S. 7

9 ebd., Drittes Buch, Kap. I: 9, S. 109

10 James, *Chartres,* S. 49

11 ebd., S. 111

12 Buchrezension, *New York Times,* April 1974

13 Aitken, »The Knights Templars in Scotland«, S. 20. In Schottland hatte die kommerzielle Tätigkeit der Templer einen so hohen Grad erreicht, daß sie den Wohlstand der Handelsgilden bedrohten. Man verabschiedete ein Gesetz, um dafür zu sorgen, daß »kein Händler sich in den Kauf oder Verkauf von Gütern, die der Gilde gehören, einmischte, es sei denn, er wäre Mitglied der Gilde«. Da die Templer ihre gewerblichen Aktivitäten nicht einschränkten, liegt der Schluß nahe, daß einige in die entsprechenden Gilden eingetreten sein müssen.

14 Die beste Darstellung der Ereignisse und der hermetischen Vorgeschichte der Renaissance-Kunst findet sich in Frances Yates, *Giordano Bruno and the Hermetic Tradition* (London 1964). Die Autorin erklärt in diesem mehrfach neu aufgelegten Werk zum Beispiel, daß die Meister der Renaissance »versuchten, durch positive

Arrangements von Himmelsbildern auf ›die Welt‹ einzuwirken, indem sie günstige Einflüsse anzogen und ungünstige ausschlossen« (Ausgabe von 1978, S. 75). Viele Kunstwerke der Renaissance, die man zu diesem äußerst praktischen Zweck herstellte, seien »komplexe Talismane«: »Botticellis ›Primavera‹ ist gewiß ein solcher Gegenstand, der zu einem solchen Zweck entworfen wurde« (Ausgabe von 1978, S. 77).

15 Platon, »Timaios«, S. 106ff.

16 Brief datiert vom 3. Juni 1546. Siehe Hay, a.a.O., S. 134

17 Mehrere Werke von Frances Yates sind dieser Periode gewidmet, insbesondere *The Occult Philosophy in the Elizabethan Age*, *The Art of Memory*, *Astraea* und *Giordano Bruno and the Hermetic Tradition*.

18 Siehe Durkan, »Alexander Dickson and S.T.C. 6823«, sowie Yates, *The Art of Memory*, S. 260–278

19 Yates, *The Art of Memory*, S. 274. Dickson war einer der emsigsten Propagandisten Giordano Brunos. Als Bruno im Jahre 1584 England besuchte, traf er mit drei engen Freunden Dicksons zusammen: Fulke Greville, Lord Brooke und Sir Philip Sidney. Dickson war bei diesem Treffen höchstwahrscheinlich auch anwesend.

20 Yates, *Theatre of the World*, S. XI

21 ebd., S. 192

22 ebd., S. 194

23 ebd., S. 196

24 Die beste Untersuchung dieser Periode stammt wiederum von Frances Yates: *Aufklärung im Zeichen des Rosenkreuzes*.

25 ebd., S. 59

26 ebd., S. 151–166

27 ebd., S. 193

3.1 Die ersten Freimaurer

1 Adamson, *The Muses Threnodie*, S. 32

2 »Buchanan Manuscript«. Siehe Gould, *The History of Freemasonry*, Bd. I, S. 98

3 Rothes, *A Relation of Proceedings Concerning the Affairs of the Kirk of Scotland from August 1637 to July 1638*, S. 30

4 Acht Jahre später, nach der Hinrichtung Karls I., wurde Karl II. in Schottland zum König ausgerufen. Er traf 1650 im Lande ein, *akzeptierte den Covenant* und wurde 1651 in Scone formell gekrönt. Da seine Armee jedoch von Cromwell besiegt wurde, war er gezwungen, bis zur Restauration von 1660 ins Exil nach Frankreich zurückzukehren.

5 Pick und Knight, *The Pocket History of Freemasonry*, S. 44

6 General Hamilton, der Bruder des Earl of Haddington, wurde am 20. Mai 1640 in die Mary's Chapel Lodge, Edinburgh, aufgenommen. Siehe Lyon, *History of the Lodge of Edinburgh*, S. 86

7 Siehe *Dictionary of National Biography*, unter MURRAY

8 ebd. Siehe auch Stevenson, *The Origins of Freemasonry*, S. 166–189

9 ebd.

10 ebd., Zitat nach Wood in *Athenae Oxon* (Hrsg. Bliss), Bd. II, S. 725

11 ebd., Zitat nach Birch in *History of the Royal Society*, Bd. I, S. 508, 510

12 Yates, *Aufklärung im Zeichen des Rosenkreuzes*, S. 220

13 ebd., S. 295

14 Maier, *Themis Aurea. The Laws of the Fraternity of the Rosie Crosse.* Die Widmung ist unterzeichnet von N.L., T.S. und H.S.

15 Siehe Pick und Knight, a.a.O., S. 45, Zitat nach Ashmoles Tagebuch

16 ebd.

17 Yates, *Aufklärung im Zeichen des Rosenkreuzes*, S. 220. Yates kommt zu dem Schluß: »Wir haben hier also eine Tradition, die von der rosenkreuzerischen Bewegung zu den Anfängen der Freimaurerei führt.« (S. 194)

18 Agrippa, *De occulta philosophia libri tres,* Kap. XXXIX
19 Agrippa, *Three Books of Occult Philosophy,* Kap. XXXIX, S. 77
20 Pick und Knight, a.a.O., S. 73f.
21 Anderson, *New Book of Constitutions of the Freemasons,* S. 106. Die Behauptung muß als unbewiesen betrachtet werden. Anderson veröffentlichte sein erstes *Book of Constitutions* im Todesjahr Wrens (1723). Darin erwähnt er Sir Christopher Wren zweimal, bezeichnet ihn jedoch in keinem der beiden Fälle als Freimaurer. Dagegen schreibt Anderson in dem »neuen« *Book of Constitutions* von 1738, daß Wren Großmeister der Bruderschaft gewesen sei. Man kann sich schwerlich der Folgerung entziehen, daß dies im Jahre 1723 nicht zu Papier gebracht wurde, weil Wrens Kollegen, die damals noch am Leben waren, es angefochten hätten. Allerdings ist es möglich, daß Wren Mitglied der Bruderschaft war. Es gibt eine handschriftliche Notiz von John Aubrey (einem Freund Ashmoles) auf der Rückseite von Druckbogen 72 seiner *National History of Wiltshire,* aus der hervorgeht, daß am 18. Mai 1691 eine bedeutende Freimaurerversammlung in der St. Paul's Cathedral stattfinden sollte, um Wren als Mitglied aufzunehmen. Siehe Hamill, *The Craft,* S. 36
22 Hamill, a.a.O., S. 34f.
23 Plot, *The Natural History of Staffordshire,* S. 318ff. Die legendäre Geschichte der Freimaurerei und König Athelstans ist von Alex Horne in seinem Buch *The York Legend in the Old Charges* gründlich erforscht worden. Er kommt zu dem Schluß, daß die Geschichte wenig mit der historischen Realität zu tun hat.

3.2 Vicomte Dundee

1 Lenman, *The Jacobite Cause,* S. 29
2 Terry, *John Grahame of Claverhouse,* S. 2
3 ebd., S. 352
4 Waite, *A New Encyclopaedia of Freemasonry,* Bd. II, S. 223
5 Tuckett, »Dr. Begeman and the alleged Templar Chapter at Edinburgh in 1745«, S. 46 (Zitat von Begeman)
6 Yarker, *Notes on the Scientific and Religious Mysteries of Antiquity,* S. 124
7 *Statutes of the Religious and Military Order of the Temple,* XV. Man hat behauptet, daß es sich bei dem Autor dieser »historischen Notiz« um W. E. Aytoun handelte, Professor für Rhetorik und Schöne Literatur an der Universität Edinburgh. Siehe Chetwode Crawley, »The Templar Legends in Freemasonry«, S. 232. Aytoun wird dort als Großprälat des schottischen Templerordens bezeichnet. Unzweifelhaft hatte er durch seine Verbindung zu Alexander Deuchar, der den Orden Ende des 18. Jahrhunderts in Schottland reformierte, Zugang zu den frühen Urkunden der schottischen Freimaurerei und des schottischen Templertums. Aytoun erwarb die »Saint-Clair«-Urkunden aus dem frühen 17. Jahrhundert, die im Besitz Alexander Deuchars gewesen waren, und schenkte sie der Großloge von Schottland, wo sie sich noch heute befinden.
8 Maggiolo, »Mémoire sur la correspondance inédite de dom Calmet ...«
9 Barrington, *Grahame of Claverhouse, Viscount Dundee,* S. 409
10 Brief vom 14. August 1987
11 *Memoirs of the Lord Viscount Dundee,* S. 52f.

3.3 Die Entwicklung der Grossloge

1 Seton, *A History of the Family of Seton,* Bd. I, S. 274; siehe auch Hughan, *The Jacobite Lodge at Rome*

1735 to 1737, wo man ausführlichere Details über diese Loge nachlesen kann. George Seton, Earl of Winton, wurde am 23. April 1736 zum Großmeister gewählt; siehe ebd., S. 23

2 Trevelyan, *England under the Stuarts,* S. 471: Zitat Swifts

3 McLynn, *The Jacobites,* S. 140

4 »The Minutes of Grand Lodge«, S. 5f.

5 United Grand Lodge of England, *Grand Lodge 1717–1967,* S. 50

6 Clarke, »The Establishment of the Premier Grand Lodge«, S. 5

7 Pick und Knight, *The Pocket History of Freemasonry,* S. 68f.; Anderson, *New Book of Constitutions of the Freemasons,* S. 109

8 Tuckett, »The Origin of Additional Degrees«, S. 5

9 ebd., S. 25

10 Im Jahre 1751 beanspruchte eine rivalisierende Großloge, die hauptsächlich aus von der Irischen Loge beeinflußten Freimaurern bestand, ihre Arbeit nach den alten Regeln und Bräuchen zu verrichten. Ihre Mitglieder nannten sich »Antients« (Altmaurer), und die Großloge von 1717 setzte sich demzufolge aus den »Moderns« zusammen. Im Gegensatz zu den »Moderns« bearbeiteten die »Antients« die Hochgrade, insbesondere den Royal Arch. Im Jahre 1813 wurden die beiden Systeme zur Vereinigten Großloge von England zusammengelegt, die bis heute Bestand hat.

11 Waples, »An Introduction to the Harodim«, S. 120

12 Robbins, »The Earliest Years of Englisch Organised Freemasonry«, S. 70f. (Zitat aus *London Journal* vom 16. Juni 1722)

13 Wharton wurde öffentlich bezichtigt, der Führer der Jakobiten zu sein, und tatsächlich schloß er sich der Jakobitenbewegung an, nachdem er England verlassen hatte.

14 Gould, *The History of Freemasonry,* Bd. IV, S. 375

15 »The Minutes of Grand Lodge«, S. 5f.

16 Anderson, *A Sermon Preached in Swallow-street,* S. 15. Wahrscheinlich war Anderson sogar schon vor 1717 Freimaurer, denn in *No King-Sellers* wird er als »Werkmeister« (S. 10) attackiert, dessen »Amtsbrüder, wie er sie nennt, mehr als ein Nachrichtenbüro in der Umgebung der Börse haben, wo sie einander oft treffen« (S. 14). Wenigstens zwei der frühen Freimaurerlogen befanden sich laut dem Logenverzeichnis von 1723 hinter der Börse: die Crown Tavern Lodge und die Ship Tavern Lodge.

17 Anderson, *The Constitutions of the Freemasons,* S. 50

18 ebd.

19 Tuckett, »The Origin of Additional Degrees«, S. 20

20 »The Minutes of Grand Lodge«, S. 235 (13. Dezember 1733)

3.4 Die freimaurerisch-jakobitische Sache

1 Siehe die beiden Artikel über den merkwürdigen »Harodim«-Grad von Waples; siehe auch Barker Cryer, »A Fresh Look at the Harodim«

2 11. Juli 1688; siehe Tuckett, »The French-Irish Family of Walsh«, S. 190

3 ebd.

4 Lepper und Crossle, *History of the Grand Lodge of Free and Accepted Masons of Ireland,* Bd. I, S. 147

5 ebd., S. 147, Anm. 1

6 Siehe Tuckett, a.a.O., und Lepper, »The Poor Common Soldier«, S. 151ff. Im Jahre 1772 stellte die Militärloge, die in diesem Regiment der französischen Armee aktiv war, einen Antrag beim französischen Grand Orient, als »älteste« Loge in Frankreich anerkannt zu werden. Offenbar genügten die Beweise, um diesen Anspruch durch eine Entscheidung des Grand Orient im Jahre 1777 bestätigen zu lassen. Man behauptete, die Loge habe seit dem

25. März 1688 im Regiment bestanden. Siehe Tuckett, S. 195; Lepper, S. 152

7 Die früheste historische Darstellung der Ursprünge der Freimaurerei in Frankreich stammt von dem Astronomen Joseph Jérôme Lefrançais de Lalande, der im Jahre 1773 schrieb, die erste Loge sei 1725 von dem Earl of Derwentwater in Paris gegründet worden (womit er Charles Radclyffe meinte, der erst nach dem Tode seines jungen Neffen diesen Titel führte). Siehe Gould, *The History of Freemasonry*, Bd. V, S. 136f.; Thory, *Acta latomorum*, Bd. I, S. 21f., wiederholt diese Angaben. Chevallier weist 1974 (in *Histoire de la franc-maçonnerie française*, Bd. I, S. 5) auf die Möglichkeit hin, daß Radclyffes Loge des heiligen Thomas (anscheinend nach Thomas Becket) am 12. Juni 1726 gegründet wurde. Er räumt jedoch ein, daß die Wahrheit ohne zusätzliche Belege nicht zu ermitteln sei.

8 Moss, »Freemasonry in France in 1725–1735«, Teil 2, S. 91

9 »The Minutes of Grand Lodge«, S. 6

10 Tunbridge, »The Climate of European Freemasonry 1730–1750«, S. 97

11 Chevallier, a.a.O., Bd. I, S. 7

12 Pick und Knight, *The Pocket History of Freemasonry*, S. 84. Sie geben 1728 als Gründungsdatum an.

13 Chevallier, a.a.O., Bd. I, S. 7

14 Henderson, *Chevalier Ramsay*, S. 20. Die Engelbrüder waren im Jahre 1696 von Dr. Francis Lee gegründet worden und beschäftigten sich mit »Spekulationen im Geiste Böhmes«.

15 Angeblich saß der Regent, Philippe von Orléans, im Jahre 1705 einem neugebildeten Templerorden vor und ließ eine neue Ordenssatzung entwerfen, die heute von dem Alten und Souveränen Militärorden des Tempels zu Jerusalem benutzt wird.

16 Chevallier, a.a.O., Bd. I, S. 18

17 Diese zweite Version ist übersetzt in Gould, a.a.O., Bd. V, S. 84–89

18 ebd., S. 85

19 ebd.

20 ebd., S. 87

21 ebd., S. 87f.

22 ebd., S. 88

23 ebd.

24 Chevallier, a.a.O., Bd. I, S. 25

25 ebd., S. 11ff.

26 ebd., S. 38

27 Am 30. Dezember 1739 ist zum erstenmal von neuen Brüdern die Rede, die in die »Königsloge« aufgenommen werden; siehe Chevallier, ebd., S. 41. Ihre Mitglieder sind unbekannt, doch Chevallier verweist darauf, daß an einem Empfang, der im selben Monat im Hotel de Bussy stattfand, Radclyffe, Maurice de Saxe, der Herzog von Antin und neun andere, darunter zwei weitere Herzöge, teilnahmen. Chevallier stellt die Frage, ob es sich bei ihnen um die Mitglieder der »Königsloge« handelte, und erläutert (S. 42f.), daß von den dreizehn Vertrauten Ludwigs XV., die mit ihm dinierten, acht mit Sicherheit und einer möglicherweise Freimaurer waren; ein anderer, der Comte de Noailles, amtierte um 1744 als Meister einer Loge in Versailles. Von diesen Vertrauten und Eßgefährten waren drei bei dem Treffen im Hotel de Bussy mit Radclyffe zugegen.

Offensichtlich hätte Ludwig XV. mühelos unter so starken freimaurerischen Einfluß geraten können, daß er ernsthaft über den Ordensbeitritt nachdachte. Er scheint darauf verzichtet zu haben, aber andererseits gab er zuweilen sogar dem Wunsch Ausdruck, Großmeister der französischen Freimaurer zu werden. Siehe Chevallier, ebd., S. 43, 100–106

3.5 Freimaurer und Templer

1 Chevallier, *Histoire de la franc-maçonnerie française*, Bd. I, S. 70

2 »A new crusade to re-establish the

true monarch of Great Britain«, ebd., S. 23

3 ebd., S. 14. Diese Veränderungen wurden Charles Radclyffe zugeschrieben.

4 ebd., S. 15

5 Tuckett, »The Origin of Additional Degrees«, S. 10

6 Thory, *Acta latomorum,* Bd. I, S. 52

7 Le Forestier, *La franc-maçonnerie templière,* S. 109, 135f.

8 Von Hund konnte nur sehr wenige »Originaldokumente« vorlegen. Eines davon war dieses Verzeichnis, das er zu der in Wilhelmsbad abgehaltenen Tagung mitbrachte. Es ist veröffentlicht in Thory, a.a.O., Bd. I, S. 282

9 Lincoln, Baigent, Leigh, *Der Heilige Gral und seine Erben,* S. 415, Anm. 19. Diese Liste endet mit dem Tode Rideforts im Jahre 1190. Auch der Rest der Liste von Hunds unterscheidet sich deutlich von den sonstigen Verzeichnissen; zudem besteht er natürlich auf einer Kontinuität des Ordens durch seine Geschichte in Schottland.

10 Diese Gruppe datiert bis ins späte 18. Jahrhundert zurück, als Alexander Deuchar ein Wiederaufleben der Templer in Schottland bewirkte. Deuchar hatte Zugang zu dem größten Teil des erhaltenen Materials über das jakobitische Templertum und die schottische Freimaurerei. Zum Beispiel waren die »Saint-Clair-Chartas« in seinem Besitz. In Deuchars Orden tauchte David Setons Gedicht zum erstenmal auf; mittlerweile war die Gruppe jedoch von der Freimaurerei vereinnahmt worden, und man hatte Deuchar aus der Führung gedrängt. Das Ziel von Stella Templum bestand – und besteht immer noch – darin, alles Material über die Hintergründe der schottischen Kultur und Tradition zu sammeln und zu bewahren.

11 Archiv Stella Templum

12 Henderson, *Chevalier Ramsay,* S. 197

4.1 Die ersten amerikanischen Freimaurer

1 Cerza, in Cook, *Colonial Freemasonry,* S. 106

2 ebd., S. 107

3 *The Boston Newsletter,* 5. Januar 1719; siehe *Transactions of the American Lodge of Research,* Bd. IV (1942–1947), S. 130

4 Heaton, in Cook, a.a.O., S. 153

5 Lafontaine, »Benjamin Franklin«, S. 5

6 Heaton, in Cook, a.a.O., S. 156

7 Cerza, »Colonial Freemasonry in the United States of America«, S. 224f.; siehe auch Sherman und Sanford, in Cook, a.a.O., S. 72–74

8 Sherman und Sanford, in Cook, a.a.O., S. 74

9 Gould, *The History of Freemasonry,* Bd. VI, S. 401. Dies war Loge Nr. 11 in dem Verzeichnis der Irischen Großloge; sie wurde am 7. November 1732 autorisiert und mit der Rückgabe des Stiftsbriefes durch Oberst Maunsell im April 1847 gestrichen; siehe Crossle, *Irish Masonic Records,* S. 22

10 Loge Nr. 245, irisches Register, autorisiert im Jahre 1754; siehe Gould, a.a.O., Bd. VI, S. 401

11 Loge Nr. 170, Alte Großloge, 1771 im 3. Infanterieregiment gegründet; sowie Loge Nr. 488, Englische Großloge, 1764 im 60. Infanterieregiment gegründet; siehe Gould, ebd., S. 401f.

12 Siehe Lepper, »The Earl of Middlesex and the English Lodge in Florence«, S. 6

13 Die Freimaurer an Friedrichs Hof waren: Robert Nugent, Haushaltsvorsitzender, Junior Grand Warden, Großloge von Irland im Jahre 1732; Arthur St. Leger, Vicomte Doneraile, Großmeister der Großloge von Irland im Jahre 1740; Charles Sackville, Earl of Middlesex, Gründer der Loge in Florenz im Jahre 1733, die vermutlich Beziehungen zur Irischen Großloge hatte; Joseph Sirr, Stallmeister, später Junior Grand Warden (1773) und Senior Grand Warden

(1774) der Großloge von Irland; Henry Brydges, Marquis of Carnarvon, königlicher Kammerjunker, 1737 Großmeister der Großloge von England; und Friedrichs Kaplan im Jahre 1727, der allgegenwärtige Dr. John Desaguliers, der 1719 Großmeister der Großloge von England gewesen war und danach eine Reihe hoher Ordensposten innegehabt hatte. Es war Desaguliers, der Friedrich im Jahre 1737 aufnahm.

14 Die erste Loge wurde im 20. Infanterieregiment zwischen November 1736 und Februar 1737 autorisiert. Der Stiftsbrief scheint jedoch verlegt worden zu sein, denn Lord George Sackville selbst wurde im Dezember 1748 ein »Bestätigender Stiftsbrief« für Loge Nr. 63 (Irische Großloge) gewährt. Seine beiden Vorsteher waren Oberstleutnant Edward Cornwallis und Hauptmann Milburne; siehe Rogers, »Lancashire Military Lodges«, S. 106

15 Lepper, *History of the Grand Lodge of Free and Accepted Masons of Ireland,* S. 182f.

16 Fortescue, *A History of the British Army,* Bd. II, S. 323. Howe war Oberst des 55. Infanterieregiments, das im Jahre 1743 die erste, von der Großloge von Schottland autorisierte Militärloge besaß; siehe Gould, a.a.O., S. 402

17 Thomas Desaguliers diente bei Louisbourg unter Wolfe als Oberst des 3. Bataillons der Königlichen Artillerie, wurde Generalleutnant der Königlichen Artillerie und Beamter des königlichen Haushalts von Georg III. Man weiß, daß er aktiver Freimaurer war, doch es gibt keine Unterlagen über seine freimaurerische Karriere; siehe Gould, a.a.O., Bd. IV, S. 350, der meint, daß Desaguliers wahrscheinlich von der »Horn«-Loge aufgenommen wurde. 1738 erscheint er jedenfalls als Freimaurer in Andersons zweiter Ausgabe der *Constitutions* (S. 229).

18 Siehe Anhang 1, S. 336

19 Gould, a.a.O., Bd. V, S. 51

20 ebd., S. 59f.

21 ebd., Bd. VI, S. 410. Oberst Richard Gridley war der jüngere Bruder von Jeremy Gridley, dem Provinzial-Großmeister von Nordamerika seit 1755, der seinen Sitz in Boston hatte. Richard Gridley wurde am 4. April 1746 in der St. John's Lodge, Boston, zum Meister erhoben. 1769 war er Stellvertretender Großmeister der St. John's Grand Lodge. Er beendete seine militärische Karriere als Generalmajor der Artillerie in der Kontinentalarmee.

22 Rogers, a.a.O., S. 108

23 Zu Details der Großloge von Quebec siehe Rogers, ebd., und Milbourne, »The Lodge in the 78th Regiment (Fraser's Highlanders)«

24 Folgende Männer waren vor, während oder kurz nach dem Krieg gegen die Franzosen und Indianer Freimaurer und erreichten den Generalsrang in der Kontinentalarmee: Benedict Arnold, vor 1765; Joseph Frye, vor 1760; Richard Gridley, 1746; Hugh Mercer, 1761; John Nixon, vor 1762; Israel Putnam, 1758; George Washington, 1752; Richard Montgomery, aufgenommen 1775, schloß sich der Loge des 17. Infanterieregiments mutmaßlich während des Krieges gegen Franzosen und Indianer an, doch es sind keine Unterlagen überliefert; David Wooster, Meister der Hiram-Loge Nr. 1, New Haven, 1750, aber das Datum seines Eintritts ist nicht bekannt. Siehe Heaton, *Masonic Membership of the Founding Fathers,* und Denslow, *10 000 Famous Freemasons*

4.2 Die Entstehung der freimaurerischen Führerschaft

1 *A letter from Cicero, the Right Hon. Lord Viscount H-E* (London, ca. 1781), S. 19

2 Gould, *The History of Freemasonry,* Bd. IV, S. 344
3 ebd., S. 344, Anm. 2. Der dritte königliche Bruder, der Herzog von Cumberland, wurde am 7. Februar 1767 aufgenommen; siehe ebd., S. 344, Anm. 4
4 Siehe Anhang 2, S. 337–338
5 LaFontaine, »Benjamin Franklin«, S. 31, zitiert nach *Gaine's Mercury,* 2. Juli 1781
6 Heaton, *Masonic Membership of the Founding Fathers,* S. XVI
7 In den Papieren von William Eden, Lord Auckland, der eine Spionageorganisation für Georg III. betrieb, findet sich ein Bericht des englischen Agenten Kapitän Hynson, worin es heißt: »Sie werden überrascht über Doktor Franklins Aussage sein, daß er der erste wäre, der diese Unabhängigkeit aufgeben würde, wenn Großbritannien eine Neigung zum Frieden zeigte.« (Brief vom 10. Dezember 1777, British Library, Add. Mss 34414, F. 406)
8 Heaton, a.a.O., S. IV

4.3 Der Widerstand gegen Grossbritannien

1 Sherman und Sanford, in Cook, *Colonial Freemasonry,* S. 76
2 ebd., S. 77
3 Cameron, »On the Origin and Progress of Chivalric Freemasonry in the British Isles«, S. 157. Siehe auch Cameron, »Notes on the Earliest References to the Masonic Knights Templars Degree«, S. 79, wo erwähnt wird, daß Loge Nr. 296 (irisches Großlogenregister) im Jahre 1758 autorisiert wurde. In ihren Statuten, die leider nicht datiert sind, ist von dem Tempelrittergrad die Rede; möglicherweise existierte er bereits 1758. Die Loge stellte gegen 1791 ihre Tätigkeit ein.
4 Ein vollständiges Mitgliederverzeichnis der St. Andrew's Lodge zwischen 1756 und 1906 befindet sich in *The One Hundred and Fiftieth Anniversary of the Lodge of St. Andrew,* S. 273–301. Paul Revere wurde am 4. September 1760 aufgenommen, John Hancock vor 1762 in Quebec.
5 Abbott, in Cook, a.a.O., S. 169
6 Zu Joseph Warren siehe Labaree, *The Boston Tea Party,* S. 141f.; zu Paul Revere siehe Griswold, *The Boston Tea Party,* S. 61; zum »North End Caucus« siehe Jaynes, »The Boston Tea Party«, in Bassler, *Military Masonic Hall of Fame,* S. 222
7 Ein Verzeichnis der »Loyal Nine« ist enthalten in Griswold, a.a.O., S. 19. Die drei Mitglieder der »Loyal Nine«, die gleichzeitig der Bostoner St. Andrew's Lodge angehörten, waren: Thomas Chase, aufgenommen 1767; Thomas Crafts, aufgenommen 1761; Henry Welles, aufgenommen 1760.
8 Cerza, »Die Boston Tea Party and Freemasonry«, S. 208
9 ebd.
10 Es gibt keine definitive Liste der Teilnehmer an der »Boston Tea Party«. Mehr als zweihundert Mann waren dabei aktiv. Man hat Familiendokumente untersucht, und im Jahre 1835 halfen sieben überlebende Teilnehmer, ein Verzeichnis von 110 Namen zusammenzustellen; siehe Griswold, a.a.O., S. 141ff. Wir können diesem Verzeichnis die Namen der »Loyal Nine« hinzufügen, die mit höchster Sicherheit beteiligt waren. Die Quelle für die Mitglieder der St. Andrew's Lodge wird in Anm. 4 dieses Kapitels genannt. Warren, Webb und Hancock sind in Bassler, a.a.O., S. 222, hinzugefügt.

Teilnehmer an der »Tea Party«, die der St. Andrew's Lodge angehörten:
Stephen Bruce, Freimaurer seit 1767
Thomas Chase, Freimaurer seit 1767
Adam Collson, Freimaurer seit 1762
Thomas Crafts, Freimaurer seit 1761
John Hancock, Freimaurer seit 1762
Samuel Peck, Freimaurer seit 1756

Edward Proctor, Freimaurer seit 1763
Paul Revere, Freimaurer seit 1760
Thomas Urann, Freimaurer seit 1760
Joseph Warren, Freimaurer seit 1761
Joseph Webb, Freimaurer seit 1760
Henry Wells, Freimaurer seit 1760.

Teilnehmer an der »Tea Party«, die später in die St. Andrew's Lodge eintraten:
David Bradlee, Beitritt 1777
Samuel Cooper, Beitritt 1795
Robert Davis, Beitritt 1777
Samuel Gore, Beitritt 1778
Abraham Hunt, Beitritt 1777
Daniel Ingersoll, Beitritt 1782
Amos Lincoln, Beitritt 1777
Eliphalet Newell, Beitritt 1777
Henry Purkitt, Beitritt 1795
William Russell, Beitritt 1777
James Swan, Beitritt 1777
Nathaniel Willis, Beitritt 1779

11 *The One Hundred and Fiftieth Anniversary of the Lodge of St. Andrew*, S. 293
12 Dienstpläne der Garde für den Abend des 29. und den Morgen des 30. November 1773 sind zu finden in Griswold, a.a.O., S. 144. Die Teilnehmer an den Ereignissen des 16. Dezember 1773 sind gekennzeichnet. Ein Mitglied der St. Andrew's Lodge und der Milizgarde, Thomas Knox, scheint nicht an der »Tea Party« teilgenommen zu haben.
13 Heaton, a.a.O., S. 57
14 *Webster's Guide to American History*, S. 56
15 ebd., S. 57
16 Mansfield Hobbs, *The Contribution of Free Masonry and Free Masons to the Success of the American Revolution*, S. 17
17 Heaton, a.a.O., S. 45
18 ebd., S. 79
19 ebd., S. 44
20 ebd., S. 59f.
21 ebd., S. 85f.
22 ebd., S. 53f.
23 ebd., S. 61f.
24 ebd., S. 2f.
25 Van Gorden, *Modern Historical Characters in Freemasonry*, S. 320. Van Gorden merkt an, daß Ethans Bruder Freimaurer war und der Loge Nr. 1 in Vermont angehörte.

4.4 Der Unabhängigkeitskrieg

1 Einstein, *Divided Loyalties*, S. 3
2 Amiable, *Une loge maçonnique d'avant 1789, la R.L. Les Neuf Sœurs*, S. 136, 145
3 LaFontaine, »Benjamin Franklin«, S. 17
4 Towers, *Dashwood. The Man and the Myth*, S. 157–160
5 *Encyclopaedia Britannica* (Chicago 1947), Bd. XIX, S. 940, Artikel über John Montagu, den Vierten Earl of Sandwich
6 McCormick, *The Hell Fire Club*, S. 107
7 Towers, *Dashwood. The Man and the Myth*, S. 220
8 Kemp, »Some letters of Sir Francis Dashwood«, S. 219; Brief vom 28. September 1769
9 Gruber, *The Howe Brothers and the American Revolution*, S. 54
10 *A Letter from Cicero to the Right Hon. Lord Viscount Howe* (London, 1781), S. 26
11 ebd., S. 5
12 ebd., S. 6, zitiert nach *Morning Post*
13 Wilkes war im Grunde ihr Repräsentant in London. 1775 und 1776 stand er in engem Kontakt mit Arthur Lee (dem Bruder von Richard Henry Lee), der sich in London aufhielt. Später schloß Lee sich Franklin und Deane an. Wilkes schickte auch Geld an den Dramatiker Beaumarchais, der es seinerseits an die amerikanischen Kolonien weiterleitete; siehe Maier, *From Resistance to Revolution*, S. 256
14 Brief von Reverend John Vardill an William Eden, 14. Dezember 1777: »Mr. Lupton und Dr. Bancroft sind in London. Mr. Lupton und Mr. Petre

verbrachten den gestrigen Abend zusammen mit Mr. Wilkes, Hartley etc.« (Siehe British Library, *Add. Mss* 34414, f. 427)

15 Akten der Vereinigten Großloge von England, London
16 Siehe Kapitel 4.2, Anm. 7
17 ebd.
18 Zum Lebenslauf von Bancroft siehe Einstein, a.a.O., S. 4–15
19 Amiable, a.a.O., S. 253. Außer Franklin und Bancroft waren nur sehr wenige andere Nichtfranzosen damals Mitglieder dieser Loge. Die Mitglieder mit englischer Muttersprache waren Georg Forster, der Naturforscher, der Kapitän Cook begleitete, ein Schotte namens Campbell, über den keine weiteren Angaben vorliegen, sowie John Paul Jones, der schottische Seemann, der für die amerikanischen Kolonisten kämpfte. Daneben gab es einen Mann namens Bingley, der vermutlich Engländer oder Amerikaner war. Andere Nationalitäten wurden durch sechs Italiener, zwei Spanier und jeweils einen Russen, Polen, Schweden und Deutschen vertreten.
20 Georg III. schrieb an Lord North, er sei überzeugt, daß Bancroft »ausschließlich Amerikaner [ist] und daß jedes Wort, das er bei der letzten Gelegenheit benutzte, der Täuschung dienen sollte«; siehe *The Correspondence of King George the Third,* Bd. III, S. 532, Brief Nr. 2132, 31. Dezember 1777
21 ebd., Bd. V, S. 24, Brief Nr. 2952, 1. März 1780, Lord Stormont an Georg III.
22 Deacon, *A History of the British Secret Service,* S. 112f.
23 Heaton, *Masonic Membership of the Founding Fathers,* S. 100f.
24 ebd., S. XVI
25 Paine, *Gentleman Johnny,* S. 75
26 ebd., S. 85
27 ebd., S. 84
28 Fitzmaurice, *Life of William, Earl of Shelburne,* Bd. I, S. 247f.
29 Adams, *The Papers of Lord George Germain,* S. 29. An diesem Tag erhielt Howe eine Kopie der Befehle, durch die Burgoyne instruiert wurde, nach Süden zu marschieren und sich in Albany mit Howe zusammenzuschließen. Ob diese Depesche auch einen ausdrücklichen Befehl an Howe enthielt, nach Norden zu marschieren und sich mit Burgoyne zu treffen, ist nicht bekannt. Wie außerhalb jeden Zweifels steht, wußte Howe jedoch nach Einschätzung von Germain und Burgoyne, daß er nach Norden marschieren *sollte.* Howe behauptete, die Befehle nie zu Gesicht bekommen zu haben. Das Heeresministerium beteuerte, sie abgeschickt zu haben, doch weder Germain noch D'Oyley konnten eine amtliche Kopie vorlegen und dadurch den Beweis antreten. Entweder waren sie nicht abgeschickt worden, oder Howe oder sonst jemand, der ein Interesse daran hatte, war in der Lage gewesen, die Kopie des Heeresministeriums vor jeder Nachforschung zu entfernen.
30 Paine, a.a.O., S. 118
31 Fortescue, *A History of the British Army,* Bd. III, S. 207
32 Siehe Anm. 29 dieses Kapitels
33 Robertson, *England under the Hanoverians,* S. 513
34 ebd.
35 Paine, a.a.O., S. 119
36 Adams, a.a.O., S. 31
37 Robertson, a.a.O., S. 514

4.5 Zwischenspiel

1 Milborne, »British Military Lodges in the American War of Independence«, S. 50
2 ebd., S. 67
3 Pick und Knight, *The Pocket History of Freemasonry,* S. 251, und Gould, Bd. VI, S. 415
4 Gould, »Military Masonry, S. 47f.
5 Milborne, »British Military Lodges in

the American War of Independence«, S. 31f.

6 Green, in Cook, *Colonial Freemasonry*, S. 53. De Kalb soll Mitglied der 1780 entstandenen Loge Nr. 29 der Kontinentalarmee gewesen sein, aber es fehlt ein sicherer Beweis. Siehe Heaton, *Masonic Membership of the Founding Fathers*, S. 84f., und Mackey, *Encyclopaedia of Freemasonry*, Bd. I, S. 514f. Moira war damals wahrscheinlich kein Freimaurer; siehe Hamil, »The Earl of Moira«, S. 32

7 Lepper, »›The Poor Common Soldier‹«, S. 156; er zitiert das Protokoll der Großloge von Irland vom 5. September 1793.

8 Milborne, »British Military Lodges in the American War of Independence«, S. 61, und Chetwode Crawley, »General George Washington and Lodge No. 227 (I.C.)«, S. 96

9 Milborne, a.a.O., S. 37f.

4.6 Die Republik

1 Heaton, *Masonic Membership of the Founding Fathers*, S. 56

2 Hume, »Of the first Principles of Government«, in Watkins (Hrsg.), *Theory of Politics*, S. 152

3 Hume, »Whether the British Government Inclines More to Absolute Monarchy or to a Republic«, in ebd., S. 167

4 Während Anderson 1738 noch keinen Grund sah, eine spezifische Regel für diesen Fall einzuführen, besteht kein Zweifel, daß Logenmitglieder im weiteren Verlauf des Jahrhunderts in der Lage waren, ihren Meister anzuklagen und abzusetzen. Wenn es dazu kam, übernahm der Senior Warden das Amt des Großmeisters bis zur nächsten Wahl am folgenden Johannistag.

5 Clausen, *Masons Who Helped Shape our Nation*, S. 82

6 Marshall war Mitglied der Loge Nr. 13 in Richmond, Virginia. Vom 28. Oktober 1783 war er Stellvertretender Großmeister von Virginia und kurzfristig Großmeister. Siehe Mackey, *Encyclopaedia of Freemasonry*, Bd. II, S. 627

7 Morgan Lewis, der Schwager von Robert Livingston und General Richard Montgomery, war von 1830 bis 1843 Großmeister der Großloge von New York und seit 1777 Freimaurer. Siehe Case, *Roll of the American Union Lodge*, S. 380. Jacob Morton war 1788 Meister der New Yorker St. John's Lodge No. 1 und löste Livingston im Jahre 1801 als Großmeister der Großloge von New York ab; dieses Amt hatte er bis 1805 inne. Siehe Denslow, *10 000 Famous Freemasons*

8 Cerza, »Colonial Freemasonry in the United States of America«, S. 227

9 Denslow, *Freemasonry and the Presidency*, S. 18ff.; zitiert nach dem *Mirror* von Columbia und der *Gazette* von Alexandria, 23. September 1793.

4.7 Postskriptum

1 Hollis, *Allied Masonic Groups and Rites*, S. 19

2 ebd., S. 20

3 ebd., S. 19f.

BIBLIOGRAPHIE

ABSTRACT OF THE CHARTERS AND OTHER PAPERS RECORDED IN THE CHARTULARY OF TORPHICHEN FROM 1581 TO 1596. Herausgegeben von James Maidment. Edinburgh 1830.

ADAMS, R.G.: The Papers of Lord George Germain. San Marino 1928.

ADAMSON, H.: The Muses Threnodie. Edinburgh 1638.

ADDISON, C.G.: The History of the Knights Templars. London 1842.

AGRIPPA VON NETTESHEIM, HEINRICH CORNELIUS: Three Books of Occult Philosophy. Aus dem Lateinischen von John French. London 1651.

AITKEN, R.: The Knights Templars in Scotland. In: The Scottish Review. Bd. XXXII (1898). S. 1f.

ALLEN, C.M.: Memoir of General Montgomery. Philadelphia 1912.

AMIABLE, L.: Une loge maçonnique d'avant 1789: la R... L... Neuf Sœurs. Paris 1897.

ANDERSON, ALAN ORR: Early Sources of Scottish History, 2 Bde. London 1922.

ANDERSON, J.: A Sermon Preached in Swallow-street, St. James, on Wednesday Jan. 16, 1711/12 being the National Fast-Day. London 1712.

ANDERSON, J.: The Constitutions of the Freemasons. London 1723.

ANDERSON, J.: Royal Genealogies. London 1732.

ANDERSON, J.: New Book of Constitutions of the Freemasons. London 1738.

THE ANGLO-SAXON CHRONICLE. Übersetzt von James Ingram. London 1912.

BANNERMAN, JOHN: Studies in the History of Dalriada. Edinburgh 1974.

BARBER, RICHARD WILLIAM: The Knight and Chivalry. 2. Auflage. Ipswich 1974.

BARBOUR, J.: The Bruce. Übersetzt und herausgegeben von Archibald A.H. Douglas. Glasglow 1964.

BARKER CRYER, N.: A Fresh Look at the Harodim. In: Ars quatuor coronatorum, Bd. XCI (1978). S. 116f.

BARKER CRYER, N.: Drama and Craft. London 1974. (Gekürzte Version in: Ars quatuor coronatorum. Bd. LXXXVII [1974]. S. 74f.)

BARRINGTON, MICHAEL JOHN: Grahame of Claverhouse, Viscount Dundee. London 1911.

BARROW, GEOFFREY WALLIS STUART: Robert Bruce and the Community of the Realm of Scotland. London 1965.

BARROW, GEOFFREY WALLIS STUART: Robert the Bruce and the Scottish Identity. Edinburgh 1984.

BASSLER, R.E.: Military Masonic Hall of Fame. O.O. 1974.

BATHAM, C.N.: A Famous French Lodge (Les Neuf Socers). In: Ars quatuor coronatorum. Bd. LXXXVI (1973). S. 312f.

BEDFORD, WILLIAM KIRKPATRICK RILAND/HOLBECHE, RICHARD: The Order of the Hospital of St. John of Jerusalem. London 1902.

BELLOT, HUGH HALE LEIGH: The Inner and Middle Temple. London 1902.

BLACKETT-ORD, MARK: Hell Fire Duke. Windsor Forest 1982.

DIE BIBEL ODER DIE GANZE HEILIGE SCHRIFT DES ALTEN UND NEUEN

TESTAMENTS. Nach der deutschen Übersetzung D. Martin Luthers. Neu durchgesehen nach dem vom Deutschen Evangelischen Kirchenausschuß genehmigten Text. Stuttgart o.J.

BOTHWELL-GOSSE, A.: The Knights Templars. London 1912.

BRADLEY, M.: Holy Grail Across the Atlantic. Willowdale 1988.

BRITTON, JOHN: The Architectural Antiquities of Great Britain. 5 Bde. London 1807.

BRYANT, ARTHUR: The Age of Chivalry. London 1963.

BURNES, JAMES A.: Sketch of the History of the Knights Templars. Edinburgh 1840.

BYRNE, FRANCIS JOHN: Irish Kings and High Kings. London 1987.

CALENDAR OF THE CLOSE ROLLS PRESERVED IN THE PUBLIC RECORD OFFICE: Edward II, AD 1307-1313. London 1892.

CALENDAR OF DOCUMENTS RELATING TO SCOTLAND. Herausgegeben von Joseph Bain. 4 Bde. Edinburgh 1881-1888.

CAMERON, ANNIE ISABELLA (Hrsg.): The Scottish Correspondence of Mary of Lorraine. Edinburgh 1927.

CAMERON, C.A.: On the Origin and Progress of Chivalric Freemasonry in the British Isles. In: Ars quatuor coronatorum. Bd. XIII (1900). S. 156f.

CAMERON, C.A.: Notes on the Earliest References to the Masonic Knights Templars Degree. In: Ars quatuor coronatorum. Bd. XVI (1903). S. 79f.

CAMPBELL, MARGARET, DUCHESS OF ARGYLL: Mid Argyll, a Handbook of History. Oban 1974.

CARDINALE, HYGINUS, EUGENE: Orders of Knighthood, Awards and the Holy See. Herausgegeben und durchgesehen von Peter Bander van Duren. Gerrards Cross 1985.

CARLILE, R.: Manual of Freemasonry. London o.J.

CARR, H.: Mother Kilwinning, Lodge No. 0. London 1961.

CARR, H. (Hrsg.): The Early French Exposures. London 1971.

CASE, JAMES ROYAL: Roll of the American Union Lodge. In: Transactions of the American Lodge of Research. Bd. VI (1952-1956). S. 356f.

CASE, JAMES ROYAL: Fifty Early American Military Freemasons. Bethel 1955.

CERZA, ALPHONSE: The Boston Tea Party. In: Colonial Freemasonry. Herausgegeben von Lewis C. Wes. Cook. Missouri 1973-1974. (Bd. 30 der Transactions of the Missouri Lodge of Research.)

CERZA, ALPHONSE: The American War of Independence and Freemasonry. In: Ars quatuor coronatorum. Bd. LXXXIX (1976). S. 169f.

CERZA, ALPHONSE: Colonial Freemasonry in the United States of America. In: Ars quatuor coronatorum. Bd. XC (1977). S. 218f.

CERZA, ALPHONSE: The Boston Tea Party and Freemasonry. In: Ars quatuor coronatorum. Bd. XCVIII (1985). S. 207f.

CHANNING, E.: A History of the United States. 6 Bde. New York 1977.

CHARPENTIER, JOHN: Die Templer. Frankfurt/Main, Berlin, Wien 1981.

CHETWODE CRAWLEY, W.J.: The Sackville Medal. The Earl of Middlesex and Irish Freemasonry, 1733. In: Ars quatuor coronatorum. Bd. XIII (1900). S. 142f.

CHETWODE CRAWLEY, W.J.: General George Washington and Lodge No. 227 (I.C.). In: Ars quatuor coronatorum. Bd. XXIII (1910). S. 95f.

CHETWODE CRAWLEY, W.J.: The Templar Legends in Freemasonry. In: Ars quatuor coronatorum. Bd. XXVI (1913). S. 45f., 146f., 221f.

CHEVALLIER, PIERRE: Les ducs sous l'acacia. Paris 1964.

CHEVALLIER, PIERRE: La première profanation du temple maçonnique. Paris 1968.

CHEVALLIER, PIERRE: Histoire de la franc-maçonnerie française. 3 Bde. Paris 1974.
CHRESTIEN DE TROYES: Irrfahrt und Prüfung des Ritters Perceval. Nachwort und aus dem Altfranzösischen von Konrad Sandkühler. 3. Auflage. Stuttgart 1977.
CHRESTIEN DE TROYES: Perceval oder die Geschichte vom Gral. Nachwort und aus dem Altfranzösischen von Konrad Sandkühler. 6. Auflage. Stuttgart 1980.
CHRESTIEN DE TROYES: Perceval der Gralskönig. Nachwort und aus dem Altfranzösischen von Konrad Sandkühler. 3. Auflage. Stuttgart 1983.
CHRESTIEN DE TROYES: Gauwain sucht den Gral. Nachwort und aus dem Altfranzösischen von Konrad Sandkühler. 4. Auflage. Stuttgart 1986.
THE CHRONICLE OF WALTER OF GUISBOROUGH. Herausgegeben von Harry Rothwell. London 1957.
CLARK, G.N.: The Later Stuarts 1660-1714, Oxford 1934.
CLARKE, J.R.: The Establishment of the Premier Grand Lodge. In: Ars quatuor coronatorum. Bd. LXXXI (1968). S. 1f.
CLARKE, W.: Bicentenary History of the Grand Lodge of Ireland. Dublin 1925.
CLAUSEN, HENRY C.: Masons Who Helped Shape Our Nation. Washington 1976.
CLOSE ROLLS OF THE REIGN OF HENRY III PRESERVED IN THE PUBLIC RECORD OFFICE. London 1902.
THE COMPLETE PEERAGE OF ENGLAND, SCOTLAND, IRELAND ... Herausgegeben von G.E.C. 13 Bde. London 1910-1959.
COOK, L.C.W. (Hrsg.): Colonial Freemasonry. Missouri 1973-1974.
THE CORRESPONDENCE OF KING GEORGE THE THIRD. Herausgegeben von John Fortescue. 6 Bde. London 1928.
COUNTRYMAN, EDWARD: The American Revolution. London 1986.
COWAN, I.B./MACKAY, P.H.R./MACQUARRIE, A.: The Knights of St. John of Jerusalem in Scotland. Edinburgh 1983.
CROSSLE, PHILIP: Irish Masonic Records. Dublin 1973.
CROWE, F.J.W.: The »Charta Transmissionis« of Larmenius. In: Ars quatuor coronatorum. Bd. XXIV (1911). S. 185f.
CURTIS, EDWARD ELY: The Organization of the British Army in the American Revolution. New Haven 1926.
CURZON, H. DE: La règle du temple. Paris 1886.
CUTTS, EDWARD LEWIS: The Sepulchral Slabs and Crosses of the Middle Ages. London 1849.

DAILLIEZ, LAURENT: Les templiers, ces inconnus. Paris 1972.
DANIEL, G.: Histoire de la milice françoise. 2 Bde. Amsterdam 1724.
DART, JOHN: Westmonasterium or the History and Antiquities of the Abbey Church of St. Peters, Westminster. 2 Bde. London 1723.
DEACON, R.: A History of British Secret Service. St. Albans 1980.
DENNISTOUN, JAMES: Memoires of Sir Robert Strange. 2 Bde. London 1855.
DENSLOW, R.V.: Freemasonry and the Presidency. O.O. 1952.
DENSLOW, W.R.: 10 000 Famous Freemasons. 4 Bde. Missouri 1959.
DEWAR, JAMES: The Unlocked Secret. London 1966.
DICTIONARY OF NATIONAL BIOGRAPHY. Herausgegeben von Leslie Stephen und Sidney Lee. 63 Bde. London 1885-1900.
DILWORTH, MARK: The Scots in Franconia. Edinburgh 1974.
DONALDSON, GORDON: Scotland: James V. to James VII. Edinburgh 1987
DORAN, JOHN: London in the Jacobite Times. 2 Bde. London 1877.
DRUMMOND, J.: Sculptured Monuments in Iona and the West Highlands. Edinburgh 1881.
DUNCAN, ARCHIBALD ALEXANDER MCBETH: Scotland. The Making of the Kingdom. Edinburgh 1975.

DURKAN, J.: Alexander Dickson and S.T.C. 6823. In: The Bibliotheck. Bd. III. No. 5 (1962). S. 183f.

EASSON, DAVID EDWARD: Medieval Religious Houses. Scotland. London 1957.
EDGE, J.H.: A Short Sketch of the Rise and Progress of Irish Freemasonry. In: Ars quatuor coronatorum. Bd. XXVI (1913). S. 131f.
EDWARDS, J.: Rent-Rolls of the Knights of St. John of Jerusalem in Scotland. In: Scottish Historical Review. Bd. XIX. Teil 3 (1922). S. 202f.
EDWARDS, L.: Three Early Grand Masters. In: Ars quatuor coronatorum. Bd. LVIII (1947). S. 226f.
EINSTEIN, LEWIS: Divided Loyalties. London 1933.
EVANS, ROBERT J.W.: Rudolf II. Ohnmacht und Einsamkeit. Aus dem Englischen von Uta Szyszkowitz. Graz, Wien 1980.

FERRIS, E.: The Financial Relations of the Knights Templars to the English Crown. In: The American Historical Review. Bd. VIII (1903). S. 1f.
FINKE, HEINRICH: Papsttum und Untergang des Templerordens. 2 Bde. Münster 1907.
FITZMAURICE, LORD EDMUND: Life of William, Earl of Shelburne. 2 Bde. London 1912.
FLEMING, A.: The Four Maries. Glasgow 1951.
FORBES-LEITH, W.: The Scots Men-at-Arms and Life-Guards in France. Edinburgh 1882.
FORREST-HAMILTON, H.: The Order of St. John. Glasgow 1950.
FORTESCUE, JOHN WILLIAM: A History of the British Army. 13 Bde. London 1899-1930.
FRAZER, JAMES GEORGE: Der goldene Zweig. Eine Studie über Magie und Religion. Köln 1968.
FULLER, RONALD: Hell-Fire Francis. London 1939.

GORDEN, J.H. VAN: Modern Historical Characters in Freemasonry. Lexington 1985.
GOULD, R.F.: Military Masonry. In: Ars quatuor coronatorum. Bd. XIV (1901). S. 42f.
GOULD, R.F.: The History of Freemasonry. 6 Bde. London o.J.
GREENHILL, FRANK ALLEN: Incised Effigial Slabs in Latin Christendom. 2 Bde. London 1976.
GREEVES, R.: The Galloway Lands in Ulster. In: Transactions of the Dumfrieshire and Galloway Natural History and Antiquarian Society. 3. Serie. Bd. XXXVI (1959). S. 115f.
GRISWOLD, WESLEY S.: The Boston Tea Party. Tunbridge Wells 1973.
GROOME, FRANCIS HINDES: Ordnance Gazetteer of Scotland. 6 Bde. London 1894-1895.
GRUBER, IRA D.: The Howe Brothers and the American Revolution. Williamsburg 1972.
GUYOT (CHEVALIER): Manual of the Knights of the Order of the Temple. Neuauflage. Liverpool 1830.
GWYNN, AUBREY/HADCOCK, RICHARD NEVILLE: Medieval Religious Houses. Ireland. London 1970.

HAMILL, JOHN: The Earl of Moira, Acting Grand Master 1790-1813. In: Ars quatuor coronatorum. Bd. XCIII (1980). S. 31f.
HAMILL, JOHN: The Craft. A History of English Freemasonry. Wellingborough 1986.
HANNAH, WALTON: Darkness Visible. Chulmleigh 1984.
HARRIS, R.B.: History of the Supreme Council, 33°. Washington 1964.
HAY, RICHARD AUGUSTINE: Genealogie of the Saintclaires of Rosslyn. Edinburgh 1835.
HAYE, ANTHONY ONEAL: The Persecution of the Knights Templars. Edinburgh 1865.
HEATON, RONALD E.: Masonic Membership of the Founding Fathers. Silver Spring 1974.

HENDERSON, GEORGE DAVID: Chevalier Ramsay. London 1952.
HEXTALL, W.B.: The »Lord Harnouester« of 1736-1738. In: Ars quatuor coronatorum. Bd. XXVI (1913). S. 22f.
HOLLIS, W.M.: Allied Masonic Groups and Rites. O.O. 1966.
HORNE, ALEX: The York Legend in the Old Charges. Shepperton 1978.
HUGHAN, W.J.: Origin of Masonic Knight Templary in the United Kingdom. In: Ars quatuor coronatorum. Bd. XVIII (1905). S. 91f.
HUGHAN, W.J.: The Jacobite Lodge at Rome 1735-1737. Torquay 1910.
HUME, DAVID: Theory of Politics. Montreal 1951.
HUTIN, SERGE: Les prophéties de Nostradamus. Paris 1981.

JACKSON, J.: Historical Tales of Roslin Castle. Penicuik 1837.
JAMES, JOHN: Chartres. The Masons Who Built a Legend. London 1985.
JAYNES, H.H.: The Boston Tea Party – December 16, 1773. In: Military Masonic Hall of Fame. O.O. 1975.
JOHNSON, M.M.: Freemasonry in America prior to 1750. O.O. 1917.

KEMP, BETTY: Some Letters of Sir Francis Dashwood, Baron Le Despencer, as Joint Post-Master General, 1766-81. In: Bulletin of the John Rylands Library. Bd. XXXVII. Nr. 1 (September 1954). S. 204f.
KEMP, BETTY: Sir Francis Dashwood. London 1967.
KNOWLES, DAVID/HADCOCK, RICHARD NEVILLE: Medieval Religious Houses. England and Wales. London 1953.
KOCK, ERICH (Hrsg.): Das Leben des heiligen Ludwig. Die Vita des Joinville. Übersetzt von Eugen Mayer. Düsseldorf 1969.

LABAREE, BENJAMIN WOODS: The Boston Tea Party. Oxford 1964.
LAFONTAINE, H.T.C. DE: Benjamin Franklin. In: Ars quatuor coronatorum. Bd. XLI (1929). S. 3f.
LARKING, LAMBERT BLACKWELL: The Knights Hospitallers in England. London 1857.
LAVER, JAMES: Nostradamus. London 1942.
LEES, BEATRICE ADELAIDE: Records of the Templars in England in the Twelfth Century. London 1935.
LEFORESTIER, RENÉ: Die templerische und okkultistische Freimaurerei im 18. und 19. Jahrhundert. Bd. 1. Leimen 1987.
LENMAN, B.: The Jacobite Cause. Glasgow 1986.
LEPPER, JOHN HERON: »The Poor Common Soldier«. A Study of Irish Ambulatory Warrants. In: Ars quatuor coronatorum. Bd. XXXVIII (1925). S. 149f.
LEPPER, JOHN HERON: The Earl of Middlesex and the English Lodge in Florence. In: Ars quatuor coronatorum. Bd. LVIII (1947). S. 4f.
LEPPER, JOHN HERON/CROSSLE, PHILIP: History of the Grand Lodge of Free and Accepted Masons of Ireland. 2 Bde. Dublin 1925.
LESLIE, N.B.: The Succession of Colonels of the British Army from 1660 to the Present Day. London 1974.
LEWIS, SAMUEL: A Topographical Dictionary of Ireland. 2 Bde. London 1837.
LEWIS, SAMUEL: Topographical Dictionary of England. 7. Auflage. 4 Bde. London 1849.
A LIST OF THE GENERAL AND STAFF OFFICERS AND OF THE OFFICERS IN THE SEVERAL REGIMENTS SERVING IN NORTH AMERICA. New York 1778.
LINCOLN, HENRY/BAIGENT, MICHAEL/LEIGH, RICHARD: Der Heilige Gral und seine Erben. Ursprung und Gegenwart eines geheimen Ordens. Sein Wissen und seine Macht. Aus dem Englischen von Hans E. Hausner. Bergisch Gladbach 1984.
LYON, DAVID MICHAEL: History of the Lodge of Edinburgh. Edinburgh 1900.

MacBean, E.: The Master Masons to the Crown of Scotland. In: Ars quatuor coronatorum. Bd. VII (1894). S. 101f.
McCormick, D.: The Hell Fire Club. London 1958.
MacDonald, Colin MacGilp: The History of Argyll. Glasgow 1951.
MacDonald, M.: The Land of Knapdale. Oban 1986.
MacDonald, M.: Loch Awe and its Environs. Oban 1987.
Mackay, James Alexander: Robert Bruce, King of Scots. London 1974.
Mackenzie, William Mackay: The Battle of Bannockburn. Glasgow 1913.
Mackenzie, William Mackay: The Bannockburn Myth. Edinburgh 1932.
Mackey, A.G.: Encyclopaedia of Freemasonry. Durchgesehene Ausgabe. 2 Bde. Chicago 1929.
Mackie, J.D.: A History of Scotland. Harmondsworth 1964.
McLynn, F.: The Jacobites. London 1985.
MacPherson, D.: Rotuli Scotiae in Turri Londinensi et in Domo Capitulari Westmonasteriensi asservati. 2 Bde. London 1814-1819.
MacRitchie, David: Scottish Gypsies under the Stuarts. Edinburgh 1894.
Maggiolo, M.: Mémoire sur la correspondance inédite de dom Calmet, abbé de Senones, extrait du journal de son séjour à Paris, mai 1706 à juillet 1715. In: Mémoires lus à la Sorbonne. Paris 1863. S. 101f.
Maidment, James: A Rental of all the annual rents and Temple lands founded throughout the whole Kingdom of Scotland beginning from the Boundaries towards England and so descending through the whole Kingdom from the said Boundaries all the way to the Orkneys. Manuskript. Ca. 1823, 1839 und o.J. National Library of Scotland. No. acc. 8090.
Maidment, James: Templaria. Edinburgh 1828-1830.
Maier, M.: Themis Aurea. The Laws of the Fraternity of the Rosie Crosse. London 1656.
Maier, Pauline Rubbelke: From Resistance to Revolution. London 1973.
Maitland, Richard: The History of the House of Seytoun. Glasgow 1824.
Major, R.H.: The Voyages of the Venetian brothers Zeno to the Northern Seas in the Fourteenth Century. Boston 1875.
The Manuscripts of his Grace the Duke of Portland. The Historical Manuscripts Commission. Dreizehnter Bericht. Anhang. Teil II. London 1893.
Martin, E.J.: The Templars in Yorkshire. In: The Yorkshire Archaeological Journal. Bd. XXIX (1929). S. 366f.
Mazières, M.-R.: La venue et le séjour de templiers du Rousillon à la fin du XIIIme siècle et au debut du XIVme dans la vallée du Bezu (Aude). In: Mémoires de la société des arts et des sciences de Carcassonne. 4. Serie. Bd. III (1957-1959). S. 229f.
Meekren, R.J.: Grand Loge. In: Ars quatuor coronatorum. Bd. LXIX (1957). S. 87f.
Melville, M.: La vie des templiers. Paris 1974.
Menzies, G.: Who are the Scots? London 1971.
Milborne, A.J.B.: The Lodge in the 78th Regiment (Fraser's Highlanders). In: Ars quatuor coronatorum. Bd. LXV (1953). S. 19f.
Milborne, A.J.B.: British Military Lodges in the American War of Independence. In: Transactions of the American Lodge of Research. Bd. X. Nr. 1 (1966). S. 22f.
The Minutes of Grand Lodge. In: Quatuor coronatorum antigrapha. Bd. X (1913).
Mizzi, J.: Catalogue of the Records of the Order of St. John of Jerusalem in the National Library of Malta. Malta 1964 etc.
Morison, Samuel Eliot/Commager, Henry Steele/Leuchtenburg, W.E.: Das Werden der amerikani-

schen Republik. Geschichte der Vereinigten Staaten von ihren Anfängen bis zur Gegenwart. Übersetzt von Paul Schmidt. 2 Bde. Stuttgart 1949-1950.

MORRIS, JOHN EDWARD: Bannockburn. Cambridge 1914.

MOSS, W.E.: Freemasonry in France in 1725-1735. In: Ars quatuor coronatorum. Bd. XLVII (1938). S. 47f.

NEILL, E.D.: The Fairfaxes of England and America. Albany 1868.

NERVAL, GÉRARD DE: Reise in den Orient. Werke. Bd. 1. München 1986-1989.

NICHOLSON, RANALD: Scotland. The Later Middle Ages. Edinburgh 1978.

NO KING-SELLERS: Or, a brief Detection of the Vanity and Villany in a Sermon entitul'd, No King-Killers. London 1715.

ONAHAN, W.J.: Scotlands's services to France. In: The American Catholic Quarterly Review. Bd. XXI (Januar-Oktober 1896). S. 321f.

THE ONE HUNDRED AND FIFTIETH ANNIVERSARY OF THE LODGE OF ST. ANDREW 1756–1906. Boston 1907.

OURSEL, R.: Le procès des templiers. Paris 1959.

PAINE, LAURAN BOSWORTH: Gentleman Johnny. The Life of General John Burgoyne. London 1973.

PARKER, THOMAS WILLIAM: The Knights Templars in England. Tucson 1963.

PARTNER, PETER: The Murdered Magicians. Oxford 1982.

PERKINS, C.: The Trial of the Knights Templars in England. In: The English Historical Review. Bd. XXIV (1909). S. 432f.

PERKINS, C.: The Knights Templars in the British Isles. In: The English Historical Review. Bd. XXV (1910). S. 209f.

PHILO-ROSKELYNSIS: An Account of the Chapel of Roslin. Edinburgh 1774.

PICK, FRED L./KNIGHT, G. NORMAN: The Pocket History of Freemasonry. 7., durchgesehene Auflage. London 1983.

PIQUET, J.: Des banquiers au moyen age. Les templiers. Paris 1939.

PLATON: Timaios. Sämtliche Werke. 3. Band. 6. Auflage. Köln, Olten 1969.

PLATTS, B.: Scottish Hazard. London 1985.

PLOT, R.: The Natural History of Staffordshire. Oxford 1686.

POHL, FREDERICK JULIUS: Prince Henry Sinclair. London 1974.

POLLARD, R.J.: One Nation Under God. Washington 1972.

PORTER, W.: A History of the Knights of Malta. 2 Bde. London 1858.

PRESTON, W.: Illustrations of Masonry. (Faksimile der Ausgabe von 1804.) Wellingborough 1986.

PROCEEDINGS OF THE GRAND LODGE OF MASSACHUSETTS 1733–1792. Boston 1895.

REANEY, PERCY HIDE: The Origin of English Place Names. London 1969.

RICHESON, C.: The Aftermath of Revolution. In: A Tug of Loyalties. Herausgegeben von Esmond Wright. London 1975.

RITCHIE, ROBERT L.G.: Chrétien de Troyes and Scotland. Oxford 1952.

ROBBINS, A.F.: The Earliest Years of English Organised Freemasonry. In: Ars quatuor coronatorum. Bd. XXII (1909). S. 67f.

ROBERTSON, C.G.: England Under the Hanoverians. London 1949.

ROBERTSON, W.: An Index drawn up about the year 1629, of many records of charters granted by the different sovereigns of Scotland between the years 1309 and 1413 ... Edinburgh 1798.

ROGERS, N.: Lancashire Military Lodges. In: Ars quatuor coronatorum. Bd. LXXVI (1963). S. 101f.

ROLLESTON, T.W.: Myths and Legends of the Celtic Race. 2. Auflage. London 1922.

RONEN, A./OLAMI, Y.: Atlit Map. Jerusalem 1978.
ROSSLYN, EARL OF: Rosslyn. Kirkaldy o.J.
ROTHES, JOHN, EARL OF: A Relation of Proceedings Concerning the Affairs of the Kirk of Scotland from August 1637 to July 1638. Edinburgh 1830.
ROWAN, ALISTAIR: Northwest Ulster. Harmondsworth 1979.
THE ROYAL COMMISSION ON THE ANCIENT AND HISTORICAL MONUMENTS OF SCOTLAND: Argyll. 5 Bde. Glasgow 1971-1984.
RUVIGNY/RAINEVAL, MARQUIS OF: The Jacobite Peerage. Edinburgh 1904.
RYLANDS, W.H.: The Mason Word. The Earls of Roslin and Freemasonry. In: Ars quatuor coronatorum. Bd. VII (1894).

SAINT CLAIR, L.A. DE: Histoire généalogique de la famille de Saint Clair. Paris 1905.
SANDRET, L.: Recueil historique des chevaliers de l'ordre de Saint-Michel. In: Revue historique, nobiliaire et biographique. 3. Serie. Bd. IV. Paris 1879. S. 193f., 344f., 466f., 505f. Bd. V. Paris 1880. S. 67f., 257f. 334f.
THE SCOTS PEERAGE. Herausgegeben von J. Balfour Paul. 9 Bde. Edinburgh 1904-1911.
SCOTT, S.D.: The British Army. London 1880.
SETON, G.: History of the Family of Seton. 2 Bde. Edinburgh 1896.
SEWARD, DESMOND: The Monks of War. St. Albans 1974.
SHELBY, L.R.: Medieval Masons Templates. In: Journal of the Society of Architectural Historians. Bd. XXX. Nr. 2 (1971).
SKENE, WILLIAM FORBES: The Coronation Stone. Edinburgh 1869.
SLEZER, JOHN: Theatrum scotiae. London 1693.
STATUTES DES CHEVALIERS DE L'ORDRE DU TEMPLE. Brüssel 1840.
STATUTES OF THE RELIGIOUS AND MILITARY ORDER OF THE TEMPLE AS ESTABLISHED IN SCOTLAND WITH AN HISTORICAL NOTICE OF THE ORDER. Edinburgh 1843.
STEER, K.A./BANNERMAN, J.W.M.: Late Medieval Monumental Sculpture in the West Highlands. Edinburgh 1977.
STEVENSON, D.: The Origins of Freemasonry. Cambridge 1988.
STOKES, J.: Life of John Theophilus Desaguliers. In: Ars quatuor coronatorum. Bd. XXXVIII (1925). S. 285f.
STUART, JAMES: Sculptured Stones of Scotland. 2 Bde. Aberdeen 1856.

TAYLER, A.N.: John Graham of Claverhouse. London 1939.
TERRY, CHARLES SANDFORD: John Graham of Claverhouse. London 1905.
THORP, J.T.: The Rev. James Anderson and the Earls of Buchan. In: Ars quatuor coronatorum. Bd. XVIII (1905). S. 9f.
THORY, C.A.: Acta latomorum ou chronologie de l'histoire de la franche-maçonnerie française et étrangère. 2 Bde. Paris 1815.
TOWERS, ERIC: Dashwood. The Man and the Myth. Wellingborough 1986.
TREVELYAN, GEORGE MACAULEY: England under the Stuarts. London 1938.
TRIMEN, R.: The Regiments of the British Army. London 1878.
TUCKETT, J.E.S.: The Origin of Additional Degrees. In: Ars quatuor coronatorum. Bd. XXXII (1919). S. 5f.
TUCKETT, J.E.S.: Dr. Begemann and the Alleged Templar Chapter at Edinburgh in 1745. In: Ars quatuor coronatorum. Bd. XXXIII (1920). S. 40f.
TUCKETT, J.E.S.: The French-Irish Family of Walsh and the Lodge in the French-Irish Regiment of Walsh. In: Ars quatuor coronatorum. Bd. XXXVIII (1925). S. 189f.
TUNBRIDGE, P.: The Climate of European Freemasonry 1730 to 1750. In: Ars quatuor coronatorum. Bd. LXXXI (1968). S. 88f.

UNITED GRAND LODGE OF ENGLAND: Grand Lodge 1717-1967. Oxford 1967.

VITRUVIUS. Zehn Bücher über Architektur. Übersetzt von Jakob Prestel. 5. Auflage. Baden-Baden 1987.

WAITE, ARTHUR E.: A New Encyclopaedia of Freemasonry. 2 Bde. New York 1970.

WALKER, D.P.: The Ancient Theology. London 1972.

WALLACE, J.: Scottish Swords and Dirks. London 1970.

WALTON, EVANGELINE: Die Vier Zweige des Mabinogi. Aus dem Amerikanischen von Jürgen Schweier. Stuttgart 1979.

WAPLES, W.: An Introduction to the Harodim. In: Ars quatuor coronatorum. Bd. LX (1950). S. 118f.

WAPLES, W.: The Swalwell Lodge. In: Ars quatuor coronatorum. Bd. LXII (1951). S. 80f.

WARD, E.: Early Master's Lodges and their Relation to Degrees. In: Ars quatuor coronatorum. Bd. LXXV (1962). S. 124f.

WARD, J.S.M.: Who was Hiram Abiff? Shepperton 1978.

WATERTON, E.: Roll of the English and Irish Knights Hospitallers Copied from MS by Edmund Waterton circa 1860. London 1903.

WEBSTER'S GUIDE TO AMERICAN HISTORY. Herausgegeben von Charles van Doren und Robert McHenry. Springfield 1971.

WILKINS, D.: Concilia magnae britanniae et hiberniae. 4 Bde. London 1737.

WILLIS, P./LEA-JONES, J.: The Legacy of the Knights Templar and the Knights Hospitaller (The Order of St. John) in Bristol. In: Temple Local History Group Newsletter. Bd. III (1987). S. 15f.

WOOD, H.: The Templars in Ireland. In: Proceedings of the Royal Irish Academy. Bd. XXVI (1906/07). S. 327f.

YARKER, J.: Notes on the Scientific and Religious Mysteries of Antiquity. London 1872.

YATES, FRANCES A.: Aufklärung im Zeichen des Rosenkreuzes. Aus dem Englischen von Eva Zahn. Stuttgart 1975.

YATES, FRANCES A.: Astraea. Harmondsworth 1977.

YATES, FRANCES A.: The Art of Memory. Harmondsworth 1978. (Deutsche Ausgabe: Gedächtnis und Erinnern. Mnemotechnik von Aristoteles bis Shakespeare. Weinheim 1989.)

YATES, FRANCES A.: Giordano Bruno and the Hermetic Tradition. London 1978.

YATES, FRANCES A.: The Occult Philosophy in the Elizabethan Age. London 1979.

YATES, FRANCES A.: Lull and Bruno. London 1982.

YATES, FRANCES A.: Renaissance and Reform. The Italian Contribution. London 1983.

YATES, FRANCES A.: Ideas and Ideals in the North European Renaissance. London 1984.

YATES, FRANCES A.: Theatre of the World. London 1987.

PERSONEN- UND ORTSREGISTER